非自杀性自伤行为的
辩证行为治疗

主编 王 纯

科学出版社

北 京

内 容 简 介

近年来非自杀性自伤行为在世界范围内呈增长趋势,尤其以青少年和青年早期人群为主,已成为临床棘手的精神卫生问题,也是亟待解决的社会问题。目前临床对非自杀性自伤行为以心理治疗为主,辩证行为治疗是目前循证证据最多的心理治疗方法,其结合了西方现代心理治疗与东方传统文化智慧,深受专业人士的认可。

本书基于国内外最新资料和笔者的研究成果,对非自杀性自伤行为的表现与发生机制、辩证行为治疗的理念与基本技术、非自杀性自伤行为的辩证行为治疗的模型与具体操作等逐一介绍,并附 3 本配套手册,供治疗师、患者阅读和使用。

图书在版编目(CIP)数据

非自杀性自伤行为的辩证行为治疗 / 王纯主编. --北京: 科学出版社,
2024. 9. --ISBN 978-7-03-079218-1

Ⅰ. G444

中国国家版本馆 CIP 数据核字第 2024SY1873 号

责任编辑:丁慧颖 贾雪玲 / 责任校对:张小霞
责任印制:肖 兴 / 封面设计:有道文化

科学出版社 出版
北京东黄城根北街 16 号
邮政编码:100717
http://www.sciencep.com

北京中科印刷有限公司印刷
科学出版社发行 各地新华书店经销
*
2024 年 9 月第 一 版 开本:889×1194 1/16
2024 年 9 月第 一 次印刷 印张:23 1/4
字数:680 000
定价:168.00 元(含配套手册)
(如有印装质量问题,我社负责调换)

《非自杀性自伤行为的辩证行为治疗》
编写人员

主　编　王　纯

编　者　（按贡献大小排序）

杨　华　南京医科大学附属脑科医院

梁旻璐　南京医科大学附属脑科医院

张　培　南京医科大学附属脑科医院

范丹慧　南京医科大学附属脑科医院

黄国平　四川省精神卫生中心

王相兰　中山大学附属第五医院

吴限亮　西安市精神卫生中心

刘　阳　四川大学华西医院

孙　彦　陕西省人民医院

姜晓梅　兰州石化总医院

银春燕　四川省精神卫生中心

刘光亚　湖南省第二人民医院

龙　鲸　天津市安定医院

吕　华　苏州市吴江区精神康复医院

刘　媛　徐州医科大学附属徐州东方医院

王苏弘　常州市第一人民医院

张卓维　中国人民解放军联勤保障部队第九〇四医院（常州院区）

张　焕　南京医科大学附属脑科医院

吴思楚　南京医科大学附属脑科医院

鲍晨曦　南京医科大学附属脑科医院
李金阳　南京医科大学附属脑科医院
张丽萍　南京医科大学附属逸夫医院
张瑜敏　南京医科大学附属脑科医院

序　一

近年来，非自杀性自伤（non-suicidal self-injury，NSSI）行为患者在国内精神心理科一下子多了起来，14～20岁青少年的情绪障碍中至少有一半伴这些行为，这一现象触目惊心。这些行为既会出现在双相障碍、抑郁障碍、焦虑障碍、人格障碍中，也会出现在适应障碍中。非自杀性自伤行为就像早些年的进食障碍一样，是由时代的发展、西方文化的传入、媒体传播等众多因素带来的。传统的干预方法效果有限。抑郁、焦虑等可以用药物治疗，但是，非自杀性自伤行为却无法直接从药物治疗中获益，常常令精神心理科医生、心理治疗师及家长束手无策。

认知行为治疗（cognitive behavior therapy，CBT）尽管具有广泛的适用性，但是，对于某些问题，如边缘型人格障碍、青少年情绪障碍、非自杀性自伤行为等疗效欠佳。此外，虽然现代的认知行为治疗是由行为治疗与认知治疗组成的，但是，在认知行为治疗的发展过程中，尤其是在美国，认知治疗具有更大的影响力。然而，除了前面所述的问题难以奏效外，在某些情况下认知治疗效果也不好，如对难以厘清认知内容的青少年患者，以及对认知矫正持有反感态度的来访者，他们的治疗效果往往不尽如人意。辩证行为治疗（dialectical behavior therapy，DBT）是美国心理学家玛莎·林内翰（Marsha Linehan）和她的团队针对边缘型人格障碍开发的一套行之有效的心理治疗理论与技术，应用于治疗各种情绪障碍，获得了全世界的广泛认可。辩证行为治疗与正念治疗、接纳与承诺治疗并称为认知行为治疗的第三次浪潮。这三种认知行为治疗方法都更加强调接纳，更加强调面对，更加关注情绪体验，更多地应用行为技术。

辩证行为治疗与其他两个第三次浪潮的疗法近年来传入中国，尽管循证证据充分，也结合了西方现代心理治疗与东方传统文化智慧，但是依然需要进行本土化应用、验证及发展。2019年，王纯教授在中国心理卫生协会认知行为治疗专业委员会下组织成立了中国辩证行为治疗学组。该学组成立后的第一件事是开展了"全国多中心非自杀性自伤行为的现状调查、发病机制及干预研究"，并获得了江苏省科学技术厅重大专项的支持。王纯教授牵头，全国15家医疗机构共同参与，历时13周的团体干预顺利进行。该研究在全国10个城市、11所医院、24个团体同时开展，共64名研究和干预专业工作者、289名非自杀性自伤行为患者参加了该项干预研究。该研究不仅验证了辩证行为治疗对于非自杀性自伤行为的疗效，也发展、总结、补充了非自杀性自伤行为的中国特点。该研究的参与者都是国内该领域活跃的中青年专家。《非自杀性自伤行为的辩证行为治疗》一书的内容来自该研究的结果、经验和反思，3 本配套手册是经过反复修改之后的训练手册。

　　我非常欣慰，也有充分的理由相信该书的出版有助于辩证行为治疗在中国的推广应用，也相信认知行为治疗在中国会获得更好的发展。热烈祝贺该研究成果以图书的形式呈现，也强烈推荐给读者。

张　宁

2024 年 4 月于南京

序　二

在我的诊室里，常常听到患者家长说：这小孩怎么啦？干吗老是用刀片划伤自己？划得手臂伤痕累累，不痛吗？每每听到这里，我都会沉思良久。

因为同样是为人父母，我感同身受。孩子是蜜罐里泡大的，是爸妈的心肝宝贝，小时候打预防针都喊得撕心裂肺、哭得梨花带雨。但是作为医者，我又有深深的思考与求索。造成孩子自伤的原因很复杂，而且因人而异，既有个体的原因，也有家庭、学校和社会环境的因素。

个体的人格发育很重要。最初在医生眼里，自伤是边缘型人格障碍的表现。后来医生才逐渐发现，自伤也会出现在另外一些精神障碍中。当然，环境因素也难辞其咎。和谐温暖的家庭、阳光灿烂的校园、风清气正的社会氛围，自然会让自伤现象无容身之地。

曾几何时，这种并不常见的自伤现象竟然野蛮增长，如今已到了触目惊心的地步。自伤给患者、家属、学校及社会带来了巨大的困扰，成为一个重要的精神卫生问题、公共卫生问题，甚至社会问题。

几天前，我接到王纯博士寄来的一部书稿——《非自杀性自伤行为的辩证行为治疗》，正是论述这类自伤行为的专著。她客气地说请我审修、作序，还说等着定稿和出版。我领教过王纯博士的雷厉风行，也读懂了她最后一句话的意思。明白了时不我待，只好挑灯夜读。

全书洋洋洒洒几十万字，我熬了好几宿才通读下来。

该书首先介绍了非自杀性自伤行为的基本概念、流行情况与发生机制，接着介绍了辩证行为治疗的理念与基本技术、非自杀性自伤行为的辩证行为治疗的模型和具体操作，最后还附上了配套手册。

我知道，王纯博士近些年来深耕心理治疗。她认为，心理治疗是非自杀性自伤行为的主要治疗方法，而辩证行为治疗是目前证据最多、被证实最为有效的心理治疗。她还认为，辩证行为治疗有深厚的东方哲学基础，更符合中国文化。

王纯博士曾在美国宾夕法尼亚大学贝克认知行为治疗研究所学习认知行为治疗，也是在那里熟悉了辩证行为治疗。回国后她积极推动辩证行为治疗，成立了中国辩证行为治疗学组，并被国际辩证行为治疗协会认可为中国分支。她和同事还进行了非自杀性自伤行为的全国多中心辩证行为治疗的干预研究，其研究的结果、经验和反思支撑了本书的主题。

读罢书稿，意犹未尽，有收获、有启发，也有联想。

书名比较长，"非自杀性自伤行为"听起来也很新颖，估计不用担心书名会"撞车"。它是从《精神障碍诊断与统计手册》（第 5 版）（*Diagnostic and Statistical Manual of Mental Disorders*，Fifth Edition，DSM-5）中直译过来的诊断术语，所以念起来有点绕口。但是本书内容丰富翔实，在当下出版如同久旱逢甘雨，正当其时。所以不论是治疗师，或是患者、家长、教师及所有关注青少年成长的社会人士都可以来读读。

非自杀性自伤行为可简称为自伤行为。这类自伤行为在人类社会自古有之，书中提到过一些国外有关自伤的名人轶事，这使我也联想到我国古代的一些自伤的故事，琢磨起来恐怕远不是某个诊断术语可以概括的。

例如，缘于某些畸形审美观的自伤行为。传说楚王喜欢细腰，于是人们风行吞食布帛，自伤式减肥。西汉出了个赵飞燕，身轻如燕，能掌上舞，因此被汉成帝宠为皇后。她靠服丹药维持窈窕永驻，以至于不孕不育，闹得个皇后无后。古代的缠足陋习更是荒唐。缠足虽几近残酷、惨不忍睹，却曾广泛流行，连喜欢大脚的清朝皇帝三令五申都无法禁止该陋习。三寸金莲竟然成了那个时代美人的一个标准。我突发奇想，这等莫名其妙的"发明创造"，究竟是始作俑者迷恋小脚的病态嗜好呢，还是大丈夫为防小女人"红杏出墙"的坏招数？

又例如，有一类"烈女"的自伤行为则与审美无关，她们或毁容拒嫁以保贞洁，或自残鸣冤为告御状。

这些五花八门的自伤故事看似与本书主题无关，但若是知其一二未必不好。

这些故事也许能反映当时的国情，更能接近国人人性；这些故事也许能让我们视野更开阔、目光更深邃，从而对自伤行为的理解更完整；这些故事也许还能让我们在辩证治疗时更加海阔天空、挥洒自如、通透明快。

对于靠脑子安身立命的心理工作者来说，这些知识似乎多多益善，哪样都不可或缺。"工夫在诗外"，这是八旬陆游临终前传授给儿子的作诗秘籍。

我不知道我这些画蛇添足的议论是不是符合王纯博士要我写序的初衷。

不过，我非常喜欢下面这段话：Half of what we are going to teach you is wrong, and half of it is right. Our problem is that we don't know which half is which.

这是做过哈佛医学院院长的 Charles Sidney Burwell 教授对医学生常说的一段话。这句话翻译成中文是"我们将要教授给你们的知识，一半是错的，一半是对的。问题是，我们搞不清哪半是哪半"。听起来像是一句玩笑话，但在我看来，这句话却是一位睿智的学者对科学最深刻的理解和反思。

心理治疗是一门科学，是一门横跨自然与社会两界的科学。

科学是人类认识自然和自身的一盏明灯，但是任何明灯照亮的领域都是有限的，所以科学无止境。千淘万漉虽辛苦，吹尽狂沙始到金。

王纯博士曾是我的学生，这也是我想对她说的话。

王纯加油！

张亚林

2024 年 4 月 16 日于湘雅

前　　言

　　近年来心理健康问题日益严重，不仅在国内，全球范围内各种精神障碍和心理问题都呈上升趋势，尤其是 13～25 岁的青少年和青年早期人群。在过去 20 年间，国内的精神卫生工作者、教育工作者和相关工作人群共同经历了非自杀性自伤（NSSI）行为在年轻人中从无到有，再到爆发式增长，NSSI 行为严重损害了他们的身心健康，对家庭和社会也产生了极大的影响。我跟国外同行交流过这个问题，他们表示西方发达国家在更早几十年的时候也有过类似增长的过程，然后一直稳定在一定水平，与此相伴增多的还有其他年轻人危险行为和情绪问题，精神卫生的社会负担和投入比重也逐年增加。

　　当前，NSSI 行为在全世界范围都是危害年轻人身心健康的棘手问题，给精神卫生工作者也提出了新的高要求。在中华人民共和国成立后相当长的时间内，我国精神卫生事业以重型精神疾病救治和管理为主，近 20 年随着经济的快速发展和物质生活水平的提高，人们的精神文化需求日益增长，精神卫生事业逐渐向覆盖更多轻型精神疾病和心理问题转型，对全民心理健康的关注在逐步提升。而对于 NSSI 行为这类棘手问题，仍缺乏经验和有效的干预措施，社会心理服务体系建设也仅仅处在开始搭建的阶段，具体工作的落实和专业人员的能力提升仍需时日。近年来不同领域的专业工作者对相关干预方法的学习热潮持续升温。

　　本书主要是写给可能会面对 NSSI 患者的精神卫生工作者，包括精神卫生机构的精神科医生、心理治疗师、心理咨询师，教育系统的学校心理教师、辅导员老师、班主任老师、学生工作教师，还有社会机构、福利机构、基金会、妇联、团委、政工部门等从事心理健康相关工作的人员。本书系统介绍了 NSSI 行为，辩证行为治疗（DBT）如何帮助这些人，13 周 NSSI 行为的 DBT 团体技能训练的配套手册，包括治疗师手册、患者手册和家庭作业手册。相关工作人员可以在系统了解 NSSI 行为、DBT 方法的同时，对照配套手册开展工作。

　　心理治疗是 NSSI 行为的主要治疗方法，DBT 是目前证据最多、被证实最有效的心理治疗方法。DBT 最初是美国心理学家林内翰在 1991 年建立推出的第三代认知行为治疗（CBT）方法，由于其独特的原理、明确的疗效、落地的技术和严谨的科研方法，在全世界广泛传播和应用。我在美国、德国、英国、澳大利亚的精神卫生机构里，目睹了 DBT 的临床应用。2019 年，我们在德国曼汉姆精神卫生中心参观的时候，Martin Bohus 教授向我们展示了德国 DBT 中心的全国网络，共有几十家机构。

　　由于历史原因，中国的心理治疗起步较晚，国内最早成体系的培训心理治疗开始于 1997 年德中心理治疗研究院的"中德班"培训，目前"中德班"培训仍是国内心理治疗培训的一面旗帜。最初 DBT 的报告即来自第三期"CBT 连续培训项目"中对边缘型人格障碍（borderline personality disorder，BPD）干预方法的讲解，主讲教师是德国的 Babette Renneberg 博士，当时，我正是这个培训班的学员兼会务人员。2015 年，我有幸在美国宾夕法尼亚大学贝克认知行为治疗研究所进行了 CBT 的学习，也了解了更多 DBT 的内容。

2016 年，我回国后担任"中德班"CBT 组的中方老师，积极推动 DBT 项目，2018 年 12 月，"中德班"增加了"首届 DBT 连续培训项目"，主讲教师是德国的 Jan Glasenapp 博士。这是"中德班"20 年来的第四个项目，之前三个项目是精神分析、行为治疗（后来改为 CBT）和家庭治疗，DBT 得到了大家的认可。同时，由于 DBT 有着深厚的东方哲学基础，也更符合中国文化。

随后，我们在 2019 年的广州第六届中国认知行为治疗学术大会上，成立了中国辩证行为治疗学组，由来自全国各地医疗机构、高等院校或研究所的 54 人组成，该学组被认可为国际辩证行为治疗协会的中国分支。学组成立后第一件重要的大事，便是进行 NSSI 的全国多中心 DBT 干预研究。

2019 年 5 月，在江苏省科学技术厅重点研发计划（社会发展）项目的支持下，以南京医科大学附属脑科医院为研究中心，我牵头全国 15 家医疗机构，在南京启动了"全国多中心非自杀性自伤行为的流行现状、发病机制和辩证行为治疗干预研究"。这 15 家医疗机构包括南京医科大学附属脑科医院、中山大学附属第三医院、天津市安定医院、四川省精神卫生中心、湖南省第二人民医院、陕西省人民医院、徐州医科大学附属徐州东方人民医院、西安市精神卫生中心、苏州市吴江区精神康复医院、兰州石化总医院、中国人民解放军联勤保障部队第九〇四医院、常州市第一人民医院、镇江市精神卫生中心、四川大学华西医院、浙江大学医学院附属第一医院，其中前 11 家进行了 DBT 干预研究。

从 2019 年 9 月到 2020 年 1 月初，共 13 周的团体干预在全国 10 个城市、11 所医院、24 个团体中同时开展，共 64 名研究和干预专业工作者、289 名 NSSI 患者，参加了此次干预研究。每周 1 次督导，全国统一危机干预电话 24 小时热线，前后 100 个日日夜夜，大家相伴而行，全部干预在 2020 年底之前圆满结束。本书里很多内容均是来自此次研究的结果、经验和反思，来自大家共同的智慧，本书附 3 本 13 周 DBT 团体技能训练操作手册，正是当时研究用的手册经过反复修改之后的版本。

本书作者全部来自此次干预研究的单位。非常感谢本书所有作者的共同努力！同时，非常感谢所有参加此次研究的 64 名研究和干预专业工作者的辛勤付出！非常感谢指导过此次研究的几位国际专家，Martin Bohus 教授给予了科研指导，Jan Glasenapp 博士协助我们进行了为期 13 周 DBT 团体技能训练操作手册的修改和培训工作，Zach Rosenthal 教授指导了我们的论文撰写，Marcus Rodriguez 博士在 13 周期间负责团队的督导工作，并亲自带队和演示，大家的智慧促成了此次研究的高质量完成。同时，非常感谢我的研究团队和学生，来自南京医科大学和南京师范大学的研究生在此次研究和本书的撰写中做出的贡献！除了本书作者中列出的几位外，还有吴云、王秋雨、杭亚明、张聪捷、吕张伟、雷茂春、张丹瑜、欧阳李晨、郎楠、李政毅、杜鹏宇、谢雅、陈紫欣、张虑恒等。最后，还要特别感谢两位匿名青少年，为本书画了插画，她们都来自吴江，一位是我们多中心研究的被试对象，笔名小福蝶；另一位是在分中心进行个体治疗的来访者，网名胖雕。她们通过插画展现了自己进行 DBT 的心路历程。感谢大家的共同努力！

尽管我们投入了最大的努力希望提供一本高质量、临床实用的工具书、操作手册，但由于时间匆忙、水平有限，不免存在不足之处，请广大读者、同行给予指正，如有任何宝贵建议和意见，也欢迎联系我们进行沟通讨论。感谢大家的监督，让我们能够共同进步与发展。

2023 年 7 月，我们推动成立了国际辩证行为治疗协会亚太分会过渡委员会，由我担任委员会的联合主席。2024 年 9 月，我们将在南京举办首届中国国际辩证行为治疗大会，届时国内外 DBT 专业工作者将汇聚南京，共同推动 DBT 的进一步发展，最终惠及更多的患者。

愿辩证行为理念常伴你我，愿世间再无人自伤，愿人人心理健康、自在相随！

王 纯

2024 年 3 月 9 日于南京

目 录

引言 ……………………………………………………………………………………… 1

第一章 非自杀性自伤行为 …………………………………………………………… 2

    第一节 NSSI 行为的流行情况与发生机制 ……………………………………… 2

    第二节 NSSI 行为的表现、评估与诊断 ……………………………………… 25

    第三节 NSSI 行为的治疗和预防 ……………………………………………… 42

第二章 辩证行为治疗 ……………………………………………………………… 51

    第一节 DBT 的理论模型和方法概述 ………………………………………… 51

    第二节 DBT 的治疗过程 ……………………………………………………… 56

    第三节 DBT 的临床应用 ……………………………………………………… 75

第三章 NSSI 行为的 DBT：治疗实践与临床研究 ……………………………… 81

    第一节 NSSI 行为的 DBT：现状与疗效 …………………………………… 81

    第二节 NSSI 行为的 DBT：模型与内容 …………………………………… 85

    第三节 NSSI 行为的 DBT：案例与分析 …………………………………… 97

    第四节 NSSI 行为的 DBT：困难情境 ……………………………………… 104

第四章 NSSI 行为的 DBT 团体技能训练：操作手册与案例分析 …………… 109

    第一节 操作手册概要 ………………………………………………………… 109

    第二节 操作手册的使用示范 ………………………………………………… 110

    第三节 NSSI 行为的 DBT：经验分享 ……………………………………… 147

附录 1 辩证行为治疗日志卡 ……………………………………………………… 149

附录 2 渥太华自我伤害调查表 …………………………………………………… 151

附录 3 辩证行为治疗应对方式量表 ……………………………………………… 158

附录 4 正念注意觉知量表 ………………………………………………………… 160

附录 5 情绪调节困难量表 ………………………………………………………… 161

参考文献 ……………………………………………………………………………… 163

引　言

　　人类会保护自己，也会自我伤害。避免痛苦和伤害是人类的一种本能，对个体生存和种族延续至关重要。然而，世界上却有一部分人会故意地伤害自己，他们遍布世界各地、来自不同种族、年龄各异。文学作品、历史典故中，不乏自我伤害的事例。人类文明的高速发展不仅没有减缓自我伤害的趋势，反而似乎使其变得更加显著。

　　自我伤害的想法和行为，根据是否具有死亡意图，分为自杀和非自杀性自伤（NSSI）。在过去的几十年中，NSSI 在全世界范围内呈明显上升趋势，尤其出现在青少年人群中。

　　大多数专业人士对自伤行为最初的理解来自边缘型人格障碍，在美国精神医学学会的《精神障碍诊断与统计手册》（第 4 版）（*Diagnostic and Statistical Manual of Mental Disorders-IV*，DSM-IV）中，自伤行为是 BPD 的诊断标准之一。这可能会给人一种思维导向，即 NSSI 行为只发生在 BPD 患者群体中。而近年来的观察和研究发现，NSSI 行为也出现在其他一些精神障碍患者中，甚至出现在不符合任何精神障碍诊断的普通人群中。这引发了学术界的关注与讨论，2013 年，DSM-5 发布，将 NSSI 纳入第三部分"需要进一步研究的精神卫生问题"中，并给出了建议的诊断标准，呼吁进行更多的研究。这说明 NSSI 行为已经成为一个重要的精神卫生问题。

　　有 NSSI 行为的人往往同时存在自杀想法，未来更可能出现自杀行为，NSSI 与自杀有着千丝万缕的联系。英国一项自伤行为的冰山模型研究显示，在 15～17 岁的青少年中，每有一名男孩死于自杀，就有 120 名男孩因自伤就医，所研究社区中有 838 名男孩出现自伤行为；每有一名女孩死于自杀，就有 919 名女孩因自伤就医，所研究社区中有 6406 名女孩出现自伤行为。有两项 NSSI 入组标准较宽的元分析结果显示，中国大陆中学生 NSSI 的总检出率高达 27.4%，大学生 NSSI 的检出率高达 16.6%。笔者 2019 年开展的全国多中心调查结果显示，我国所有年龄段精神疾病患者中，存在 NSSI 行为的比例为 6.8%，其中 12～17 岁为 15.9%，18～23 岁为 13.6%。考虑到我国庞大的人口规模，有 NSSI 行为的群体规模也是巨大的，近年来因 NSSI 行为来医疗机构或心理咨询机构就诊的患者也日益增多，NSSI 已给患者、家属、社会带来了巨大困扰，已经成为重要的公共卫生和社会问题。

　　辩证行为治疗（dialectical behavior therapy，DBT）的创始人林内翰曾说：我所研发的心理治疗方法——辩证行为治疗，事实上是聚焦于建立一种值得过的生活方式（a life worth living）。DBT 的主要目的是帮助患者建立一个值得过且有希望的人生，一种有意义的生活方式。DBT 通过东方哲学的辩证思想、禅宗理念，帮助患者行中间之道、寻康复之路。在接纳与改变、认可与问题解决的平衡中，遵循社会生物理论规律，以灵性和行为主义为基础，通过一步步操作性强的技能训练，帮助 NSSI 患者减少症状，平复情绪，从而重新建立人生观。

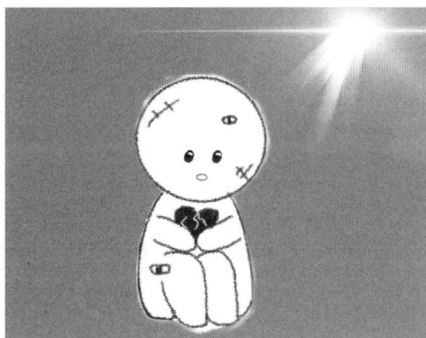

第一章

非自杀性自伤行为

非自杀性自伤（non-suicidal self-injury，NSSI）行为是指一个人在没有自杀意图的情况下，采取的一系列直接、故意、反复伤害自己身体的行为。在过去 20 年间，国内青少年和青年早期人群 NSSI 行为明显增多，近几年儿童晚期人群 NSSI 行为也出现增多趋势。本章第一节从 NSSI 行为的基本概念开始，依次介绍 NSSI 在国内外的流行情况与发生机制；第二节介绍 NSSI 行为的表现、评估与诊断，不同精神障碍诊断中 NSSI 的表现和发生情况，以及与自杀行为的关系；第三节介绍 NSSI 行为在治疗和预防方面的建议。通过此章希望对 NSSI 行为的各个方面有全面的梳理，其中部分信息来自全国多中心研究的成果。

第一节　NSSI 行为的流行情况与发生机制

一、NSSI 行为的基本概念

对自伤行为，我们并不陌生。回想一下，您的一生之中有没有在某些特别羞愧的时候打过自己？或者偷偷掐过自己？又或者，在某些特别愤怒的时候一气之下用手锤过桌子？甚至锤过墙？这已经是广义的自伤行为了，看起来这种行为通常是情绪的发泄方式，或者说，是情绪驱使下的行为，具有潜在的缓解情绪或者惩罚自己等功能。

但如果您在很多年里就只干过一次，那么也无须特别在意，因为看起来这并不是您的一种行为模式，也并不会带来持续的苦恼。那么，什么样的自伤行为才需要被关注、被治疗呢？也就是说，什么样的自伤行为才被称为具有临床意义的 NSSI 行为呢？

NSSI 行为是指一个人在没有自杀意图的情况下，采取的一系列直接、故意、反复伤害自己身体的行为，这种行为并不会导致死亡，也不会被文化或亚文化所认可。排除自杀、文化或亚文化认可的伤害身体，如穿环、文身等，这个概念里的几个关键词——直接、故意、反复，界定了构成临床意义的 NSSI 行为。

第一，直接。这个伤害是直接实施的，而不是通过中间过程发生的，如常见的用小刀划手腕、用烟头烫伤皮肤、用尖锐的物品刺伤自己、用头撞墙等，可以是出血的，也可以是有瘀青的，一般都会引发疼痛。不包括间接伤害自己，比如长期饮酒引起的肝功能损害不是 NSSI 行为，但如果是为了伤害自己，饮入高浓度酒精直接灼伤胃部引发的疼痛就具有 NSSI 的性质。又如，长期大量运动引发的关节磨损、经常熬夜导致的认知功能和抵抗力下降等不良行为习惯，这些对身体造成的慢性伤害一般都不属于 NSSI 行为。

第二，故意。NSSI 行为往往具有明确的行为功能，一般要么是惩罚自己，要么是消除负性情绪、让自己冷静下来，或者是为了人际控制。当事人有意识、有目的地实施，而不是在意识不清晰的情况下，或者在其他疾病的影响下，稀里糊涂地实施。而且这种行为，确实在自伤中或之后发生，即达到了惩罚自己、让自己清醒下来或者人际控制的作用。

第三，反复。反复实施是一种行为模式，而不是偶然的行为表现。行为模式更具有病理意义，需要关注和治疗。一般来说，NSSI 行为总是出现在具有类似性质的情境或者情绪下，作为情绪驱使下的行为，或者以缓解情绪的应对方式出现，这种行为与之前的情境、情绪，以及潜在的观点、动机，具有一定的规律性。

可见，只有符合了上述几个条件的自伤行为才被诊断为有临床意义的 NSSI 行为。

关联介绍：NSSI 概念的认识历史

回顾历史，NSSI 行为并不是当今社会才产生的，大约公元前 500 年，古希腊剧作家索福克勒斯在他的悲剧《俄狄浦斯王》（*Oedipus the King*）中描述了俄狄浦斯由于羞愧和自我厌恶，挖出了自己的眼睛。另一个著名的自伤行为发生在 1888 年的平安夜，文森特·梵高割掉了自己的左耳。这并不是梵高第一次自伤，大约 6 年前，他曾把手放在一盏灯的火焰中，起因是他对守寡的表姐产生了迷恋，他在 1882 年写道："只要我的手还在火焰里，就让我看到她吧。"著名文学家西尔维娅·普拉斯（Sylvia Plath）也在她的诗歌作品《他者》中描述了割皮的自伤行为。

临床上对自伤相关的讨论记载可追溯到 20 世纪 30 年代的精神科医生、精神分析学家卡尔·门宁格（Karl Menninger），他用自残（self-mutilation）来描述这个现象，并认为自残是一种减弱的自杀行为。在之后一段时间的早期文献中，所有非致命的和故意的自我伤害形式一般都被视为自杀未遂（suicide attempt），无论是否有明确的自杀意图。1966 年，英国精神科医生尼尔·凯瑟尔（Neil Kessel）提出，很多人故意伤害自己，但没有自杀意图，用自我毒害（self-poisoning）或者自我伤害（self-hurt）来描述更为合适。Kreitman 等于 1969 年在《英国精神病学杂志》（*British Journal of Psychiatry*）上发表的文章"姿态性自杀"（Parasuicide）中也支持这一观点，"绝大多数这样被指定的患者实际上并没有自杀企图"。1983 年，帕蒂森（Pattison）和卡汉（Kahan）在《美国精神病学杂志》（*American Journal of Psychiatry*）上发表的文章"故意自伤综合征"（The deliberate self-harm syndrome）中，详细描述了这种行为。

在对 NSSI 定义研究的演变中，1987 年，阿曼多·法瓦扎（Armando Favazza）的著作《围攻下的尸体》为对该主题的系统研究奠定了基础，书中将自伤（self-mutilation）定义为"在没有有意识的自杀意图的情况下故意破坏或改变一个人的身体组织"，这使得自伤行为被分为自杀行为和 NSSI 行为。自 1980 年人格障碍首次正式进入 DSM 以来，NSSI 被列为 BPD 的症状，然而 NSSI 并不仅出现于 BPD，甚至可能在没有任何精神病诊断的情况下发生。NSSI 障碍（NSSI disorder，NSSI-D）于 2013 年被 DSM-5 列入第三部分，作为一项独立的临床诊断，被认为是需要进一步研究的内容。至此，NSSI 已成为一个独立的、重要的精神卫生问题。

历史上，人们用不同的词汇来描述自伤这个现象，例如"副自杀"（parasuicide）、"自伤或自残"（self-injury，self-hurt，self-mutilation）、"自我毒害"（self-poisoning）、"轻微自残综合征"（delicate self-cutting syndrome）、"故意自伤"（deliberate self-harm）或"非致命性故意自伤"（non-fatal deliberate self-harm）等。目前在国内，人们在生活中也常用"自残"来交流这个现象，笔者认为，"自残"是"自伤"比较口语化的表述。

在本书里，统一沿用 DSM-5 的描述：NSSI。本书通常用 NSSI 来表示要讨论的主题，在谈到一些现象或研究时，有时用 NSSI-D 专门强调符合

DSM-5 诊断标准的 NSSI 障碍，也会使用"自伤"或"自我伤害行为"来泛指伤害自己的行为，有的地方如果需要提到包括自杀和自伤都在内的自我伤害行为，会在上下文中特别指出术语的界定。

二、NSSI 行为的流行现状

关于 NSSI 行为的检出率，各国研究人员已经做了大量研究，尤其是 2013 年 DSM-5 问世，并呼吁进行更多的研究之后，但不同研究间的差异较大。国外的研究多集中在以下人群：临床和社区的青少年和学生群体、临床和社区的成年早期和成年人群、临床样本的住院患者和门诊患者。一项全球范围的元分析共纳入了 686 672 名儿童青少年，结果显示 NSSI 的终身检出率和 12 个月检出率分别为 22.1% 和 19.5%。加拿大的一项纳入了 2038 名年龄在 8～18 岁的儿童青少年社区样本的研究显示，有 NSSI 行为的检出率为 29.0%。美国的一项纳入了 828 名成年早期社区样本的研究显示，有 NSSI 行为的终身检出率为 23.0%，过去一年的检出率为 12.4%。比利时的一项纳入了 3874 名社区青少年的研究显示，有 NSSI 行为的终身检出率为 21.0%。以色列的一项纳入了 889 名青少年和成年早期社区样本的研究显示，有 NSSI 行为的检出率为 13.8%。

自伤如同自杀，各类精神障碍患者或多或少均可能发生，未达到精神障碍诊断标准的正常人也可能发生。在所有的精神障碍中，BPD 患者的自伤行为最常出现，自伤症状也是 BPD 的诊断标准之一。有关 BPD 患者 NSSI 发生率的研究较多，结果为 49%～90%。其他如进食障碍、冲动控制障碍、物质滥用、焦虑障碍、抑郁障碍、双相障碍、创伤后应激障碍（post-traumatic stress disorder，PTSD）等患者均可存在 NSSI 行为，研究结果为 15%～85%。西班牙的一项青少年临床样本的研究显示，门诊患者 NSSI 行为的终身检出率为 21.7%。在德国的一项 12～19 岁青少年临床住院样本研究中，NSSI 行为的检出率为 37.0%。在挪威的一项全国性的成人临床门诊样本研究中，NSSI 行为的检出率为 8.1%。国内有关 NSSI 行为的检出率研究主要集中在中学生和大学生这两大群体，两项元分析结果显示，中国大陆中学生群体中的 NSSI 行为的检出率为 27.4%，大学生为 16.6%。不同地区不同群体中的检出率同样存在明显差异。在中学生群体中，大连初中生 NSSI 行为的检出率为 5.4%，沈阳初中生为 9.9%，上海市区初中生为 21.7%，深圳初中生为 31.3%，江西某农村地区初中生为 41.4%。两项联合多地区的针对初高中学生 NSSI 行为的调查显示，NSSI 行为的检出率分别为 7.9% 和 11.6%。其中一项针对农村地区的调查显示，安徽省和广东省的检出率最高，黑龙江省最低；另一项分别在城市和农村的调查结果显示，城市的检出率高于农村。

在大学生中，重庆一项研究的检出率为 3.7‰，南昌为 10.2%，安徽为 14.7%。武汉市两项报告中的检出率分别为 2.3% 和 10.5%，同一城市间的较大差距与入组标准和被试选择的亚群体有关。国内关于精神障碍患者中 NSSI 行为检出率的研究相对较少，一项研究纳入了 456 例心境障碍患者，结果显示 NSSI 行为的检出率为 61.8%，北京一项研究纳入了 153 例抑郁症患者，结果显示 NSSI 行为的检出率为 38.6%。对此笔者开展了全国多中心调查，结果见下文"我们的研究"。

国内外有关 NSSI 行为检出率的差异很大，主要原因是对 NSSI 行为的评定缺乏统一的标准，有些研究只要存在自伤行为即入组，有些研究自编自伤问卷进行筛选，有些研究虽然是通过发表的自伤评定量表进行筛选，但不同量表之间的标准也存在不同。评定标准上的差异会给检出率的研究带来重要影响，很难对各研究之间的结果进行比较。因此 DSM-5 给出了统一标准，并呼吁在统一标准下开展研究。

无论何种评定标准，自伤行为多见于青少年群体是公认的结论。一般来说，随着青春期的开始，NSSI 行为也开始出现，在中学阶段逐渐增多，且严重程度逐渐加重，在大学阶段逐渐减少，到大学毕业阶段已经很少存在，但在之后的年龄段也会零星发生。一项纳入了 32 项纵向研究 NSSI 行为的系统综述表明，随着时间的推移，NSSI 行为在青少年早期的发生率呈上升趋势，在青少年后期和青年时期的发生率呈下降趋势。DSM-5 也提示 NSSI 行为最常见始于 10 岁早期且持续多年，因该原因住院治疗在 20～

29 岁达到高峰后下降。另有研究表明，NSSI 行为的发生年龄从 12 岁左右开始，在十四五岁达到高峰，在 17 岁左右开始下降，其中社区样本在 20 岁达到第二个高峰，临床样本在 24 岁达到第二个高峰。2019 年笔者开展的全国多中心研究的结果显示，在中国精神障碍患者中，NSSI 的高发年龄段为 13～22 岁。

我们的研究

2019 年 7～9 月我们对国内精神障碍患者中 NSSI 的发生率进行了调查研究，全国 15 家精神专科（8 家）或综合医院（7 家）参与，分布在全国 8 个省份的 14 座城市。以 DSM-5 建议的 NSSI 行为诊断标准为标准，采用当面诊断访谈和问卷调查的方式，对连续两周内在上述医院精神心理科门诊（综合门诊或儿童青少年门诊）患者和某个病区住院的精神障碍患者进行了调查。

该研究初始共纳入了 3407 名患者，其中 109 人因不符合精神障碍诊断而被排除，最终有效筛查患者为 3298 人。其中女性 1893 人（57.4%），男性 1405 人（42.6%），年龄范围是 1～89 岁。门诊患者 2380 人，儿童青少年门诊患者 767 人，综合精神心理门诊患者 1613 人。住院患者 918 人，儿童青少年病房患者 206 人，综合精神心理科病房患者 712 人。共检出符合 NSSI 诊断的患者 221 人，NSSI 总检出率为 6.7%。门诊检出率为 6.8%，其中儿童青少年门诊 10.7%，综合精神心理门诊为 4.9%。住院患者检出率为 6.5%，其中儿童青少年住院患者为 12.1%，综合精神心理科住院患者为 4.9%。

我们用同样的方法在南京医科大学附属脑科医院心境障碍科也进行了调查，符合 DSM-5 建议 NSSI 诊断的门诊检出率为 18.8%，住院检出率为 13.0%。另外，我们统计了 2018 年全年住院患者的自伤行为检出率（不一定达到 DSM-5 诊断标准），在 14～25 岁的 168 例住院患者中，自伤行为检出率为 28.6%。可见，存在 NSSI 行为的患者更多在儿童青少年科和心境障碍科检出。

在 221 位 NSSI 患者中，女性 176 人，男性 45 人，男女 NSSI 人数比为 1∶3.9。女性患者的 NSSI 检出率为 9.3%，男性检出率为 3.2%，男女检出率比为 1∶2.9。

在 221 位 NSSI 患者中，年龄最小的是 12 岁，最大的是 56 岁。在各年龄段的检出率分别是 1～12 岁 1.1%，13～17 岁 15.9%，18～22 岁 13.6%，23～34 岁 3.7%，35～49 岁 2.2%，50～64 岁 0.2%，65 岁及以上为 0。检出"高原"出现在 13～22 岁，为 15.2%，高峰出现在 16 岁，为 18.9%。

总之，研究显示，我国精神障碍患者的 NSSI 行为，女性多于男性，集中出现于 13～22 岁的青春期和青年早期，但不仅限于这个年龄段，也可能出现在 12～55 岁，甚至全生命周期（图 1-1）。

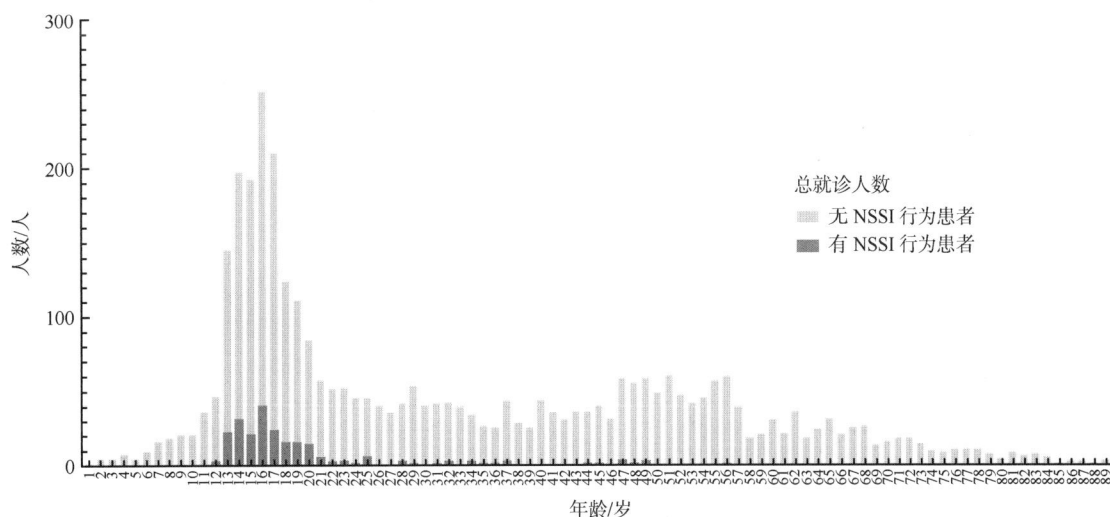

图 1-1　2019 年全国多中心精神障碍患者的 NSSI 行为情况调查

三、NSSI 行为的发生机制

NSSI 行为的发生机制错综复杂，因人而异。即便如此，经过近 20 年的临床经验总结和科学研究发现，我们还是能找到一定的规律。

（一）社会心理因素

NSSI 行为的社会心理因素主要表现为三大类：①边缘、冲动等人格缺陷；②被抛弃、被指责、被虐待等不良成长经历；③述情障碍、缺乏恰当的情绪调节策略和积极的应对方式等个体心理特征。这些因素符合临床心理学经典的"素质-压力"模型和"3P"模型，"3P"模型是指素质因素（predisposing factor）、诱发因素（precipitating factor）和维持因素（perpetuating factor）。以下从个体因素、家庭因素、社会因素三个方面分别介绍 NSSI 行为社会心理因素方面的发生机制。

1. 个体因素

（1）人格特质：自伤行为与边缘型人格特质有着非常紧密的联系。自伤是 BPD 的症状，有些人未能达到 BPD 的诊断标准，但存在边缘型人格特质。多项研究均证实了自伤的人的边缘型人格特质更为明显。存在边缘型人格特质的人情绪不稳定，自我评价不稳定，内心充满了担心被抛弃的恐惧感，这些因素均使自伤可能成为解决情绪冲突的消极方式。

冲动性人格特质也是导致自伤行为的重要个体因素。很多 NSSI 患者都报告了在情绪极度不稳定、冲动的情况下采取了 NSSI 行为的情况。冲动性人格特质包含消极紧迫感、缺乏预谋、缺少毅力、感觉寻求等几方面的内容，其中消极紧迫感、缺乏预谋分别来自大五人格中的神经质、责任心维度，是人格中与冲动相关的特征，它们与自伤行为存在密切的关系。我们研究组在全国多中心的研究中也发现了，NSSI 患者的冲动性人格特质明显高于对照组，而且这与脑额顶网络的皮质结构异常有关。

也有研究发现，有 NSSI 行为的进食障碍患者可能倾向于表现出更强硬、冷漠和超然等反社会人格特征，而且状态-特质焦虑量表的焦虑得分明显更高，在气质特征上也表现出更低的自我指向性和更高的伤害回避。另外，特质性攻击也是与自伤行为有关的人格特质，特质性攻击水平越高，自伤越频繁。

（2）情绪管理：自伤行为常被视为自我调节情绪的一种策略，当个体难以管理自己的情绪时，更容易采取自伤行为来控制情绪。有研究发现，情绪失调程度与自伤行为之间存在关联。一项有关情绪失调和自伤行为关系的荟萃分析研究显示，在情绪失调的各种维度中，缺乏情绪调节策略与 NSSI 关系最为密切。当个体无法通过认知再评估、表达抑制等方式调节、应对自身的消极情绪时，就更可能通过自伤行为来表达、传递或释放情绪感受。

述情障碍也是影响自伤行为的重要因素之一。述情障碍是指一个人难以识别和表达自己的情绪。研究表明，有自伤行为的个体比没有该行为的个体的确更难以识别和描述自己的情绪。全国多中心的研究也证实了述情障碍是 NSSI 患者最重要的心理因素之一。

（3）应对方式：研究证实，在经历虐待、忽视或家庭功能问题等不良童年生活经历后，孩子的自伤行为会随着消极应对方式的增加而增加，而且这种消极应对方式对女孩自伤的影响高于男孩。具体的消极应对方式主要包括逃避、自我责备等。研究表明，逃避型应对方式是反复自伤的青少年主要采用的应对方式，他们会通过吸烟、喝酒或者待在家里等方式逃避问题，还会通过发火、大声喊叫或责备他人来宣泄他们的消极情绪。此外，也有学者研究了积极应对方式与自伤的关系，并发现自伤的个体在积极重新关注和积极重新评价的维度上得分较低。同时，有研究认为，当出现自伤的想法或冲动时，问题聚焦的应对方式也许是抑制自伤的最有效的应对方法。

（4）自我形体的消极态度：相比于没有自伤的人，自伤的人对自己的身体显示出了更高的客体化意识，即对身体的羞愧感更高、对自己身体的关注度更高。有着更高身体客体化意识的个体常用局外人的眼光来评价自身的身体形象，当个体对自己的身体产生漠视或超然的感觉时容易做出自我破坏的行为，比如自伤。研究发现，有自伤的进食障碍患者对自身的外观评价更差，对身体部位的满意度更低，对身体的负面感受更多。除此之外，有学者进一步发现，即便没有进食问题，个体对身体的不满意也能独立地预测自伤。因此，身体形象可能是导致自伤的另一个重要因素，早期识别个体对自我形体的消极态度对于预防自伤可能也有一定的帮助。这一点在预防和干预中容易被忽视。

（5）自尊：自尊也是影响自伤行为的因素之一。在心理学的概念里，自尊与自我价值感有类似的含义，即对自己的综合价值的肯定。高自尊是指对自己的价值肯定程度高，反之亦然。一项关于成年人自尊与自伤行为关系的研究发现，与没有自伤的人相比，自伤者的自尊水平较低，而且自尊与自伤的严重程度有关。有关青少年的研究也有相同的发现，与低自尊的孩子相比，高自尊的孩子积累的负性情绪更少，从而使得他们更少地实施自伤行为。有研究发现，通过改善个体的自尊，还可以减少控制体重的个体的自伤行为。此外，学者也常将自尊作为中介变量探索其他精神病理特征或心理因素对自伤的影响。

（6）自我批评与自我怜悯：近年来，一些学者开始研究自我批评与自我怜悯对自伤的影响。从某种角度来看，自伤可能是一种特定的自我惩罚策略，个体试图通过它来应对自我批评的想法，因为在诱导自我批评的条件下，个体增加了对自伤的内隐认同。而自我怜悯是与自我批评相对应的一个概念。自我怜悯是指个体认识到人类都会经历失败与痛苦，当自己面对失败或痛苦时有善待自己的能力，而且能对痛苦的想法和感受保持专注与平衡。有研究发现，有自伤行为的个体的自我怜悯较少。同时，有研究也发现，个体害怕或拒绝怜悯自己也与自伤有密切的关系，女性自伤者对自我怜悯的恐惧程度显著高于男性。

（7）反刍思维：基于反应风格理论，反刍是个体对于痛苦的一种反应模式，包括重复和被动地关注痛苦的症状，以及这些症状的可能原因和后果。反刍，特别是思维反刍和抑郁反刍，与自伤行为发生的可能性有关。而且，有研究表明，反刍能增强童年情绪虐待、绝望感等和自伤之间的联系。不过其实很多自伤者清楚地知道自伤是一种适应不良的应对行为，最好应该放弃这种行为，但由于自伤有效地缓解了他们的痛苦，所以他们不愿意放弃自伤。而这些矛盾所造成的内心斗争会导致个体不断地反刍，进而加剧了自伤行为。

（8）心理弹性：或称压弹、心理复原力，是指能够保护人们免受负性生活事件带来的影响，并提高个体应对潜在威胁的能力，它能相对稳定地预测个体的心理健康状况。研究表明，自伤者存在较低的心理弹性。目前学者们在探讨自伤的影响因素时，常将心理弹性作为调节变量进行研究。例如，有研究发现，一个具有抑郁症状、受欺凌经历的人，如果再加上心理弹性水平不足，最终可能发生自伤行为。

（9）依恋类型：有研究表明，个体的依恋类型与自伤行为之间存在显著的关系。焦虑型依恋（也称专注型依恋）的个体在亲密关系中往往倾向于过度寻求保证以增加其不稳定的自我价值感，在亲密需求得不到满足时容易感受到极端的痛苦。因此，焦虑型依恋的个体在处于情绪失调时可能更容易实施自伤。同时，在相应的生理痛苦指标下，回避型依恋的个体更容易低估其心理痛苦的感受，这种模式可能会增加其采取自伤行为的风险。除此之外，研究者也证实了个体的自伤行为与童年时期主要照顾者的依恋状态存在一定关联。

2. 家庭因素

（1）家庭情况：多项研究证实，个体经历的不良家庭环境和事件，如父母离婚、单亲家庭、留守家庭、经济困难、父母家暴等，是 NSSI 行为的危险因素。有一项研究发现，相较于父母双方都外出打工的留守儿童，父母一方外出打工的留守儿童对有压力的生活事件更敏感，且随着压力的增加，这些孩子会出现更多的自我伤害行为。该学者对此结果的解释是，双亲都外出打工的孩子可能与祖父母或许多亲戚居住在一起，而父亲或母亲外出打工的孩子则一般由父母一方抚养，他们获得的关爱可能更少。显然，不同的家庭情况对自伤行为的影响也有所不同。

（2）家庭关系：家庭关系是人们生活中非常重要的组成部分，个体的心理健康状况与家庭关系密切相关。目前，学者普遍认为，研究亲子关系对自伤的影响具有重要意义。其中，2016 年 Martin Bohus 等就家庭危险因素方面强调了关系创伤对于个体实施自伤行为的重要性。自伤青少年的亲子关系特点是缺乏父母的有效保护、父母控制力强、和父母有疏离感等。也有学者提出，在影响大学生自我伤害的亲子关系中，与父亲的不良关系可能更值得人们关注。此外，还有学者研究了有自伤行为的青少年和其兄弟姐妹的关系，相比于对照组，他们在与其兄弟姐妹的相处中感受到的温暖和理解更少，与兄弟姐妹的竞争感更强烈。

（3）父母教养方式：DBT 的创始人林内翰认为，有自伤行为的青少年生活在一种无效的家庭环境之中，他们的个人经验和情感交流经常被家人忽视、轻视甚至惩罚，而不是被鼓励和支持。我们的临床经验和研究也支持，青春期后出现自伤行为的孩子常能够回忆起童年期遭受家庭虐待的经历。这种虐待不仅是通常理解的被家暴、体罚、责备，而且更多的是受到冷落、缺乏支持、对情感和身体的忽视，这些被忽视的经历通常会给孩子造成被抛弃的感受，这种感受作为核心信念埋藏于内心，青春期后的负性人际事件可能再次激活已被抛弃的信念，进而导致在情绪失调的情况下出现自伤行为。也有研究者发现，消极的父母教养方式可以通过非适应性的完美主义间接导致孩子的自伤行为，而且在所有消极的教育方式中，母亲的拒绝与非适应性的完美主义的关系最为紧密。

与此相反，有研究强调了父母教养中对孩子温暖、理解和支持的重要性，因为自伤者报告了较低的父母温暖、理解的水平，尤其是母亲。积极的父母教养方式能够降低孩子以后自伤发生的可能性，这可能是因为孩子感受到了更多的家庭支持。有研究结果直接表明，家庭支持在降低中学生 NSSI 行为方面能够发挥积极的作用。

3. 社会因素

（1）负性生活事件：研究表明，负性生活事件得分较高的个体更容易实施自伤行为。负性生活事件被视为个体重要的压力源，当这些事件给个体产生较大的压力体验时，采取自伤行为有可能是一种"环境应对"的方式。有学者通过一项纵向研究探讨了大学生的压力体验与自伤之间的关系，结果发现随着时间的推移，压力体验与自伤行为都能通过情绪失调的中介显著地预测对方。这是值得人们重视的，因为重复自伤可能会使个体的情绪应对策略无效从而感受到更多的压力体验，而压力体验又导

致个体不断自伤，形成恶性循环。不仅是大学生，另一项研究在青少年中也证实了生活压力事件与自伤之间的双向预测作用，青少年的生活压力事件主要包括学业成绩的不理想和与父母、恋人、朋友之间的人际问题等。

值得关注的是，受欺凌是影响青少年自伤的重要危险因素。多项研究均显示，受欺凌的经历增加了个体实施自伤行为的风险。青少年的受欺凌经历可导致抑郁等情绪问题，情绪失调又会导致自伤行为，而高的父母支持水平会"缓冲"受欺凌与自伤之间的联系。有学者在进一步的研究中发现，抑郁在受欺凌经历与自伤行为的关系中起到中介作用，这个发现只存在于女孩中；对遭受着高生活压力事件的男孩来说，经历更多的同伴伤害，则更有可能发生自伤行为。不仅如此，不同的暴力体验对个体 NSSI 行为的影响也存在性别差异，研究发现，肢体暴力、视觉暴力、冷暴力和性暴力对男孩 NSSI 行为有显著影响，而视觉暴力对女孩 NSSI 行为有显著影响。此外，不仅受欺凌有可能会导致自伤行为，欺凌他人的行为也与自伤行为存在一定的关联。

（2）人际关系：不良的人际关系也会影响个体的自伤行为。有研究分析了青少年自伤的发展轨迹，并发现不稳定的人际关系和父母的批评是有效区分有自伤行为与没有自伤行为个体的重要因素。在人际关系中，相较于被侮辱或批评的感受，被拒绝、排斥、抛弃或忽视的感受更能预测随后的自伤冲动，而且这种关系在一定程度上是通过内化消极情绪发挥作用的。一方面，被拒绝的经历可能会增加自伤行为；另一方面，那些存在边缘特质、情绪不稳定、不善表达的人，可能会因为受歧视或不被社会接受而遭到更多的拒绝。也有研究发现，长期的人际压力与自伤行为之间存在交互作用，具体来说，个体的自伤行为可以预测后续的亲密关系问题，对于青春期发育较晚的女孩而言，亲密关系压力也可能导致之后的自伤行为。

（3）社会支持：一般而言，社会支持是个体自伤的保护因素，获得社会支持越多的个体越不容易自伤。研究还发现，社会支持来源的不同，对自伤的影响也不同。具体体现在，相比于权威人物的支持，感知到来自亲近的人的支持更有可能会降低自

伤风险，缺乏这种支持则可能会增加自伤风险。同时，有研究发现，社会排斥感是青少年 NSSI 行为的危险因素，被拒绝感可显著增加 NSSI 行为的风险。

在社会支持方面，有两项有意思的研究。第一项研究调查了网络社会支持对青少年自伤的影响，结果发现，网络社会支持与自伤呈正相关，也就是网络社会支持多的人更容易自伤，如何解释这一现象呢？研究者认为，有自伤行为的个体可能在现实生活中缺少社会支持，才倾向于寻求网络社会支持，网络社会支持多的现象恰恰来源于现实生活中社会支持少，还体现出现实社会支持少的人容易出现自伤的事实。

第二项研究，个体在向他人表露自己有自伤行为后，虽然感受到的社会支持有所增加，但这种支持又会与以后更强的自伤冲动及更大的自伤可能性相关。这项研究表明，自伤后社会支持的增多反而可能会对自伤行为起到强化作用，社会支持的获得作为一种人际获益，强化了自伤行为。这一点恰恰是自伤行为常见的维持因素之一。

（4）社会变迁：NSSI 行为作为一种社会现象，与社会变迁存在一定关联。社会变迁泛指一切社会现象的变更，着重于社会结构的变化过程及其结果。在全球范围内，随着人类历史上前所未有的信息化快速发展、经济结构的日新月异、社会节奏的不断加快，精神疾病的谱系也随之发生着变化，全球范围内的 NSSI 现象均呈现增多趋势。在我国改革开放后，经济体制和社会结构发生了深刻的变迁。有学者提出，社会劳动分工推动了人类社会从传统社会向现代化社会的转变，但同时也导致了一些社会矛盾和冲突的出现。随着现代化的发展，农村劳动人口不断涌入城市，人们的价值观、生活方式、行为习惯等方面受到了很大的影响，这有可能会造成个体自我价值的迷失与冲突，从而引发各种心理问题。

近年来，越来越多的青少年面临很大的学业压力，这种压力削弱了他们对学习的认同感、对学校的归属感，导致他们难以感受到愉悦与价值，常常体验到不足和自责。与此同时，在社会变迁下家庭的稳定性面临更多的挑战，留守、单亲、离异、长期分居家庭的儿童更难获得应有的支持。在这些背景下，NSSI 行为通常可使他们获得短暂的存在感、愉快感，使心理痛苦有短暂隔离，或者他们需要自我惩罚，使个体将 NSSI 行为作为一种应对方式以缓解现实困境带来的压力。

（5）网络、亚文化与亚团体：近年来，网络上涌现出大量与 NSSI 行为有关的内容。研究显示，进行 NSSI 行为网络展示的青少年主要在个人网站、留言板、社交网站和网络视频网站上通过文字、图片和视频来展示其 NSSI 经历、处理方式和对 NSSI 的看法及感受等。网络 NSSI 活动是一把双刃剑。一方面，对有 NSSI 行为的个体而言，进行 NSSI 行为网络展示可以满足其归属感的需求、获得他人的帮助与支持、促进情绪表达；但它也存在潜在的风险，比如可能会增加个体对 NSSI 行为的认同并强化该行为，或者在网络传播的影响下 NSSI 被污名化，从而使个体不愿意向外界求助。另一方面，对没有 NSSI 行为的个体而言，也可能会因社会学习机制而诱发自身的 NSSI 行为。此外，有研究表明，在社交网站上花费更多时间的个人更有可能出现 NSSI 行为；当男生花更多的时间在知识共享网站上时，他们的 NSSI 行为会减少。

文化也可能影响个体的 NSSI 行为。有研究表明，与亚洲黄种人学生相比，白种人学生更有可能报告 NSSI 行为（尤其是切割），该行为的发生频率更高且更多样。也有研究认为，族裔/种族认同可能是某些群体的保护因素。例如，一项针对西班牙裔大学生的研究发现，强烈的墨西哥族裔认同与男性 NSSI 行为呈负相关，提示通过强调社会责任、力量和个人控制的社会性别角色可能会帮助减少 NSSI 行为。不过，也要考虑到族裔地位的作用。此外，有研究发现，文化适应压力和移民压力也与自我伤害行为有关。值得注意的是，宗教可能是评估与比较有自我伤害行为的不同族裔群体的一个更为综合的因素。有学者提出，美国原住民中 NSSI 行为的高发生率可能与历史上使用的基于文化的自伤仪式有关（例如在哀悼或宗教仪式期间），这可能使自伤成为一种可以接受的处理痛苦的方式。还有学者研究了宗教归属在预测 NSSI 方面的作用，并发现无神论者/不可知论者/非宗教信徒报告了较高的 NSSI 发生率，而浸信会教徒和伊斯兰教徒的 NSSI 发生率最低。

在不同的亚团体中，NSSI 的发生率与表现形式可能不同。许多学者在西方文化背景下比较了不同性取向人群的 NSSI 风险，结果发现，与异性恋者、男同性恋者或女同性恋者相比，双性恋者（尤其是女性）NSSI 的风险更高。值得注意的是，双性恋者发生 NSSI 的概率是异性恋者的 4.5～6 倍。同时，青少年的同辈群体也可能对个体 NSSI 产生影响。

研究表明，大约有一半的"另类"青少年发生自我伤害主要是为了调节情绪和交流痛苦。相比于"非另类"同龄人，"另类"青少年的 NSSI 频率更高。其中，一部分人会通过自我伤害强化他们的群体认同，即"感觉自己是群体的一部分"。另外，有研究也发现，女孩比男孩更有可能进行切割和撕咬，男孩则比女孩更容易拳打脚踢。

我们的研究

在全国多中心研究中，我们在不同地区的 12 家医院的精神科、医学心理科门诊中，以 DSM-5 建议的 NSSI 诊断标准为依据，采用问卷调查的方式，对精神障碍患者 NSSI 行为在童年创伤、述情障碍、边缘型人格与应对方式方面表现出的心理特点进行调查，并探讨精神障碍患者 NSSI 行为影响因素的作用模式。共有 318 例 NSSI 患者和人口学特征相匹配的 286 例健康者被试被纳入研究。两组比较结果表明，我国有 NSSI 行为的精神障碍患者存在以下特点：在童年创伤方面，患者遭受过更多的情感虐待、躯体虐待、性虐待、情感忽视与躯体忽视；在述情障碍方面，患者缺乏描述情感的能力、认识和区分情感与躯体感受的能力，外向性思维更严重；边缘型人格方面，患者症状表现更明显；在应对方式方面，患者更倾向于使用逃避、幻想和自责等不成熟型应对方式及合理化的混合型应对方式，更少使用求助与解决问题等成熟型应对方式。

我们还通过结构方程模型探讨了各影响因素间的作用关系。结果发现，童年创伤与述情障碍、边缘型人格以及应对方式的成熟程度共同导致了个体的 NSSI 行为。对 NSSI 行为总效应最大的是童年创伤，其次是边缘型人格，再次是述情障碍，最后是成熟型应对方式。其中，童年创伤可以通过不同途径影响 NSSI 行为，总间接效应量为 0.07，占总效应量的 23.3%，见图 1-2。

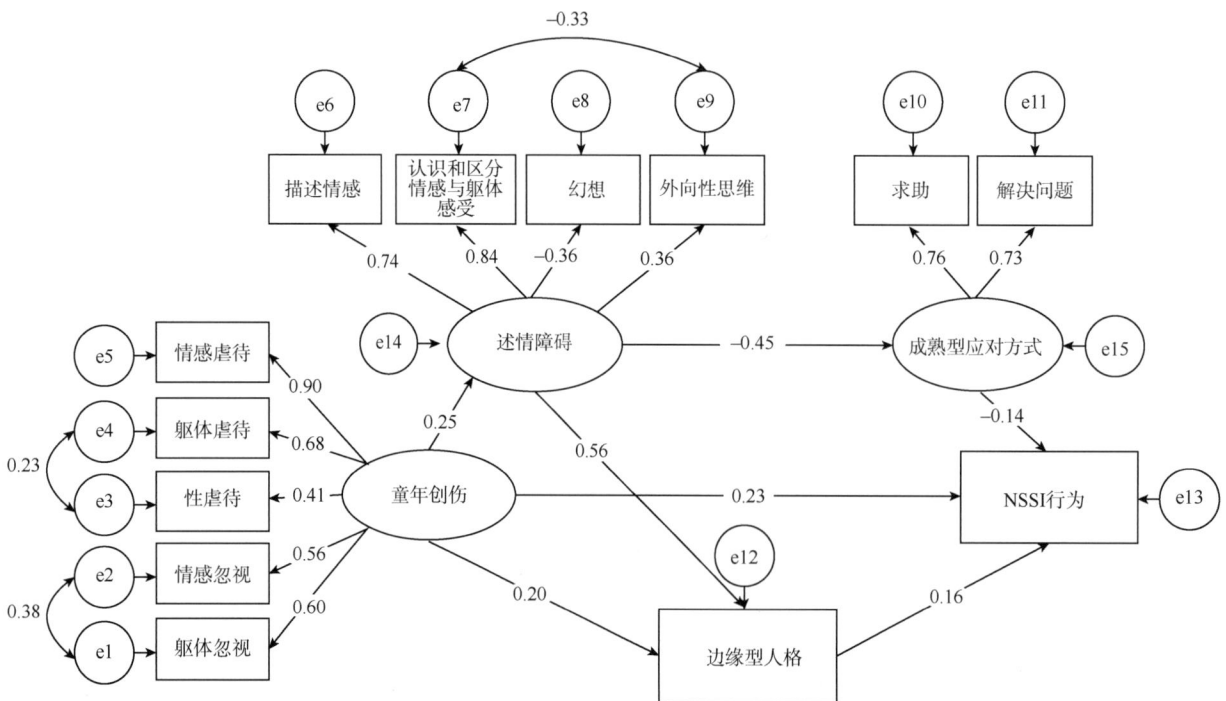

图 1-2 我国精神障碍患者 NSSI 行为影响因素的结构方程模型

（二）心理理论模型

NSSI 高发于青少年人群。青少年时期是儿童向成人的过渡时期，是人生的第二个关键期，身体加速成长，自我意识增强，身体看似和成人一样，渴望自由独立，但缺乏社会经历及解决问题的必要技能，内心充满困惑，情绪容易波动，做事容易冲动，容易出现人际关系上的困惑。自伤是一种无声的语言，在某种程度上是青少年使用的一种特殊的沟通方式。青少年通过身体上的记号来诉说内心无法言说的伤痛。青少年时期本应是充满活力、生机勃勃的阶段，为什么会采用这种被大家看来残忍的方式来表达他们内心的痛苦呢？上文讨论了 NSSI 行为的相关因素，此处进一步讨论心理理论模型，不同的理论模型对该行为有着不同的解读视角。

1. 行为理论 关注 NSSI 行为是如何产生及维持下来的，环境可以为 NSSI 患者提供行为模板，也可以影响 NSSI 行为结果。这里的环境包括家庭环境、社会环境、文化环境等，其中家庭环境的影响最大。如上文所述，现有研究发现，自伤行为与养育环境中被虐待、被忽视密切相关，家庭中的其他成员可能为孩子提供了自伤的行为模板，让孩子认为自伤是一件正确的事情，并将痛苦和被照顾关联在一起，这种环境中长大的孩子今后很可能将自伤作为照顾自己的一种方式。有些自伤的行为模板可能并非来源于家庭，而是来源于社会，如网络、亚文化、亚团体。

行为理论认为一种行为能够产生并且保持下来一定是受到了行为结果的强化。强化机制即自伤行为的功能，而强化物就是自伤行为的维持因素。强化包括正强化和负强化两类。

正强化是指一种行为的发生获得了正性刺激（自伤者希望得到的结果），这个结果导致该行为的增加。这个正性结果即强化物，可以是个人的内在强化物，也可以是社会人际方面的社会强化物。例如，有些自伤者时常会感到空虚，感觉不到自己的存在，在自伤时红色的血液渗出等感官的刺激会给他们带来自己真实存在的感觉或者莫名的兴奋，这种兴奋的内心体验即是内在强化物。有些自伤者通过自伤吸引别人的注意，感到自己

很"特别"，获得心理优越感；有的是通过自伤获得同学、老师和父母的关心，以便被更好地对待，这里吸引人注意、获得别人的关心即是社会强化物。现有研究发现，引起别人注意和关注是自伤行为两个最强有力的动机。有些自伤者通过自伤向同伴展示自己"很勇敢"或者让自己更好地融入某个小集体；有些自伤者通过自伤来控制他人；有些自伤者通过自伤来激怒父母或者其他亲近的人，通过让对方不舒服而报复或者表达对对方的不满。上述情况的共同特点是自伤的结果，是自伤者得到了自己想要的结果。

负强化是指一种行为的发生阻止或者消除了负性刺激（自伤者不想要的结果）的发生，这个结果导致该行为的增加。负性刺激减少的结果即强化物，可以是个人的内在强化物，也可以是社会人际方面的社会强化物。有些自伤者在有强烈的自杀念头时，采用自伤的方式来避免实施自杀行为，从功能来说，自伤是一种自救；有些青少年在自伤后，压迫性的痛苦情绪能够得到暂时释放和缓解；有些人对自己有着严苛的要求，当所做的事情让他感到非常自责时，通过自我惩罚来减轻自责感，并让自己感到舒服一些，这种痛苦感的缓解及自责感的减轻都是个人的内在强化物。有些则通过自伤逃避一些有压力的情景，如上学或者社交。患者逃避感到有压力的场景减少结果是社会人际方面的社会强化物。上述情景的共同特点是自伤者通过实施自伤行为，去掉了自己不想要的结果（痛苦感）。

这些行为结果都是自伤强有力的维持因素，成为下一次再自伤的潜在动机。总体来说，自伤的行为功能基本有三大类：情绪调节（包括缓解负性情绪和追求正性情绪）、人际控制和自我惩罚。

2. 认知理论 认知情绪模型认为，NSSI 行为不是不良情绪调节的单一结果，而是一系列认知和情绪过程的一种可能结果。该模型呈现出 NSSI 行为开始及维持的过程中认知、情绪动态的变化过程。该模型认为，面对情绪波动的情景，个体如果具有以下五个特点：①情绪反应倾向；②消极的自我图式；③结果预期、假设 NSSI 行为会达到自己期望的精神状态；④相信有能力进行 NSSI 行为的信念、抵抗 NSSI 行为能力不足的信念；⑤不良的

情绪调节策略,会显著增加用 NSSI 来进行情绪调节。与 NSSI 相关的认知是导致 NSSI 行为发生的重要因素,它决定了个体为何用 NSSI 行为而不是其他情绪调节策略。

情绪反应性、自我表征、NSSI 表征和 NSSI 相关的认知,均会影响情绪波动后的进程。这四个因素又相互影响,只要其中一个因素发生变化,其余因素也会相应发生变化。例如在注意力分配方面,个体如果倾向于关注消极刺激、忽视积极刺激,有可能影响其对自己、他人或世界的看法,可能会导致其产生消极的自我图示。同样,对 NSSI 的关注有助于形成 NSSI 的认知表征。自我的认知表征和 NSSI 的认知表征将会促使个体形成与 NSSI 相关的认知,主要包括 NSSI 行为的结果预期及自我效能预期。结果预期和自我效能预期在个体决定 NSSI 是否可以作为情绪调节的一种手段中发挥核心作用。如果个体对 NSSI 抱有积极的结果预期,且自我效能感降低,那么个体很可能选择 NSSI 作为情绪调节的策略。个体通过 NSSI 可以回避导致情绪不稳定的情景,回避痛苦情绪并调节情绪反应,从而导致 NSSI 得以维持。此外,个体在实施 NSSI 行为后,对 NSSI 的认知表征以及与 NSSI 相关的认知也有可能会受到影响并发生变化。对于试图减少或停止 NSSI 行为的人来说,尽管他们有停止自伤的积极结果预期,但如果存在强烈的无法抵抗自伤的信念,那么这依然可以导致复发。增强抵抗自伤能力的信念可能是预防复发的一个重要目标,见图 1-3。

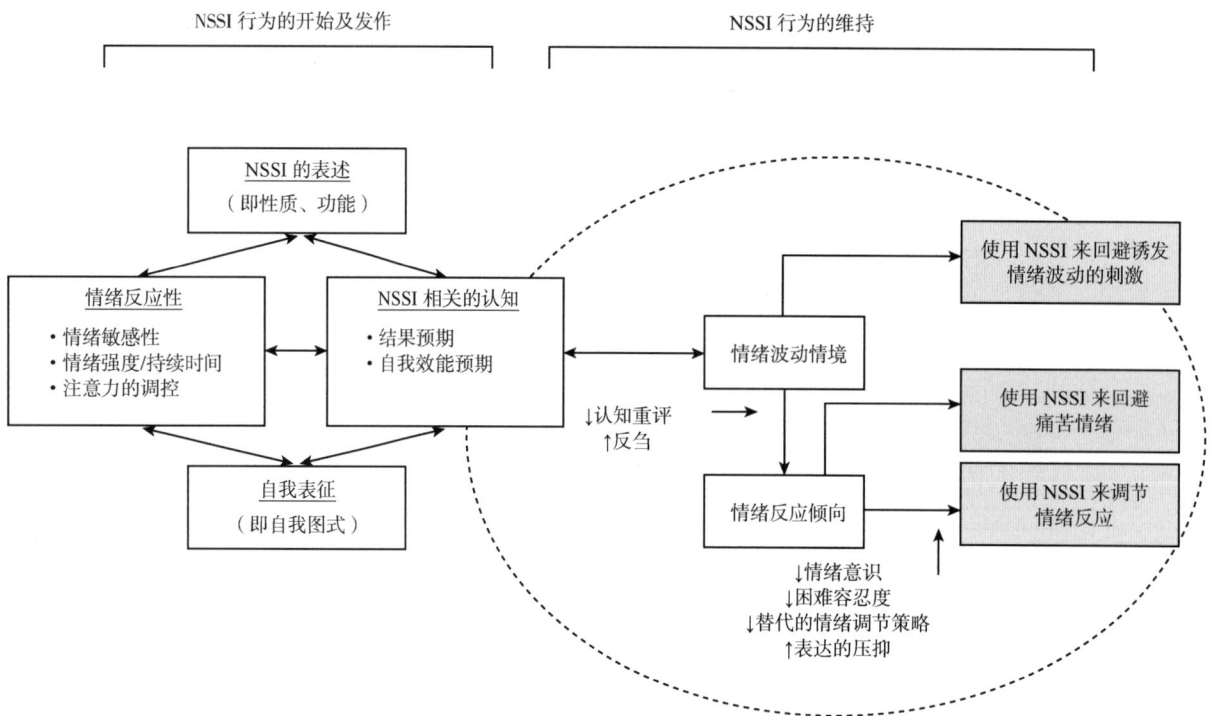

图 1-3　NSSI 行为的认知情绪模型

接纳承诺治疗为第三代 CBT,认为人类痛苦的根源是心理僵化,因此其治疗的目标并不是去解决某一症状,而是增加心理弹性。心理僵化由六个要素组成,即认知融合、经验性回避、概念化自我、脱离现实、缺乏价值、无效行动。认知融合是指相信头脑里的想法,从而影响情绪及行为。经验性回避意味着试图摆脱、避免或者逃避那些不想要的个体经验,如念头、情绪和记忆。概念化自我指用概念化的语言给自己下定义。脱离现实是指由于认知融合和经验性回避,不断回想过去的错误或可怕的未来,这就导致人们不能感受当下,失去直接的和此时此刻的真实经验,新的可能性就会被排除在外。缺乏价值指的是个体的既往经历导致其无法选择有意义的生活方式,导致个体缺乏价值感和自尊感。

无效行动是指个体为了降低概念化自我产生的负性情绪、一些无效的行为，这些行为在短时期内可能降低个体的负性情绪，让个体误以为是有效的，但长此以往和个体想要的生活背道而驰，导致个体更加缺乏价值感。

有些 NSSI 患者由于早年被忽视或者频繁地更换养育者，可能形成"我是一个不被人喜欢的人"这样的概念化自我，患者常常感受到自卑、无价值感，而在人际交往中可能对"被忽视、被讨厌、被抛弃"非常敏感。在人际交往中，如果他人未能及时满足患者的要求，可能会让患者想到"他不喜欢我，我很没用"。患者常常无法意识到这样的念头仅仅是想法，不一定是事实，这样的认知融合会引发患者的负面情绪体验，当负性情绪非常强烈时患者有可能采用回避的方式，如自伤来缓解情绪。这样的行为在短时期内让患者回避了痛苦的感受，但这样的结果又进一步强化了自伤行为，使得自伤成为缓解痛苦的一种行为模式。然而，从长期来看，患者并没有真正获得他人关注，反而让患者感受到更低的价值感。

3. 系统论　系统论关注 NSSI 行为与周围环境之间的关系。从系统论的视角来看，自伤不仅会对行为实施者产生影响，满足自伤者内心的愿望，也会对系统里的其他人产生影响。家庭系统是与青少年密切相关的系统之一，家庭中的每一个成员都是系统的组成部分，每个成员对外界事物的内在解释影响自己的行为模式，而这种行为模式反过来也影响家庭中的其他成员，从而影响整个系统。家庭系统是一个可以自我调节的自稳态系统，家庭有能力对内外的变化做出调整从而使得家庭系统趋于稳定。当孩子进入青少年阶段，家庭也进入新的周期，将面临孩子自主和独立的挑战，家庭成员的互动过程也将发生改变。青少年对父母的依赖减少，独立自主的愿望增加，父母不再是其心中的绝对权威，青少年开始向其同伴寻求指导和支持。在这个阶段，家庭可能需要改变原有的规则，设定界限和重新协商角色以适应青少年的成长。如果在这个时期，青少年过于依赖父母，则无法与同伴建立良好的关系，或者过于独立，家长无法快速地做出调整，则家庭系统的张力将会增加。

此外，青少年的父母在此阶段可能同时面临其他问题，如在职业领域的受挫、夫妻感情的危机、夫妻自身及其父母健康问题等。这些问题压力投向家庭，如果家庭物质或者心理准备不足，家庭系统的张力也会增加。当家庭系统的张力过大而失去平衡时，家庭内部的某一成员可能成为家庭的"替罪羊"，自伤作为家庭问题的"索引"而呈现，试图将系统维持在一个偏态的平衡中。例如，一对中年夫妻在新婚时琴瑟和谐，随着时间推移，两个人不能共同成长，内心的差距越来越大。及至中年，夫妻一方出轨，婚姻关系出现裂痕，父母争吵不断，冲突日益升级，家庭面临解体的危机，在这个时候，对父母无比忠诚的孩子很有可能通过"生病"让父母重新走在一起。比起其他一些较为隐蔽的或者程度较轻的悲伤、身体不适等，自伤有更强的力度，一方面可以让孩子重新获得父母因为婚姻问题而对孩子减少的关注和爱，另一方面也可能让父亲重新回归家庭，父母暂时搁置夫妻之间的冲突，重新回到对家庭的关注上。这样濒临解体的家庭回到了稳定的状态，只不过这种稳态是一种失功能稳态，是以牺牲孩子健康成长为代价的失功能稳态。

4. 精神动力学理论　精神动力学有着不同的理论分支，如驱力理论、自体心理学理论、客体关系理论等。驱力理论认为，自伤是对生的驱力、死的驱力以及性冲动的表达或压抑。有些学者则认为，自伤是生的驱力和死的驱力之间的妥协。自伤就像是"微型自杀"，它包含自我毁灭的感觉、行为，并创造一种"掌控死亡的幻觉"。它通过将一些更具体的破坏性冲动引入自伤的方式来避免彻底的毁灭，从这个意义上讲自伤是避免自杀的一种应对方式。此外，自伤是一种获得性欲满足的方式，也可能是对性冲动的压抑或者对性感觉和行为的控制。

情绪调节模型涉及客体关系理论、自体心理学理论，该模型认为自伤是自伤者用来调节情绪的方式，自伤可能与隔离相结合，通过和情绪保持距离达到调节情绪的作用。情绪调节使个体能够意识到、理解、接受自己的情绪体验，并能够灵活运用策略做出适当的行为。

Chapman 等认为，自伤者的情绪调节障碍表现为三方面：情绪表达不能、情绪调节困难和高强度情绪。其中，情绪调节困难常常与自伤者消极的早年经历有关。有研究证实，早期的创伤体验是自伤和情绪调节障碍的中介。在早年经历虐待、忽视以及感情丧失的个体，其情绪能力发展将会受到限制，一方面，他们无法在不良的环境中学习如何恰当地表达情绪，获得恰当的情绪调节策略；另一方面，他们承受了更多的压力、痛苦和挫折，这些负性刺激更容易唤起强烈的消极情绪，他们常常会感受到压迫性情绪，这增加了情绪调节的难度。自伤可以表达和外化这种对自己或者对他人的难以忍受的压迫性情绪。自伤可以用来表达情绪以及对自我和对他人的冲突，并且当个体感受到压迫性情绪时，自伤可以让其获得一种控制感。很多自伤者会在自伤的过程中体验到强烈的情绪压力上升及下降的循环。自伤前情绪压力升高，自伤时血液的流出及感受到的疼痛会让其情绪回归平静，这个过程给自伤者创造一种控制情绪的感觉。

多位学者认为，这种压迫性情绪可能与想要切割掉之前被抛弃的感觉有关。这种情绪可能是因为自伤者害怕对抛弃自己的人产生的愤怒摧毁了对方而将愤怒转移到自己身上，这种感觉里既包含对抛弃自己的人的愤怒，又包含被对方拒绝的痛苦。此外，自伤似乎是一种情感痛苦的身体证据，以便自伤者确定他们感觉到的情绪是真实的、合理的、可以被允许的，从而验证和表达这种情绪。自伤可以通过创造一种控制感来帮助自伤者调节这种压迫性情绪，让被抛弃的被动痛苦转化为可以控制的主动痛苦。

自伤不仅有助于验证内在的体验，而且也有助于向他人表达自己的情感。自伤者常常难以用语言清晰地表达自己内心的感受。如果语言不能表达自伤者的内心，那么自伤可能是一个更好的替代品，用最原始的方式表达情感、交流经验、控制他人。例如，一个青春期的女孩感到母亲是一个非常强大的、令她恐惧的人，和母亲在一起时常感受到"被淹没"，这时她会通过自伤来解决问题。一方面，身体被她当作一种工具，通过伤害自己的身体可以真正表达出无法用言语表达的对母亲的愤怒；另一方面，自伤也可以帮助她将无助感转换为一种全能的感觉。

解离模型认为，自伤是对分离体验的防御。自伤者在面对压迫性情绪时，自我的完整性受到威胁而产生分离体验，自伤的目的是结束这种分离体验。自伤留下的瘢痕能够为自伤者创造一种存在的连续感，能够将自伤者分离体验中的片段的情绪与事件进行整合。

边界模型认为，自伤是自伤者用来创造一个区分自己和他人边界或者获得自我身份感的方式，这种边界感可以抵御个体被他人吞没或者失去身份的恐惧。这种解释主要来源于客体关系理论和自体心理学理论。自伤者在生命早期没能够建立安全的依恋感，因此无法完成与其母亲分离，无法顺利地完成分离个体化的任务，在这种状态下自伤者与他人之间的边界是模糊不清的。皮肤是自己与他人的基本边界，可以避免个体支离破碎。依据 Muller 的"记号理论"，这种情况下的伤口常常是重复表浅的切割伤口，自伤者试图在皮肤上做记号。流血或者瘢痕是建立身份感的一种手段。Winnicott 认为，深度的伤口有着不同的意义，它意味着自伤者试图消除边界感，这样好让其感受到与其母亲的融合体验，获得温暖和安全的感觉。

5. 自伤的整合模型 Nock 提出了自伤整合模型，该模型同时考虑了生物因素、社会因素、心理因素，有助于全面理解自伤行为产生的原因。该模型提出以下三点内容（图 1-4）。

（1）自伤是一种个体用来调节其情感/认知体验的方式，自伤也是人际互动中的一种沟通方式。

（2）高情绪/认知反应性的遗传素质、童年创伤、来自家庭的敌意/批评是自伤行为的危险因素，这些危险因素将引发个体自身脆弱因素（高负性情绪、高负性认知和低压力容忍度）和人际脆弱因素（社交技能不足、社交问题解决技能不足），从而产生情绪调节困难及人际沟通障碍。这些脆弱因素使得个体在遇到压力事件时，引发情绪过度唤起或者唤起不足，或者无法满足处理需求，进而采取自伤行为。

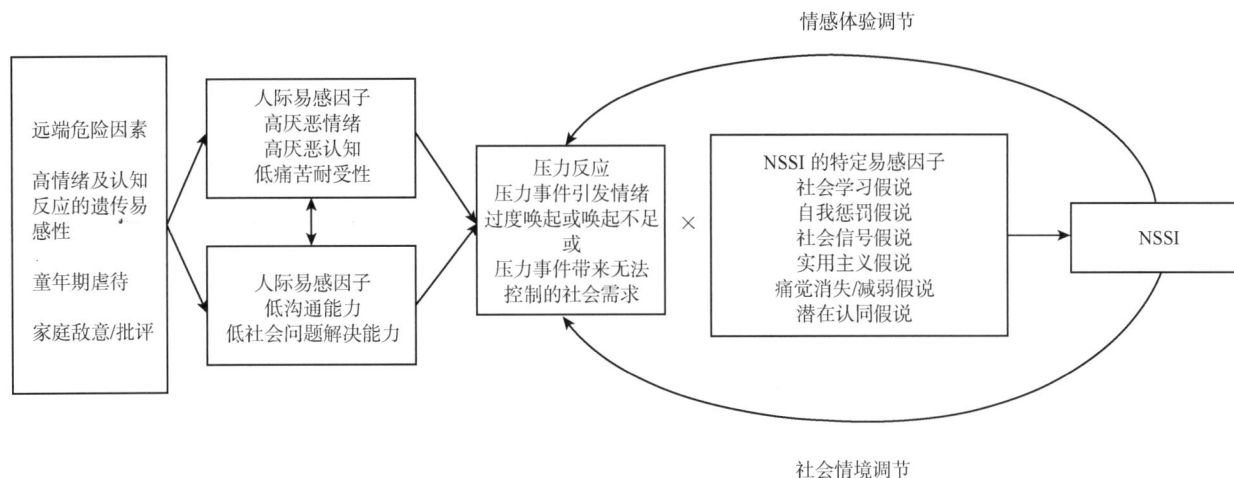

图 1-4 自伤整合模型

（3）六种假设具体解释了自伤者最终选择自伤而非其他途径解决问题的原因。这六种假设分别是：社会学习假说、自我惩罚假说、社会信号假说、实用主义假说、痛觉消失/减弱假说和潜在认同假说。

社会学习假说认为，NSSI 行为的产生可以通过观察他人的行为而出现。很多青少年反映他们最初是从朋友、家人或者网络媒体里了解到自伤行为。

自我惩罚假说认为，自我惩罚和自我贬低可以引发自伤，自伤代表一种自虐方式，这种方式通过不断被他人虐待而习得。有研究表明，儿童期的虐待与 NSSI 之间的中介因素正是青少年自我批评。

社会信号假说认为，人际互动中温和的行为策略，如说话、喊叫传递的信号不够强烈，导致互动没有达到预期效果，NSSI 尽管是一种有害的行为，但是可能是一种非常有效的手段，能够传递更为强烈的信号，改变人际互动的环境。

实用主义假说认为，从实用主义来讲，NSSI 是一种相对快速且容易实施的方法。由于它可以在任何情况下快速实施，并且不需要其他复杂的工具，因此它对情绪控制障碍的青少年具有吸引力。

痛觉消失/减弱假说认为，个体在实施 NSSI 行为后，体内的内啡肽水平升高，内啡肽水平的升高可以产生镇痛效果，因此在临床上可以看到有些自伤者报告在实施自伤行为时并不感到疼痛或不太疼痛。

潜在认同假设认为，自伤者采取自伤行为是因为其认同自伤行为，并将自伤行为作为解决问题的有效手段。这种认同使得人们在调节情绪时选择自伤而不是其他行为。正如有人会选择吸烟而非跑步调节情绪，是因为他是吸烟者而非跑步者，在既往的经验里这样的方式对自己是有好处的。

上述的心理假设有交叉重叠的部分，聚焦在具体的自伤者本人身上，其行为可能同时存在多种动机，或者在不同的阶段，其自伤行为的动机有所差异。Nock 和 Prinstein 研究发现，为了减轻急性负性情绪而自我伤害的人比其他原因自我伤害的人更绝望，更有可能试图自杀。

6. 获益和阻碍模型 该模型由 Hooley 和 Franklin 于 2018 年提出，他们提出了关于 NSSI 行为实施的独到见解。该模型认为，实施 NSSI 行为是获益因素和阻碍因素综合作用的结果，个体只有克服了阻碍因素才会去实施 NSSI 行为。NSSI 的四个获益因素包括改善情绪、满足自我惩罚的愿望、获得他人的关注、有效的人际交流方式。五个阻碍因素包括缺乏对 NSSI 的接触或自伤意识、自我价值感或与自我的积极联系、避免身体疼痛的愿望、对 NSSI 刺激的厌恶以及社会规范的要求。获益是自然的，改变获益是困难的，因此如果把获益因素作为干预的靶目标，效果不理想，干预的目标应该聚焦于增大阻碍因素。

案　例

案例介绍

L，男，14岁，独生子，名校初二在读。主诉因"情绪低落、睡眠差、易怒"就诊。门诊可见双侧手臂布满新旧划伤后的瘢痕。6个月前，L在期中考试成绩不理想后逐渐出现心情低落、打不起精神，入睡困难、早醒，头痛、胃痛、有时感到全身多处难受，但说不清具体的部位，放学回家总是称很累。家人反复带他到综合性医院各相关科室检查，未见器质性问题。由于L就医频繁请假，功课逐渐落下。L在小学时学习成绩非常好，常常被老师及周围的叔叔阿姨作为他人的榜样，夸赞L懂事、自律、学习好，是班上的学霸。频繁请假让L的父母非常焦虑，他们担心L跟不上学校的学习进度。父母时不时流露出埋怨、焦虑的情绪，认为L是在装病，逃避上学。L感到委屈，觉得自己明明很难受，父母却说自己没病，他感觉父母不理解自己。有时状态好L会去学校，但坐在教室里感到心神不宁，无法集中注意力，感觉头脑似乎不好使了，也感觉听不懂老师讲的内容。以前上课老师提问时，自己总是能够回答出很多同学回答不上的问题，现在觉得老师提问的问题好像都很难。

有一次上数学课，L又走神了，老师突然提问他，L毫无准备，站起来面红耳赤，不知如何作答。L感到身体发抖、心跳加快，手心都是汗。听到同学们的笑，L感到他们都在嘲笑自己。L不记得之后老师说了什么，也不记得自己是如何回到座位上的，自己是如何熬过剩下的时间的。从那以后L就不愿上学了，想到在学校的经历就感到很难受，觉得自己很没用。L不愿出门，感觉邻居看自己的眼神都很怪异，大家都知道自己平时学习非常好，现在不去上学，肯定都会笑话自己，拿自己去给别人当反面教材。L在家过着昼夜颠倒的生活，感觉干什么都没意思，平时在学校里也没什么朋友，个别几个能说在一起的朋友也只是一起玩玩，不会去讲心里话，现在更不愿联系了。父母难以沟通，回想这么多年父母好像和自己说得最多的是学习，而且常常是讲一堆大道理。自己好像除了学习什么都不擅长，只有靠玩手机来打发时间。L时不时感到特别痛苦，时常流泪，有时候是因为看到班级群里发的消息，有时候是因为父母唠叨自己，有时候也不知道是什么原因，自己的情绪一下子跌入了低谷。L感觉自己似乎进入了一个黑洞。

偶然一次，L在摆弄美工刀时不慎划伤了自己，让L感到惊讶的是竟然没有感觉到痛，并且看着血从伤口里渗出，心里轻松了很多。此后心情不好时，L常常用美工刀划伤自己，两个胳膊到处可见划痕，有些已经成为瘢痕。当L看见血液从伤口里渗出时，感觉似乎一些不好的东西也被排出体外。L有时也会感到绝望，感到活着没有意思，几次站在窗前想跳下去，但看到街道里穿梭的车辆、来来往往的行人，又感到害怕。L觉得自己跳楼对不起父母，所以跨出去的那条腿又收了回来。然而，这种感觉太痛苦了，L担心自己不知道哪天真的受不了这种痛苦而跳楼。内心百般冲突，又拿起来美工刀……

L小学之前在外婆家生活，外婆文化程度不高，总是忙于操持家务，L性格内向，不擅交流，几乎没有关系要好的朋友。上小学后，L回到父母身边生活。记忆中父母总是争吵或冷战，他们虽然生活在一个屋檐下，但是很少交流，反而在外人面前表现出和谐。父母曾经数次想离婚，L常听母亲说："要不是为了你，我早就跟你爸离婚了。"父亲工作很忙，性格有些急躁；母亲有轻微洁癖，下班回家后总是忙着做清洁，对L的生活起居要求严苛、干涉也很多。父母从小均学习成绩优异，目前在让人羡慕的事业单位工作，父母同事的孩子大多学习都比较好，似乎学习成为同事之间隐形的"攀比方式"。父母对L的学习非常重视，在报辅导班方面从不吝啬钱，孩子在学习中遇到困难时，他们都会积极帮助孩子寻找老师。他们不吵架的时候对L很好，父母会分别给L买衣服，带L出去玩，记忆中好像很少有一家三口休闲娱乐的时光。父母吵架时，L的日子有些不好过，L会躲在自己的房间里假装没听见，内心却百感交集，有时伤心、恐惧，有时心烦、麻木。父亲常常去单位加班，母亲常常一个人独自在房间里看电视。L希望父母能够一起陪陪自己，但不敢跟父母说自己的心情和想法。这让他经常感到失望和无助。L小学多在外婆家生活，小学毕业后回到父母身边，L感觉很孤单，也不知道如何和父母相处，心里常常感到紧张，担心自己哪句话没说好就会引发父母的争吵。

L在小学阶段常常被老师及亲朋邻里夸赞懂事、自律、成绩好，被作为榜样，父母常常以此为荣。每次考试取得好成绩时，父母会一起带他外出购物、吃饭庆祝。这个时候的父母脸上挂着笑容，L体会到一家人在一起的温暖。小学四年级时，有一次下课后在走廊，L被打闹的同学冲撞摔倒，受到惊吓，又害怕又生气，放学后老师告知父亲他被撞倒了，父亲安慰老师说不是大事，回家后与L说："不要理会这些小事，只要好好学习成绩好，自然会有老师帮你、护着你的。"这让L感到失望和无助。

幸运的是，L的父母无意中发现了L的划痕，这才意识到问题的严重性，带L到医院的精神心理科就诊。在药物帮助下，L的情绪、睡眠有所改善；在心理治疗师的帮助下，L的父母逐渐理解了孩子的感受，改变了与L相处的方式，夫妻关系也有所缓和，最终L重返学校。

案例解读

从行为理论来看，L的自伤行为是不断被其行为结果所强化而维持下来的。L在生理上可能存在内源性阿片肽系统功能异常，在摆弄美工刀时不慎划伤自己并未感觉到疼痛，却有一种轻松的感觉，这种自伤后短暂的、轻松的感觉强化了其自伤的行为。

从认知行为理论来看，L的母亲有洁癖、控制欲较强，这提示L可能存在焦虑的遗传易感性。L在摆弄美工刀时不慎划伤自己并未感觉到疼痛，反是有一种轻松的感觉，这提示L可能在生理上存在内源性阿片肽系统功能异常。这些都提示L可能存在情绪异常及自伤的生物学因素。在早年成长经历中，L在小学之前与外婆生活，外婆忙于操持家务，可能无法给予其情感支持，有被忽视的可能。L回到家后被母亲控制，父母频发争吵。争吵后母亲常独自看电视，而父亲选择离开家。母亲甚至说"要不是为了你，我早就跟你爸离婚了"，而父亲以疏远家庭、忙于工作的方式来回避家庭问题。然而，父母在L考试成绩好的时候多呈现出"幸福家庭"。这些都可能促使L形成"我不被人喜欢"的核心信念。L在这样的养育环境中发展出的中间信念是"学习重要；如果我成绩好别人就会喜欢我，如果我成绩不好，别人就会不喜欢我；如果我听话别人就会喜欢我，如果我不听话别人就会不喜欢我"。由此发展出过度关注学习成绩、乖巧、听话、压抑自己的情绪、过分在意别人的看法的补偿策略。在初中以前，这样的补偿策略一直奏效，L由此得到老师、父母的喜爱，成为他人羡慕的"别人家的孩子"。初中考入名校，在这种尖子生聚集的地方，L对学习过度关注的补偿策略效果将会打折，这将会激活患者"我不被人喜欢"的核心信念。核心信念激活将会引发患者的不良情绪，而L的重要养育者都未能给其提供应对不良情绪的有功能的行为模板，L自我发展的方式是压抑情绪，这种压抑情绪的方式只能增加情绪强度，直至成为一种压迫性情绪。患者偶然一次的自伤行为让这种压迫性情绪得到了释放，这种释放后的轻松感将会强化L的自伤行为，最终自伤成为"成瘾"行为。这种自伤行为在短时间内虽然减轻了患者的情绪压力，但长期会阻碍患者探索发展其他有功能的情绪调节方式。反复的自伤可能也会让他人对L形成不好的看法，由此将会进一步强化L的"我不被人喜欢"的核心信念。

从系统论来看，L从小乖巧、听话、懂事，在他人眼中自律性强。然而，母亲干涉、控制较多，孩子对母亲可能更多的是顺从，孩子表达自我需求和感受受到限制。及至青春期，L的自我意识逐渐增加，家庭也随之进入了一个新的阶段，父母需要依据孩子的特点改变和孩子相处的模式，修改之前不适应的规则。然而，母亲依旧按照原来的方式对待L，父亲也只关心L的学习，忽视了其受伤的内心，并认为"只要学习好，老师就会保护你"。在L自伤后，父母陪孩子就诊，开始反思家庭中存下的问题，从这个角度来看自伤行为似乎是对旧家庭规则的反抗，是对需要建立新规则的呐喊。此外，L的父亲中年出轨，使得父母婚姻面临危机。但在发现L自伤后，父亲因为担心孩子出事，下班后在家的时间更多了。自伤行为让父亲被迫回归到家庭生活中，从而在一定程度上维系了父母的婚姻。

从精神动力学角度分析，L从小与外婆生活，直到幼儿园毕业，而外婆内向，不擅长交流，也没朋友，L大部分时间和外婆待在家里，这样的成长环境让L的情感也会经常被忽视，L也没发展和朋友交往的能力，言语化能力发展也受到了限制，不会用语言表达情绪。L曾经在治疗中表达：他小时候经常觉得很孤单，也很无聊。但是他就是没办法加入其他小朋友的玩耍中，他很羡慕那些一起玩耍的孩子，但是只要去跟他们一起玩，好像总会做错事情，被别人嫌弃。在他小学回到父母身边后，他非常渴望得到父母的关心和爱，但父母经常吵架冷战，对他的情感疏于关照，这让他非常失望和无助。而他获得被他人重视、关注和维护自尊的方式似乎只有学习。上名校前，一切似乎很顺利。上名校后，学校里的竞争更加激烈，本来一次考试不好对学生来说是很平常的事情，但是对L来说考试成绩和别人喜欢、自信联系在一起，因此L产生了很大的消极情绪，这种情绪最初以身体不适的方式表达出来。多次就诊检查发现"无病"后，家人表现出埋怨L的态度，这让L更加担心父母不再喜欢他。他曾在治疗中说过这样的想法："他们现在还没放弃我，是因为我是他们唯一的孩子。如果他们再有一个孩子，他们肯定早就放弃我了。"课堂上没能回答上老师的问题也加重了他对于老师和同学不喜欢自己的担心。当L内心渴望得到客体（父母）的爱，而父母不能给他想要的爱时，他会对父母非常愤怒，却又担心愤怒的表达会失去父母的爱，这时候L的内心非常冲突。他会自责自己不好、没用导致成绩下降，将愤怒的感觉转向自己。自伤一方面是愤怒转向自己的表现，另一方面也攻击了父母不能给他想要的爱。从边界模型来看，L的母亲控制、干涉较多，自伤似乎可以帮助L划清与母亲的边界，保持独立的身份感。但从温尼科特的观点来看，自伤也意味着自伤者试图消除边界感，这样好让他感受到与母亲的融合体验，获得温暖、安全的感觉。从这个角度来看，来访者很有可能既有与母亲划清边界、独立于母亲的愿望，免受她的侵入和干涉，却又无法脱离不得不依赖母亲，甚至与母亲融合才能生存的现实。比如他会在治疗中说："我非常讨厌妈妈管我，她经常把她的想法强加给我，我讨厌她什么小事都干涉我。但是她不管我，我又很伤心，觉得她要放弃我。"但是当治疗师进行父母咨询工作时，L的妈妈又会给治疗师反映L什么小事都要问妈妈，例如今天穿什么，吃什么，问到妈妈都觉得很烦。此外，L常常处于绝望，试图跳楼解脱，但是念及父母的感受又顾虑重重，在这种内心冲突的情况下自伤有可能起到帮助其对抗自杀想法的作用。

（三）生物学因素

很显然，并不是所有经历家庭问题、人际关系冲突、遭遇欺凌、童年期忽视、有朋友参与自我伤害的人都会发生NSSI。正如其他问题行为，如成瘾、攻击等，NSSI具有一定的生物学机制。

1. 遗传学研究

（1）双生子研究：双生子研究表明，遗传因素在NSSI中具有重要作用。经典的双生子研究是行为遗传学中普遍采用的设计，用来解释遗传和环境因素对一个现象的影响。目前已发表的关于NSSI的双生子研究仍有限。早期有研究发现，自伤想法呈中度遗传，遗传度约为36%；而自伤行为则不可遗传，只能由环境因素来解释。但该研究的样本量较小，仅纳入483对双生子。随后，2014年发表在 *JAMA Psychiatry* 上的一项研究扩大了样本量，对终身存在自我报告的NSSI行为和自杀观念的10 678

对澳大利亚成年双生子进行了研究。双变量遗传分析模型显示，两种表型呈中度遗传，其中男性NSSI行为的遗传度约为37%，女性为59%；男性自杀观念的遗传度约为41%，女性为55%，而共享的环境因素则影响较小。而且NSSI行为与自杀观念存在显著相关性，这种相关性在很大程度上可以由重叠的遗传机制解释（男性62%，女性76%）。上述研究有力地支持了NSSI的遗传效应，并提示NSSI行为与自杀观念有着相似的遗传基础。

（2）分子遗传学研究

1）候选基因研究：NSSI行为的遗传易感性逐渐受到各界学者的关注，其候选基因研究主要聚焦在神经递质系统。5-羟色胺（5-hydroxytryptamine，5-HT）系统在情绪调节中起到关键作用，一些学者围绕参与5-HT合成、转运和分解等过程的基因与NSSI的关联展开研究。色氨酸羟化酶（tryptophan hydroxylase，TPH）作为合成5-HT的限速酶，是

5-HT 系统中重要的调节因素。国内外研究提示，*TPH1* 基因 A779 多态性位点是蓄意自伤风险等位基因，A218 多态性位点与攻击和自杀行为显著相关。另外，具有 TPH2 风险单倍型者会表现出更高的攻击性和情绪不稳定性，上述特征与 NSSI 行为的发生密切相关。

随着对基因和环境交互作用的深入认识，一些理论在强调理解青少年自伤行为的同时，应考虑遗传和环境风险因素的复杂影响。例如，5-HT 失调与某些不良的家庭互动模式作用，可能导致个体情绪管理困难，进而增加自伤风险。有研究发现，自伤青少年的负性情感水平较健康青少年更高，而正性情感和内聚力水平更低，并且自伤青少年外周血 5-HT 水平与消极情绪和冲突相互作用，可以解释自伤行为 64% 的变异。有研究通过遗传易感性-应激模型来解释 NSSI 行为，认为 5-羟色胺转运体基因启动子区域（5-HT transporter-linked polymorphic region，5-HTTLPR）多态性与慢性人际压力的交互作用对 NSSI 产生影响，短等位基因（S）携带者在经历严重的慢性人际压力时表现出更高频率的 NSSI，这个结果也在另一独立样本中得到了重复验证。5-羟色胺转运体（5-HT transporter，5-HTT）负责调节 5-HT 的再摄取，5-HTTLPR 短等位基因（S）较长等位基因（L）的转运效率更低，从而降低 5-HTT 的再摄取。*5-HTT* 基因表达水平的下调也与低抗压能力及抑郁症状相关，因此，短等位基因（S）携带者更容易处于高度压力环境下。而另一项 5-HT 系统基因交互研究中未发现 *5-HTT* 和 *5-HTR1B* 基因与 NSSI 存在关联。

NSSI 患者具有明显的冲动性，遗传因素能解释冲动性特征 45% 的变异。多巴胺（dopamine，DA）系统主要参与情绪调节和冲动控制。在多巴胺系统中，单胺氧化酶 A（monoamine oxidase A，MAO-A）主要负责降解大脑中的单胺类神经递质，包括 DA、5-HT、去甲肾上腺素等。研究发现，MAO-A 基因多态性通过影响边缘皮质回路的发育和功能来调节抑郁情绪和冲动性。儿茶酚胺-氧-甲基转移酶（catechol-*O*-methyltransferase，COMT）基因也是多巴胺系统的重要基因，其中 COMT Val158Met 多态性与精神障碍的研究较多。有关情感障碍患者的研究发现，*COMT* 基因单倍型 G-A-T（rs737865-rs6269-rs4633）单倍体与自杀未遂、NSSI 和自伤行为存在关联，但 *P* 值经过多重校正后无显著差异。*MAO-A* 基因和 *COMT* 基因的相互作用会影响大脑中 DA 神经传递和下丘脑-垂体-肾上腺轴（HPA 轴）的应激反应。考虑到自伤行为的复杂性可能受多个微效基因和环境因素的共同影响，有学者从多基因-环境交互作用的视角探索 NSSI 的发病机制。国内一项研究采集了 269 名中国男性青少年唾液样本，对此进行了 *MAO-A* 基因 T941G 和 *COMT* 基因 Val158Met 多态性分析，并发现 NSSI 青少年 *MAO-A* 基因、*COMT* 基因和儿童期虐待三者之间存在二阶交互作用，除 *MAO-A* T 等位基因和 *COMT* Met 等位基因携带者外，所有受试者在暴露于较高水平的儿童期虐待时均表现出更高频率的 NSSI 行为。因此，*MAO-A* T 等位基因和 *COMT* Met 等位基因可能是 NSSI 的保护因子，并且这两个基因在男性青少年儿童期虐待与 NSSI 行为关联中起着重要的调节作用，这证实了 NSSI 的多基因基础。

最近，一项国内的小样本研究发现，神经胶质高亲和性谷氨酸转运体 *SLC1A3* 基因 rs2269272 多态性位点可能是 NSSI 的易感基因，其中携带危险等位基因 *T* 的青少年发生自杀的风险更高，并且更可能采取暴力的方式自杀。

除神经递质系统外，研究者也表明脑源性神经营养因子（brain derived neurotrophic factor，BDNF）基因 Val66Met 多态性与情感虐待的交互对 NSSI 存在影响，携带两个 *Val* 等位基因的青少年，其情感虐待经历能够显著预测 NSSI。

2）常见变异研究：既往 NSSI 候选基因研究主要集中于影响神经递质功能的单个位点，但单个位点很难解释该复杂行为的遗传学机制。全基因组关联研究（genome-wide association study，GWAS）是目前寻找复杂疾病易感性的重要策略。2020 年，Adrian 等基于英国生物银行（UK Biobank）数据库（$n > 156\ 000$），对广义自伤（以自杀或非自杀为目的）想法及行为的遗传学病因进行了分析，研究发现 5 号染色体上具有全基因组意义的 SNP 位点（rs4865733，$P = 1.90 \times 10^{-8}$）与广义自伤想法显著关联，在 9 号染色体上识别出的一个 SNP 位点

（rs567805973，$P = 2.10 \times 10^{-8}$）与自伤行为具有全基因组显著关联。基于 GWAS 数据的关联分析，他们进一步确定了 7 个与广义自伤想法显著相关的基因（SYT14、RPP14、FAM172A、SEMA3D、DCC、DDX27 和 ZNFX1）及 4 个与广义自伤行为显著相关的基因（LINGO2、DCC、FBXO27 和 WRB），其中 DCC 基因与广义自伤想法关联性最强，并且与两种表型均存在相关性，该基因负责青春期内侧前额叶皮层内的 DA 连接。对小鼠模型开展的研究表明，该基因在青春期的功能障碍所造成的行为后果可延续到成年。以往也有证据表明，死于自杀的受试者尸检中大脑前额叶皮层 DCC 表达升高。

此外，该研究还评估了两种表型的遗传度，自伤行为的遗传度约为 11.1%，自伤想法的遗传度约为 10.1%，两种表型之间具有高度的遗传相关性，并且与精神障碍如焦虑障碍、抑郁障碍和精神分裂症以及临床症状如失眠和易怒、痛苦、情绪波动和冒险等人格特征均存在一定的相关性。该研究还发现，两种表型与首次生育年龄和主观幸福感呈负相关。

最后，该研究以 8703 例澳大利亚成年人作为独立目标人群，采用多基因风险评分方法，结果发现自伤想法可以显著预测自杀想法和 NSSI，自杀行为可以显著预测自杀未遂和自杀观念。另一项研究基于亲子队列数据，发现 NSSI 的遗传度约为 13%，而 NSSI 和自杀未遂之间未见明显遗传相关性。关于 NSSI 与自杀之间的遗传相关性的研究结论具有不一致性，以往多项研究证实 NSSI 是自杀的独立危险因素和预测因子。

3）表观遗传学研究：表观遗传学研究解释的是环境和遗传因素相互作用的一种机制，是指在基因的核苷酸序列不发生改变的情况下，基因表达发生可遗传改变。表观遗传的现象有很多，主要包括 DNA 甲基化、组蛋白修饰、染色质重塑等。

在 NSSI 的 DNA 甲基化研究中，有研究发现抑郁伴 NSSI 行为的青少年沉默信息调控因子 2 样蛋白相关酶 1（silent mating type information regulation 2 homolog 1，SIRT1）基因的甲基化水平和 mRNA 表达与健康对照组存在显著差异，其中患者组 SIRT1 基因启动子区 CpG5 位点的甲基化程度显著

升高，血浆中 SIRT1 蛋白浓度显著降低。SIRT1 是 srituin 家族成员之一，参与神经元分化和突触生长。SIRT1 可去乙酰化螺旋 - 环 - 螺旋转录因子 2（nescient helix-loop-helix 2，NHLH2），从而激活其与 MAO-A 启动子区位点结合，促进 MAO-A 的转录，间接降低大脑 5-HT 水平，进而参与情绪调控。SIRT1 基因可能是中国汉族抑郁症的风险因子，并且与抑郁症患者的疾病严重程度有关，特别是情绪症状和认知障碍。抑郁症与 NSSI 之间关系复杂，抑郁症状中的快感缺失可能是 NSSI 的动机之一，而 NSSI 也是抑郁症发病的重要风险因素。

同样针对抑郁症患者，有研究发现伴有 NSSI 行为的患者与阿黑皮素原（proopiomelancortin，POMC）基因启动子区域 CpG1 位点的高甲基化水平相关，并且该位点与家族史存在一定的相关趋势。研究还发现，相较于女性健康对照组，伴有 NSSI 行为的女性青少年抑郁症患者 POMC 基因启动子区域 CpG17 位点的甲基化水平显著升高。POMC 是 β-内啡肽、ACTH、褪黑素等物质的前体，POMC 基因甲基化水平升高会影响 POMC 及其衍生物的合成。β-内啡肽是内源性阿片肽系统（endogenous opioid system，EOS）的重要组成成分，内源性阿片肽（endogenous opioid peptide，EOP）参与疼痛及成瘾行为的调节，Stanley 等发现在 NSSI 患者脑脊液中 β-内啡肽较无 NSSI 者浓度更低；而机体 EOP 长期处于较低水平，会影响个体痛觉感受，使个体长期处于麻木、迟钝的状态。有学者观察到在进行自伤行为后，个体 β-内啡肽水平较之前增加，据此推测自伤行为可以促进机体自动释放 EOP 到血液，提高体内 EOP 水平，从而达到机体的内部平衡。EOP 既可以缓解自伤行为本身带来的疼痛，又可以带来愉悦及欣快感，也可能是个体反复进行 NSSI 行为的潜在机制之一。

综上，关于 NSSI 遗传学机制研究虽有一定进展，但仍处于起步水平，而人类遗传系统极度庞大复杂，从遗传学机制角度解释 NSSI 的发生，仍需要大量的深入研究。

2. 生物化学研究　在患有各类精神障碍的人群中，人们常常借由 NSSI 这一行为来化解内心的不愉快情绪，同时也缓解社会压力带来的不适感。

这种行为可能与人体内一些特殊的系统有关,比如应激反应系统和内源性阿片肽系统。这两个系统在调节人体内部的平衡和应对外界压力方面扮演着重要的角色。不同的疾病表象呈现出不同的神经生物学相关性,而中枢与外周的内分泌紊乱在其中存在极为特殊的重要性。

(1)痛觉感知与内源性阿片肽系统:我们从痛觉感知与内源性阿片肽系统开始说起。NSSI患者通常对疼痛的感觉和处理方式有所改变,他们可能会感受到更少的疼痛,或者对疼痛有更高的耐受力。这是因为他们身体中的内源性阿片肽系统的稳态可能发生了变化,使得他们对疼痛的感知不同于正常人。这些人对疼痛的感知可能与内源性阿片肽神经内分泌密切相关。长期以来,他们身体内源性内阿片肽系统的变化可能导致对痛苦的感觉减轻,这也可能是他们进行NSSI的重要原因之一。因此可以说,神经内分泌系统在NSSI行为中扮演着至关重要的角色。

NSSI患者在静息状态下,其内啡肽和脑啡肽的水平通常较低,而相应的受体活性也会降低,这使得他们对疼痛的感知更为敏感。但是,如果他们正在进行或者最近进行过自伤行为,可能会导致体内内啡肽水平的增加,从而降低疼痛感知的敏感性。特别是在紧张的环境下,或者在有长期童年不良事件、虐待史或被忽视史的情况下,内啡肽水平可能会降低,这可能会导致NSSI行为的发生。这些患者可能需要增加内啡肽水平来应对成年后所面临的压力,而NSSI可能被视为一种增加内源性阿片类物质以调节不良情绪的自我保护机制。在平静时,阿片肽水平较低以及阿片类物质受体的敏感性增加可能会导致自伤行为后释放的内源性阿片肽所带来的欣快感和镇痛作用更为显著。因此,NSSI患者可能会在短时间内反复实施自伤行为。当面对压力和不良事件时,内源性阿片肽系统的应对能力可能下降,这会促使NSSI引发躯体疼痛的刺激,以使该系统产生代偿性反应。这可以解释NSSI行为作为情绪障碍和内分泌功能失调后的一种自我调节策略。

(2)内分泌轴的功能紊乱:下丘脑-垂体-肾上腺轴是人体中一个非常重要的神经内分泌调节系统,它与机体内部环境的应激过程密切相关。在这个系统中,下丘脑会释放促肾上腺皮质激素释放激素和精氨酸加压素,这些激素会刺激垂体释放促肾上腺皮质激素,进而作用于肾上腺,促进皮质醇的分泌。在急性应激情况下,威胁信号通过神经系统和其他生理系统传递,包括下丘脑-垂体-肾上腺轴的激素释放,导致皮质醇释放增加,从而在全身循环中增加。长期持续性的压力会影响大脑中的糖皮质激素水平和皮质激素受体密集的区域,逐渐导致下丘脑-垂体-肾上腺轴的失调。该轴的慢性激活增强与抑郁症和其他应激调节障碍有关。青少年时期是一个容易发生精神障碍和自伤等适应不良行为的时期。环境和NSSI行为本身可能会阻碍这些系统的正常运作。应激系统的一个重要功能是保护个人免受慢性心理压力和身体创伤的伤害。有NSSI行为的青少年在应激条件下的皮质醇反应相对迟钝,即面对压力时有较低的皮质醇水平。这也表明NSSI可能是一种慢性的压力源,且可能会减弱皮质醇的生理反应。

此外,下丘脑-垂体-甲状腺轴和性腺轴的变化也可能对自伤的发生和发展产生影响。在下丘脑-垂体-甲状腺轴中,促甲状腺激素释放激素刺激垂体前叶释放促甲状腺激素,从而促进甲状腺释放甲状腺激素。甲状腺激素不仅调节新陈代谢,还影响心血管系统、骨骼维护、妊娠结局、儿童发育和心理健康。在NSSI患者中,甲状腺激素的水平可能发生变化,其三碘甲状腺原氨酸与甲状腺素比值和促甲状腺素水平较健康人群低。而游离甲状腺素和甲状腺素水平则相反。这表明低促甲状腺素和高甲状腺素水平可能是NSSI发生和发展的重要因素。

性激素对于冲动行为、压力耐受及NSSI行为同样重要。高水平的睾酮可能是青少年发生NSSI的一个高危因素。性激素失调可能导致应激相关激素反应的增加,特别是雄激素及雌激素,在青少年发育期内分泌水平显著增加,直接或间接地引发和维持各种情感障碍,从而导致NSSI在青少年人群中更高的发生率。

(3)其他相关中枢神经递质:另一组神经系统中所富集的重要成分是多巴胺和血清素等中枢神经递质,它们在NSSI的发生和发展中也发挥着相当重要的作用。NSSI通常被用来调节青少年患者的厌恶情绪和低落心境，而高水平的血清素可能有助于预防 NSSI。相反，较低水平的血清素可能解释了与重度抑郁症相关的严重消极观念和自我伤害行为。在表现 NSSI 行为的患者中，通过增强血清素受体的活性可以减少具有冲动和侵略性行为的发生，而多巴胺水平的下降可能会增加这种行为的发生。未来的研究可以进一步探索这些神经内分泌系统之间的交互作用，以及它们如何受到外部环境和个体特征的影响。

3. 神经影像学研究

（1）NSSI 的大脑结构异常：对 NSSI 患者的大脑结构改变的研究较少。目前有限的研究提示，大脑皮质的灰质和白质结构异常可能与 NSSI 行为相关。具体来说，灰质研究发现，女性青少年 NSSI 患者双侧岛叶皮层和右侧额下回的灰质体积减小，同时存在更明显的情绪失调，这提示岛叶结构改变可能与主观情绪调节相关。另有研究也发现，女性 NSSI 患者前扣带回和岛叶的灰质体积减小，且存在自杀企图史的 NSSI 患者表现出前扣带回区域体积的进一步减小。亦有研究发现，NSSI 行为与左侧前扣带皮质体积减小相关，这在自杀行为的受试者中同样得到了验证。白质研究发现，女性 NSSI 患者较正常对照组的白质纤维束（钩形束、扣带、丘脑前辐射、胼胝体和皮层脊髓束）的广义分数各向异性更低，且 NSSI 的持续时间及高水平的注意力冲动特质均与双侧扣带中较低的广义分数各向异性相关，这意味着 NSSI 的严重度和冲动性可能与额叶-边缘系统白质纤维束完整性的缺陷有关。

（2）NSSI 的大脑功能异常：功能性磁共振成像（functional magnetic resonance imaging，fMRI）可以对大脑神经活动的功能信息进行测量和记录，已逐渐成为 NSSI 的脑功能机制研究的重要手段，其研究方法主要包括任务态 fMRI 研究和静息态 fMRI 研究。

1）任务态 fMRI 研究

任务态 fMRI 研究主要关注任务状态下的大脑活动。目前较多研究采取不同类型的任务对 NSSI 行为的可能机制进行了多方面的研究，主要包括疼痛加工、奖赏加工、情绪加工、冲动加工及社会认知加工等方面的神经影像学机制，这几个方面也是 NSSI 行为的关键生物学机制。

A. 疼痛加工

疼痛是与实际或潜在组织损伤相关的不愉悦感觉和情绪情感体验，或与此相似的经历。临床上发现，有些患者重复进行 NSSI 行为是为了寻求疼痛体验，更多患者报告，持续 NSSI 行为一段时间后，疼痛耐受增高，痛觉减轻，这提示 NSSI 患者似乎存在独特的镇痛机制。研究也证实，经过多次 NSSI 后，患者疼痛阈值上升，对疼痛感觉迟钝，痛觉减轻。另有研究对 NSSI 行为和正常青少年进行了疼痛阈值和耐受力测试，结果显示疼痛阈值与 NSSI 行为呈正相关，最大耐受时间的受试者均来自 NSSI 组，同时自我批评与疼痛耐受显著相关。

大脑疼痛加工环路主要包括躯体感觉皮层、顶叶、丘脑、前扣带回、岛叶、杏仁核、背外侧前额叶皮层（dorsolateral prefrontal cortex，DLPFC）等脑区，可以增加或抑制痛觉传递。研究发现，关于 NSSI 的疼痛加工机制可能与个体的疼痛阈值相关。青少年女性 NSSI 患者在处理消极刺激时，与疼痛体感有关的后岛叶激活水平无明显差异，但双侧前岛叶激活水平显著降低，并且在不同强度的刺激下其激活水平保持恒定不变，而对照组该区域激活水平随着刺激强度的增强而增加，这可能意味着 NSSI 患者对痛苦刺激的感知和情感调节控制能力存在缺陷。同时，研究发现，NSSI 患者的疼痛阈值和耐受性更高，主观疼痛强度较低，且随着疼痛耐受性逐渐增高，其自伤行为逐渐减少，这意味着 NSSI 患者可能将疼痛作为缓解情绪的一种方式。此外，当给予 NSSI 组受试者冷痛苦刺激时，青少年 NSSI 患者奖赏环路中的丘脑、背侧纹状体和楔前叶激活程度与负性疼痛刺激强度呈正相关，对照组则不存在该关联，这提示相关脑区的异常活动可能使 NSSI 患者从负性疼痛刺激中获得正性体验。南京医科大学附属脑科医院心理健康中心关于 NSSI 生物学机制的研究也证实，疼痛加工异常是 NSSI 的关键生物学机制之一。

B. 奖赏加工

大脑中的奖赏系统可以使人体产生欣快感。在 NSSI 行为发生后，伴随疼痛的出现，很多 NSSI

患者报告通过 NSSI 行为达到了"负性情绪和麻木感的缓解、放松和愉悦感",增加了下一次 NSSI 行为实施的动机,这个现象在行为理论中被称为负强化机制。NSSI 行为发生后体验到疼痛、放松或愉悦,这些都是患者希望获得的效果,也增加了患者再次实施 NSSI 行为的渴求,这是行为理论的正强化机制。在正、负强化两种机制的驱使下,患者反复实施 NSSI 行为。伴随着 NSSI 行为的反复发生,NSSI 行为逐渐成为患者的一种习惯,既缓解不良情绪,又体验愉悦、满足,这体现了 NSSI 的奖赏性质。

奖赏环路涉及额叶、中脑腹侧被盖区、下丘脑、伏隔核、杏仁核、海马、纹状体等脑区,目前数项研究采用了奖赏任务探究 NSSI 患者在奖赏加工中的大脑激活模式,并发现 NSSI 个体的眶额皮层和扣带回间,以及背侧纹状体、内侧前额叶及岛叶间的功能连接较正常对照组显著降低,而且伴有 NSSI 行为的 BPD 患者较无 NSSI 行为的 BPD 患者眶额皮层的激活显著增加,左侧眶额皮层和右侧海马旁回之间的功能连接减弱,这可能提示 NSSI 行为通过缓解患者的负性情绪,为患者带来解脱感和愉悦体验的奖赏。其他研究表明,NSSI 行为与奖赏任务期间纹状体、杏仁核和眶额皮层区域的较低水平激活有关,且青少年双侧壳核激活水平增加与 NSSI 意念(代表未来发生 NSSI 的风险)显著相关,这均提示 NSSI 患者奖赏环路的异常。反复进行 NSSI 行为可能会抑制奖励的敏感性和反应性,使患者对奖赏刺激脱敏,从而改变患者的奖赏环路。

C. 情绪加工

上文有关 NSSI 行为的个体因素中情绪管理部分提到,NSSI 行为与整体情绪调节困难以及难以识别、描述情绪紧密相关。此外,是否存在可使用的情绪调节策略可作为 NSSI 行为的预测因子。同时,许多实施 NSSI 行为的人均存在述情障碍。也有研究表明,负性生活事件的累积会让个体更容易被不良情绪所控制,更难以应对负性生活事件,调节负性情绪。

多项研究应用情绪相关任务评估了 NSSI 患者的大脑处理情绪刺激的方式,并发现青少年 NSSI 患者面对负性情绪相关图片时,边缘系统(杏仁核、海马体)、内侧前额叶、眶额皮层和前扣带回较正常对照组显著激活,中间眶额皮层和额下回、额中回则在患者处理 NSSI 相关图片时显著激活,这提示边缘系统相关脑区异常的激活模式可能会导致情绪调节减弱、冲动控制降低,进而诱发 NSSI 行为的产生,而在实施 NSSI 行为后患者的情绪得到缓解,相关脑区功能得以正常化。女性 NSSI 患者右侧额叶、右侧缘上回和左侧中央前回较正常对照组激活程度降低,这可能与外向思维有关,预示着情绪处理的困难,可能进一步导致述情障碍。同时,青少年 NSSI 患者杏仁核-额叶之间的功能连接在情绪任务期间显著降低。上述研究提示,边缘系统中杏仁核和扣带回是情绪网络的两个关键点,其异常可能会影响个体情绪感受及调节能力,进而导致 NSSI 行为。

D. 冲动加工

冲动特质包括正性急迫、负性急迫、缺乏计划性、寻求刺激和冒险等多个维度。NSSI 与负性急迫和缺乏计划性呈正相关,面对挫折,NSSI 患者更倾向于逃离和放弃。在负性急迫、寻求刺激和冒险评分方面 NSSI 组高于正常对照组,在延迟计划行动和坚持完成原定任务评分方面则低于正常对照组。这些研究均表明,NSSI 与冲动特质关系密切。

与冲动相关的神经结构主要集中在纹状体、前额叶、扣带回与边缘系统。研究发现,女性 NSSI 患者与正常对照组相比,在认知干扰任务期间扣带回激活显著增加,DLPFC 激活显著降低,且与冲动得分成反比,这可能意味着 DLPFC 激活减少与冲动性相关。相关脑区的功能异常可能会导致反应抑制失败,从而增强 NSSI 行为的冲动性。全国多中心的研究也探索了 NSSI 患者的冲动加工机制,并发现该机制与额顶网络脑结构异常有关。

E. 社会认知加工

社会认知是大脑自下而上的信息处理过程,是对周围环境信息进行评估并产生适当的行为反应,以指导自身社会行为的高级认知过程,涉及归因倾向、社会知觉及社会知识等不同过程。多项研究表明,社会排斥感是青少年 NSSI 行为的危险因素,被拒绝可显著增加 NSSI 行为的风险,而社会支持则可以成为 NSSI 行为的保护因素。

投球范式是激发个体社会排斥感的经典范式，常用于 NSSI 研究以观察与社会认知有关的脑部激活特征。研究发现，在进行激发个体社会排斥感的任务期间，存在 NSSI 行为的抑郁症患者相对于无 NSSI 行为的抑郁症患者和健康对照组内侧和腹外侧前额叶皮质的激活水平增加，伴有 NSSI 行为的 BPD 患者较正常对照组腹侧前扣带回激活水平亦存在显著增加。这可能意味着 NSSI 患者对于社会排斥的线索更加敏感，对社会孤立的印象更为负面，对社会认知的加工存在异常，可能是青少年社会认知过程异常的脑神经机制。

2）静息态 fMRI 研究

静息态 fMRI 研究主要关注静息状态下大脑的自发活动，其内在时空模式与行为和认知能力高度相关，这一研究与任务态 fMRI 研究互相补充印证。目前仅少量研究采用静息态 fMRI 方法研究 NSSI 患者的大脑自发活动。

基于静息态网络的研究发现，伴有 NSSI 行为的青少年抑郁症患者中，其默认网络和突显网络之间的一致性减弱，中央执行网络和默认网络之间的连接性更高，且 NSSI 行为与默认网络和突显网络较低的一致性显著相关，这可能与疼痛刺激的加工处理及 NSSI 患者较低水平的疼痛敏感性有关。一项有关伴有 NSSI 行为的女性 BPD 患者的研究表明，在经历疼痛刺激时，其默认模式网络中的后扣带回与左侧背外侧前额叶连接减弱，这可能意味着其对疼痛的感知减弱。以上研究提示，伴有 NSSI

行为的个体大脑自发活动异常可能与疼痛刺激加工及疼痛敏感性有关，NSSI 患者可能因疼痛负反馈保护丧失而导致自伤行为。

关于杏仁核的静息态功能连接研究发现，NSSI 患者频率降低与左侧杏仁核和右侧运动辅助区之间的功能连接降低及右侧杏仁核和右侧额下回之间的功能连接增加显著相关，伴有 NSSI 行为的青少年杏仁核与扣带回、额叶、颞叶及枕叶的静息态功能连接较正常对照组显著升高，这可能与消极情绪和习惯性行为之间的联系有关。NSSI 患者杏仁核与内侧前额叶的功能连接与正常对照组相比显著降低，这可能与压力和应激处理有关。同时，针对区域性静息态大脑自发活动的研究提示，伴有 NSSI 行为的青少年抑郁症患者与不存在 NSSI 行为的青少年抑郁症患者相比，其右侧扣带回、梭状回的低频振幅显著增加，且与眶额皮质、额上回、颞叶、顶下小叶之间的功能连接显著降低，这提示 NSSI 行为与情绪调节及奖赏环路有关。

综上，目前已有多项关于 NSSI 的神经影像学研究，初步结果集中在前额叶、岛叶、扣带回、杏仁核等脑区，主要涉及疼痛加工、奖赏加工、情绪加工、冲动加工及社会认知加工等方面的神经影像学机制。但目前研究仍处于起步阶段，且各项研究结果存在一定的异质性，尚需更大样本的系统性研究进一步探究 NSSI 患者的认知神经科学机制。

（王　纯　张　培　孙　彦　张　焕　鲍晨曦）

第二节　NSSI 行为的表现、评估与诊断

一、NSSI 行为的表现

关于 NSSI 行为的表现形式及特征，DSM-5 给出了很多提示：NSSI 行为的基本特征是个体反复地造成浅表的但痛苦的躯体表面损伤。该类伤害最常见的是由刀、针或其他锋利的物品所致。常见的损伤部位包括大腿的前部和前臂的背侧。单个损伤可以涉及一系列浅表的、平行的切口，位于可见的或可触及的部位。作为结果的切割伤经常导致出血并最终留下特征性的瘢痕。

其他方法包括使用针或锋利的尖刀刺伤某个部位，最常见的受伤部位是上臂，用点燃的烟头造成浅表的烧伤或用橡皮反复摩擦来灼伤皮肤。使用多种方法进行非自杀性自我伤害与更严重的精神病理有关，包括自杀企图。

最常见的目的有三：①减少负性情绪，如紧张、焦虑、自责；②解决人际关系紧张；③诱发正性感受，如松弛感。在一些案例中，NSSI 被考虑为应得的自我惩罚。个体经常报告出现在自我伤害过程中的立即的缓解感。有研究发现，随着 NSSI 行为治疗结果的改善，个人内在调节功能和社会人际功能的需求水平均下降，其中个人内在调节功能下降得更为明显。

NSSI 行为有一定的成瘾性，当经常发生时，个体伴随着明显的紧迫感和渴求感。随着时间的推移，造成的伤口需要变得更深、更多，才能获得早期的效果。临床样本可能比社区样本具有更多的自伤成瘾特征。Blasco 等关于 NSSI 行为的成瘾模型研究表明，NSSI 行为几乎都是由负强化来维持的，自伤行为的出现使负性情绪减少，NSSI 行为的成瘾模型也更符合情绪调节的需求。但 NSSI 行为的成瘾和物质使用的成瘾不同，在成瘾渴求上，对 NSSI 行为的渴求要明显低于物质渴求。物质可以在多种不同的情境下被渴求，但 NSSI 行为通常在消极情绪的情境下才被渴求。

绝大多数有 NSSI 行为的个体不会寻求临床帮助。目前尚不清楚这是否反映了该行为的频率，因为精确的报告被认为有社会偏见，或由于有该障碍的个体对该行为的感受是正性的而没有接受治疗的驱动力。年幼的儿童可能尝试这些行为，但体验不到缓解感。在这些案例中，年幼的儿童经常报告该过程是痛苦的或烦恼的，因此可能会停止该行为。

我们的研究

在我们的全国多中心 NSSI 研究中，所有给出的 24 个自伤部位选项均有人选择，其中自伤部位最常见的是手（69.6%）、下臂或腕部（65.2%）、上臂或臂肘（34.6%）、头皮（30.2%）、大腿或膝盖（26.9%）。在男性群体中，自伤部位最常见的是手（72.0%）、下臂或腕部（37.3%）、脸部（33.3%）、头皮（30.7%）、上臂或臂肘（24.0%）。在女性群体中，自伤部位最常见的是下臂或腕部（70.2%）、手（69.2%）、上臂或臂肘（36.5%）、头皮（30.1%）、大腿或膝盖（27.9%）。

在给出的 18 种自伤方式中，所有给出的自伤方式选项均有人选择，其中自伤方式最常见的是切割（65.4%）、用尖利物体刺伤皮肤（53.6%）、击打（49.4%）、用力撞击头部（45.1%）、啃咬（37.1%）。在男性群体中，自伤方式最常见的是击打（56.0%）、用力撞击头部（50.6%）、切割（46.7%）、用尖利物体刺伤皮肤（40.0%）、搔抓（33.3%）。在女性群体中，自伤方式最常见的是切割（68.7%）、用尖利物体刺伤皮肤（56.1%）、击打（48.2%）、用力撞击头部（44.2%）、啃咬（38.4%）。关于自伤行为的一些相关特征，95.3%的受试者报告在压力性事件发生后会伤害自己或想到要伤害自己；

94.5%的受试者在自伤后感觉情绪得到了释放，其中51.8%的人经常或总是能在自伤后释放情绪，21.4%的人感到情绪可以释放持续时间在5分钟以内，30.6%的人感到情绪可以释放持续时间在5分钟到1小时，48.0%的人感到情绪释放持续时间达到几小时或几天。在抵制自伤的动力方面，17.6%的人完全没有动力抵制自伤，69.8%的人稍微有些或有一些动力抵制自伤，12.5%的人抵制自伤的动力很大或非常大；在从出现自伤想法到采取自伤需要的时间方面，55.7%的人需要的时间在5分钟之内，33.2%的人需要的时间在5分钟到1小时，11.2%的人需要的时间在几小时或以上；对于疼痛，11.5%的受试者报告在自伤时从未感觉到身体的疼痛，56.7%的人报告偶尔或有时能感觉到身体的疼痛。

关于自伤功能及成瘾性情况，有99.4%的人自伤是为了调节内部情绪，97.4%的人是为了调节外部情绪，82.8%的人是受了人际影响，70.4%的人是为了寻求感觉。在成瘾性分量表的七个特征中，有88.5%的人符合三个及以上的成瘾特征，69.8%的人符合五个及以上的成瘾特征。自伤频率高的患者在成瘾性上的得分也高于自伤频率低的患者。

关于自伤行为的隐蔽性，16.8%的受试者从不让人知道自己的自伤行为，77.5%的受试者会告诉其周围的几个人，5.7%的受试者会告诉其周围的大部分人。其中在告诉周围人的参与者中，被告知对象依次是朋友、心理医生/精神科医生、家庭成员等。

关于第一次自伤的想法来源，72.5%的受试者是自己想出来的，12.6%是被现实生活中周围的人影响的（包括同学及亲友），来自书籍、电影、电视的为6.1%，网络等媒体的为5.5%，以及一些其他来源。

二、NSSI行为的评估与诊断

（一）评估

第一，NSSI行为评估的主要目的：个体是否实施过自我伤害行为；在一定时间内个体自我伤害发生的频率；影响自我伤害行为发生和持续的因素。

第二，NSSI行为评估的主要内容：个体的自伤史，包括自伤的方法、频率、部位和时间等，不包括其他内容。NSSI行为包括切割皮肤、割手腕、拽头发、撞头、咬伤、打、烫伤、针刺、掐及其他。

第三，NSSI行为的功能评估：需确定NSSI的功能、动机或行为原因。它是理解人们为什么会自伤的一个重要部分。

第四，NSSI行为的综合评估：综合评估是一种考虑一系列与自伤相关的重要因素，如频率、意图、先行行为、心理状态及后果等，从而更加全面评估NSSI的方法。该方法也需要考虑NSSI行为的功能和相关因素的关系，包括性格基础、负性生活经历、成长经历、家庭环境、精神疾病等。

第五，NSSI行为的行为功能分析：行为功能分析是行为治疗的核心技术之一，主要目的是针对问题行为进行功能的解析。分析的焦点在于确认问题行为在什么条件下产生，在什么条件下持续出现，以及确定问题行为的具体影响层面。

行为功能分析是行为治疗理论的基本假设，包括以下两点内容：第一，人的行为不管是适应性的还是非适应性的，都是经过学习而获得的，并由于强化而得以巩固。一般来说，当某一行为的结果不再具有社会适应性时，该行为就会减弱、消退，而某些行为则不同，它们在丧失了社会适应性后仍不消退，这就需要借助治疗者的帮助来加以改变。第二，通过奖赏或惩罚的强化方式，可以控制行为增减或改变方向。个人可以通过学习消除不适应性行为，也可以通过学习获得缺少的适应性行为。

图1-5展示的是NSSI行为的功能分析模型，图中列出了NSSI行为的可能起因、易感性、过程以及维持因素。可能起因作用于个体的易感性，会

使易感个体产生认知、情绪、躯体、行为4个方面的反应，进而引发NSSI行为。而NSSI行为的结果强化了该行为，是其持续存在、反复被使用的维持因素。

NSSI行为评估表

详细的NSSI行为史是评价NSSI的基础，见表1-1。首先应该明确NSSI行为的实质并确定行为的性质。询问NSSI行为史时，应该追溯NSSI行为的起因（首次自伤的时间），了解发生行为问题时是否存在特殊的生活事件和不良刺激，还应询问实施NSSI行为前的心理状态。

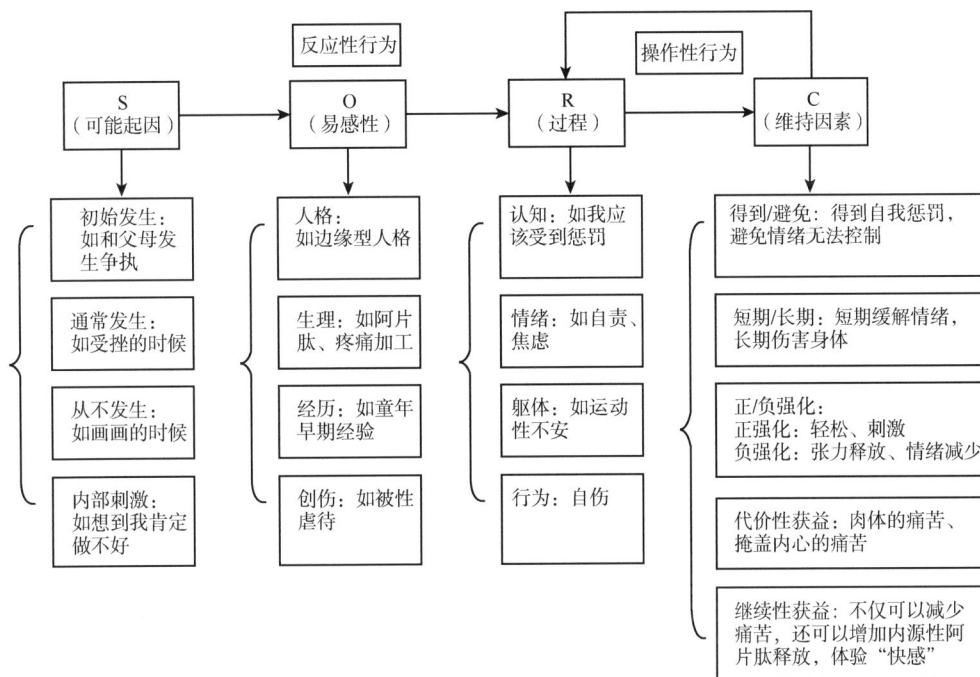

图 1-5 NSSI行为的功能分析模型

表 1-1 NSSI行为评估表

1. NSSI行为史

①明确主诉

②明确诱发因素——促发事件、应激源

③自伤前的环境（如负性情绪、精神状态）

④自伤方法和部位（如切割、击打）

⑤自伤时间表——首次自伤的时间、频率

⑥自伤的影响（如情绪、身体状况）

⑦社会功能（如工作、学习情况）

⑧内科疾病和精神疾病

⑨药物使用情况

2. 身体和精神状态检查

3. 辅助检查（包括量表、实验室检查、影像学和物理检查等）

NSSI 行为时间表由患者或者知情人提供，包括自伤的时间、频率。详细说明诱发 NSSI 行为的因素，如负性情绪、身体不适。讨论重点在于 NSSI 行为可能对其产生的影响。情绪不佳、生活质量下降比真正的身体疼痛更常见。应详细说明可能影响 NSSI 行为的活动，如工作和工作计划的打断、消极的应对方式等。一般的诊疗史和精神病史对于识别可能影响自伤行为的心理或患病情况很重要。详尽的用药史非常重要，包括精神类药品、非处方药和物质滥用。

应进行体格检查和辅助检查（包括量表、实验室检查、影像学和物理检查），以排除物质滥用引起的 NSSI 行为。

问诊的方式很重要，要表现出关心、专业、冷静和自然。在了解患者的情绪状态或患者提到目前的困惑、苦恼时，要给予积极的倾听、理解和支持。

然后在患者谈及痛苦及负性想法时，先共情认可患者的种种感受，给予理解。接着尝试引出是否有自我伤害行为，然后再具体询问。

需要特别提醒的是，如果发现有自杀行为或想法，需要首先评估自杀风险。另外，在评估的时候也要注重对患者可以利用的资源、社会支持等保护性因素的评估。下文将以案例分析的方式介绍 NSSI 行为评估表如何填写、使用。

（二）量表

很多量表可用于评价 NSSI 行为。评价患者的 NSSI 行为及对该行为的态度，与评价该行为对身体的伤害程度同等重要。表 1-2 总结了常用的评估 NSSI 行为的量表。本书附录 2 收录了最常用的渥太华自我伤害调查表（Ottawa self-injury inventory，OSI）的整个量表。

表 1-2　评估 NSSI 行为的量表

量表名称	量表介绍
OSI	OSI 是目前评估 NSSI 行为较全面的评估工具，为自评量表，由 28 个条目组成，不仅包括 NSSI 行为想法和实际行为的频率、自伤方式和部位、情绪管理、人际影响、抵抗自杀、抵抗解离、自我惩罚、寻求刺激和成瘾特征等多方面内容，还包括自伤释放消极情感的作用、抵制自伤行为的方式和寻求治疗的情况。中文版功能分量表的内部一致性系数 Cronbach α 系数为 0.952，其 4 个因子的内部一致性 Cronbach α 系数范围为 0.637～0.896
自伤功能评估量表（functional assessment of self-mutilation，FASM）	FASM 为自评量表，它以清单形式呈现，要求患者报告在过去 12 个月内，是否故意实施了列表上的 11 种自伤方法，还留了一个空行，可以填写其他方法。如果有，还要填写发生的频率。第二部分包括了 22 个自伤行为的动机，也留有其他空行
自伤陈述量表（inventory of statements about self-harm，ISAS）	ISAS 由评估自伤 13 种功能的 39 项清单组成。该量表包括 5 种个人内部功能（情感调节、自我惩罚、反分裂、反自杀和标记痛苦）和 8 种人际功能（人际边界、自我照顾、感觉寻求、同伴关系、人际影响、韧性、报复和自主）。量表的内部一致性范围为 α=0.56～0.92，中位数为 α=0.77
蓄意自伤量表（deliberate self-harm inventory，DSHI）	DSHI 由 16 个项目组成，以评估自伤的特征。每个项目询问患者是否使用过特定的自伤方法，如果被肯定，接下来是一系列问题，询问该行为的频率、严重程度和最近发生的情况。二分类题的内部一致性估计 α=0.82，重测信度 r=0.92，自伤行为评估项目的内部一致性 α=0.84

另外，对 NSSI 患者的量表评估还应考虑抑郁、焦虑、BPD 方面的症状学评估，其他人格和人格障碍方面的评估，以及相关心理学特征的量表评估，如述情障碍、应对方式、情绪调节方式等方面的评估，以了解患者多方面的状况，综合制定治疗方案。

（三）诊断

DSM-5 第三部分建议的 NSSI-D 诊断标准，是目前最完整的 NSSI 诊断标准。NSSI 的表现、与自杀的区别、反复发作性（1 年内至少 5 天）、功能（减少消极情绪、人际控制，增加正性情绪）、故意性及相关联的心理过程、严重性程度、排除的情况，都包含在这个定义中。该标准也明确了有些社会认可的现象（如文身、穿环）等不属于 NSSI 行为的诊断范畴。以下是 DSM-5 中的 NSSI-D 诊断标准。

A. 在过去一年内，有 5 天或更多，该个体从事对躯体表面的可能诱发出血、瘀伤或疼痛（例如，切割、灼烧、刺、击打、过度摩擦）的故意的自我伤害，预期这些伤害只能导致轻度或中度的躯体损伤（即没有自杀观念）。

注：缺少自杀观念可能是由个体本身报告，或是通过个体反复从事那些个体知道或已经学到不太可能导致死亡的行为推断出来的。

B. 个体从事自我伤害行为有下述预期中的 1 种情况或更多：

1. 从负性的感觉或认知状态中获得缓解。

2. 解决人际困难。

3. 诱发正性的感觉状态。

注：在自我伤害过程中或不久后能体验到渴望的缓解或反应，个体展现出的行为模式表明依赖于反复从事该行为。

C. 这些故意的自我伤害与下述至少 1 种情况有关：

1. 在自我伤害行动不久前，出现人际困难或负性的感觉或想法，如抑郁、焦虑、紧张、愤怒、广泛的痛苦或自责。

2. 在从事该行动之前，有一段时间沉湎于难以控制的故意行为。

3. 频繁地想自我伤害，即使在没有采取行动时。

D. 该行为不被社会所认可（如穿环、文身、作为宗教或文化仪式的一部分），也不局限于揭疮痂或咬指甲。

E. 该行为或其结果引起有临床意义的痛苦，或妨碍人际关系、学业或其他重要功能。

F. 该行为不仅仅出现在精神病性发作、谵妄、物质中毒或物质戒断时，在有神经发育障碍的个体中，该行为不能是重复的刻板模式的一部分。该行为不能更好地用其他精神障碍和躯体疾病来解释，如精神病性障碍、孤独症谱系障碍、智力障碍、自毁容貌症、刻板运动障碍伴自我伤害、拔毛癖（拔毛障碍）、抓痕障碍（皮肤瘙痒障碍）。

案　例

案例介绍

严某，男，17 岁，高中在读。患者在妈妈的陪同下缓慢走进诊室，坐下后自述 1 年前因新冠疫情在家上网课后开始心情低落，不喜欢与同学交流，经常一人独处，容易生气，注意力不集中，学习成绩下降。患者自觉整天闷闷不乐，对什么都不感兴趣，多梦易醒，晨起后精神差，白天疲乏无力，心急烦躁，浑身不适，尤其感觉大脑里面生锈，宛如被磨盘压住了，反应力减退，易哭泣，觉得能力不如同学，觉得学习不好对不起家里人，但自己又没有办法缓解。患者偶有想要结束生命的想法，但从未实施过，有时用小刀划伤自己的手臂或用牙齿咬自己的胳膊，所引发的疼痛可以暂时让自己的心情好一些，一般 1 周 1 次或 2 周 1 次。患者向家长诉说自己的痛苦，家长觉得孩子处于青春期且学习压力大，出现这种情况属于正常现象，未在意。由于最近 1 周患者每天都用小刀划伤自己，最严重的一次因伤口严重，到急诊科缝合，到家后患者又在缝合后的伤口上继续用小刀划，家长认识到患者的情况不单单是青春期的问题，可能是心理疾病，遂到医院就诊。患者自我评价性格内向，不善于表达，有不良刺激或情绪不容易宣泄出来，家族中无精神类及心理疾病史。

案例解读

首先，按照表 1-1 的内容对患者的 NSSI 行为进行评估。

1. NSSI 行为史

主诉：情绪低、睡眠差伴发作性自伤 1 年，加重 1 周。

诱发因素：1年前因新冠疫情在家上网课后开始出现抑郁表现，之后成绩下降，觉得能力不如同学，觉得学习不好对不起家里人，自己没有办法缓解情绪。

自伤前的环境：患者情绪低落，有负性想法包括自责、无用，感觉情绪不能发泄出来。

自伤方法和部位：用小刀划伤自己的手臂或用牙齿咬自己，最严重的一次因伤口严重，到急诊科缝合，到家后患者又在缝合后的伤口上继续用小刀划。

自伤时间表：首次出现自伤行为在1年前，1周1次或2周1次，近1周每天一次。

自伤的影响：患者在自伤后痛苦的情绪会减轻；身体手臂小面积划伤引起轻微的疼痛。

社会功能：学习费力，注意力无法集中，感觉大脑里面生锈，宛如被磨盘压住了。

内科疾病和精神疾病：患者既往体健，否认慢性疾病和用药史。

药物使用情况：无。

2. 身体和精神状态检查　患者双上肢前臂内侧密布十余条划痕，长 3～6cm，伤口有不同程度的条形结痂，呈红褐色。患者发育正常，营养中等，步态正常，貌龄相符，衣帽整洁，神志清晰，精神萎靡，注意力不集中，智力及记忆力正常，定向力准确，对答切题，谈话时语量少、声音小，未查及幻觉及妄想等内容，思维反应迟缓，谈话中可获悉有"自责、无用感""不如别人""对不起父母"等，自我想法和冲动明显，情绪低落，情感反应与周围环境协调，显紧张，情绪容易波动，意志活动减退，自知力完整。

3. 辅助检查

OSI，功能分量表：内部情绪调节 23 分，社会影响 16 分，外部情绪调节 10 分，感觉寻求 2 分。成瘾分量表：22 分。简易自杀问卷：自杀意念 2 分；自杀行为 0 分。汉密尔顿抑郁量表：48 分。汉密尔顿焦虑量表：29 分。23 项边缘症状清单：73 分。

实验室检查：血常规、生化、甲状腺激素水平未见明显异常。

影像学和物理检查：脑电图、头颅 MRI 未见明显异常。

评估问诊摘录

患者："我觉得自己能力比同学不足，觉得生活空虚无助，活着非常痛苦。"

治疗师："你说你觉得自己能力比同学不足，生活觉得空虚无助，活着非常痛苦，当你想到这些的时候，还会想到什么？"

患者："我也想过自杀，但又没有勇气，用小刀划自己的时候会感到轻松一些。"

治疗师："说到自杀的想法，假如 0 是完全不想死，100 是最强烈的自杀愿望，你能告诉我你内心真正想死的程度从 0～100 有多大吗？"

患者："程度大概是 10。"

治疗师："能具体说说你的计划吗？关于自杀，有没有真正想过怎么实施？"

患者："想过跳楼，没有勇气，太可怕了。想过割腕，但也下不去手，所以就划一下试试，划完人突然舒服了，割腕的想法也没有了。"

治疗师："所以划手臂可以帮助你缓解自杀的想法？"

患者："是的，划完整个人都松下来了，心情也没那么痛苦了。"

治疗师："能具体说一下都用过哪些方法吗？"

患者："每次到这个时候，我要么用小刀划伤自己的手臂，要么用牙齿咬自己的胳膊。"

治疗师："多久会有 1 次？"

患者："不一定，看情况。"

治疗师："大概呢？"

患者："一开始很久才有1次，后来1周1次或2周1次，最近多了，好像每天都有。"

治疗师："嗯，一般在一天当中的什么时候会发生？"

患者："一般在晚上，晚上心情最不好。有时候白天也会，遇到事情的时候。"

治疗师："可以举个例子吗？遇到过什么事情？"

患者："有一次在学校，考试成绩公布了，成绩特别差，我本来就难受，班主任又把我叫到办公室跟我谈话，说我退步了，从网课就开始贪玩、走神，不好好听课，让我好好反思。我回到教室就控制不了，拿美工刀划了自己。"

治疗师："当时肯定特别难受。当时在划之前，这种难受具体是什么心情？"

患者："很难说，好多感觉在一起。又伤心，又委屈，又生气，又内疚。感觉有团火在心里，觉得自己快疯了。不知道该怎么办，就想划手。以前在学校能控制，那一次就控不住了。"

治疗师："划完怎样？"

患者："划完没有那么痛苦了，感觉惩罚了自己一样，放松了一些，只剩伤心了。不过同学都看到了，老师也知道了，还请了家长。"

行为功能分析

可能起因：考试成绩公布了，由于成绩不理想，患者心里难受。随后，班主任把患者叫到办公室进行了谈话，让他好好反思。回到教室后，患者实施了 NSSI 行为。

易感性：性格内向，不善于表达，有不良刺激或情绪不容易宣泄出来。

过程：包括认知、情绪、躯体、行为四部分。

认知：觉得自己能力比同学差；学习不好对不起自己家人；老师不理解自己，对自己失望；担心自己会不会疯了。

情绪：伤心、内疚、委屈、生气、焦躁。

躯体：感觉有团火在心里，运动性不安。

行为：用美工刀划了自己的手臂。

维持因素：手臂的伤口感到疼痛，但自感疼痛缓解了痛苦情绪，划完没有那么痛苦了，感觉惩罚了自己一样，放松了一些。

诊断

①抑郁发作；②NSSI 行为障碍。

三、NSSI 行为与其他精神障碍及自杀的关系

NSSI 长久以来被认为是 BPD 的症状之一，在 DSM-Ⅳ 中，唯一提到自伤行为的内容是在 BPD 的诊断标准之中，其中 NSSI 被看作是 BPD 患者的一个症状，这就给人一种感觉，NSSI 只发生在 BPD 患者群体中。综合的临床评估发现，大多数有 NSSI 行为的个体也有符合其他诊断的症状，其中进食障碍和物质使用障碍特别常见。近年来的研究发现，NSSI 行为也出现在其他一些精神障碍患者中，甚至在不符合任何精神障碍诊断的人群中也会有 NSSI 行为的发生。这引发了学术界的讨论，因此 DSM-5 将 NSSI 纳入第三部分"需要进一步研究的情况"之中，给出了建议的诊断标准，将 NSSI 独立于 BPD，并呼吁进行更多研究。

2021 年，Ose 等的研究显示，在双相障碍、抑

郁障碍、焦虑障碍、精神分裂症、分裂情感性障碍、适应障碍、进食障碍、物质使用障碍、人格障碍及其他精神障碍中，NSSI 的检出率在 7.0%～14.4%。其中，最常见的是人格障碍，其 NSSI 的检出率为14.4%，该研究把所有类型的人格障碍都归类到一起，包括 BPD。虽然检出率是 BPD 患者最高，但是在数量上情感障碍（包括抑郁症和双相障碍）患者中有 NSSI 行为的人数是最多的。这也提示我们在临床工作中，不仅仅要关注 BPD 患者的自伤行为，其他精神障碍患者同样值得关注，尤其是抑郁症、双相障碍患者，而这三类障碍均为与情感失调相关。

我们的研究

在 15 家全国多中心研究中，从 3135 人有明确诊断的群体中，共检出有 NSSI 行为的患者 221 人，其中有 195 人有明确的精神科诊断，26 人没有明确的精神科诊断。在有明确的精神科诊断的人群中，诊断为抑郁症的有 115 人（59.0%），双相障碍的有 36 人（18.5%），BPD 的有 21 人（10.8%），强迫症的有 7 人（3.6%），精神分裂症谱系及其他精神病性障碍的有 6 人（3.1%），急性应激障碍、对立违抗障碍、焦虑障碍的各 2 人（1.0%），适应障碍、躯体症状障碍、物质相关及成瘾障碍、分裂情感性障碍的各 1 人（0.5%），详见图 1-6（a）。

同时，该研究也计算了 NSSI 患者的精神科诊断数量占该诊断群体的情况，BPD 是占比最高的，为 51.2%。其次依次为物质相关及成瘾障碍、急性应激障碍和对立违抗障碍，占比分别是 33.3%、25.0% 和 16.7%，但在该研究中被诊断为这三个疾病的人数较少，分别仅 1～2 人，误差较大。接下来就是心境障碍，双相障碍占比 10.7%，抑郁症占比 9.9%。可见，在 BPD、双相障碍和抑郁症这三类精神障碍中，NSSI 行为较多，与 Ose 等（2021）的研究结果一致。详见图 1-6（b）。

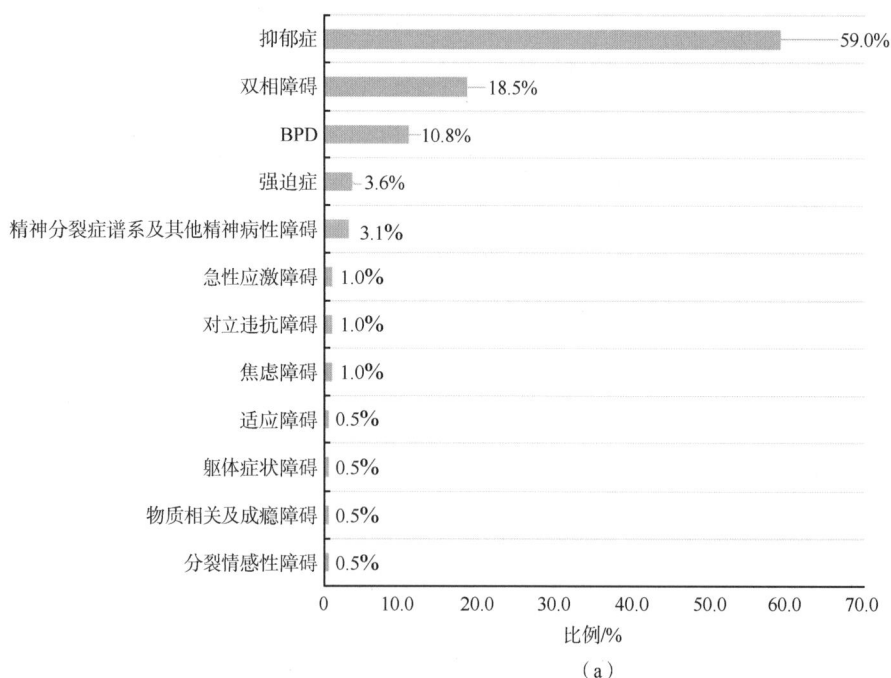

（a）

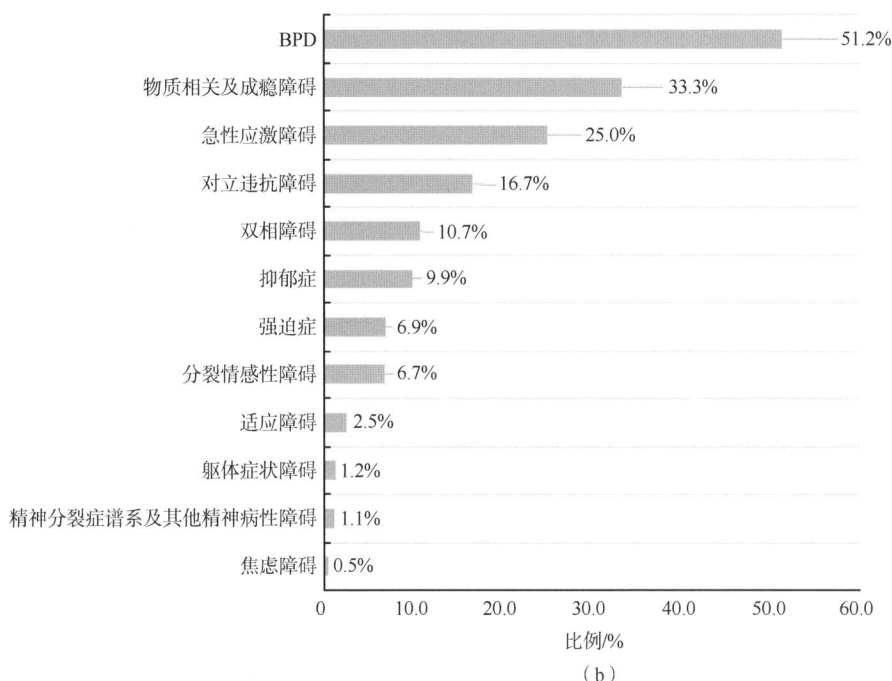

图 1-6 NSSI 患者的精神科诊断情况

（a）符合 NSSI-D 诊断的患者具有某一种精神障碍诊断的人数比例；（b）符合 NSSI-D 诊断的患者在所在精神障碍中的人数比例

（一）NSSI 与 BPD

BPD 是一种复杂的心理疾病，美国心理学会于 1980 年将其纳入 DSM-Ⅲ，在 2013 年的 DSM-5 里，BPD 的基本特征是一种人际关系、自我形象和情感不稳定以及显著冲动的普遍模式，起始不晚于成年早期，并存于各种背景下。根据 DSM-5，BPD 的平均患病率估计为 1.6%，但可能高达 5.9%；在初级医疗服务环境中，BPD 的患病率为 6%；在精神卫生门诊患者中约为 10%，而在精神科住院患者中约为 20%，BPD 的患病率在老年人群中可能降低。

由于 BPD 尚未纳入中国精神障碍分类与诊断标准里，中国医生对该障碍不熟悉，同时患者常常伴有其他精神行为问题或者与其他精神障碍共病，所以在临床上常误诊或者仅诊断为抑郁症、焦虑症、物质使用障碍、双相障碍、进食障碍，甚至精神分裂症等，忽略了对 BPD 的诊断。

NSSI 行为通常是 BPD 的一个症状，且在 NSSI 患者中，很大一部分符合 BPD 的诊断标准。上文我们的研究中提到，51.2% 的 BPD 患者存在 NSSI 行为。在 BPD 中，患者至少在两个方面有潜在的

自我伤害的冲动，可能会是赌博、暴食、滥用物质、进行不安全的性行为或鲁莽驾驶，也可能是反复出现的自杀行为、自杀姿态或自杀威胁及 NSSI。BPD 患者多在 10 岁的早期阶段出现 NSSI 行为，并且这种行为可持续多年，但在成年后得到缓解。因此，许多表现出 NSSI 的个体具有边缘型人格特质。尽管 18 岁以前我们不做人格障碍的诊断，但是很多患者已经符合 BPD 的诊断标准，或者具有一定的边缘型人格特质。

BPD 进行 NSSI 通常是有功能的，包括重新确认个体的感受能力，或经由个体感觉到的邪恶感进行赎罪和自我惩罚。BPD 患者中进行 NSSI 行为的很多人都是青少年，通常青少年进行极端情绪表达倾向于对内攻击，故选择 NSSI 行为来进行情绪的释放。这一部分自我伤害的个体中，随着年龄的增长，自我伤害行为逐渐减弱，尽管强烈的情绪、冲动以及人际关系的强烈倾向会持续终身，但是进入成年期后，很多个体都会在人际关系及职业功能上获得更大的稳定性。进行多年的随访后发现，这些个体有一半不再具有 BPD 诊断标准中的行为模式。

DBT 的创始人林内翰研究了一套生物社会学

模型来解释 BPD，从生物风险来看，脑决定我们思维、情绪、行为的方式，而 BPD 的特点是思维、情绪、行为的受损，故在 BPD 个体中，脑功能损伤导致了其思维、情绪、行为的方式；而在 NSSI 行为的个体中，很多都是青少年，他们正处于脑高度发展的时期，尤其是女性的情绪脑更发达，这也解释了 BPD 和 NSSI 为什么多见于女性。遗传与 BPD 的发生也有相关的风险，我们看到很多患病青少年的父母中，也隐藏着 BPD 或者情绪不稳定的患者。

社会环境因素对 BPD 也产生影响，很多环境因素导致了 BPD 的发生，如情感虐待、身体虐待、性虐待、失败的父母——包括教育缺乏技巧，父母本身也有心理障碍，父母有物质滥用行为，家庭环境不安全、混乱，父母与孩子性格相差过大，孩子在单亲家庭中长大，等等。

在本书第三章的案例中，我们呈现了一个 BPD 患者，她是一名 19 岁的女性，对于她为什么患上 BPD，出现了 NSSI 行为，我们可以通过林内翰的生物社会学模型来解释。从生物风险来看，她的妈妈也可能是一个隐藏了多年的 BPD 患者，她遗传了妈妈的情绪不稳定、行为冲动、对于被抛弃的恐惧等；从社会环境因素来看，她的成长环境无疑是不健康的，一个支离破碎的家庭，一个被忽视、否定的童年。

（二）NSSI 与抑郁症

很多研究证明了 NSSI 与抑郁症具有高度的共病性和相关性。国外的研究结果表明，青少年抑郁症患者发生 NSSI 的比例为 44%，有抑郁症状的患者比没有抑郁症状的人更可能实施 NSSI。前面提到我们的研究也发现，在我国精神心理科就诊的存在 NSSI 行为的患者中，诊断为抑郁症的最多，59% 的 NSSI-D 患者同时共病抑郁症。

抑郁症可能会增加儿童和青少年的自伤风险，Asbridge 等的报道发现，抑郁症状较重的青少年在 6 个月内 NSSI 行为的发生风险增加 40%。对大学生的访谈研究结果也表明，抑郁是过去 1 年有过自伤以及终身自伤的独立预测因子。反过来，有 NSSI 行为的青年患抑郁症的风险也更高。Muehlenkamp 等的研究也有一致的结果，儿童青少年中高自伤组

的抑郁得分高于中、低自伤组。目前对 NSSI 行为与抑郁症的研究认为，伴有 NSSI 行为的抑郁症患者在情绪管理与冲动控制、自我责难、认知功能受损等方面存在特征性表现。

伴有 NSSI 行为的抑郁症患者抑郁情绪更为严重，同时在述情方面存在不足，这表现为情绪的识别和表达困难。不善表达情绪、缺少负性情绪应对技巧恰恰是 NSSI 的成因之一。对伴有自伤行为的青少年抑郁症患者的研究结果表明，其冲动水平更高，这具体表现在注意、运动、缺乏计划方面；而且其自我意识水平可能更低，儿童自我意识量表总分及行为、智力、躯体情况焦虑因子分均小于无自伤组。Kang 等发现，伴有 NSSI 行为的抑郁症患者也存在较高的精神病性症状，而精神病性症状得分越高的患者，冲动性越高，会更频繁地进行自我伤害，同时也更有可能被发现存在药物滥用情况。

黄颖等和我们前期的研究均发现，伴有 NSSI 行为的青少年抑郁症患者在自我责难分数上明显高于正常对照组。自我责难属于非适应性的认知应对策略，继而通过 NSSI 行为实施自我惩罚。也有研究发现，伴有 NSSI 行为的青少年抑郁症患者的认知功能受损也更为明显，主要表现为记忆力下降、注意力和执行功能缺陷以及低干扰性。

目前，对于抑郁症与 NSSI 共病的机制尚不明晰，现有的研究表明，伴有及不伴 NSSI 行为的抑郁症存在脑影像学、下丘脑-垂体-肾上腺轴的特异性，伴有 NSSI 行为的抑郁症患者受社会心理因素的影响更大，涉及家庭经历、人际关系困难、负性生活事件等因素，且更具有边缘型人格的倾向。

在脑影像学方面，阎锐等对 NSSI 相关文献进行系统性分析后发现，伴有 NSSI 行为的抑郁症患者比不伴 NSSI 行为的抑郁症患者表现出情绪网络中扣带回和额叶-边缘系统的异常，社会认知网络中内侧前额叶、腹外侧前额叶、杏仁核和后扣带回的异常，运动相关脑区中纹状体运动回路的异常。Huan 等对 13～19 岁的抑郁患者的研究发现，伴有 NSSI 行为的抑郁症青少年与仅患有抑郁症的青少年之间局部神经活动的差异可能源自位于视觉区域和默认模式网络的某些区域。伴有 NSSI 行为的抑郁症患者右侧梭形回的局部大脑活动显著增强。

伴有 NSSI 行为的抑郁症患者可能具有生物基础的特异性,Klimes-Dougan 等发现与正常对照组和抑郁症相比,NSSI 与抑郁症共病的患者表现出较低的唾液皮质醇水平,并且在社会应激源的背景下皮质醇的生成不同。

在家庭因素方面,有研究发现,伴有 NSSI 行为的抑郁症患者可能有更严格、控制欲更强的父母,父亲的惩罚/严厉、过分干涉、拒绝/否认、过度保护因子和母亲的过分干涉/保护、拒绝/否认、惩罚/严厉因子高于非 NSSI 组。同时,童年创伤对青少年抑郁症人群的 NSSI 行为也有显著的影响,不同类型的童年创伤对 NSSI 的影响不同,其中情感虐待、情感忽视与 NSSI 行为风险相关性最大,而这些创伤也是边缘型人格特质的危险因素。

人际关系不良也是抑郁症患者采取 NSSI 行为的危险因素。García-Niet 等认为,同伴问题和心理状态是患者产生自伤想法的最常见因素,可能是人际关系问题引起的消极抑郁情绪引发了自伤的想法。负性生活事件也是伴有 NSSI 行为的抑郁症的风险因素。伴有 NSSI 行为的抑郁症患者可能更容易受负性生活事件的影响,产生更多的负性抑郁体验,或对于负性生活事件的调节能力较弱。

案 例

陈某,女,21 岁,因"发作性情绪低落 3 年"就诊。患者 3 年前无明显诱因出现情绪低落,高兴不起来,控制不住地哭泣,渐渐对以前感兴趣的事失去兴趣,每次情绪低落时伴随食欲下降,明显消瘦,夜间睡眠差,入睡困难,浅睡易醒,多梦,经常在噩梦中惊醒,醒后难以再入睡。悲观,觉得活着没意思,数次企图自杀,坐在楼顶,被同学看到后救下,两次吞服大量药物,一次割腕,都被家人发现。觉得对不起家人,自己很笨,不如别人。注意力不集中,记忆力下降,思考问题困难,觉得脑子像生了锈一样。症状一般持续 2 个月,自行好转。3 年来多次用刀割手腕、掐自己、抓头发,基本是因为情绪不好,自伤后情绪有好转,可以持续数小时至 1 周不等。偶尔因为觉得自己如行尸走肉,割伤后仿佛能感受到自己存在。

(三)NSSI 与双相障碍

临床上 NSSI 与双相障碍共病的情况并不少见,但对此展开的临床研究却不多。现有研究显示,在双相障碍中发生 NSSI 的比例为 22%～31%,我们全国多中心的研究结果是 10.7%。而且,研究显示女性明显高于男性。各种亚型的双相障碍均可发生,尤其容易发生在混合发作的患者中。

伴有 NSSI 行为的双相障碍患者,具有更高的冲动性。患者常在烦躁、与人发生冲突、解决不了当下的问题时发生 NSSI 行为,在 NSSI 行为完成后感到情绪得到宣泄,烦躁好转,常常可以解决当下的问题。对照研究也表明,在情绪调节和冲动性方面,伴有 NSSI 行为的双相障碍患者自我报告的评分显著高于正常对照组。临床研究发现,双相混合发作、自杀未遂、更严重的抑郁症状、更严重的躁狂症状和不良的心理社会功能与 NSSI 行为有关,破坏性行为与 NSSI 行为无关。NSSI 行为可以发生在双相障碍的任何阶段。

越来越多的证据表明,双相障碍涉及免疫细胞的激活和中枢神经系统炎性物质的释放,这些炎性物质在额叶聚集,影响神经递质代谢,导致额叶功能障碍、冲动性增加,最终使患者成为 NSSI 行为的易感人群。有数据支持 NSSI 青少年边缘结构(如杏仁核)的高反应性,这与 NSSI 青少年经历的更高水平的情绪痛苦一致。因为杏仁核的过度活跃会导致痛苦情绪增加,对情绪反应敏感、冲动体验功能亢进,当患者处于负性情绪时,他们无法有效应对,从而更易出现 NSSI 行为。杏仁核发育异常可能与双相障碍有关,这种杏仁核的高反应性可能来自遗传,遗传脆弱性导致情绪失调,进而易感 NSSI。

低龄、失业、家庭月收入较高、单身、病程长、童年不良经历是双相障碍患者发生 NSSI 行为的危险因素。伴有 NSSI 行为的双相障碍患者存在情绪反应敏感和冲动特质明显的特点,这些特点增加了与 BPD 鉴别诊断的难度。从治疗效果来看,伴有

NSSI 行为的双相障碍患者对药物治疗更敏感,在治疗早期,很多患者的 NSSI 行为可以得到控制,明显早于情绪的稳定。能达到临床痊愈的患者也很少残余 NSSI 行为。但是,在维持治疗、预防疾病复发上,伴有 NSSI 行为的双相障碍患者并没有表现出更高水平的优势,很多患者在病情好转后自行减药、停药,导致疾病更容易复发,可能与患者冲动特质下自我管理困难有关。

可以推测,伴有 NSSI 行为的双相障碍患者,在遗传脆弱性和后天成长环境的交互作用下,炎性反应和白质微结构出现异常,额叶激活减少,对边缘系统的抑制减弱,反应抑制降低,冲动性增加。杏仁核的过度活跃导致痛苦情绪增加,对情绪反应敏感、冲动体验功能亢进,当患者处于负性情绪时,他们无法有效应对,更容易受到情绪障碍的影响,导致情绪调节困难,最终增加了 NSSI 行为的风险。

案　例

王某,男,17 岁,因"情绪低落与高涨交替发作 1 年"就诊。患者 1 年前无明显诱因出现情绪低落与高涨交替发作,有时整天高兴不起来,对以前感兴趣的事失去了兴趣,觉得活着没意思,每天躺在床上十几小时,持续半个月至 3 个月不等,随后自行好转。有时兴奋话多,觉得自己很能干、脑子好用,买了很多书,虽然患者在中专院校学习,但觉得自己可以成为医学界的新星,便决定发愤图强。然而患者无法看完一章,很快又学习别的科目。不睡觉,精力充沛,乐于助人。持续半月至 3 个月逐渐恢复平静。有过 1 次自杀未遂,反复多次用刀割手腕、用头撞墙,有时因为情绪不好,自伤后情绪略好转,有时因为与父母或亲朋好友发生争执,烦躁,自伤后可以解决当下的问题,情绪可以平静下来。身上多处文身、穿耳洞,自诉觉得好看,能让心情好。自伤、刺文身、打耳洞均没有明显疼痛的感觉。就诊时患者已休学 1 年,无复学打算,认为自学也可以前途无量。

(四)NSSI 与进食障碍

研究发现,诊断为进食障碍的个体中有 27.3% 的患者合并 NSSI。其中神经性贪食患者的 NSSI 终身患病率(32.7%)比神经性厌食患者(21.8%)高。暴食障碍患者 NSSI 终身患病率接近 20%。已有证据表明,NSSI 与神经性厌食的暴食/清除亚型的关系比(神经性厌食)限制性亚型更密切。数据显示,在参与暴食/清除行为的住院青少年中,不同 NSSI 行为的终身和过去 1 个月的患病率(35% 和 20%)高于限制性饮食行为的青少年(17% 和 7%)。在患有进食障碍的成年人中,也观察了类似的结果。然而,在大学生中,与其他进食障碍相比,限制性进食与发生 NSSI 行为的概率高度相关。进食障碍的严重 NSSI 行为有以下特点:频率更高,方法种类更多,以及有治疗史。

相应地,近 4/5 伴有 NSSI 行为的患者中,在过去 1 周内有至少 1 种进食异常行为,其中最常见的行为是暴饮暴食(57.6%),最不常见的行为是利尿/泻药滥用(15.3%)。有研究观察到,有过 NSSI 行为的大学生出现暴食/清除行为与更多种类的 NSSI 有关。在临床样本中也发现了同样的结果。

既往研究表明,进食障碍和 NSSI 都与去甲肾上腺素功能障碍相关。研究发现,当暴食障碍患者暴露于食物期间,与奖励相关的大脑区域(如眶额皮质、腹侧纹状体等)的活动增强,而在 NSSI 患者中也有类似的发现。还有研究表明,NSSI 患者的脑脊液 β-内啡肽和 Met-脑啡肽水平降低。由于内源性阿片类物质在疼痛阈值和感知中发挥作用,它们可能参与 NSSI 行为,该行为通常与感受疼痛或缓解情绪紧张相关。同样,在暴食障碍患者中也发现了脑阿片类功能异常。由此推断这两种行为的成瘾性与内源性阿片受体物质的参与有关。因此,相似的神经生物学机制可能是进食障碍和 NSSI 共病的原因之一。

Claes 和 Muehlenkamp 于 2014 年提出了 NSSI 和进食障碍的共同危险因素模型,如图 1-7 所示。该模型介绍了 NSSI 和进食障碍的发展过程,其中压力生活事件可能会诱发进食障碍和 NSSI,个人因素、社会因素和具体的风险因素与这两种疾病的发展密切相关。该模型重点强调了个人（即气质和人格）和社会方面（即家庭环境、创伤经历和文化压力）的因素。有研究证实，与气质因素相关的情绪（如负性情绪）、人格物质（如自我批评的完美主义）可能导致 NSSI 和进食障碍。还有研究表明，这两种疾病与高情绪反应、易焦虑、回避和控制力差相关。在社会层面上，有研究表明儿童青少年的创伤经历、功能失调的依恋或养育方式以及同伴受害与 NSSI 和进食障碍的发展有关。研究人员还发现了亲子关系差、更高的社会文化压力和身体物化以及 NSSI 和进食障碍行为之间有关系。综上所述，容易产生不良情绪和消极想法，同时控制力较低且在痛苦时容易冲动的个体容易发展出 NSSI 和进食障碍行为。

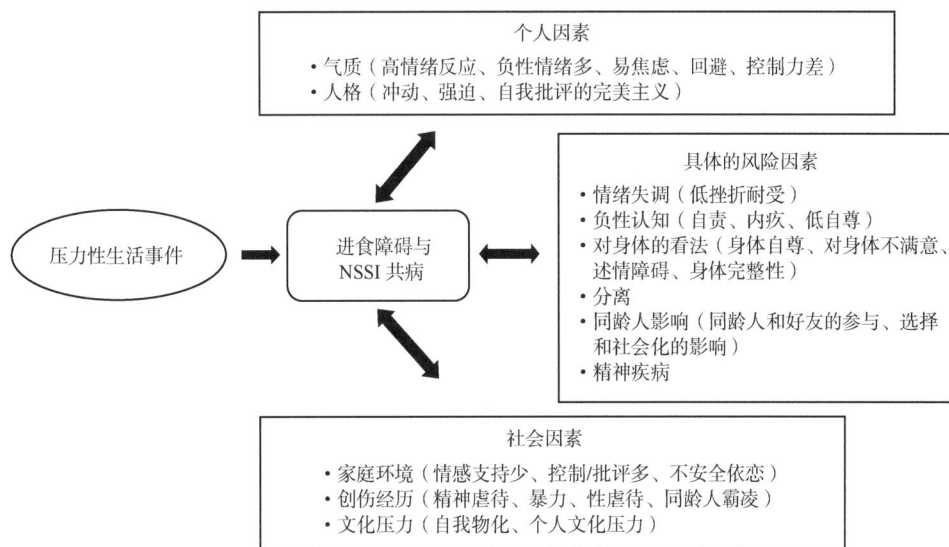

图 1-7　NSSI 和进食障碍的共同危险因素模型

有研究表明，自我批评的增加和低自尊也与 NSSI 和进食障碍相关，自我批评会增加进食障碍行为的风险并预测进食障碍患者的 NSSI 行为。同样，对身体的消极态度会导致进食障碍并使其长期存在。学者们还观察到了选择和社会化效应，如好友或同龄人的 NSSI 和进食障碍行为对其发展有促进作用。最后，研究表明 NSSI 和进食障碍与一系列内化的精神障碍有关，包括抑郁症、焦虑症和强迫症等。

（五）NSSI 与其他精神障碍的关系

NSSI 除了在 BPD、双相障碍、PTSD、进食障碍等疾病中常见外，还可见于焦虑障碍、物质使用障碍、分离障碍等其他精神疾病。

焦虑障碍包括多种疾病，如广泛性焦虑、惊恐障碍、社交焦虑障碍。焦虑是 NSSI 的危险因素之一，NSSI 也常常成为焦虑障碍患者急性入院的原因。NSSI 在焦虑障碍患者中发病率比较高，目前对于单纯焦虑症患者的自伤研究较少。有研究发现，在焦虑障碍中，伴有 NSSI 行为的焦虑症患者焦虑情绪更加严重，自伤方式多，自伤更频繁。共病焦虑障碍的抑郁症患者 NSSI 行为发生得也更多、更频繁。

物质使用是青少年发生 NSSI 行为的另一个风险因素。在物质依赖中，伴有 NSSI 行为的患者依赖症状更加严重，共病其他精神疾病、物质依赖所致精神疾病或其他类型的物质依赖的人，出现 NSSI 行为的比例更高。在性别差异上，研究多认为伴有 NSSI 行为的女性患者多于男性患者。有研究发现，在伴有 NSSI 行为的物质依赖患者中，男性患者的数量较女性患者多。在物质依赖的青少年患者中，伴有 NSSI 行为的患者有更多的情感忽视的经历，首次使用成瘾物质的年龄更早，使用的成瘾物质种类更多。青少年是网络成瘾的易感人群。研究显示，网络成瘾的患者有更高的 NSSI 发生率，NSSI 的各类型与网络成瘾和可疑网络成瘾均存在相关性。物质成瘾或网络成瘾这类行为的共同特点是成瘾素质，它们和 NSSI 行为有着相似的心理动机，具有情绪调节的功能，成为成瘾行为的强化机制。这些行为要么会让行为实施者产生愉悦的感觉，要么会消除行为实施者的负性情绪，或者具有一定的人际效应。通过这种方式，这些行为被保留下来反复出现。

童年的被忽视和虐待是 NSSI 发生的危险因素，分离障碍亦常常与童年的被忽视和虐待有关，因此慢性自杀意念、多次自杀企图和反复的 NSSI 在严重分离和分离障碍患者中常见。有研究发现，在分离障碍患者中，抑郁症症状严重程度可能是区分是否有 NSSI 行为的指标，而分离障碍的严重程度是区分自杀企图和 NSSI 行为的指标。

有些精神障碍也会出现自伤行为，如抽动障碍、精神发育迟滞等，我国有教材记载抽动障碍伴发自伤行为的发生率为 33%～34%，表现为咬手指、抓破皮肤，严重时可出现永久性损伤，自伤行为多和抽动障碍的严重性呈正相关。精神发育迟滞的患者伴发自伤行为可出现头部撞击墙壁、咬手指等表现。但这部分患者在 DSM-5 的 NSSI-D 诊断中，被作为排除诊断的内容，因此不考虑其符合 NSSI-D 的诊断。原因是这些障碍患者的自伤行为更具有刻板性，不是故意地为了满足某个功能，患者没有明确的为了情绪或人际调节的目的。这些患者的自伤行为发生的机制不明，但可能与冲动性有关，自伤行为多在青春期出现，而不是在最初诊断抽动障碍或精神发育迟滞的时候出现。

青少年还有一类类似于自伤行为的表现是揭痂症。患者可表现为抠面部或手上的粉刺、受伤的结痂或者撕掉手指上的皮肤。然而这种行为和 NSSI 行为的本质不同在于结痂症行为的目的不是故意自我伤害，可能具有强迫的性质。除了行为动机有区别外，症状表现形式也不同。揭痂症患者常常数十分钟或几小时从事此行为，而 NSSI 行为非常短暂，常常几十秒。NSSI 行为多出现在负性情绪下，而结痂症可在放松的情况下出现，也出现在紧张的时候。

（六）NSSI 与自杀的关系

自我伤害行为根据是否具有致命性，大致分为 NSSI 和自杀。自杀是指一个人有意结束自己生命的相关想法和行为，主要包括自杀意念（suicidal ideation，SI）、自杀尝试/未遂（suicide attempt，SA）和自杀死亡（committed suicide）。NSSI 和自杀的关系密切。随着对 NSSI 的认识，2015 年已有学者将 NSSI 纳入自杀行为谱系中，排在 SI 之前，即认为自杀谱系包括 NSSI、SI、SA 和自杀死亡。

SI 是与自杀密切关联的愿望、想法或构想，属于认知层面，不是具体的行动，是指患者有了明确的轻生意愿，但没有形成自杀的计划，也没有行动准备，更没有实际的自杀行动。Beck 研究发现，SI 是个体丧失活下去的愿望，但还没有导致身体受伤的自杀构想和自杀行为。

SA 包括自我造成的、故意实施的旨在结束生命但未造成致命性结果的行为，如未完成的自杀、不成功的自杀、流产的自杀等有致命意图但无致命性结果的行为。Carroll 研究发现认为，SA 是具有死亡意图的自我伤害行为，但并未直接造成致命性结果。美国疾病控制与预防中心在 2011 年提出的 SA 定义认为，它是指向自我的、非致命性的、具有一定程度死亡意图的潜在自我伤害行为，死亡被看作这种行为的后果，无论行为是否造成损伤。

从 SI 到自杀死亡是一个逐步的发展过程，SI 是自杀死亡的主要危险因素之一。根据 2020 年世界卫生组织（World Health Organization，WHO）的报告，在 15～29 岁年轻人中，自杀死亡是继道路伤害、结核病和人际暴力之后的第四大死因。NSSI 和自杀都是个体主动造成的身体伤害，二者存在千丝万缕的联系。

1. NSSI 与自杀关系的心理学解释　不同的心理学流派对于 NSSI 和自杀的理解不尽相同。行为主义认为，个体通过观察和模仿习得 NSSI 和自杀这些危险行为，并通过行为结果或环境强化，使得该行为得以维持。认知心理学认为，较低的自我效能预期、错误的归因、消极的认知图示以及不合理的认知等是影响个体 NSSI 和自杀的想法，进而增加实施这些行为的风险。精神分析理论认为，当向外的攻击受到挫折时，往往退回到自我，成为一种自伤或自杀的倾向，死本能一旦战胜生本能成为主导因素，自伤或自杀的行为就会以症状的形式表现出来。人本主义心理学认为，自我实现的人与环境的互动是协调的，这样的人实施自我伤害行为的可能性很小。社会心理学强调，社会重大历史事件对个体的影响是不容忽视的，特定历史时期的特定社会环境会影响个体的自我伤害行为。生理心理学认为，特定的基因、化学物质以及脑的结构或功能的改变与个体的 NSSI 和自杀存在密切联系。

不同的理论模型解释了 NSSI 与自杀行为的关系。门户理论（gateway theory）认为，自我伤害行为是一个连续体，NSSI 和自杀行为都被认为是自我伤害行为的表现形式，NSSI 在一端，是一种入门形式，其发展最终会导向另一极端形式的自伤（如自杀）。门户理论解释了 NSSI 和自杀行为高并发性的特点，但在二者关系的纵向研究上存在一定的局限性。门户理论的支持者认为，自杀行为开始之前应该会有越来越严重的 NSSI 行为，这需要设计更多的纵向研究来验证。

第三变量理论（third variable theory）认为，NSSI 和自杀行为之间存在联系，但当中存在的第三个变量（如精神障碍、心理痛苦的感知水平、相关基因和激素）解释了 NSSI 和自杀行为为何同时出现。虽然第三变量理论得到了许多研究的支持，但这些研究无法很好地区分致命或非致命的自我伤害行为。因为如果 NSSI 和自杀行为之间的关联是由共同的危险因素造成的，那么这两种行为在风险的衡量上不应存在显著的差异，而实际上许多研究都发现实施自杀行为的个体表现出更高水平的社会心理风险。

自杀的人际理论（interpersonal theory of suicide，ITS）认为，个体为了结束生命必须克服与自杀相关的恐惧和痛苦，这种倾向被称作"自杀能力的获得"，即自杀能力为较低的痛苦敏感性和对死亡较低水平的恐惧。该理论同样认为 NSSI 先于自杀行为发生，但与门户理论不同的是，ITS 认为 NSSI 本身并不足以导致自杀行为，它只是个体获得自杀能力的方式之一，只有当个体通过 NSSI 来获得自杀能力时，伴随感知负担（即个体认为自己会给他人带来压力）和社会孤立（即个体认为缺乏社会连接和支持），才会产生自杀尝试。这解释了一些 NSSI 患者可能并不会尝试自杀，因为这些人可能并没有感知负担或社会孤立。除 NSSI 之外，还有如毒品和酒精滥用，或暴露于暴力环境等，会使得个体因习惯相关的恐惧与痛苦而获得自杀能力，间接增加自杀行为。这解释了没有 NSSI 经历的个体仍然可能存在自杀的风险。遗憾的是，ITS 同样缺乏足够的纵向研究证据来证明 NSSI 与自杀能力获得之间的因果关系。另外，NSSI 与自杀行为通常涉及不同的方法，习惯于一种 NSSI 行为并不一定会使个体使用这种行为来自杀，即使在有自伤史的个体中，药物过量（而不是切割行为）是自杀尝试最常见的方法。

基于上述三个理论，2012 年 Hamza 提出了整合模型（integrated model）（图 1-8）。首先，NSSI 行为到自杀行为有一条路径能够独特地、直接地预测自杀行为，但同时被个体内部痛苦水平调节。其次，NSSI 行为与自杀行为的共同风险因素会使致命性与非致命性的自伤行为（即自杀与 NSSI）高度共存，但控制 NSSI 行为的显著共同预测因子（如年

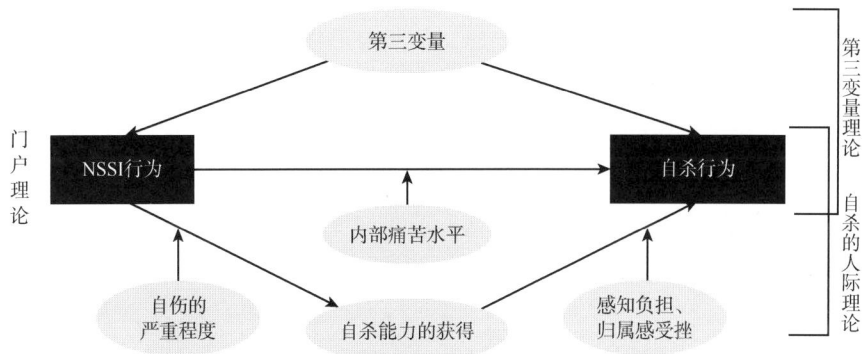

图 1-8 Hamza 的整合模型（改编自 Hamza，2012）

龄、性别、种族、社会地位、抑郁、无望感、家庭功能、BPD 特征、PTSD、童年期虐待史等）后，并不会否定 NSSI 行为与自杀行为之间的直接联系。最后，NSSI 通过获得自杀能力，间接影响自杀行为；此外，自伤严重程度在 NSSI 与自杀能力的获得中起调节作用，自杀能力的获得和自杀行为之间的联系受到感知负担和归属感受挫的调节。

2. NSSI 与自杀关系的研究　有不少研究支持这些理论假设。门户理论认为，NSSI 作为一种入门形式，会导致更极端的自我伤害行为。研究表明，控制自杀行为的其他风险因素（如抑郁、无望感、家庭功能和 BPD 特征）后，NSSI 行为仍能预测自杀行为并导致其风险增加。首次出现 NSSI 行为的年龄通常为 13 岁左右，而自杀行为首次出现的平均年龄约为 16 岁；根据近期自伤行为事件对个体进行划分时，NSSI 组的个体报告出现 NSSI 行为的年龄明显早于自杀行为组的个体，这从另一角度印证了 NSSI 行为先于自杀行为的发展。

第三变量理论认为，NSSI 行为和自杀行为之间存在第三个变量可以解释这两种行为的同时出现。一些研究发现，90% 死于自杀的人被诊断为精神障碍，而 87% 的因 NSSI 行为住院的青少年符合精神障碍诊断。因此，NSSI 行为可能不会增加自杀行为的风险，但患精神障碍（如 BPD）的个体有更高的风险实施 NSSI 行为和自杀行为。还有研究认为，与不伴 NSSI 行为的个体相比，不论是否伴有自杀行为，NSSI 者报告了更多的抑郁、SI 和无望感，更低的自尊和父母支持。另外，血清素系统功能障碍也被认为是 NSSI 的一个危险因素，自杀身亡的个体更有可能携带降低血清素摄取的基因（即 5-HTT 等位基因），一些人类和动物研究证明了使用选择性 5 - 羟色胺再摄取抑制剂（selective serotonin reuptake inhibitor，SSRI）可以减少自伤行为。但另一些研究发现，相比于伴有 NSSI 行为的个体，无 NSSI 行为史的自杀尝试者更有可能被诊断为抑郁症或 PTSD，同时，他们报告了更多的童年期虐待的经历、更少的生活吸引力以及更紊乱的进食情况。

自杀的人际理论认为，NSSI 通过获得自杀能力，最终实施自杀尝试。与不伴 NSSI 行为的青少年相比，伴有 NSSI 行为的自杀尝试者更确信自己实施自杀行为的勇气和能力，同时报告更少的行为恐惧。然而，仅从横断面的研究结果推测无法证明 NSSI 与自杀能力的获得之间的因果关系。具体来说，对疼痛的高耐受性究竟在参与 NSSI 行为之前还是之后出现，成为研究者质疑该理论的重要依据。如果对疼痛有更高的忍耐力促使个体参与到痛苦和刺激的体验中，NSSI 组的个体可能会报告更多地参与到其他痛苦和刺激的体验中。NSSI 组的个体虽然比对照组报告了更高的疼痛耐受性，但并没有报告比对照组更明显的疼痛和刺激体验。尽管 NSSI 的方法和频率能够预测 SA 的数量，但关于 NSSI 频率和 SA 次数的研究说法不一。有研究发现，在住院青少年样本中并没有发现 NSSI 频率与 SA 频率之间显著相关，但另一些研究发现 NSSI 频率与自杀行为之间存在一种曲线的关系，即 NSSI 频率可以预测个体的 SA，但在达到 50 次以上 NSSI 后，二者的关联性下降。也许 NSSI 频率仅仅只能预测 SA，因为它帮助个体获得自杀能力，而一旦建立了这种行为能力，随后的 NSSI 频率对于自杀行为的预测作用就没那么强。

3. NSSI 对 SI、SA 的影响　从上文可以看到，不论哪一个理论解释，NSSI 与自杀都有很密切的关联，但 NSSI 对 SI 和 SA 有着不同的影响。一方面，各研究关于 NSSI 对 SI 的影响说法不一。有一项研究认为，更频繁的 NSSI 与复发的和严重的 SI 相关。然而，另一项研究表明，当青少年有 NSSI 的想法时，很少报告有 SI，且 NSSI 频率可能并不直接与 SI 关联。对仅仅只有 SI 的青少年来说，伴有 NSSI 行为的 SI 者报告了更严重的症状。NSSI 常被用来逃避负性情绪或认知状态。对一些频繁使用 NSSI 行为来减少消极情绪的青少年来说，当 NSSI 无法缓解这些状态时，就会发展出 SI。NSSI 用于避免自杀的功能与 SI 存在最强烈的相关。

另一方面，NSSI 的频率、方法的数量、严重程度及时间都与 SA 密切相关。首先，根据自杀的人际理论，习惯于 NSSI 的个体可能通过频繁的 NSSI 行为来逐渐适应 SA 所涉及的痛苦和恐惧，进而获得自杀能力。NSSI 频率与先前 SA 的次数有关联，并且可以预测未来的 SA 频率和致死率。其次，使用更多的方法实施 NSSI 与个体 SA 有关。使用更严重的方法（如切割、灼烧）比更轻微的方法（如击打自己、拉扯头发）与 SA 有着更密切的关联。最后，更长的 NSSI 行为史也可能预测未来 SA 的次数。

4. NSSI 与自杀的区别　NSSI 与自杀都是自我主动造成的身体暴力，但这两种行为的本质不同，二者在行为基本特征和人口学特征等方面都存在显著差异。

从行为基本特征来看，NSSI 行为频率较高，是个体反复实施的、在躯体表面（通常是上臂）造成的浅表但痛苦的损伤，这种损伤是非致命的，并且 NSSI 行为通常是为了减少负性情绪，缓解痛苦体验。而自杀行为频率较低，该行为造成的损伤是致命的，且必须伴有死亡的意图，因为死亡是该行为的最终目的，该行为的结果是死亡或自杀未遂。报告 NSSI 的个体常使用刀、针等锋利的物品来伤害自己，常见的损伤有烟头烫伤、橡皮擦灼伤、咬伤等。而个体实施的自杀行为常基于是否暴力来分类，如跳楼、枪伤等属于暴力的手段，过量使用合法物质（如治疗药物）或非法物质（如农药）则属于非暴力的手段。

从人口学特征来看，行为初始年龄和性别在 NSSI 和自杀上都有明显的不同。NSSI 行为常见始于 10 岁早期，并且会持续多年，但大多数青少年的 NSSI 行为会随着年龄的增加而逐渐消失；而自杀行为会发生在生命周期的任何阶段，但很少会出现在 5 岁以下的儿童中。不同性别在 NSSI 和自杀表现上有明显不同。对于 NSSI 行为，女性明显多发于男性（我们前期的研究是 4∶1）。对于自杀行为，有研究显示，女性的 SA 也多于男性（约 3∶1 或 4∶1），但在自杀成功的人群中男性更多见。

NSSI 患者和抑郁症患者都会有自杀行为，但 NSSI 患者的自杀更多出于对现实痛苦的不能忍受，更具冲动性，更多受状态和缺陷的影响；而抑郁症患者的自杀主要来自悲观和无望感。

NSSI 与自杀的影响因素有很多，均为生物、心理、环境共同作用的结果，但它们并不是完全相同的。

（姜晓梅　张　培　王　纯　张瑜敏
黄国平　孙　彦　张丽萍）

第三节 NSSI 行为的治疗和预防

和其他精神障碍一样，NSSI 行为的治疗有赖于对该病理心理现象的理解和认识，如其病因、病理机制、诱发因素、维持因素、减轻与加重因素等，以及行为功能和症状的成分如认知、躯体、情绪和行为等。

一、治疗原则

从治疗方案的制定来看，首先需要区分 NSSI 行为的性质。出现 NSSI 行为的情况可包括四种情况：单纯性 NSSI 行为、精神障碍伴发的 NSSI 行为、NSSI-D 单独存在或与其他精神障碍共病。不同性质的 NSSI 行为，其治疗原则有所区别。

（一）单纯性 NSSI 行为

原发、独立存在的 NSSI 行为未达到任何其他精神障碍的诊断的情况，可被称为单纯性 NSSI 行为。这类 NSSI 行为多为偶发、单发的 NSSI，程度较轻，达不到 NSSI-D 诊断标准（1 年中大于 5 天），存在于一般人群之中。例如我国 31 个省（自治区、直辖市）调查发现，中学生 NSSI 检出率高达 27.4%，明显高于我国港台地区的 13%～15% 或国外的 6%～7% 的检出率，这可能是由各地和各个研究所采用的阳性检出标准存在差异所致，该研究的阳性检出标准为"过去 1 年中至少出现 1 次 NSSI 行为"，所以相当一部分阳性检出者并不符合 NSSI-D 诊断，属于单纯性 NSSI 行为。在临床工作中，原发、独立存在的 NSSI 行为相对少见，就诊率更低。有人认为，单纯性 NSSI 行为属于发展性心理问题，可随年龄增长、发育成熟而自愈，如果自伤者具备较为完整和良好的社会功能，在谨慎观察的情况下，可以考虑不进行干预，但需要随访，观察其后续发展。如果自伤者具有一定的心理困惑，也可以考虑开展心理帮助、心理支持或系统的心理治疗。

（二）精神障碍伴发的 NSSI 行为

这种情况的 NSSI 是某个精神障碍的临床症状之一，NSSI 症状会随着精神障碍的发生发展而产生相应变化。相应的精神障碍则为基础精神障碍，NSSI 与基础精神障碍具有共同的生物学或心理学病因、发生发展机制和影响因素（如 BPD 的 NSSI 症状），或者 NSSI 继发于该精神障碍的部分症状（如精神分裂症患者的命令性幻听所致的自伤）。在这种情况下，治疗以基础精神障碍为重点，并假设在基础疾病得以有效治疗后，NSSI 亦随之缓解。BPD、抑郁症、双相障碍、物质滥用、进食障碍等是 NSSI 常见的基础精神障碍，对这些精神障碍规范的药物治疗、心理治疗和物理治疗等干预措施，同样可以作为对 NSSI 的治疗。在原发病治疗的同时，针对 NSSI 本身，可以不做针对性干预，也可以做一些必要的干预工作（如伤口包扎、行为的解释和应对指导），但不作为治疗重点。

（三）NSSI-D 单独存在或与其他精神障碍共病

这种情况将 NSSI 视为具有独特心理功能、病因、机制和影响因素的精神障碍实体之一，独立存在或与其他精神障碍共病存在，故其治疗以其特定的心理学或生物学因素为靶点，进行跨诊断模式的 NSSI 行为针对性治疗。共病的其他精神障碍按规范同时开展相应治疗。

目前对于 NSSI-D 的治疗原则：在全面评估的基础上，进行个体化治疗，综合应用多种治疗措施。以心理治疗为主，药物治疗、物理治疗等不同干预措施可以根据具体的情况结合使用，相辅相成，它们从不同角度在不同的靶点发挥效应，应合理组合、整体治疗。

当前关于 NSSI 的治疗以心理治疗为主，这一方面说明心理治疗受到越来越多的重视，另一方面也说明目前仍缺少对 NSSI 具有针对性和特殊性的药物治疗方法。如果共病精神障碍，或具有明显的情绪、精神病性症状，可结合药物治疗针对这些症状进行干预，按照规范治疗精神障碍。近年来也有对 NSSI 行为进行物理治疗等的尝试，但研究较少，疗效尚不明确，需在具体的情况下谨慎考虑使用。

二、治疗设置

首先考虑门诊或住院治疗。一般来说，以门诊治疗为主。原因有两点：第一，基于维持社会功能、降低对日常生活的影响、保持家庭和社会关系的连续考虑，尽可能不中断患者的正常生活；第二，NSSI 行为的干预需要较长时间，通常是长期的恢复过程。但如果患者存在以下情况，需要考虑住院治疗：①存在急性自杀行为的患者；②病情严重需要密切观察的情况；③存在其他精神障碍，需要住院处理；④已在门诊系统治疗过，但疗效不理想。

如果伤口较严重，需要先进行伤口处理，需提供紧急的医疗处置及安全的环境，包括综合医院的门急诊治疗或住院治疗。伤口的外科处理（如缝针）尽可能达到最好的功能保持和美观效果，接诊人员和陪伴人员在治疗中应避免批判的态度，以免刺激患者再次发生危险。在知情同意后建议转诊精神科或心理科；对于已经接受精神心理科治疗的患者，须尽快与原来的医生或治疗师联系。对于儿童青少年患者，应在监护人的陪护下转诊。

三、治疗方法

（一）心理治疗

目前对 NSSI 的主要心理治疗方法包括 CBT、DBT、心智化治疗（mentalization-based therapy，MBT）。CBT 是最早对 NSSI 有循证依据的治疗，同时，基于 CBT 的各种变式也被证实对 NSSI 干预有效，如基于 CBT 的自伤减少计划（cutting down program，CDP）、自伤行为治疗（treatment for self-injurious behavior，T-SIB）等。DBT 是第三代 CBT，是目前对 NSSI 有循证依据最多的治疗方法，也是被某些循证评价认为唯一达到 NSSI 治疗门槛的治疗方法。本书将在后面章节重点介绍 NSSI 的 DBT。MBT 是基于依恋理论与神经科学的治疗，旨

在提高患者在情感挑战情境中准确识别、表达自己和他人感受的能力，通过改变人际互动，继而改善 NSSI。另外，成长性团体治疗（developmental group psychotherapy，DGT）、精神动力学治疗、家庭治疗等也被用于 NSSI 行为的治疗。

2014 年 Turner 等对 NSSI 的不同治疗方法进行了系统综述，结果表明，对 NSSI 干预措施疗效的高质量研究较少，一些干预措施似乎有望减少 NSSI，包括 DBT、情绪调节团体治疗（emotion regulation group therapy，ERGT）、手册辅助的认知治疗（manual-assisted cognitive therapy，MACT）、动力解构心理治疗（dynamic deconstructive psychotherapy，DDP）。Calati 等对 32 项随机对照试验的 4114 例患者进行了元分析，结果显示仅 MBT 对 NSSI 有效。Iyengar 等对关于 SA 和 NSSI 的心理干预的系统综述认为，以自我驱动为基础的 CBT、DBT 及其变式有助于减少 SA 和 NSSI，且该结果具有可重复性；而以社会驱动为基础的家庭治疗、发展团体等和常规治疗相比无显著优势，但和自我驱动治疗相结合可能会使患者从整体上获益。

青少年是 NSSI 的主体人群，Kothgassner 等对过去 10 年（2009～2019 年）有关青少年（12～19 岁）NSSI 和 SI 心理干预的文献进行系统综述和荟萃分析显示，在纳入的 25 项随机对照试验（randomized controlled trial，RCT）中，目前最常见的干预方法是家庭中心疗法（family-centred therapy，FT）或团体治疗，各占 20%，其次是基于 CBT 的治疗（CBT 的多种变式，16%）和青少年辩证行为治疗（dialectical behavior therapy for adolescents，DBT-A，12%），以及青少年心智化治疗（mentalization-based therapy for adolescents，MBT-A）、整合治疗（integrative therapy）、治疗性评估（therapeutic assessment）和认知分析治疗（cognitive analytic therapy，CAP）。总体而言，治疗干预在减少 NSSI、自杀意念和抑郁症状方面略优于对照组（主要包括常规治疗、强化常规护理和特定疗法对照等）。对具体疗法的亚组分析显示，DBT-A 在减少 NSSI 和 SI 方面有中等效果，FT 对 SI 有中等效果。

同时，越来越多的学者在传统心理治疗的基础上开发出了 NSSI 的针对性干预措施。此外，与（移

动）互联网、可穿戴智能设备等新兴科学技术相结合的心理治疗方式受到越来越多的关注。下文简单介绍几种 DBT 以外的心理治疗方法。

1. CBT CBT 可能是临床应用最为广泛的心理治疗，随着对精神障碍认识的发展与深入，基于 CBT 的多种治疗变式不断出现并应用于特定患者的治疗之中。如前所述，CBT 及其多种变式应用于 NSSI 的疗效已在多项研究中得以证实。Iyengar 等在对青少年自杀企图和自伤行为的干预措施的元分析中认为，如果将 DBT 也归为 CBT 的一个变式的话，目前的证据显示只有 CBT 是有效的。聚焦于儿童和家庭的认知行为治疗（child- and family-focused cognitive-behavioral therapy，CFF-CBT）在儿童双相障碍的 RCT 中较常规治疗更为有效，无论患者是否伴有 NSSI 行为。新近一项研究通过 RCT 比较了简式手册辅助的认知心理治疗和常规治疗（包括 CBT 和心理动力学治疗，3/4 为 CBT）对青少年 NSSI 的疗效，每周 1 次，共 8~12 次治疗，完成治疗后随访 6 个月。治疗手册包括 4 个模块：模块 1 是提高治疗动机，模块 2 是明确 NSSI 的原因，模块 3 是尝试 NSSI 的替代行为，模块 4 是稳定替代行为。研究表明，简式手册辅助的认知心理治疗对青少年 NSSI 同样有效，而且起效速度更快。

2. 自伤行为治疗 NSSI 患者存在明显的情绪调节障碍，NSSI 通常作为患者的情绪调节策略，Andover 等针对此机制开发了一种专门为治疗年轻成人 NSSI 的简短行为干预 T-SIB。T-SIB 包含每周 1 次、每次 1 小时、共 9 次的治疗。第 1 次是关于 NSSI 的心理教育和动机激发；第 2~6 次是 NSSI 行为功能分析和强化替代行为；第 7 次和第 8 次是基于治疗师和患者共同评估的个体化模块，主要是技能训练，包括人际沟通、认知歪曲和痛苦耐受等技术；第 9 次是结束治疗，总结患者治疗中的收获，讨论 NSSI 预防措施。该研究组随后进行的 RCT 研究纳入了 33 例（18~29 岁）社区被试（过去 1 个月中有 NSSI 行为或强烈意向），将他们随机分为干预组（10 例完成干预）和常规治疗组（提供常规心理健康服务途径，但不要求必须进行治疗），结果显示 T-SIB 对 NSSI 频率降低有中等效果。关于疗效相关因素的分析发现，终身和过去 1 年 NSSI 频率越高者，在 T-SIB

治疗后和 6 个月随访期间 NSSI 减少越明显；同时焦虑症状越严重者，治疗结果均越明显。

3. 情绪调节团体治疗 ERGT 是为 BPD 和 NSSI 设计的基于接纳的行为治疗，针对情绪失调进行结构式的简短易行的团体干预，并被证实对 NSSI 具有一定效果。2017 年，Bjureberg 等在 ERGT 的基础上设计出青少年情绪调节个体治疗（emotion regulation individual therapy for adolescents，ERIT），包含患者和家长两个模块。患者模块包括 12 次治疗，其主要内容：①NSSI 功能分析；②情绪功能；③情绪觉察；④可以指引行为的情绪信息；⑤初级和次级情绪；⑥情绪性回避/不情愿；⑦情绪性意愿/接纳；⑧非回避性情绪调节策略；⑨控制冲动行为；⑩有价值的方向；⑪致力于有价值的行动；⑫预防复发。家长模块包括 7 次干预：①心理教育，关于 NSSI、情绪反应、非认可环境的作用、认可技术等；②重复上次内容和家庭作业讨论；③长远来看如何改善养育方式；④重复上次内容和讨论家庭作业；⑤冲突管理和问题解决；⑥重复上次内容和讨论家庭作业；⑦总结和提升。研究组首先在小样本的青少年女性中进行了开放试验，经过为期 12 周的行为治疗，治疗可信度、预期和治疗完成率（88%）均令人满意，治疗联盟和治疗依从性均较高。该治疗对过去 1 个月 NSSI 频率、情绪调节困难、自我破坏行为和整体功能均有显著效应，在 6 个月的随访中，所有这些改进或保持或进一步改进。研究组还将上述干预措施进行改编而开发了完全在线版 ERITA，该版本基于智能手机 APP 设计，包含文字、动画、图示、案例等，并要求受试者在线反馈个人情况，对在线版的研究也得出与常规线下版类似的治疗效果。

4. 互联网+心理干预 随着（移动）互联网技术的发展，与互联网相结合的心理治疗方式受到越来越多的关注。2021 年，Cliffe 等对移动健康（mobile health，mHealth）干预措施在 NSSI 方面的研究概况进行了综述，将 mHealth 干预措施定义为通过智能手机 APP、电话或短信服务、平板电脑或可穿戴设备进行的心理干预。该研究共纳入了 36 篇文献，这些文献大多数是过去 4 年间发表的随机对照试验，其中 62% 的试验以某种治疗模式为基础进行，基于研究者对涉及人群的 NSSI 行为的理解和认识，多数是为特定人群设计和服务的，有 5 个是可以免费、广泛获取的。对报告了效果数据的研究进行分析发现，相应干预措施有一定帮助。同时 Cliffe 等感到惊奇的是，没有发现使用可穿戴设备的研究。

2020 年，Arshad 等对 mHealth 的系统综述和元分析显示，在纳入的 22 篇文献中，干预措施为基于 CBT、DBT、正念或其他心理治疗理论的健康教育、支持、指导或危机干预等，形式为 APP、文本信息等，持续 1 周至 1 年。由于缺乏对照设计和样本量小，仅初步证据表明这些干预措施与包括 NSSI 在内的自伤行为减少有关，与常规治疗相比，这些干预措施对自杀意念有积极的治疗效果。可见，尽管互联网已经在世界范围内基本普及，但基于互联网对 NSSI 的心理干预仍有极大的发展空间，例如能够贴合互联网特点并体现互联网优势的干预设计、网络干预措施在整个治疗中的定位及其与现场干预的结合模式等，均值得深入思考与研究。

随着互联网、可穿戴智能设备及其他信息技术的发展，无人值守的计算机化心理治疗系统在国内外逐渐发展和完善。2018 年，李金阳等报道了中国 CBT 专业组织开发的"30 天心理自助平台"的使用情况。该平台在我国首先开展计算机化的认知行为治疗（computerized cognitive behavioral therapy，CCBT），可通过 http://ccbt.cbtchina.com.cn 或手机 APP "CCBT" 开放访问。CCBT 包含走出抑郁、战胜焦虑、远离失眠和直面强迫 4 个模块，每个模块设有 5~6 个治疗时段，平均 5 天进行一次治疗，每次 20~30 分钟，借助预设程序通过人机互动方式完成 CBT，并通过心理量表评估心理健康状况、严重程度及疗效，全程无人工干预。CCBT 拓展了互联网时代心理干预的思路，但也凸显了这一模式潜在的问题，显然在治疗联盟建立、治疗依从性等方面无法和面对面的现场心理干预模式比拟。但考虑到我国大部分心理障碍患者由于自身因素或社会、自然环境限制而难以接受现场个体或团体咨询，CCBT 模式无疑是有益的补充，经过后续针对存在问题的不断改进和完善，必将发挥更大的效益，后续也将开发 NSSI 专病治疗模块。

可穿戴智能设备的技术进展为心理干预提供了巨大的想象空间，目前运动计步、睡眠监测、心率监测、压力监测（基于心率变异性分析的综合算法）等功能已经在越来越多的可穿戴智能设备上普遍实现，可以为心理治疗措施在患者生活中的实施、家庭作业的设计与督促完成、手册指导患者自我心理调整等提供辅助。同时，基于不同心理治疗理论与技术，可以开发适用于可穿戴智能设备的独特干预技术。

近年来，虚拟现实（virtual reality，VR）设备也用于辅助心理干预，VR 精神康复治疗仪于 2017 年已在南京医科大学附属脑科医院成功应用于恐惧症、创伤、社交焦虑等患者的心理治疗实践，是我国最早推出的 VR 心理干预，2021 年获批江苏省收费条目：虚拟现实的 CBT。NSSI 心理治疗同样可以借鉴并应用 VR，如在虚拟情境中结合生理反馈指标更为简便地训练患者的情绪调节、行为控制、替代行为、问题解决、人际交往、痛苦耐受等技术。而可穿戴智能设备与电脑或智能手机结合，可以部分替代上述 VR 系统，从而使患者可以更为便利地在家训练或借助指导手册自我训练。

（二）药物治疗

目前尚无专门针对 NSSI 研发的药物上市，对治疗 NSSI 的药物研究主要为原本治疗其他问题的精神类药品，并且研究较少，结果不明确，因此药物治疗不能作为 NSSI-D 的一线治疗方法和单一治疗策略。如果使用，也需合并心理治疗进行。有研究结果也表明，药物联合心理治疗的效果优于单纯药物治疗。有些情况下可以合并药物治疗，如共病其他精神障碍（按照相应障碍的治疗规范选择药物），或者存在一些明显的其他症状，如情绪问题等（按照相应症状的治疗经验选择药物）。

精神障碍药物治疗的基本原则包括：①建立和保持良好的医患关系，与患者协商一致，提高治疗依从性；②全面评估基础上的个体化用药；③尽可能单一用药；④足量（达到药物治疗剂量）和全病程治疗；⑤权衡利弊，兼顾疗效与不良反应；⑥从小剂量起始，缓慢增加剂量，同时密切观察病情，及时调整治疗方案；⑦对患者和家属进行相关的用药指导；⑧儿童和青少年用药要更为谨慎，仅考虑使用于急性干预或其他治疗无效的情况下。药物治疗的基本工作流程：全面评估，明确诊断，依据现行诊疗规范，根据诊断和症状特点以及家族史、治疗史等个体化特点选择用药。

2014年Turner等在NSSI干预方法的系统综述中，对药物治疗也进行了汇总，认为以下几类药物有望治疗NSSI：非典型抗精神病药物（如阿立哌唑、齐拉西酮）、阿片类药物（纳洛酮、丁丙诺啡）、SSRI（如氟西汀）和选择性去甲肾上腺素-5-羟色胺再摄取抑制剂（文拉法辛）。其中，一项RCT研究肯定了阿立哌唑的疗效，一项非RCT研究表明齐拉西酮比利培酮、奥氮平、异丙嗪更有效。一项病例对照研究发现，纳洛酮在治疗成人BPD时，使NSSI水平降低。一项非对照研究发现，文拉法辛、丁丙诺啡、氟西汀、纳洛酮对NSSI有效，但该研究也提出，需要谨慎解释研究结论，因为在此之前专门针对NSSI药物治疗的RCT研究极少。

一篇系统综述分析了丁丙诺啡（buprenorphine，BUP；阿片类受体部分激动剂，镇痛药物，一类管制精神药品）在抑郁症、难治性抑郁症和NSSI患者中的作用，研究结果显示在低剂量下，BUP对于减少抑郁症状、严重自杀意念和NSSI（即使在TRD患者中）是一个有效、耐受性好且安全的选择，但显然距离临床应用还有相当长的路要走。

还有一项研究考察了N-乙酰半胱氨酸（NAC，一种营养补充剂）作为NSSI的潜在治疗药物的可行性。该研究纳入了35例13～21岁的NSSI女性患者，采用开放式单臂研究设计，所有参与者口服NAC（第1～2周：600mg bid，第3～4周：1200mg bid，第5～8周：1800mg bid）。大约2/3的受试者完成了试验，结果表明NAC耐受性比较好，治疗后NSSI发作频率降低，抑郁和精神病性症状评分（冲动除外）也有所下降。当然，这一初步证据只能表明NAC有望成为NSSI青少年的潜在治疗选择，确切疗效仍需严格设计的RCT以验证。

从安全性角度来说，有研究提示曲唑酮、中枢兴奋剂和非医疗使用的苯二氮䓬类药物、阿片类药物可能增加青少年的NSSI，相对于自杀行为风险增加的问题（美国食品药品监督管理局于2004年发布了"黑框"警示，指出儿童青少年和青壮年服用包括SSRI在内的抗抑郁药出现自杀想法或自杀行为的风险增加），并没有发现使用SSRI增加NSSI的风险。

从经验性临床使用习惯来看，目前国内医生常使用以下几类药物来辅助NSSI治疗。

1. 心境稳定剂 这主要是基于NSSI本身具有冲动性的特征，NSSI常出现在冲动性情绪或行为发生时，或紧随其后发生，而且常与BP、BPD共病，所以碳酸锂、丙戊酸盐、拉莫三嗪等心境稳定剂有助于稳定情绪，减少冲动行为，增强患者自我调整与控制，从而预防NSSI的发生，减少其发生频率或降低其严重程度。但此类药物对NSSI的疗效尚未见到相关研究报道。

2. 非典型抗精神病药 这类药物包括喹硫平、奥氮平、利培酮、帕利哌酮、阿立哌唑等。这些药物具有三方面的作用：①作为广义的心境稳定剂稳定情绪；②帮助入睡；③缓解幻觉、妄想等精神病性症状，是共病精神分裂症、双相障碍或同时存在精神病性症状常用的治疗药物。不同药物在这三个方面的作用存在差异，不同患者对同一药物的敏感性差异也比较大，而且几乎每种药物都有较大的副作用，所以需要根据患者的个体情况进行选择和及时调整，注意安全性，尽量短期使用。

3. 抗抑郁药 对于同时存在抑郁、焦虑和强迫表现的NSSI患者，或共病抑郁症、焦虑症、强迫症的情况，可考虑使用抗抑郁药物。对于成年患者，可以使用SSRI，如氟西汀、帕罗西汀、舍曲林、（艾司）西酞普兰和氟伏沙明等常用的抗抑郁药，或选择转躁狂概率较小的安非他酮；对于青少年患者，则需要谨慎选择具有18岁以下人群适应证的药物，如舍曲林、氟伏沙明或氟西汀。根据具体情况，也可以酌情考虑去甲肾上腺素-5-羟色胺再摄取抑制剂，如文拉法辛、度洛西汀等，尤其伴有明显的焦虑和躯体症状。

使用抗抑郁药物有挑战性，首先几乎所有抗抑郁药物在刚服用一段时间内均可能导致个别患者出现激越、烦躁，甚至自杀风险增加的副作用，而且此类风险还没有可靠的方法进行预测。其次，有些患者在用药后可能由抑郁状态转为轻躁狂状态甚至躁狂发作状态，这同样在用药前不能可靠预测。尤其NSSI患者多为青少年，青少年的诊断越不明确，转躁风险越大。

4. 抗焦虑和镇静催眠药物 此类药物主要指

苯二氮䓬类药物，常作为辅助性用药、急性治疗期短期用药和必要时临时用药，可以较为快速地减轻焦虑，帮助入睡或睡眠维持。常用药物有阿普唑仑、奥沙西泮、劳拉西泮、艾司唑仑、硝西泮、氯硝西泮等。此类药物具有一定成瘾性，需要避免长时间、大剂量使用，另外此类药物具有肌肉松弛作用和影响记忆力等认知功能，需要在应用时谨慎观察和调整剂量。此外，唑吡坦、（右）佐匹克隆等非苯二氮䓬类镇静安眠药具有促入睡、药效持续时间短、副作用相对小的特点，可根据需要短期使用。

总体而言，对于 NSSI 的药物治疗，建议首先考虑二代抗精神病药，其次是心境稳定剂，谨慎使用抗抑郁药，必要时联合使用抗焦虑和镇静催眠药。随着精准医学研究的深入，未来可能会发现 NSSI 的特殊生物学病理机制，在此基础上 NSSI 的药物治疗可能会取得突破性进展。

（三）其他治疗

1. 物理治疗 是以施加的物理刺激为主要治疗手段的治疗方式，可以使用物理刺激如电、磁、光、声、冷、热、压力、水等进行治疗。目前临床上常用的物理治疗有电抽搐治疗（electroconvulsive therapy，ECT）、重复经颅磁刺激（repetitive transcranail magnetic stimulation，rTMS）、光照治疗（illumination therapy）、经颅申治疗、微创的深部脑刺激（deep brain stimulation，DBS）和迷走神经刺激（vagus nerve stimulation，VNS）等。

对于 NSSI，有研究发现 rTMS、改良电抽搐治疗（modified electroconvulsive therapy，MECT）可用于抑郁症伴 NSSI 的患者，对抑郁均有效果；rTMS 可改善 NSSI，MECT 未见对 NSSI 有效。因研究数量少且样本较小，有待进一步研究结果。对于 DBS，可根据共患精神障碍进行选择，也无用于 NSSI 治疗的研究。

ECT 是以短暂适量的电流通过大脑，引起患者意识丧失、广泛性皮层脑电发放和全身性痉挛，以达到控制精神症状的一种治疗方法，MECT 则在通电前加用静脉麻醉药和肌肉松弛剂，在通电后不发生抽搐或抽搐明显减轻。MECT 疗效确切且较为安全，是精神障碍急性期治疗的重要手段，其主要适

应证为严重抑郁症且有强烈自杀倾向的患者、明显自责自罪者，极度兴奋躁动、冲动伤人者，拒食、违拗和紧张性木僵者，以及精神药物治疗无效或对药物不能耐受者。MECT 的起效机制不明，它可能和治疗影响了脑部血液循环、血脑屏障通透性、生化物质代谢、电解质平衡、神经递质或信使系统平衡、神经营养因子水平、神经细胞电活动、局部脑区或神经环路结构或功能等相关。有学者以电脑的重启、系统自检和自我修复过程来形象比拟其可能的起效机制，认为 MECT 可能强迫患者"躁动不安"的大脑（尤其前额叶）进入"安静状态"，进而使处于紊乱状态的信使系统重新得以平衡。

理论上讲，从 MECT 对其他严重精神问题的治疗表现来看，对于病情较重且住院治疗的 NSSI 患者，MECT 也可以作为急性期治疗手段，有望比常规治疗可以更快地稳定病情，减少强烈的 NSSI 想法和行为，并缩短住院时间。但目前尚无关于 NSSI 的 MECT 研究，从经验上讲，目前临床上通常会对并存自杀和严重抑郁症的患者使用 MECT，但并未发现该治疗对 NSSI 有明确的减少趋势。因此，对于仅存在严重 NSSI 而无其他 MECT 适用证的情况，一般不推荐使用 MECT。

rTMS 是通过紧贴头部放置的线圈产生脉冲磁场，而磁力线穿过颅骨并在大脑表层产生感应生物电流而进行治疗的方法。目前 rTMS 在精神科、神经科、康复科等多个临床学科应用，在精神科常用于抑郁障碍、焦虑障碍或睡眠障碍等精神障碍的辅助性治疗，不同精神障碍患者的线圈位置和刺激频率不同，其疗效机制不明。同时，rTMS 的疗效在不同研究间的差异较大，这可能和研究对象、刺激参数和评价指标等研究指标的差异有关。随着精准医学的发展，近年来有研究尝试以患者脑部影像学检查结果辅助脑表层刺激点定位，似乎比传统定位的 rTMS 具有更好的疗效。未来需要设计高质量研究，结合脑影像学研究探索 rTMS 治疗 NSSI 的刺激靶点、机制，探索有效治疗方法。

DBS 是通过手术在深部脑组织特定位点植入电极而进行高频连续脉冲电刺激的治疗方法，其机制可能和抑制刺激部位神经元活动、核团功能，进而改变脑神经网络功能等有关。临床上，DBS 主要

用于难治性重症帕金森病患者，疗效显著。初步研究显示，其可能在抑郁症、强迫症等精神障碍治疗中具有潜力，其刺激部位（深部电极放置位置）多参考现行理论假说和脑功能影像学研究结果，其确切疗效尚需大量研究以验证，所以 DBS 在短时期内应用于治疗 NSSI 的可能性很小。

另外，在 DBT 痛苦耐受技巧中，深吸气后屏住呼吸，然后将头面部浸入冷水中或用冷水袋敷脸，持续 30~60 秒直到自己难以忍受，以诱发潜水反应，借此可以激活副交感神经系统，快速降低生理和情绪激发状态，从而缓解强烈的痛苦情绪。从实施方法来看，这种方法也可以被视为广义的物理治疗方法之一。

2. 运动疗法　有氧运动、伸展活动、跳舞、瑜伽、太极等多种运动方式均有助于缓解抑郁、焦虑情绪，尤其规律的有氧运动，一般建议进行每周 4 次以上每次 30 分钟的连续性慢跑。Boonse 等分析了 167 名高中生和在读大学生（平均年龄为 17 岁）体育锻炼频率、锻炼动机、抑郁症状和 NSSI 频率的关系，并发现体育锻炼频率和 NSSI 频率、抑郁症状呈负相关，同时以提升外表为目的的锻炼动机与更高的 NSSI 频率相关，这提示体育锻炼有助于提升青少年心理健康水平、减少抑郁情绪和 NSSI，在促进青少年参加锻炼的同时也需要注意纠正其锻炼动机。一些较为特殊的运动方式如原地快速高抬腿等激烈运动，在 DBT 技能训练（DBT skill training，DBT-ST）中被作为 NSSI 的痛苦耐受技能或替代行为之一。当患者出现自伤意向时可以采用这些激烈运动以缓解自伤冲动。

3. 外伤治疗　除了精神专科治疗之外，临床上同时需要关注的是患者由于 NSSI 行为而导致的精神科以外的治疗。自伤可能会导致意外的严重医疗问题，包括伤口或脏的切割物体造成的感染、严重瘢痕、需要缝线的深切口、神经损伤、严重的和危及生命的失血、感染性疾病风险和意外死亡。

伤口的外伤是比较多见的情况，多在急诊科处理；精神科医生接诊的患者的外伤情况常较轻而不需要外科处理，或者是已经经过外科处置后的伤口。对于住院患者，医护人员需要进行一般伤口的清创、消毒和必要的包扎，密切观察伤口的变化和

进行必要的换药。对于门诊患者，需要在门诊对伤口进行必要的处理，同时对患者和家属进行相关宣教，避免伤口感染或愈合延迟。

需要特别注意的是，对于一些撞击伤的患者，需要评估是否可能存在头部或肢体内部的组织挫伤或出血，是否需要进行相关物理检查，如 MRI、CT 等，并对相关血液或其他生物指标进行必要的监测，对患者的身体情况进行密切观察。

四、预　后

目前流行病学调查数据显示，NSSI 行为多发生在 12~17 岁，发生高峰在 15~16 岁，在 18 岁左右下降。在精神障碍成年患者中，NSSI 的发生率在 25 岁以前最高，其后随年龄增长而逐渐下降。对于 NSSI 大多发生在青少年时期而在成年期减少的基本理解是，NSSI 的发生和青少年时期的生理和心理特点有关，并随其进一步的发展成熟而减少或消失。首先，NSSI 发生的生理基础是青少年中枢神经系统发育不成熟，尤其与情绪调节相关的神经环路（如边缘系统和前额叶）的结构和功能发育不成熟，故而其情绪自我控制能力较弱且易于产生爆发性的情绪和行为，而 NSSI 则是这种情况的结果或为缓解这种情况而采取的应对措施。因此，随着青少年年龄的增长，其中枢神经系统发育成熟，其情绪和行为的自我调控能力增强，NSSI 自然随之减少。其次，NSSI 发生的心理基础是青少年个体和社会心理发展不成熟。青少年对于如何调整和控制自己的情绪没有经验，缺少合理有效的方法，而这些需要在成长中不断发现、验证和积累。青少年时期个体的价值观、人生观处于形成、完善和逐步稳定的过程中，对外界事物和自身事件易产生极端化的认知、情绪和行为，同时也易受到家庭、同伴、社交媒体、公共传播等方面的影响，而这些情况同样将随着年龄增长而日渐改善。例如，少数中学年龄段的患者把 NSSI 行为及伤口作为一种沟通、寻求关注、获得归属的方式，甚至个别人会认为自伤行为或伤口"很酷"，甚至曾有患者双腿皮肤上布满规整的几何图形刀割伤痕，但在进入大学

年龄段以后此类观点会明显减少或发生转变,并认为自伤是一种幼稚表现。

但是部分青少年期 NSSI 行为可以持续至成年以后,NSSI 也可以在成年期首发。持续存在的 NSSI 往往伴随着越来越差的社会功能。研究发现,与 NSSI 持续存在相关的主要因素有以下几点:遗传、脑结构或功能改变等生物易感因素;共病基础精神障碍如 BPD、双相障碍、抑郁症等未能有效缓解或痊愈;突出的人格特征,如 BPD 或依赖型人格,以及相关的社会适应不良;家庭环境或人际环境影响。完美主义的核心信念、述情障碍等心理特征也可能和 NSSI 的发生及持续存在有关。

同时,需要注意的是,成年期 NSSI 行为的减少并不意味着问题的解决,部分患者的 NSSI 频率降低但并未停止,而且自伤部位选择在更为隐蔽的身体位置或改用更为隐蔽的方式。早年 NSSI 病史是成年期自杀行为的风险因素和预测因素,有研究发现 NSSI 患者在未来 1 年和 9 年内实施自杀行为的比例分别约为 2% 和 5%,也有研究报道了更高的比例。早年有 NSSI 病史者在成年期出现物质滥用的比例相对较高,甚至有学者认为可以把 NSSI 归为成瘾行为,因为 NSSI 具有心理渴求、耐受性、戒断反应等和物质成瘾类似的特征,以及相似的神经生物学、遗传学基础。

五、预 防

NSSI 行为严重影响青少年和青年早期人群的身心健康和发展,WHO 已将 NSSI 作为反映青少年不良心理行为的重要指标之一,并将监测 NSSI 作为预防自杀的一项重要策略。虽然 NSSI 的影响因素非常复杂,但在一定程度上 NSSI 是可以预防的。对个体而言,这意味着通过识别个体的危险因素,采取预防措施及时阻止 NSSI 行为的发生;对群体而言,这意味着通过一系列措施提高心理健康水平,减少 NSSI 行为和多种精神心理问题发生。具体预防措施如下。

建立 NSSI 预防三级网络体系

一级预防(primary prevention)即病因预防,是通过消除或减少病因或致病因素来防止或减少 NSSI 的发生,属于最积极、最主动的预防措施。其主要内容包括:①对公众开展心理健康的保健工作,加强 NSSI 知识的普及,及时提供心理咨询服务,促进成人的自我心理保健、青少年心理健康等;②加强遗传咨询,防止近亲结婚,做好围生期保健等;③对一些易患 NSSI 的高危人群,如单亲、留守儿童青少年,近期有重大心理应激事件的人群,采取相应的心理干预措施;④定期进行流行病学调查。研究 NSSI 在人群中的发生率、发病规律、分布情况及影响因素,结合国内外有关 NSSI 预防的研究证据和当地的实际情况,为政府制订预防 NSSI 发生的总体规划提供依据。

二级预防(secondary prevention)的重点是早期发现、早期诊断、早期治疗,并争取有良好的预后,防止复发。由于许多 NSSI 具有慢性或亚急性起病、症状隐匿等特点,这些特点往往导致它们难以及时被识别和干预。因此,二级预防是 NSSI 防治工作中极为重要的环节。其主要内容包括:①向公众广泛宣传 NSSI 的有关知识,提高人们早期识别 NSSI 的能力。同时,要改变人们对 NSSI 患者所持的偏见,减少或消除患者及其家属讳疾忌医的心理,做到及时就医。早期干预,把疾病控制在萌芽状态。②对确认或可疑的 NSSI 者,指导患者及其家属及时就诊,明确诊断,接受合理、系统的药物和心理治疗,争取使疾病达到完全缓解的状态,减少和防止疾病的复发。③在综合医院内设立精神科和心理治疗科,为公众提供便利的、更易于接受的 NSSI 就诊环境和条件;做好联络-会诊和专科咨询工作,帮助非精神科医生早期发现、早期治疗 NSSI 患者。④扩大 NSSI 知识普及范围,向有心理问题的青少年的父母普及 NSSI 相关知识,提高父母对 NSSI 病因、症状及危险因素的认知,以及减少父母对 NSSI 的恐慌和羞耻感。

三级预防(tertiary prevention)的重点是防止疾病复发,做好 NSSI 患者的康复训练,最大限度地促进患者生理、心理、社会和职业功能的恢复,减少功能残疾,阻断疾病衰退的进程,提高患者的生活质量,力争回归社会。其主要内容如下。①积极谋求政府部门对 NSSI 康复工作的重视和支持,协调各相关部门构建 NSSI 防治康复体系。②对经过治疗、病情趋于稳定的患者，进行多种形式的心理治疗和康复训练。让患者正确认识疾患，进一步正确认识自己，改善与 NSSI 相关的人格问题，正确应对现实生活中的各种心理、社会问题和矛盾。同时，督促患者按时按量服药，防止疾病复发，减少功能残疾，使患者最大限度地恢复心理和社会功能。③建立各种工娱治疗站，对患者进行各种康复训练，同时进行健康教育和疾病咨询，使患者早日恢复家庭生活和社会功能。④做好出院患者或门诊急性期治疗结束患者的定期随访工作，使患者能够接受及时而有针对性的医疗指导和服务。调整患者的生活环境，动员家庭成员支持和参与患者的康复活动，指导家庭成员为患者制订生活计划，努力解决患者的心理健康问题和日常生活中的实际困难。⑤关心和满足患者的合理要求，重视心理、社会环境对疾病预后和复发的影响，妥善解决患者的工作与就业问题。这对患者良好心理状态和社会功能的维持有重要作用。

一级预防尽管最积极、最主动，但缺乏清晰的概念。1994 年，Mrazek 和 Haggerty 提出了一种针对精神障碍的预防，该预防具有比较精细的概念框架，具有一定的可操作性、启发性，可用于 NSSI 的预防，该预防的主要内容如下。

该预防仅用于 NSSI 发生前的干预措施，二级与三级预防被分别替换为治疗与康复，从而使 NSSI 的预防、治疗与康复统一起来，成为一个连续体。

预防可分为三个不同的层次：①一般性预防干预（universal preventive intervention），服务的对象是一般公众或普通人群，如向他们宣传、普及 NSSI 知识，提高公众的自我认知水平；②选择性预防干预（selective preventive intervention），服务的对象是具有易患 NSSI 危险因素的高危人群，如对灾难幸存者进行心理危机干预，以避免或减少应激相关精神障碍等的发生；③指征性预防干预（indicated preventive intervention），服务的对象是具有 NSSI 的先兆或前驱症状，或具有明显的 NSSI 素质因素，但尚不符合诊断标准的个体。

由于 NSSI 主要人群集中在儿童、青少年、成年早期人群，这部分人群主要是学生群体，因此建立一套完整的"家庭—学校—社区—医院"闭环心理健康体系尤为重要，当前国家和各级政府也在积极推动心理健康服务体系的建设。其中，NSSI 作为严重的行为问题，应当被作为重点纳入该系统中。这套预防体系可以从家庭、学校、社会等影响个体发展最基本的因素着手，构建三级预防服务网络，联合精神科医生、心理治疗师、班主任、学校专兼职心理教师、社区精神疾病防治工作者、家长，依托信息化辅助平台（危机热线、互联网平台等），上下联动，实现早发现、早预防、早干预。

（王　纯　王相兰　姜晓梅　李金阳）

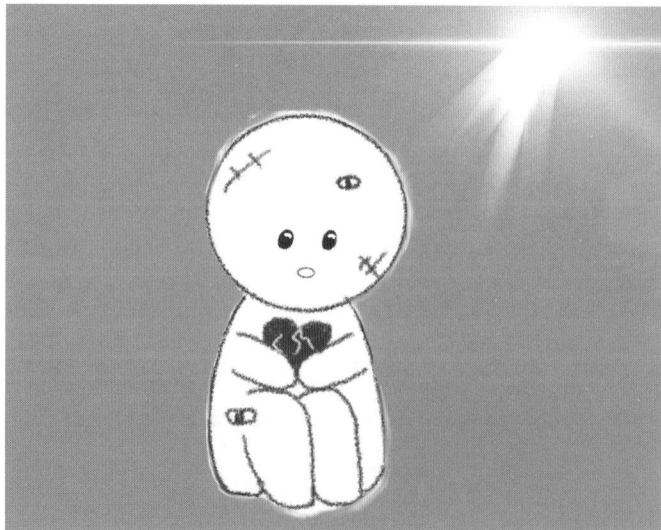

第二章

辩证行为治疗

随着科学的不断进步，人类已攻克的医学难题越来越多，但针对很多精神障碍，尤其 BPD、自杀/自伤行为等棘手的精神心理问题的治疗仍需深入探索。辩证行为治疗（DBT）是国际上公认的对 BPD 最有效的一种新型 CBT，是第三代 CBT，并且通过多个 RCT 研究得到了有力的循证支持。近年来，DBT 应用范围逐步拓展，包括应用于物质滥用、进食障碍、PTSD、抑郁障碍、双相障碍等，并有相应的研究证实了 DBT 有效。因其集西方科学心理治疗和东方哲学智慧于一身，辩证思想贯穿整个干预理念与技术细节，DBT 以生物社会理论和辩证法为理论基石，通过整体治疗模式综合干预，四大治疗模块逐渐推进，强调智慧心灵的个体化选择，理念先进、技术落地，为现代心理治疗发展作出了巨大贡献。目前在全世界，DBT 已经成为一种广泛使用的心理治疗方法。

第一节　DBT 的理论模型和方法概述

一、DBT 的起源、发展和治疗风格

DBT 是美国华盛顿州立大学林内翰博士及其同事于 1991 年创立的，最初他们在大量的临床实践中发现传统 CBT 对人格障碍治疗效果不佳，才逐渐将 CBT 发展成 DBT。DBT 以生物社会理论和辩证法为理论基石，在行为治疗的背景下，吸纳了东方哲学，包括儒释道及禅学的思想精髓，去除其宗教成分，巧妙地融合了多种治疗技术，发展形成了一套针对情绪失调的治疗体系。它强调"接纳"与"改变"的平衡，注重智慧心灵的个体化选择，以辩证的视角理解和改善心理状况，促进个体的心理发展，建立一种值得活的人生。

DBT 中辩证强调：现实的本质是历程与改变，而非内容与结构；所有的命题都包含与其相反/相悖的命题。当问题行为引发负面结果，让治疗师感到无力的同时，必然有与之相反的另一面值得去探索。同时，辩证作为一种对话和关系，也是治疗师在推动患者改变时所使用的治疗策略。

DBT 与正念认知治疗、接纳承诺治疗等一系列基于正念的 CBT 属于 CBT 的"第三浪潮"或"第三代 CBT"。正念是 CBT 的核心技术，正念的运用贯穿 DBT 整个过程。林内翰基于自己多年的禅修经验，发展了正念，主要体现在正念智慧心和如何教授正念方面。正念也是 DBT 灵性（spirituality）观的重要体现，辩证策略另一重要体现就是灵性与行为主义的辩证平衡。林内翰曾说："在治疗中，如果忽略患者的灵性体验，是对患者的一种极度的不认可。灵性体验有助于智慧成长，体验自由，增加爱与慈悲。"DBT 将灵性视为一种治疗资源。

DBT 在治疗中平衡了两种不同的沟通风格，其中，互惠沟通的策略亲和友善，温暖积极，投入治

疗；无礼沟通的策略则有种不走寻常路的味道，在真诚的前提下攻其不备，会有冷硬且实事求是的风格，幽默和坦率也是这种沟通策略的特点。在 DBT 中，这两种执行治疗的沟通策略需要相互交织、平衡统一，任何单个风格的策略都无法代表 DBT 的辩证风格。例如，DBT 提倡在治疗过程中经常使用魔鬼代言人（devil's advocate）技术，如询问患者"学习使用技巧需要付出很多，你为什么要参加这个治疗"；采取强硬的态度，如直接告诉患者"你如果死了，我无法继续治疗你……"，并直面消极行为的后果，如直接询问自杀的情况和自杀计划等。但魔鬼代言人技术必须建立在真诚、理解、关怀、温暖的基础上，要基于善意的目的，如吸引患者的注意、转移患者的情感反应、让患者看到完全不同的观点等。

二、DBT 的情绪失调模型

DBT 的情绪系统理论和针对情绪失调的生物社会理论是其临床实践的基础。DBT 原本是针对有强烈自杀倾向及符合 BPD 症状的患者发展出来的治疗方法，因此假设自杀和 BPD 症状的核心是个体的情绪失调，即面对无法承受的痛苦情绪时个体的反应。情绪失调的典型特征是情绪容易被激发，情绪反应和体验过度强烈，注意力难以从情绪上转移，认知扭曲和处理失误，情绪一旦激发就久久难以平复，也难以组织和协调自己的行为等。个体难以耐受这种强烈的痛苦情绪，于是试图找寻一些办法自我调节，而这些办法常常是破坏性的、非建设性的、回避性的，并不利于个体成长。这些行为虽然具有破坏性，但可以使得情绪失调的个体暂时缓解焦虑及其他强烈的负性情绪，甚至短暂获得兴奋、愉悦等正性情绪，从而获得行为的强化，结果适应不良却相当有效。

消极情绪强、对情绪高度敏感和冲动的特质是情绪失调的生物基础，但并不是所有具有生物易感性的个体都会情绪失调。DBT 的生物社会理论结合生物层面的生理易感性和社会层面的照顾环境两方面因素对此进行了解释。

1993 年，林内翰开创性地提出了无效环境（invalidating environment）的说法。生物社会理论的核心概念之一是广泛情绪失调这一 BPD 的核心特征，是个体生物层面上的情绪脆弱性和社会环境层面上的无效环境持续交互作用的结果。林内翰认为，"无效"有两个主要特征：首先是告知个体对自己体验的描述和分析是错误的或不准确的，特别是个体对自己情绪、信念和行为的归因是错误的；其次是将个体的体验归属到不被社会接受的个性特征或特质。

在无效的家庭环境里，交流个人体验得到的是不稳定、不恰当甚至极端的回应。换言之就是，个人表达出来的体验，包括情绪及相关的体验、对自身行为和意图的体验等，都没有得到养育者的认可，反而经常被惩罚或轻视。消极的情绪表达可能被归因于诸如过度反应、过度敏感、偏执、对事件看法扭曲或没有采取积极的态度等。失败或任何偏离社会定义的成功，可能被贴上缺乏动力、缺乏纪律、不够努力等的标签。积极的情感表达、信念和行动计划同样可能被冠以缺乏辨别力、天真、过度理想化或不成熟等。这些对本来就情绪敏感的孩子来说尤其有害。

在理想的家庭环境中，应经常公开认同个体的内在体验，满足孩子的需求。例如，当孩子哭了，父母会安抚孩子并试着找出问题所在，而不是说"不许哭"；当孩子表达愤怒或挫败的时候，父母会认真对待，而不是用暴力压制或认为这不重要；当孩子说"我尽力了"，父母会表示同意，而不是批评"你没有！你就是偷懒"。

在提出这一概念的时候，林内翰将无效家庭分成三个类型：混乱型、完美型和经典型。混乱型家庭的特征是高度的不稳定性，比如，家长可能存在物质滥用、心理健康或财务问题。父母经常不在家，不能给予孩子陪伴和关注，无论是在物理层面还是心理层面上都很难接近孩子，难以满足孩子的需求。

完美型家庭不能容忍孩子表达负性情绪，对孩子要求过高，家庭成员对情绪的理解和反馈也是不准确的。父母经常觉得孩子只要乐观、努力就能克服困难。

经典型家庭将注意力放在自我控制和个人成就上，父母希望孩子能够控制好自己的情绪和想法，像大人一样，独立地去面对困难、达成目标，如果孩子表现得依赖，那是不成熟的表现。林内翰认为，这种类型的无效家庭很可能是西方文化的产物。

1986 年，Chess 和 Thomas 描述过一种控制环境，这种家庭环境不断塑造孩子的行为以适应家庭的偏好和便利，而不是满足孩子的需求。在这种情况下，孩子的情绪行为当然是不被认可的，而随着孩子的成长，家庭中的权力斗争将不可避免。林内翰认为，这种控制型的环境是无效环境的变体或极端例子，她并没有将这种类型的无效家庭单列出来。但中国的孝道等传统文化和西方的个人主义文化有明显的不同，父母更容易处于控制的权威地位。目前，国内学者研究发现，控制型家庭环境是中国无效家庭的一种类型，并且比较普遍。中国无效家庭除了上述西方学者描述的特征，还多出心理控制和强调学业成就的特征。

在无效环境中成长，孩子难以学会准确命名、表达其情绪唤起，难以相信自己的情绪反应是对环境刺激的有效解释，也难以学到如何进行适当的情绪调节。过度简化解决生活问题的难度，也无法教会孩子忍受痛苦或形成现实的目标和期望。在无效环境里，孩子的个人体验和对外在环境的反馈不匹配，种种错误的归因让孩子无法信任自己的情感体验，只能通过在环境中寻找线索来指导自己应该如何思考、感受和行动，从而发展出自我不认同（self-invalidation）。同时，在无效环境里，较低水平的负性情绪表达会被忽视或惩罚，孩子为了激发父母认可的反应，往往需要极端的情绪表达才能获得支持，这又强化了极端的情绪表达，反复无常的强化导致个体在克制和放纵之间形成摇摆不定的情绪表达风格。正是这种生物和环境的交互作用，导致有情绪易感性的个体在准确识别、理解、管理和忍受自己的情绪方面面临巨大困难，最终发展出 BPD。

由此也发展出 DBT 情绪调节的目标：抑制与情绪相关的冲动与不恰当行为；根据外在目标组织和协调自己的行为，而不被情绪控制；通过正念及自我抚慰，改善因强烈情绪引起的生理反应；当出现强烈情绪时，能够重新调整注意力到当下需要进行的事情上。治疗师通过教授患者各种行为技术，增强患者有意识进行情绪调节的能力，通过充分的练习，帮助患者建立新的情绪、行为反应模式，进而调节患者的认知图式，最终患者可以灵活、平衡地应对生活中的各种问题。

三、DBT 的基本原则和治疗策略

DBT 通过辩证的世界观来理解不同立场的合理性，强调辩证观贯穿治疗的方方面面，这一辩证核心要求治疗师在治疗策略、技能训练等方面都遵循辩证法的三个基本原则：①内在相关性及整体性的辩证统一原则，辩证法认为局部与整体之间的演变是它们内在关系相互作用的结果，而这个关系本身也在不断地改变；②极性矛盾原则，DBT 主张所有事物都有共存的正反两面，没有绝对的好与坏，它强调矛盾是推动事物发展的动力；③不断变化原则，世界中的一切事物都不是静止不变的，即使是事物的两极也是在变化中寻求辩证平衡。

DBT 的治疗策略主要分为五种：①辩证策略；②核心策略；③沟通风格策略；④个案管理策略；⑤整合策略。沟通风格策略如前所述，指出了与 DBT 相适宜的人际和沟通风格。而贯彻始终的辩证策略加上包含问题解决和认可的核心策略，则形成了 DBT 的基本要素。个案管理策略说明治疗师如何与患者所处的社会网络进行互动，做出反应。整合策略指导如何处理具体的问题情境，例如治疗关系中的问题、自杀行为、干扰治疗的行为等。DBT 需要在有原则的状态下保持灵活，有的策略可能运用得比其他策略频繁，有的可能很少用到，甚至对于某个既定的会谈，有的策略并不需要，而策略的相关组合也会随着时间变化。

其中，认可策略代表了核心策略中的接纳，对于 DBT 非常重要，需要重点把握。通过将一套接纳策略与传统的问题解决策略相结合，新的 CBT 方法得以发展。

四、DBT 的临床应用研究

本书第三章将详细介绍 NSSI 患者的 DBT，这里仅介绍其他障碍的临床研究证据。

1. 边缘型人格障碍与自杀 最初林内翰等的研究数据显示，BPD 患者接受 DBT 后，其 SI、SA 和 NSSI 行为明显减少，赌博、滥用药物等行为也得到了有效控制，而且 DBT 还可以调节患者抑郁、愤怒、绝望等情绪，改善其饮食失调、社交关系等。随后的研究发现，DBT 对除 BPD 以外的其他精神疾病所表现的严重自杀、自伤行为都有良好的治疗效果。后来其他研究者的研究也表明，DBT 对治疗青少年反复自杀、NSSI 行为有效。

有研究者选取了 93 名符合条件的有自杀行为且仍未接受治疗的患者，随机分为 DBT 短暂自杀干预组（DBT-BSI 组）与放松治疗组（RT 组），分别接受 DBT-BSI 和 RT 治疗，评定两组患者在控制自杀观念、情绪失调和技能使用方面的差异，以及在疗法使用率、抑郁、焦虑评分等指标上的不同。研究结果显示，较 RT 组而言，DBT-BSI 组取得了更好的治疗效果。该 RCT 研究为有自杀行为且仍未接受治疗的患者群体寻求有效的干预方法提供了很大的帮助。

2. PTSD 近年来，许多学者对 PTSD 与 BPD 共病患者的 DBT 效果进行了深入研究，例如，有研究者对 PTSD、BPD 和 NSSI 行为三者共存的患者进行了一项关于单用 DBT 与 DBT 联合延长暴露的 RCT 研究，结果显示：接受治疗后，联用组的自杀率（17%～37%）比单用 DBT 组（40%～50%）降低，联用组的 NSSI 行为发生率（67%～69%）比单用 DBT 组（88%～100%）降低。该研究表明，单用或联合使用 DBT 均能有效治疗 PTSD，后者能更加显著地缓解抑郁、焦虑和创伤后应激症状等，且对 PTSD 的治疗并不会加重患者的 BPD 症状，甚至会减少自杀、自伤等冲动行为。随后，其他研究也再次为上述结果提供了有力支持。这些证据提示在临床上对 PTSD 的干预中，有效结合 DBT 与暴露治疗，将对患者帮助最大。

3. 进食障碍 至少有五项研究为 DBT 在进食障碍的治疗提供了支持。第一项研究由 Telch 和他的同事于 2000 年开展，研究对象为患有暴食症的女性。她们接受了 DBT 团体治疗，这个小规模试验获得了很不错的结果，在 11 名参与者中，82% 的人在研究结束时停止了暴食，70% 的人在 6 个月后依然能够保持。2001 年有两项进食障碍的 DBT 研究，其一是将 44 名暴食症女性随机分入 DBT 团体治疗或等待组。在研究结束时，89% 接受 DBT 团体治疗的患者停止了暴食，相比之下，等待组中只有 12% 停止了暴食。6 个月后，56% 接受过 DBT 团体治疗的人仍维持了不

暴食。其二是对 31 名神经性贪食症患者进行了 20 次 DBT 个体治疗并将治疗效果与未接受任何治疗的等待组进行了比较。接受了 DBT 个体治疗的患者的暴食次数从治疗前 27 次/月减少到治疗后的 1.5 次/月，清除次数从 40 次/月减少到 1 次/月，而等待组患者在暴食和清除方面没有出现显著减少。

2010 年的一项更大规模的研究包括了 101 名患有暴食症的男性和女性，比较了经培训过的治疗师进行的 20 次 DBT 团体治疗与旨在提高自尊和自我效能的对照治疗，结果显示，DBT 团体治疗的患者更有可能停止暴食（64%；36%）。12 个月的结果由于对照组成员随访高脱落而难以直接比较，对照组出现了 24% 的脱落，而 DBT 组的脱落只有 2%。在治疗结束后的 12 个月，64% 的 DBT 团体治疗的患者保持不暴食，而对照组的比例为 43%。另一项研究显示，DBT 对治疗青少年暴食症有效，能够显著减少进食障碍认知、限制饮食等的负面影响。这些研究表明，对于暴食症和神经性贪食症，DBT 是一种有效的治疗方法。

4. 注意缺陷多动障碍 有研究者对 49 名注意缺陷多动障碍（attention deficit hyperactivity disorder, ADHD）患者应用 DBT 的个体治疗、DBT-ST 等，分别在治疗前、治疗 3 个月和 6 个月后评估患者的各项指标。该研究发现抑郁严重程度、多动严重程度以及正念技能掌握度变化最明显。另一项研究也支持，DBT 是一种治疗 ADHD 有效的结构化心理治疗，能够减轻 ADHD 患者抑郁、人际交往困难、低自尊和低质量生活状态。这类研究为药物不耐受或不敏感的 ADHD 患者提供了新的治疗方法。

5. 智力发育障碍 2021 年，Jones 等采用单盲混合设计方法，对 20 名轻度至中度智力残疾的成人和他们的照顾者实施了一项提升他们社会适应性的 DBT 计划，目的是确定 DBT 适用于社区中有智力障碍和共病精神障碍的成年人的可行性。研究表明，患者在苦恼容忍、情绪调节和人际关系等方面均报告有改善。同时，这项研究还支持了先前的研究结果，即 DBT 可以帮助患有一系列共病诊断的智力残疾个体，这些个体在情绪调节和人际关系方面存在共同的潜在困难。因此，研究者认为，DBT 在社区中治疗有智力障碍和共病精神障碍的患者是可行的、有益的，未来这类研究将有助于保障智障人士获得主流精神卫生服务和接

受适当的循证治疗的权利。

6. 成瘾问题 美沙酮是一种阿片类合成药物，可以口服、静脉和皮下注射使用，其作用机制是通过与阿片受体结合以抑制疼痛冲动的传递。美沙酮维持治疗（methadone maintenance treatment，MMT）是目前治疗药物滥用最常见的方法，但是这种方法会导致便秘、嗜睡、性问题以及骨骼和关节疼痛等副作用。2021 年，Rezaie 等开创性地使用 DBT 治疗阿片依赖患者。该研究采用 RCT 研究，干预组使用 MMT+DBT，对照组单独使用 MMT，目的是评价 DBT 对阿片依赖患者在提高情绪调节策略、增强痛苦耐受性、减少渴求和缓解抑郁方面的疗效。结果表明，DBT 对阿片依赖患者的情绪调节策略、痛苦耐受性、渴求和抑郁均有显著影响，同步进行 MMT 与 DBT-ST 对药物滥用者是有效的。另外，有研究证实，DBT 可改善大学生的酗酒行为以及 BPD 与成瘾障碍共病患者等。

7. 双相障碍 双相障碍患者可能在执行功能和情绪调节方面存在困难。到目前为止，对双相障碍的 DBT 的研究很少。有学者对 60 例双相障碍患者进行了初步研究，干预组接受了 12 次 90 分钟的治疗，治疗方案是根据双相障碍的标准 DBT 方案改编的，而对照组则为等待治疗名单上的患者。参与者在干预后立即在基线及 3 个月后完成心理健康和执行功能的测量。结果表明，干预组在治疗后随着时间的推移其症状得到了改善。在躁狂、抑郁和情绪失控方面的得分低于对照组。此外，干预组在正念、计划、解决问题和认知灵活性方面的得分高于对照组。研究结果强调，DBT 与处方药一起可以有效治疗双相障碍，减少躁狂和抑郁症状，改善执

行功能、情绪调节和正念。

8. 其他相关应用研究 DBT 在其他人群中的疗效研究也处于进展状态，如儿童行为问题、抑郁症、强迫型人格障碍等。有研究发现，DBT 的习惯逆转治疗可以改善拔毛癖患者的头发拉伤程度和情绪调节能力。还有一些心理健康咨询人士应用 DBT 中的社会心理技能帮助人们改善人际关系、调整紊乱情绪等，甚至试图将 DBT 技能培训运用于中高等教育系统来提高学生的应变能力。

大部分研究都是通过 DBT-ST 进行的，其疗效得到了研究证实。技能训练能够增强正常人群的情绪调节能力，增强服刑人员的适应能力及减少其责备的外化，缓解围生期未成年母亲的抑郁等。新近研究也证实，网络的 DBT-ST 可以有效减少患者的成瘾问题和自杀行为。

综上，DBT 的应用范围正逐步扩大，已经可以用于治疗多种精神疾病以及维持个体心理健康。尽管 DBT 对 BPD 的疗效已被广泛认可，但其中仍存在一些值得商榷的问题：①大多数证明其有效的研究报告中的研究对象数量偏少，中途脱落率较高，治疗时间较长；②DBT 改善 BPD 患者临床症状的机制缺乏确凿的神经生物学证据支持；③DBT 用于某些疾病的疗效研究仍在进展阶段，现有的研究结果还需要进一步检验和改进；④虽然 DBT 极力整合了东西方的文化渊源，但其创立者、研究人群和治疗对象大都为西方人，治疗手段和技能方法也大都以西方文化为背景，故 DBT 在东方患者中顺利实施、进一步本土化改进和发展有待深入探索与检验。

（黄国平 范丹慧 王 纯）

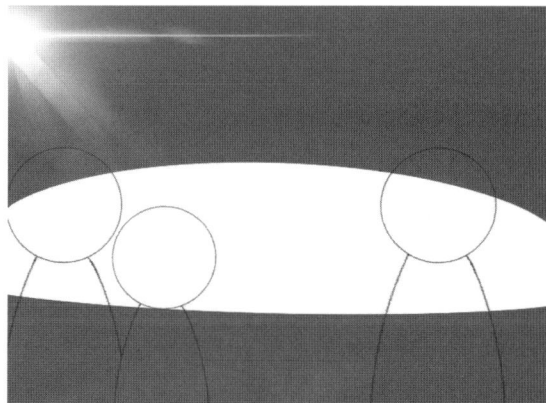

第二节　DBT 的治疗过程

DBT 是高度结构化的心理治疗方法，整个治疗过程分为 4 个阶段，采用 DBT 个体心理治疗、DBT-ST、家庭治疗、危机电话干预相结合的整体治疗模式，并固定开展治疗团队会谈，认可作为 DBT 的核心技能贯穿整个治疗过程，运用链锁分析进行概念化，并围绕四大治疗模块（正念、痛苦耐受、情绪调节、人际效能）设计并开展技能训练。本节将分别介绍 DBT 的治疗阶段、整体治疗模式和主要治疗技术。

一、DBT 的治疗阶段

DBT 的基本治疗功能是通过增加个体熟练的适应行为来提高其能力，这当然也包括要减少不适宜的行为，最终支持患者朝其人生目标发展。根据个体的障碍程度，整个治疗过程分为一个治疗前阶段和四个治疗阶段，每个阶段都有其特定的治疗目标。

第一，治疗前阶段（承诺与认同阶段）：这个阶段的主要任务是治疗师和患者达成治疗协议和对治疗的承诺，承诺策略在这个阶段是必要的。这个阶段的内容包括介绍 DBT、知情同意书和不自杀协议，以及明确双方对治疗的承诺。治疗师要在治疗前获得患者的初步认可，与其建立良好的协作关系，并要求患者做出达成治疗目标需承担义务的承诺。

第二，治疗阶段 1（行为严重失调阶段）：阶段 1 的主题是严重的行为失控，目标是稳定和行为控制。这个阶段的主要任务是减少威胁生命的行为，减少治疗干扰行为，减少生活质量干扰行为，以及提升行为技能。这个阶段遵循一定的治疗顺序，即首先处理威胁生命的行为，如 NSSI、自杀行为；其次处理干扰治疗的行为，包括侮辱治疗师、治疗迟到、缺席和缺乏继续合作的意愿等；最后增加患者的行为能力和提升其生活质量，包括处理其他临床诊断如社交障碍、饮食失调，处理伴侣关系，明确工作和生活的目标等。

第三，治疗阶段 2（沉默的绝望阶段）：阶段 2 的主题是处理个人重要议题，目标是减少创伤。这个阶段聚焦于帮助患者概念化自己的过去经历，并和其他人一起处理这些经历。这个阶段的主要任务：帮助患者体验健康的情绪，治疗心理创伤；鼓励患者回忆和接受创伤事实，减少耻辱感和自我非合理化认同、自我责备，减轻否认和侵扰压力反应。

第四，治疗阶段 4（不完全失调阶段）：阶段 4 的主题是寻求意义和价值，目标是使患者获得正常的喜怒哀乐、独立的自我尊重意识，增强其忍受社会批评的能力，帮助患者克服自我不完整感，增强其维持快乐、找到自由的能力。这个阶段聚焦于迈向自我实现，帮助患者找寻并过上值得活的人生。

一般来说，上一阶段结束后才能进入下一阶段。这四个阶段也是灵活的，可以根据需要转换。虽然这些阶段根据患者的具体情况进行了阶段 1、2、3、4 的排序，但患者在阶段间的转换不一定是按照这个顺序的，也可能在同一时间内进行两个阶段的干预。在 DBT 实践中，因患者的实际情况和突发问题回到上一个阶段的情况也时有发生。

二、DBT 的整体治疗模式

DBT 采用高度结构化的整体治疗模式，包括 DBT 个体心理治疗、DBT-ST、电话危机干预和治疗团队会谈，必要的时候还会纳入家庭治疗，并对每一种治疗模式做出清晰的设置和要求。一旦患者开始 DBT，治疗团队会谈就会充分评估患者的求治动机、当前的主要问题和风险、可能需要的治疗模式等，与患者讨论并确定不同模式下的不同治疗师。在治疗师有限的情况下，一个治疗师可能会承担两种或以上的角色，但每一种治疗形式都有其独特的治疗目标和功能。

DBT-ST 治疗师帮助患者在团体中了解、学习、掌握 DBT 的常用技能，包括正念、情绪调节、人际效能和痛苦耐受四个基本模块；同时，利用团体的独特优势，鼓励患者在团体中分享感受，共同练习，相互学习，共同促进团体成员的学习效果。DBT 个体治疗师帮助、指导患者将团体中学习到的各种技能应用到日常生活中，检验其效果，并做针对性指导，必要时进行个别技能教授、危机干预，建议转诊、住院。精神科医生在此过程中，对患者不同阶段的精神状态进行全面评估，指导药物治疗和其他生物治疗（如各种物理治疗、电休克治疗等），必要时建议患者住院治疗以降低风险。DBT 危机电话接线员负责处理患者的突发情况，快速评估、指导患者使用 DBT 技能应对正在经历的困境，必要时启动并采取一系列可能的危机干预措施避免患者发生伤害。DBT 家庭治疗师将 DBT 辩证观和常用技能传授给家庭成员，指导家庭成员在与患者相处的过程中，提醒并和患者一起使用所学技能应对生活中各种情绪、身体或人际困扰。定期进行治疗团队会谈，讨论患者在这一阶段治疗中的变化和需要关注的问题，及时调整并达成一致，共同推进治疗目标的达成。同时，治疗团队会谈需要不同治疗模式的治疗师彼此支持，治疗师在团体中获得自身状态的平衡。

在 DBT 整体治疗模式中，重要的不是模式本身，而是通过不同治疗形式之间的合作，达成患者和治疗师共同的目标。

（一）DBT 个体心理治疗

DBT 个体心理治疗指的是传统的患者与治疗师一对一进行的治疗，治疗师负责在治疗中激发患者的治疗动机、规划治疗过程、评估和处理危机、进行个案管理等工作。

1. DBT 个体心理治疗的基本设置　在 DBT 整体治疗模式中，DBT 个体治疗师承担着重要的角色，通常是主要的治疗提供者。对大部分接受 DBT 的患者而言，DBT 个体治疗师也是该患者的个案管理者，负责为患者制定整体的治疗规划。

DBT 个体心理治疗的基本设置与其他 CBT 对个体治疗的基本设置类似，治疗师在充分评估和与患者/来访者充分商讨的前提下，确定个体心理治疗的设置，包括治疗频率、单次治疗时长、治疗疗程、治疗目标等。同时，DBT 个体治疗师会评估患者/来访者是否适合参加 DBT-ST，并给予必要的解释和指导。

2. 对 DBT 个体治疗师的要求　DBT 个体治疗师不仅需要具备熟练进行个别心理治疗的能力，还要非常熟悉 DBT 的基本理论与技术，因为 DBT 个体治疗师通常是患者整体治疗的规划者。治疗师需要清楚地知晓患者的治疗动机、主要问题与治疗目标，了解患者的生存环境及可能的危机情况，并有能力在个体治疗中，与患者讨论如何将各种 DBT 技能用于日常生活中，帮助患者以更具适应性的方式应对各种困境。

3. DBT 个体心理治疗的主要目标　DBT 个体心理治疗的主要内容包括临床评估，处理危机（包括自伤/自杀危机），规划 DBT 方案，解决问题，促进治疗目标的达成，以及必要时的转诊等。

在 DBT 整体治疗模式中，个体心理治疗的主要目标是鼓励、指导、促进患者/来访者学习、掌握各种 DBT 行为技术，并将这些技术灵活地应用在日常生活中，找到应对生活中各种问题的方法。某些患者可能在治疗初期不适合参加团体技能训练，如明显的社交焦虑、明显的攻击或嫉妒行为，或者由于各种现实原因不能参加等。对于这类患者，DBT 个体治疗师会在治疗中花更多的时间来教授 DBT 基本行为技术。

4. DBT 整体治疗模式中的个体心理治疗与其他个体治疗的主要区别　DBT 个体心理治疗以"促进患者使用 DBT 的基本假设来理解自己当前的问题，学习、掌握各种 DBT 行为技术，并将其灵活应用于生活中应对各种问题"为主。DBT 个体心理治疗是 DBT 整体治疗模式中的一部分，需要与团体技能训练、家庭治疗、危机电话干预等保持一致，治疗师参加并接受 DBT 治疗团队会谈的督导。

5. DBT 个体心理治疗可能存在的困难与注意事项　DBT 个体心理治疗对于促进患者在日常生活环境中更有效地使用各种 DBT 行为技术非常重要。在治疗中，治疗师可能会面临处理危机事件、治疗关系中的移情与反移情、来自患者的家庭成员或其他外部环境的压力（如医疗保险、经济支付能力）等问题。

DBT 个体治疗师需要有极强的临床评估、危机处理能力，有能力启发患者实践各种 DBT 行为应对策略，并在必要时提出住院治疗或转诊的建议。为患者提供稳定的治疗环境和信任关系，确保患者在 DBT 整体治疗模式下得到稳步改善，是 DBT 个体治疗师的首要任务。

（二）DBT-ST

DBT-ST 是 DBT 整体治疗模式中的重要组成部分，旨在通过小组课堂这种类似于团体治疗的形式，教授患者正念、痛苦耐受、情绪调节、人际效能四个单元的基本行为技术。其中，正念和痛苦耐受属于"接纳"技术，情绪调节和人际效能属于"改变"技术。同时，治疗师有机会和参加团体技能训练的患者共同讨论如何将这些技术应用于日常生活中，并在每周的团体中进行反馈、分享和相互学习。这种充分利用小组成员之间相互支持、鼓励、共同学习的团体形式，是 DBT 整体治疗模式中最具吸引力的部分。

1. DBT-ST 的基本设置　在林内翰的实践中，标准 DBT 要求技能训练每周 1 次，每次 1.5～2 小时，每 24 周为 1 个周期，需要重复进行 2 个周期，即治疗以 48 周为标准时长。在实际临床中，治疗团队会谈通常会根据患者的疾病特点、治疗环境、治疗目标等的不同，并综合考虑各种社会因素，对 DBT-ST 的频次、时长、教授内容等进行多样化的调整，以适应患者的整体需求。在 DBT-ST 的相关实践中，团体设置从 4 周到 72 周不等。

在标准构成的基础上，DBT-ST 的内容一直处在发展演变之中。随着 DBT 的临床应用范围不断增加，从最初的治疗 BPD，到目前广泛应用于治疗进食障碍、严重情绪失调、抑郁焦虑障碍、双相障碍、PTSD 等疾病，DBT-ST 的内容、课堂资料、各部分内容的占比等也随之变化。例如，针对青少年患者，要用更简洁的语言叙述以方便理解；增加更符合青少年日常生活的例子，启发他们对探索问题行为的好奇心；将链锁分析纳入团体 DBT-ST，增强青少年自我分析的能力；等等。对于进食障碍的

患者，正念练习在团体 DBT-ST 中的占比可能会增加；对于有严重情绪失调或 PTSD 的患者，情绪调节和痛苦耐受技能的占比可能增加；而对于抑郁焦虑障碍患者，人际效能训练可能是相对重要的模块。

此外，由于标准的 DBT 整体治疗模式（集个体心理治疗、团体技能训练、家庭治疗、危机电话干预、治疗团队会谈等于一体）耗时久、成本高，加上各种来自患者、医院、社会医疗保障体系等因素的影响，在许多临床实践中，团体技能训练逐渐成为独立的治疗方式，其他治疗模块相对弱化。这对团体技能训练来说，无疑增加了挑战和机会。帮助患者从团体中获益，是团体 DBT-ST 不断发展的方向。

2. 对 DBT-ST 团体治疗师的要求　DBT-ST 团体治疗师首先需要有熟练开展团体心理治疗的能力，能够在团体技能训练伊始，帮助小组成员建立起彼此信任、开放、积极参与的互动小组。在此基础上，DBT-ST 团体治疗师还要非常熟悉 DBT 的基本理论与技术，能熟练地在团体中进行教授和演示。

在通常情况下，DBT-ST 团体由一位主治疗师和一位副治疗师共同带领。二者在团体中扮演不同的角色，承担不同的责任与任务。主治疗师主要负责按照教程设置，教授各种行为技术，并推进团体技能训练。副治疗师则主要负责维持团体凝聚力，协助主治疗师演示，必要时进行示范（如各个反馈的环节）；同时，副治疗师还要注意处理团体中发生的意外事件（如在某位成员无故缺席时，副治疗师进行电话联络）或某些特殊情况（如某位成员在技能训练中突然起身离开团体，副治疗师随之跟出，了解该成员离开团体的原因，同时进行必要的干预）等。简单来讲，主治疗师和副治疗师相互合作，共同维持团体氛围的稳定与平衡，推动团体朝着期待的方向进行。

在 DBT-ST 团体中，两位治疗师都不会刻意将治疗重点放在处理某位成员的个人议题上，而是带领、引导成员通过学习各种 DBT 行为技术，进行自我探索，并在小组中进行反馈与讨论。团体治疗师将注意力专注于鼓励、肯定小组成员的学习上，

不断给予强化。

3. DBT-ST 的主要内容与目标 DBT-ST 的核心目标是教授 DBT 的接纳技术与改变技术，指导患者在接纳与改变之间达成平衡。这些基本的接纳与改变技术包括正念技术、痛苦耐受技术、情绪调节技术与人际效能技术四个单元，每个治疗单元又包含多种具体技术，融合了众多 CBT 的成熟技术以及众多领域的研究成果。

但 DBT-ST 团体的内容并不仅限于教授行为技术。在团体中，治疗师会利用团体的特定优势，帮助团体成员从团体中最大获益。这些收益可能包括增强信任，适度自我开放，遵守团体设置，保密，积极参与并坚持在生活中练习，等等。以下就 DBT-ST 团体中涉及的内容进行简单梳理。

（1）团体治疗师和团体成员共同商讨 DBT-ST 团体的基本准则：除了在任何团体治疗中都需要遵守的保密、尊重、积极参与、信任等基本准则外，治疗师还会和团体成员讨论一些 DBT-ST 团体的基本规则。例如，在团体未结束前，团体成员不能在技能训练课程之外建立私密的关系；有明显自杀观念的团体成员需要同时进行 DBT 个体治疗，并接受精神科医生的评估与诊疗；团体成员彼此接纳、支持，避免指责、批评；迟到或缺席的团体成员需要提前告知；中途退出技能训练团体的成员不算是离开技能训练，只有连续多次缺席（一般是 4 次及以上）时，才终止参加团体治疗；团体成员不可引诱其他成员从事有问题的行为；等等。一旦约定了这些基本准则，在未来的团体治疗实施过程中，团体治疗师要有意识地带领团体成员严格遵守，在遇到违反团体规则时主动进行探讨，并以灵活的方式应对，展现 DBT 的平衡理念。

（2）团体治疗师提出 DBT 的基本假设：团体治疗师与团体成员讨论 DBT-ST 的基本假设，包括以下内容：每个人都想改进；每个人都在尽其所能地做到最好；问题不一定是自己造成的，但不论如何，我们需要解决这些问题；每个人都需要更努力地尝试改变；所有行为都是有原因的；与其评判或指责，不如找出改变行为的因素；新的行为必须在所有相关情境中学习；等等。通常情况下，经过热烈的讨论，团体成员的参与热情和信心得到激发，

更加相信通过反复的行为练习，能够达到调节情绪、改善人际关系等目标。

（3）团体治疗师按照团体教程，教授 DBT 基本行为技术：在 DBT-ST 中，团体治疗师一边按照教程逐次教授团体成员各种行为技术，一边深入讲解 DBT 的平衡理念，引导团体成员在接纳与改变中进行灵活应对，并有机会将在团体中所学到的技能应用于自己的日常生活、工作、家庭和一般性人际交往中进行检验，获得更加丰富的经验。与此同时，团体治疗师需要对团体氛围、团体成员间的关系、练习效果等保持觉察，根据团体成员的具体情况，对团体教程、团体实施等进行及时调整。

（4）团体治疗师帮助团体成员看到各种 DBT 技术和他们的生活之间的联系，鼓励实践：团体治疗师鼓励团体成员分享彼此在实践中的积极体验（而非消极体验），接纳每位成员在团体中的表现和临床进展，并传递出对团体成员通过实践 DBT 技术积极提升生活品质的期望。在团体成员受挫时，团体治疗师要给予支持、鼓励，并通过行为的链锁分析等方法，引导团体成员探索可能的原因，找到调节之道。

单次 DBT-ST 的内容/流程大致包括以下内容：正念练习（课程开始仪式）；回顾前一次的主要内容，讨论家庭作业的完成情况（通常指将团体内练习的内容应用于日常生活中）；呈现新教程，进行本次主要行为技术的教授、练习、分享与讨论；小结、反馈，布置本次家庭作业，致谢与再次强调团体规则。

经过以上四个阶段的 DBT-ST，团体成员通常能够掌握大部分 DBT 行为技术，但将这些技术熟练应用于日常生活中，仍然需要很长时间的反复训练。因此，DBT 整体治疗模式通常建议在一个阶段团体技能训练后重复进行 1~2 轮，或采取间隔一段时间后重复进行的方式，以强化患者对这些行为技术的掌握。

4. DBT 整体治疗模式中的团体技能训练与其他团体治疗的区别 DBT 整体治疗模式中的团体技能训练以教授团体成员 DBT 基本接纳与改变技术为主要目标，加深团体成员对 DBT 的理解，提高他们灵活应用各种 DBT 行为技术来处理生活中

的实际问题的能力。

与其他团体治疗不同，DBT-ST 团体有清晰的结构和教程，通常持续 12～48 周，并聚焦于反复学习与实践各种行为应对策略。在团体中，团体成员不仅能够学习如何分析自己的问题行为，还有机会学到各种不同的行为应对方法。在 DBT-ST 中，团体治疗师和团体成员之间既有明显的教授与学习的关系，又有普通团体治疗中平等、接纳、尊重、友善的关系。团体成员在这样的团体氛围中，一方面接纳自己当下的各种问题，一方面积极学习如何改变自己以更好应对各种问题。

另外，相较于大部分临床团体治疗为同质性团体（团体成员被诊断为同一类精神疾病）而言，DBT-ST 团体的参加者不一定是精神疾病患者，他们或因"情绪不稳定""容易发生冲动、自伤行为"而就诊，或因"人际关系紧张""有破坏性行为"而就诊，许多参加者保持着较好的工作、生活能力。在团体中，他们有机会学到一些有效的方法，帮助自己针对性地改善上述困扰。

5. DBT-ST 中可能存在的困难与注意事项 对于 DBT 团体治疗师而言，首要的困难是在治疗师与团体成员之间、团体成员之间，建立起日益稳定的团体凝聚力，这是 DBT 团体达到良好效果的前提。团体治疗师在这方面需要做大量的工作。通常，团体治疗师和/或副治疗师需要在团体开始前 1 周，与每一位即将参加团体的患者进行单独会谈，了解患者当前的主要问题、治疗情况，评估可能存在的风险，并评估患者的治疗愿望与治疗动机；同时，治疗师向患者简要介绍团体设置和主要内容，了解患者对治疗师的要求，等等。这一过程持续 30～40 分钟。对于有严重自杀企图，或有明显攻击性的患者，治疗师要谨慎考虑，可以在治疗团队会谈中提出并讨论确定是否将其纳入团体。

在团体开始前一天，治疗师或工作人员再次提醒每一位团体成员准时参加。在团体开始后，鼓励并维持团体成员相互间尊重、接纳、信任、适度开放的团体氛围，始终是治疗师工作的重要组成内容。如果有新成员加入正在进行的团体，治疗师需要带领所有团体成员重温团体规则，邀请新加入的成员进行自我介绍，并关注新成员加入后团体氛围

的变化。

在 DBT-ST 团体开始后，治疗师可能会遇到各种困难情境，例如，团体成员迟到或缺席，不管是否提前请假，迟到或缺席都会对团体产生影响；团体成员彼此攻击或忽视；团体成员表现被动，不能彼此配合完成训练内容；团体成员过分沉默或行为乖张，影响团体氛围；团体成员对技能训练团体的内容或设置本身不满意，认为太难或太愚蠢；等等。发生这些困难情境并非坏事，治疗师恰恰可以利用这些情境，邀请团体成员进行讨论，理解当下其正在经历的感受（正念、痛苦耐受），并探索如何在接纳和改变之间进行调节（情绪调节、人际效能）。

当团体治疗师和副治疗师评估到某位团体成员基于可能的原因，不适合继续留在团体中时，治疗师有必要借助治疗团队会谈进行讨论，并和该团体成员进行个别交流，再次评估确认。所有工作都需要在充分尊重、接纳和共情的基础上进行。

团体治疗师需要注意避免在团体中表现得高高在上。恰恰因为 DBT-ST 团体有很强的教学特点，治疗师更要保持温和、接纳的态度，允许团体成员在学习过程中的各种不理解、不能完成。团体治疗师要放慢速度，反复启发、示范、引导、鼓励。所有拒绝、轻视、威胁、攻击团体成员的行为或姿态，都会导致团体治疗师与团体成员间关系的破裂，从而导致团体治疗失败。团体治疗师要注意觉察自己可能出现的无聊感和厌倦感，利用团体治疗的当下，鼓励团体成员分享、讨论每一个练习后的正性体验，把握教授技能的节奏，根据团体成员的具体情况及时进行调整，以增强团体的灵活性和适应性。

此外，团体治疗师在团体中并不行使个体治疗师的功能。团体治疗师的角色被明确定义为教授行为技能以及处理团体内的人际关系。患者或者团体成员只可在某些事先约定的情况下打电话、发短信给团体治疗师。涉及危机干预或家庭、个人议题的内容，需要与 DBT 危机干预专员、个体治疗师或家庭治疗师联系。

（三）DBT 家庭治疗

在 DBT 整体治疗模式中，家庭治疗不是必需

的治疗设置，但是对于未成年人、严重情绪失调者、家庭因素是促发情绪失调的重要因素的患者，或者家庭是帮助患者改变的重要环境等情况，家庭治疗就显得十分必要。

1. DBT 家庭治疗的基本设置 可以参照系统治疗下家庭治疗的设置。家庭治疗通常不会像个体心理治疗或技能训练团体那样每周进行，而是由治疗师和家庭成员根据治疗目标和进展情况共同商讨，确定从本次会谈到下次会谈的间隔时间，间隔时间一般是 2 周到 2 个月。在两次会谈的间期，家庭成员将治疗中获得的指导（通常是一些行为改变策略），积极应用于家庭成员的互动中，并留意观察每一位家庭成员的改变及患者情绪、行为的变化。

2. 对 DBT 家庭治疗师的要求 DBT 家庭治疗师的工作是将患者/来访者与其重要的家庭成员（部分或全部）同时邀请到治疗室中，针对家庭系统进行心理治疗。DBT 家庭治疗师要具备家庭治疗的基本能力，能够在治疗中保持中立，熟练运用各种家庭治疗方法和技术，促进家庭成员对当前问题进行观察、思考，启发改变。同时，DBT 家庭治疗师要熟悉 DBT 的基本假设与常用的行为改变技术，在治疗中提醒、指导其他家庭成员和患者一起，对当前的家庭状态、家庭成员间可能的冲突与问题进行行为功能分析，探索可能的行为改变策略。

3. DBT 家庭治疗的主要内容与目标 DBT 家庭治疗的目标是在 DBT 整体治疗模式下，帮助家庭系统在接纳与改变之间达成平衡。家庭平衡系统处于动态变化之中，某位家庭成员发生严重情绪困扰或被诊断为精神疾病，会扰动家庭原有的平衡系统，家庭成员不同程度地受到影响，出现各种情绪、行为、认知反应，这些反应反过来又影响着患者的疾病状态。

DBT 家庭治疗的主要内容之一是，评估家庭成员互动中的问题行为，导入对家庭工作的承诺，强调家庭成员在问题行为链上的角色。这能极大地帮助家庭成员识别那些会启动患者"链锁"，导致危

及人身安全、干扰治疗行为的促发事件，识别沟通中的失误和导致来访者进一步失调的无效回应，同时辨别出功能失调行为的强化、患者新技能的消退甚至惩罚行为。不仅家庭成员在治疗中进一步了解 DBT 的核心理念和常用技术，还促进患者将在 DBT-ST 团体或个体治疗中学习到各种 DBT 行为技术，应用到与家庭成员的互动中。

DBT 家庭治疗的主要内容之二是，观察所在家庭系统的各种变化，理解某位家庭成员的疾病或情绪失调，即疾病带给家庭的变化。这些变化既有不利的方面，例如家庭成员陪同患者就医需求、经济支出、误工、某些家庭成员间的关系破裂等；也可能存在非常有利的方面，例如家庭成员聚拢在一起共同商讨，正在冷战或考虑离婚的夫妻放下各自的不满回归家庭，家庭成员开始相互感受、理解，一些被压抑的情感得到宣泄释放，等等。这些有利的方面常常是被家庭成员忽视的。在家庭治疗中，家庭成员对患者的了解加深，也在彼此互动中发展更加有效的沟通方式，为患者提供更稳定、更和谐的家庭环境。

DBT 家庭治疗的主要内容之三是，帮助患者获得来自家庭的支持。治疗师了解家庭的具体困难，帮助寻找解决问题的方法，同时改善整体家庭氛围。

通过家庭治疗，家庭成员相互之间更加友善与接纳，对患者的问题更加理解，对患者正在接受的 DBT 更加了解，并且能够参与治疗，成为患者的坚实支撑，在为患者提供稳定的家庭环境的同时，也提醒患者应用 DBT 技术帮助自己调节情绪和行为，获得更大进步。

4. DBT 整体治疗模式中的家庭治疗与其他家庭治疗的区别 DBT 整体治疗模式下的家庭治疗与其他家庭治疗的最大区别在于：在治疗中指导、教授家庭成员用 DBT 的基本假设理解患者当前的问题情绪与行为，启发患者和家庭成员在接纳与改变之间寻找平衡，通过灵活应用 DBT 行为调节技术，达到改善情绪和行为的目标。

案　例

小 A，女，23 岁，ICD-11 诊断：不伴精神病性症状的重度抑郁发作，近半年反复发生自伤行为。小 A 在 DBT 个体治疗中，表达了希望进行家庭治疗的愿望，原因是"感到父母无法理解自己的痛苦情绪，在发生自伤后，母亲经常一边抹眼泪，一边说'你为什么总是这样折磨我'"。经过治疗团队会谈商讨，为患者安排了家庭治疗师，邀请患者及其父母进行了 1 次家庭治疗。

在家庭治疗中，治疗师了解到父母对患者的自伤行为非常关注和担忧，认为患者是在大学毕业后工作不如意、恋爱被拒绝后，开始出现自伤行为。父母将患者的自伤行为归因于"没有受过挫折，过于脆弱"，每次患者自伤后，父母都会感到"很无力"。在父母表达对患者的担心和无力感时，治疗师观察到患者低垂着头，显得很难过。

治疗师反馈：非常感谢爸爸、妈妈和小 A 在这里真诚地表达对彼此的关心，听起来爸爸、妈妈对于小 A 目前的情况有一些理解，也许小 A 并不完全赞同你们的理解（小 A 轻轻地点头，父母看着小 A 和治疗师也频频点头），但这恰恰是我们坐在一起共同讨论的第一步。接下来，我们一起看看小 A 在每一次自伤前后都经历了什么（链锁分析），然后一起来讨论我们每个人可以做点什么（接纳与改变），有可能让伤害小一点（各种行为技能），也让每个人的感受好一点（情绪调节）。好吗？（父母和小 A 都点头）

5. DBT 家庭治疗可能存在的困难与注意事项　DBT 家庭治疗师要避免陷入家庭成员间的冲突或家庭功能失调的困扰中，保持中立的态度，在患者与家庭成员中发挥平衡和协调的功能。在治疗中，家庭治疗师选择恰当的时机，引导和教授家庭成员一些调节情绪和改善人际关系的技能，并在治疗室内进行练习，通常能够直接促进家庭成员对 DBT 基本假设的理解和对各种行为技能的掌握。

（四）DBT 危机电话干预

DBT 危机电话干预是 DBT 整体治疗模式中的重要组成部分，旨在为患者在严重情绪失调、可能发生伤害性行为的当下，提供有效的支持与指导，帮助患者度过最强烈的情绪失调时刻，将可能发生的伤害降到最低。

有时候，在 DBT 整体治疗模式下，电话指导不一定仅仅是危机干预，也涉及在非个体/团体治疗时段，治疗师和患者之间进行的短时间电话交流，目的是指导患者把在技能训练团体中学到的技能，应用到日常生活的真实情境中。

1. DBT 危机电话干预的指征和基本设置　DBT 整体治疗模式中的危机电话干预有固定的联络方式（如工作电话或工作微信），并告知患者可以在必要的时候进行联络。这些必要的时刻包括感受到各种极端情绪（通常指患者对情绪的评分超过 90 分）、即将发生伤害行为、正在或已经发生伤害行为时。

通常，DBT 危机电话干预提供 24 小时服务，由接受过危机电话干预训练和 DBT 训练的治疗师承担。如果 DBT 治疗团队受人力或环境限制，不能提供 24 小时服务，需要写清楚 DBT 治疗团队提供危机电话干预的工作时间，并向患者提供所在区域内其他专业平台可以利用的危机干预热线。

2. 对 DBT 危机电话接线员的要求　DBT 危机电话接线员需要接受过系统的危机干预、电话咨询和 DBT 专业培训，具备足够的胜任能力，能够在 15～30 分钟内快速评估患者的风险，做出有效的反应和指导。

3. DBT 危机电话干预的实施原则与目标　DBT 危机电话干预的目标是减少自杀与其他危及生命的行为，将患者在危机状态下的伤害降到最低。在实施 DBT 危机电话干预的过程中，需要遵循"生命第一"的原则，危机电话干预人员要对患者的自伤、自杀风险进行快速评估，并做出积极响应，提供可能有效的资源，指导患者使用 DBT 情绪调节或痛苦耐受等技术稳定情绪，使其脱离可能危险的环境，并寻求进一步的帮助。

通常，危机电话干预会进行录音，危机电话干预人员收集患者的身份信息和当前的位置信息，查找患者在 DBT 治疗期间留存的紧急联系方式，一旦评估患者存在极高的自杀或其他风险行为，危机电话干预人员有责任在法律允许的范围内，本着"生命第一"的原则进行必要的反应。

案　例

小 A，女，23 岁，ICD-11 诊断：不伴精神病性症状的重度抑郁发作，近半年反复发生自伤行为。小 A 接受 DBT 个体治疗和团体技能训练已经两个月，学习过链锁分析、正念技能和部分情绪调节技能。

某晚，小 A 拨打危机干预电话，向危机电话接线员哭诉：刚刚与父亲发生了一次激烈的争吵，感到"被轻视"，觉得自己"无用"，目前一个人待在房间里，坐在窗边（12 楼），有从窗户跳下去的冲动。小 A 对这一刻的"难过"情绪评分：85 分。

危机电话接线员首先肯定小 A 拨打危机干预电话的行为，表达了对小 A 感受到被轻视后的"无力""绝望感"的理解，其次提醒小 A，可以尝试接纳这一刻的情绪，看看是什么促发了自己的"被轻视感"。小 A 逐渐放慢速度，谈到刚才向父亲要零用钱时，父亲虽然给了钱，但一直唉声叹气，这让小 A 感到自己很无用。小 A 在叙述中意识到，自己似乎又陷入以前的负性自我评价和行为模式中。危机电话接线员询问："小 A，想一想你在这两个月的学习中，有什么方法是在现在可以用的？"小 A 说："也许我需要先让自己离开窗边，去客厅沙发上坐着，父母都在外面等我，我也许还可以告诉他们，我现在很难过，又有自杀的想法了，我相信他们会陪着我的。"危机电话接线员给予了肯定，鼓励小 A 按照自己的想法试一试。

危机电话接线员再次询问小 A 此刻的情绪，小 A 反馈"难过"情绪分数下降到 50 分了，表示会去尝试。双方约定 1 小时后再次电话联系，以确保小 A 是安全的。在结束危机干预前，危机电话接线员向小 A 核对了查找到的紧急人（父母）联系电话、居住地址、目前所在位置、联系方式等，再次对小 A 拨打电话的行为表示赞许。小 A 也向危机电话接线员表达感谢。

1 小时后，小 A 如约再次拨打电话，向危机电话接线员汇报自己已经"好多了"，没有自杀想法了，表示会如期参加之后的 DBT 个体心理治疗和团体技能训练。

4. DBT 整体治疗模式中的危机电话干预与其他危机干预热线的区别　DBT 整体治疗模式中的危机电话干预通常只对参加 DBT 的患者开通，患者在拨打危机干预电话时，危机电话接线员除了对患者当前的自杀、冲动伤害行为进行风险评估和处置外，还会鼓励、引导患者在"接纳当下的痛苦经历和体验"与"积极尝试改变策略"之间达成辩证平衡。

DBT 危机干预的工作对象大部分是情绪、行为不稳定的患者，他们因为在某一刻出现了极度不稳定的状态而寻求紧急帮助。他们可能正在经历生活中极为强烈的痛苦事件，如亲人逝世、严重的躯体疾病、失业、被亲密的人抛弃等，这些经历激活了他们原有的情绪、行为应对策略，导致发生或即将发生严重的伤害性行为，如自伤、自杀、破坏性或攻击性行为等。危机电话接线员在风险评估的过程中，既要充分感同身受患者当前的痛苦，肯定患者的求助行为，又要维护患者的自尊，引导患者尝试 DBT 中学习过的痛苦耐受和情绪调节技术，进行自我调节，以减少伤害，并增强患者的稳定性。

5. DBT 危机电话干预可能存在的困难与注意事项　DBT 危机电话干预的最大困难在于，患者在极端情绪下被激活的各种情绪行为反应模式，可能给患者带来极大的危害。在紧急状况下，危机电话接线员务必本着"生命第一"的原则启动应急预案，充分利用各种应急资源，保护患者的生命。危机电话接线员要时刻注意维护患者的自尊，在"相信患者有能力应对"和"采取积极措施减少伤害，确保患者生命安全"之间保持平衡。

（五）DBT 治疗团队会谈在 DBT 整体治疗模式中的作用

DBT 治疗团队会谈是治疗师的支持小组，治疗团队的主要目标：①增加治疗师对于 DBT 准则的遵循度以及教学与辅导技能的精准度；②提供强化技能教学的概念；③解决在治疗过程中出现的各种实际问题；④为不同治疗模式的治疗师提供就同一个患者的治疗进展情况进行讨论的机会，加强不同治疗间的协调和协同作用；⑤在治疗师的极限被跨越时提供支持，减少治疗师的职业耗竭。简言之，DBT 治疗团队会谈既为治疗师和患者之间提供辩证平衡，也为治疗师相互之间的支持提供辩证平衡。

在 DBT 整体治疗模式下，患者在治疗进程中可能会与不同的治疗师工作，包括个体治疗师、团体治疗师、危机电话接线员、家庭治疗师等，这些治疗师都在一个 DBT 治疗团队中，彼此熟悉，并通过稳定设置（如每周 1 次，每次 1.5 小时）的团体活动，聚在一起讨论正在进行的 DBT。

在治疗团队会谈中，团体治疗师会向治疗团队汇报目前团体课程的进展情况、正在教授的重点技能、团体氛围如何，以及团体成员在团体中的表现情况和可能需要治疗团队支持的方面。个体治疗师与团体治疗师之间可以就很多与患者治疗相关的议题进行讨论，获得治疗团队的反馈，最终达成一致。如果有必要，团体治疗师可以实际教授其他团队成员一些重要的技能。家庭治疗师可以在团队中反馈与患者的家庭环境和外部资源相关的信息，也包括在家庭治疗中观察到的家庭互动模式，以及患者将 DBT 个体心理治疗与团体技能训练中学习到的各种行为策略应用于日常生活的情况。危机电话接线员则反馈患者近期遇到的危机事件、在危机状况下的反应以及是如何应对的。此外，任何患者在治疗中碰到的问题或困难都有机会在治疗团队会谈中进行讨论。治疗师相互间的交流，共同维持着患者的治疗始终在 DBT 整体治疗模式下进行。

上述 DBT 整体治疗模式下的具体治疗，包含着更为丰富的治疗体系，它们各自有其成熟的心理治疗理论与技术。例如，DBT 正念技术是禅修与心理治疗的结合，将禅修的宗教成分去除，提炼核心心理学技术理念，用于发展个体的灵性，提高自我觉察和照料的能力。DBT 危机电话干预的理论与实践涉及心理学、社会学，是另一个需要学习的理论体系，有许多具体的操作技术，例如快速临床评估、稳定化技术、有效资源供给、与其他社会组织联系等。这些相关的心理治疗理论与技术需要 DBT 治疗师不断学习与实践，以成为 DBT 综合治疗的有力辅助。

三、DBT 的主要治疗技术

DBT 包含多种心理治疗技术，有些是和其他 CBT 类似的一般性心理治疗技术，有些是 DBT 独特的核心技术。本小节重点讲解 DBT 最核心的六大技术，包括认可（核心态度技术）、链锁分析（核心概念化技术）和技能训练四大模块的技术。

（一）认可

1. 关于认可　认可在 DBT 中占据重要地位，是贯穿 DBT 整个治疗过程的态度体现。它是治疗师与来访者之间沟通的关键环节。通过认可，治疗师能够表达对来访者情感和经历的深刻理解和真诚接纳。

认可包含不评判的态度以及在患者的回应中寻找其合理性。当一个人不了解对方的观点，或认为对方的感受或行为很不合理，通常就会阻碍实施认可策略。治疗师表达对对方感受或行为的理解，不代表认同对方的行为，而是承认自己并不了解对方的想法或愿望，但表示希望能够了解，也会表现出诚意和平等的态度。很多 BPD 患者往往在早年生活中，经常经历被拒绝、不被理解甚至打骂等各种否定方式，于是，他们在成长的过程中对外在拒绝显得特别敏感。良好的认可策略是建立医患关系和治疗合作的基础。

具体而言，认可意味着：①传达接受的态度，治疗师以非评判性的方式，接纳来访者的情感表达，展现同理心；②探索内在动机，治疗师帮助来访者发掘其情感、想法和行为背后的深层次需求和动机；③强化个体能力，治疗师鼓励来访者认识并相信自己的内在潜能，促进其自我成长和自我实现。

需要注意的是，认可并非：①简单的安慰，认可不是对来访者进行肤浅的安慰或情感支持，而是建立在深层次理解和尊重基础上的沟通方式；②赞扬或恭维，认可与赞扬不同，它不涉及对来访者行为或成就的评价，而是关注其内在体验和情感；③闲聊或随意对话，认可是一种有目的的沟通方式，旨在帮助来访者深入探索自己的内心世界，而非简单的社交闲谈；④模糊或笼统的反馈，认可需要具体、明确，能够准确反映来访者的真实感受和经历，而非笼统或模糊的积极反馈。

2. 认可的运用原则 在运用认可策略时，治疗师应遵循以下几项原则：①中立性原则，认可不应包含治疗师的个人偏见或情感色彩，而应基于客观的事实和来访者的真实体验；②具体性原则，认可应具体、明确，针对来访者的具体情绪、想法、行为，避免笼统或模糊的表述；③适应性原则，认可的方式和程度应根据来访者的特点、治疗阶段以及治疗目标进行调整，以确保其适应性和有效性。

3. 认可的六个层次 认可的六个层次是 DBT 对整个心理治疗领域的重要贡献，不仅在 DBT 中需要熟练使用，而且可以被所有心理治疗过程借鉴，对于深刻理解治疗关系的建立具有重要意义。做好认可技术可以直接影响治疗的效果和来访者的接受程度。这六个层次包括：①保持清醒，不带偏见地倾听；②准确地反映；③阐明来访者不言而喻的情绪、想法、行为模式；④从来访者过去的学习、生物功能紊乱、认知失调等方面认可来访者；⑤从来访者个人的视角和当下的功能方面认可；⑥从正常的功能方面认可、全然的真诚。

图 2-1 显示的是认可在 DBT 中不同方面的体现。

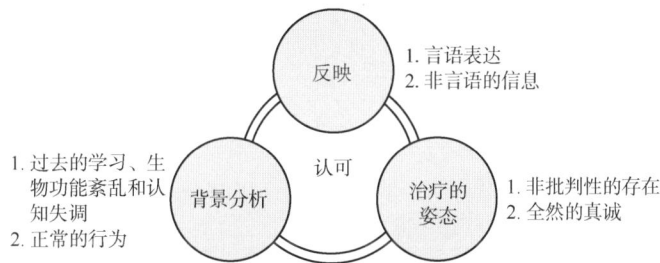

图 2-1 认可在 DBT 中不同方面的体现

4. 认可与改变的关系 认可与改变之间的关系并非线性，而是相互影响、相互促进的。适当的认可可以为来访者创造一个安全、信任的环境，使他们更愿意尝试新的思考方式和行为模式。同时，随着来访者自我认知的改变和成长，他们对认可的需求和方式也会发生变化，这就要求治疗师能够灵活调整自己的认可策略。例如，对于某些表现出不自信、沉默或退缩行为的来访者，治疗师需要给予更高比例的认可，以帮助他们逐步建立信任感和参与意愿。同时，在面对环境压力增加或讨论敏感话题时，治疗师也需要提高认可的频率和深度，以维护治疗关系的稳定性和有效性。而在其他时候，治疗师可能需要更多的挑战和改变，以促进问题的解决和来访者的成长。

5. 认可的实践建议 在实际操作中，治疗师可以通过以下方式提高认可的效果：①倾听与观察，治疗师应始终保持对来访者的关注，通过倾听与观察来捕捉来访者的真实体验和需求；②反馈与确认，在理解来访者的基础上，治疗师应提供具体、明确的反馈，以确认自己的理解是否准确，同时也鼓励来访者进一步表达自己的想法和感受；③灵活调整，治疗师应根据来访者的反应和治疗进程灵活调整自己的认可策略，以确保其适应性和有效性。

6. 认可与问题解决的辩证策略 需要特别说明的是，与认可相对应的技术是问题解决技术，认可与问题解决的辩证平衡是 DBT 辩证思想的重要体现之一，是 DBT 的核心策略，这意味着它们会在治疗师和来访者之间的所有互动中呈现。当治疗师觉得在治疗中被困住了，常常是因为他要么太聚焦认可，要么太聚焦改变（问题解决）。因此，同时使用两者是很重要的。在 DBT 中，问题解决技术主要包括两个步骤：首先，治疗师和来访者必须充分理解现在的问题；其次，治疗师和来访者要一起来处理问题并制定解决方案。

总之，认可作为一种重要的心理治疗技术，在治疗过程中发挥着不可或缺的作用。通过运用认可技术，治疗师不仅能够促进来访者的自我认知和成长，还能为双方建立一种基于尊重、信任和理解的治疗关系打下坚实的基础，推动来访者自我成长和问题解决。治疗师需要不断学习和实践认可技术，以提高其在临床工作中的运用能力和效果。

（二）链锁分析

1. 关于链锁分析 针对行为的链锁分析是 DBT 的核心技能之一，是 DBT 概念化的核心体现。它帮助来访者分析自己的行为，了解与问题行为相关的各种原因（如脆弱因素、促发因素、维持因素等），对于我们想要改变某个反复发生的问题行为来说，是非常重要的。

链锁分析让我们理解某个特定的问题行为是在怎样的一连串事件/因素的影响下发生的。治疗师和来访者都需要有能力针对问题行为进行链锁分析。链锁分析技术既可以在团体技能训练中教授，作为团体中的标准课程项目进行学习；也可以在个别治疗中，当与患者讨论某个问题行为时，治疗师进行演示和教授。

DBT-ST 中有一个基本假设：任何行为都可以被看成是由一系列环节所组成的，这些环节彼此串联起来，一个接一个，一环扣一环，相互影响，并最终发展出个体的某种行为反应模式。改变其中的某个/某些环节，就能改变行为反应的方式。

某些反复发生的问题行为，如撒谎、暴饮暴食、赌博、自伤、酗酒，或者其他冲动行为等，看起来总在很短的时间里发生，并给来访者带来了非适应的结果（负性影响），似乎无法被拆解为不同的步骤，一切似乎就这么发生了。链锁分析给予患者改变这些行为的可能。

进行链锁分析时，治疗师会向患者提出一系列问题，例如，在这之前发生了什么？之后发生了什么？有什么是可能发生变化的？如果这个环节发生了变化，其他环节又会有怎样的变化？通过这样的提问，逐步将融合在一起的行为拆解开来。链锁分析的目的是找出问题何在：是什么导致了问题？问题行为的功能是什么？什么妨碍了问题解决？有哪些资源可以帮助患者解决问题？

2. 链锁分析的基本图示与功能 读者可以通过图 2-2 初步了解链锁分析的基本图示。在图 2-2 中，治疗师会首先与患者一起明确问题行为是什么。随后治疗师通过一系列提问，启发患者发现问题行为的结果（近期/远期结果），探究在问题行为发生之前，患者经历了什么，哪些因素可能参与到问题行为的发生、发展与维持当中。一旦患者能够将链锁分析的基本图示清晰地呈现出来，治疗师就有机会和患者一起讨论：如果想要改变问题行为，可以针对哪个/哪些环节进行调节？

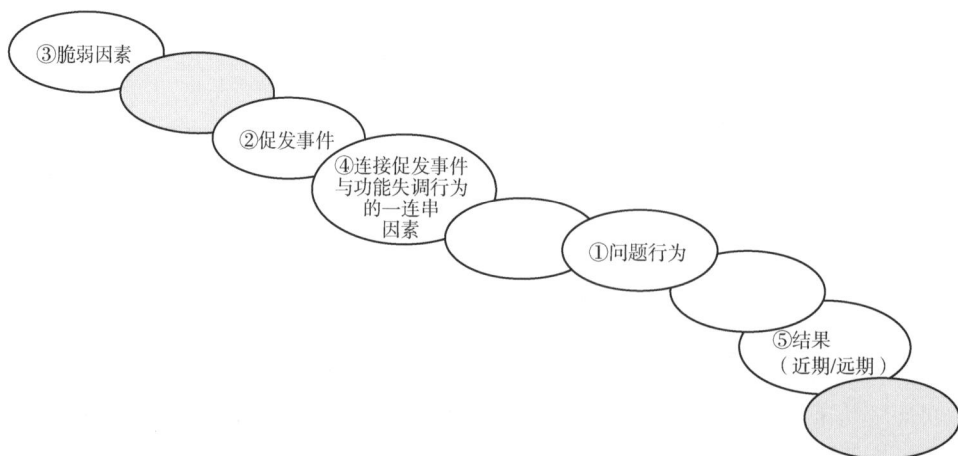

图 2-2 链锁分析的基本图示

3. 如何进行链锁分析　当我们想要了解和改变某个问题行为时，链锁分析可以辨认出重要的信息。通常，治疗师先和患者确定问题行为，然后通过一系列提问，启发患者对问题行为进行分析。提问一般包含以下8个步骤：①问题行为是什么？②环境中的什么事件启动了问题行为（促发因素/促发事件）？③在问题行为发生的当时，自己的脆弱因素是什么？④从促发因素/促发事件到问题行为，环环相扣的一连串因素是什么？⑤问题行为带来的后果是什么？⑥找出替代问题行为所需要的行为技能，减少再次发生问题行为的可能性；⑦发展预防策略，降低促发事件与问题行为之间环环相扣的链锁的脆弱性；⑧修复问题行为对环境及自身带来的负向后果。其中，第1～5步帮助我们了解、理解问题行为的发生、发展与维持，第6～8步帮助我们讨论如何改变问题行为，见图2-3。

在图2-3的举例中，治疗师与患者通过如下步骤，对问题行为进行链锁分析。①确定问题行为：用美工刀划手臂。②了解环境中的促发因素/促发事件：期中考试成绩不理想。③引导患者了解发生问题行为的脆弱因素：青春期女孩，来自离异家庭，近期母亲外出，自己处于寄宿状态。④了解从促发因素/促发事件到问题行为发生，环环相扣的一连串情绪、想法和躯体反应是什么：感到伤心、难过，认为自己"没用"，同时伴有明显的头痛。⑤讨论问题行为带来的后果：近期来看，患者伤心、难过的情绪有所减轻；但远期而言，患者的孤独感增强，并出现了自杀观念。⑥找到替代问题行为所需要的行为技能：及时表达情绪，向亲人寻求帮助。⑦讨论如何发展预防策略：减少自伤的频率和严重度，按照计划安排学习和娱乐生活，发展自己的愉快感、掌控感和效能感。⑧修复问题行为的负向后果：自我肯定，对自己"表达情绪、寻求亲人支持"的行为给予鼓励；尝试多交朋友，和朋友在一起。

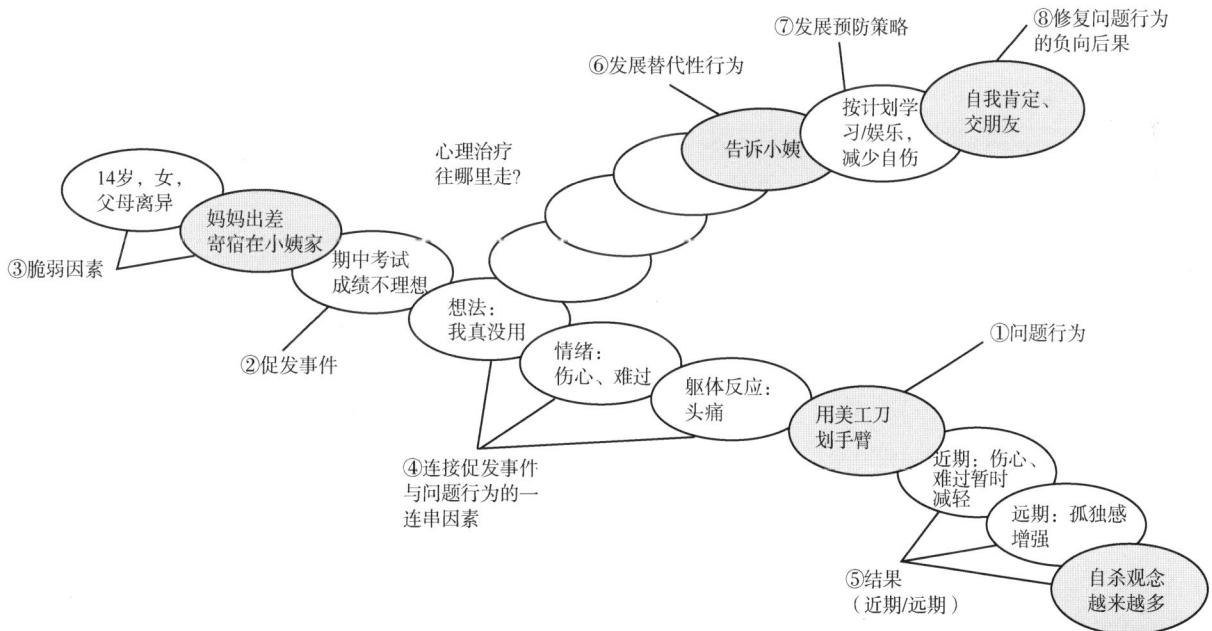

图2-3　链锁分析举例

通过对问题行为"用美工刀划手臂"的链锁分析，患者逐渐了解到与自伤行为相关的促发事件、环境因素、脆弱因素和可能的维持因素等，并尝试发展更具适应性的替代性行为，以减少未来可能发生的自伤行为。当患者表达"不知道自己需要什么"，或者"不愿意去做自己预期或需要的行为"，或者"根本没有想过要去做需要或预期的行为"时，治疗师要更有耐心地引导患者理解自己当前的状态，并朝着问题解决的方向努力。

（三）正念技术

1. 关于正念技术　正念是 DBT 的核心，正念技术不仅在技能训练中使用，实际上，在所有的 DBT 项目中，个体心理治疗、团体治疗、家庭治疗、治疗团队会谈都从正念练习开始。林内翰也强调治疗师自己的正念练习，并在教授患者正念练习的时候分享自己的经验。因此，DBT 是基于正念的心理治疗方法，这也是第三代 CBT 的核心标志。

正念减压治疗的创始人卡巴金（Kabat-Zinn）对正念在可操作层面上有过这样的定义，即通过对当前一个接一个展开的体验有目的而不带评判地留意而获得的意识。也就是说，正念是指意识到当前自己的思想、情绪、生理知觉和行为的能力。这是一种对当下有意图的觉察，不评判也不排斥，不去紧抓过去或未来，专注于每个崭新的当下经验。

在 DBT 中，正念被定义为对直接和间接体验不加评判地觉察，其目标为体验当下。DBT 中的正念练习是反复地将注意力集中在此时此刻的唯一一件事上。

当我们有意图地运用一些特定的形式和行为对正念进行实践和练习时，将之转化为一种技能，这就是我们所称的正念练习。正念练习不分时间、地点，做任何事的时候都可练习。

练习正念最常见的形式是冥想。在冥想练习中，通常会以坐姿、站姿或卧姿进行，会把注意力集中在自己的身体感觉、情绪、想法或呼吸上，或者开放自己，把注意力放在任何进入觉察中的事物。这个过程强调不评判地观察，放下分析和判断，分心时以柔和的态度将自己带回来，并最终将练习落实在日常生活中。

除了冥想，其实正念练习在生活中有更丰富的形式，例如瑜伽、气功、太极、合气道、空手道及灵性舞蹈。爬山、骑马、散步也都可以是练习正念的方式。

正念是一个需要不断练习的技能。通过练习，

正念可以帮我们减少痛苦、紧张和压力，增加愉悦和幸福感，改善疾病和身体健康问题、人际交往，也能提高痛苦耐受的能力。练习正念技能还可以增加我们对于自己心的控制，提高集中注意力的能力，帮助我们提升从想法、印象和感觉中抽离的能力进而减少对内心事件的反应，进而更好地去体验当下、获得经验事实。

在 DBT 中，正念贯穿所有的技能，它帮助患者觉察情绪、想法和冲动，为各种技能的实施提供基础。林内翰有多年的禅修经验，并将自己的经验融入 DBT 的正念练习中，因此 DBT 的正念有其自己的理念和技术。

2. 核心技能与练习　心的三种状态是 DBT 的重要理念，是 DBT 中非常有价值的创新思想之一，智慧心（wise mind）也是 DBT 的核心概念之一（图 2-4）。

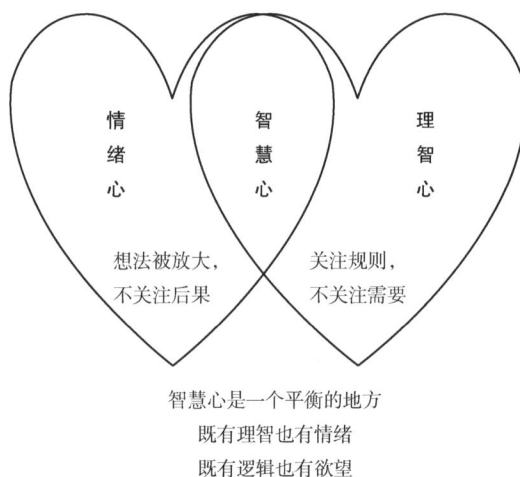

情
绪
心

智
慧
心

理
智
心

想法被放大，　　关注规则，
不关注后果　　不关注需要

智慧心是一个平衡的地方
既有理智也有情绪
既有逻辑也有欲望

图 2-4　心的三种状态

（1）智慧心：DBT 中有一个非常重要的概念和技能——智慧心。智慧心是人人都有的内在智慧，即我们有能力取得并应用知识、经验和常识，去应对眼前的处境。当我们进入内在智慧，即进入智慧心的境界。每个人都有能力得到智慧心，然而对于某些人来说，这并不容易。

想要进入智慧心，首先要觉察到自己心的状态。其实有另外两种心的状态在阻挠我们进入智慧心，那就是情绪心（emotion mind）和理智心（reasonable mind）。

（2）情绪心：是一种心的状态，由情绪做主，

没有理性来制衡，由情绪控制你的想法和行动。当你完全处于情绪心当中，主宰你的是心情、感受，还有想要去做或者去说某些事的冲动，事实、理智和逻辑都不重要。当我们的身体处于疲倦、饥饿、疾病、摄入过多的酒精、环境压力或者威胁等情况下，我们更容易受到情绪心的影响。强烈的情绪并非总是不好的，比如强烈的爱情是促成良缘的动力，让人愿意坚持艰难的工作，甚至不惜牺牲自己以拯救他人。但是，当强烈的情绪失去控制，导致理智丧失时，我们就有可能受制于情绪，从而产生各种问题。当个体受控于过度的焦虑或者恐惧的情绪，会高估环境的危险程度，并采取短期内可以缓解焦虑，但长期反而会引发更严重的负面后果的问题行为。例如惊恐发作、社交恐惧症的患者，用回避外出、回避社交的方式应对焦虑，但从长期的角度来看，这种方式反而影响其社会功能和正常生活。当受控于抑郁的情绪，个体会把悲观的想法当成事实，从而沉沦在痛苦和绝望之中，甚至不断地伤害自己。

（3）理智心：是心的另一种状态，是极端的理性，也就是理性没有受到情绪和价值观制衡的状态。理智心是自我的一部分，负责逻辑性的计划与评估。理智心具有冷的特质，轻视情绪、需求、欲望和热情。理智自然有它的益处，如果没有理智，人们无法建立家园，无法建立规则和法律，更无法遵循科学而发展。然而，当你完全处于理智心时，会受到事实、理性、逻辑和务实的控制，情绪和情感变得不再重要，甚至被完全忽略。例如人际关系需要情感的支持和回应，如果一个人只想着工作或刻板地遵守规则，却无视同事、亲人、伴侣的存在，不顾及别人的感受，甚至忽视自己的情绪，那么他就会执著维系关系，从而产生各种矛盾和冲突。

而智慧心就是整合这两种极端状态，激活存在于内心深处的智慧，去经历事实的真相，去寻找更加有效的"中庸之道"。DBT认为，每个人都应该有自己值得过的生活。智慧心就是打开生活大门的钥匙。智慧心是通往事物的核心，在两难处境中感觉到正确的决定，这种感觉源于内心深处，而不是当下的情绪状态。

通过正念练习智慧心的方法有多种，经典的方法是通过正念呼吸进行智慧心发现与练习。该方法包括以下几个步骤：①正念呼吸，吸气的时候默念"智慧"，呼气的时候默念"心"；②问智慧心一个问题；③询问"这是智慧心吗？"；④正念呼吸把注意力放置于身体的中心；⑤将注意力停留在呼吸间的停顿之中。其他的经典方法还有"抛进湖水中的石头"和"走下内在的回旋梯"，这些方法也可以结合使用。本书配套的操作手册里有详细的指导语。

2021年德国DBT专家、中德班主讲教师Bohus结合东方佛学文化，提出可以通过练习四种"崇高的心灵境界"来增长智慧心。它们分别是慈心（loving-kindness）、悲心（compassion）、喜心（sympathetic joy）和舍心（equanimity），分别对应梵文的慈、悲、喜、舍四无量心。

慈心意味着仁慈、友好、善意和对所有人幸福感的积极关注。它是对他人和自己的一种温柔、关爱和呵护。

悲心是同情和共情其他生命体的悲苦，意味着认识并回应他人的痛苦，并采取行动提供帮助。慈悲源于我们与万物的联系。

喜心指的是欣赏其他生命体的快乐幸福的能力，为他们感到高兴。它可以被视为与他人分享欢乐时刻（即从痛苦中解脱的时刻）的一份礼物。

舍心是指舍弃一切差别而平等对待，又称等心，意味着愉悦的宁静、公正和智慧。它是以开放和平静的心态去面对一切的能力，即使这很困难或不太愉快。

通过四无量心的练习，不仅可以增长自己的智慧心，提升自己的心理健康水平和精神境界，更能为他人和世界带来更多的爱和慈悲。

（4）"是什么"技能：指我们在练习正念时会做的事，即观察、描述和参与，它包括三种不同的练习。

1）观察

以观察的方式，把注意力投入到此时此刻，去觉察自己的身体感受、想法、情绪和冲动，看看究竟在我的身上发生了什么，将注意力回归自己心的状态；去觉察此刻是情绪心、理智心还是智慧心。这样的观察可以在日常的任何时刻发生，例如走在路上，靠近并观察身边的一朵花，试着去注意这朵花的所有细节。

2）描述

当某种感受出现时，首先去承认它，接纳它。给这个感受一个名称，它是想法、情绪还是躯体感受。然后将自己的诠释和观点与事实分开，告诉自己感受只是一个感受、想法只是一个想法，它们不一定代表全部的事实。描述几乎在所有的技能练习里都有所涉及，能清晰地区分观点、情绪和事实，其本身体现出心智化能力的上升。对于情绪调节困难的个体来说，这一步尤为重要。

3）参与

让自己完全投入在此时此刻正在进行的互动中，与你正在做的事合而为一，达到忘我的境界，跟着智慧心行动，只做当下所需要做的事，例如，只是随着音乐尽情地、投入地舞动。在技能训练的时候，当成员参与度降低、注意力不集中或交头接耳的时候，往往是邀请成员使用正念参与的好时机。

（5）"如何做"技能：指如何去做正念练习，即不评判地做、专一地做、有效地做。这是我们在做任何正念练习时都需要具备的态度和原则。

1）不评判地做

只是去观察和描述事实，放下好坏之分，放下"应该"的想法，患者只对感受或事实进行描述。承认你的价值、期望和情绪反应，但不去评判。即使当你发现自己在做评判，也不要评判你的评判。

放下评判即便对于没有情绪失调的个体来说，也不是一件容易的事情，这意味着个体要先觉察到自己有了评判，并学会用不评判的方式来取代评判的想法和描述。无论是对青少年还是对成年人来说，熟练应用这一技能对情绪的稳定都有极大的促进作用。

2）专一地做

完全专注于此时此刻，一次只做一件事。随时注意心中想要分心的状态，让分心离开。如果觉察到有些冲动、想法或者强烈的情绪使自己分心，

就把注意力带回到原本在做的事情上。如果发现自己一次在做两件事，例如，一边洗碗一边在想第二天要做的路演，那就立刻停下来，调回到只做一件事。

3）有效地做

专注在此刻情景中的目标上，做当时需要做的事。用行得通的方法，让自己适应环境的要求，放下执念并且接纳现状。例如，当对某人或者某事开始生气时，尝试观察并询问自己"这是有效的吗"。

（四）痛苦耐受技能

1. 关于痛苦耐受技能 痛苦耐受是指在出现极端强烈的负性情绪体验甚至是危机的情况下，让自己生存下来，不让事情变得更加糟糕的能力。

但对某些人来说，他们感受到的精神和身体的伤痛总比其他人更强烈，并且这些伤痛发生得也更频繁。他们的痛苦来得更快，像汹涌的浪潮。深陷其中的人不知道怎么应对，常采用非常不健康且无效的方式去应对痛苦。他们认为自己别无选择，难以用理智找到好的解决之道。即使可以得到暂时的解脱，但从长期的角度看，这反而会带来更大的痛苦，使他们无法自拔。

痛苦耐受技能的目标就是在那些极端的情绪和危机的时刻放弃自毁性的行为，先让自己活下来，把苦难和被困住的感受替换成一般的痛苦，获得可以继续生活的希望和力量。它是要患者去承受痛苦，而不是用冲动行为去缓解痛苦。因为痛苦和压力是生活的组成部分，无法被完全地避免或清除，如果不接受它们，将会导致痛苦增加。

该技能分为危机生存技能和接纳现实技能，前者是指当危机状态出现时，立即停下来，退一步辩证地思考事物的正反面，分散注意力，并积极地自我安抚，以期改善现状；后者即直接面对，改变自身的想法，选择接受。

2. 核心技能与练习

（1）危机生存技能：顾名思义，当个体处在情绪危机中，例如感到强烈的痛苦但又无法迅速获得帮助，或者跟随情绪冲动采取行动只会让事

情更糟糕，或者情绪已经被推到极限，但问题仍无法马上解决等情况下，可以使用危机生存技能来帮助自己先渡过难关。需要注意的是，这些技能并不能实际解决问题，等危机过后，我们仍然需要试着去面对问题。在这个模块，我们将学到以下几个技能。

1）立即停止（STOP）

第一项技能是停止技能。首先是停止动作：停下来！不要动！连一块肌肉都不要动！其次是退后一步，即从情境中退后一步，稍事休息，放手，深呼吸，不因感受而冲动行事。再次是客观观察，注意自己的内在和外在变化：现在这是什么情况？有什么想法和感受？其他人说了或做了什么？最后带着觉察行事：在决定怎么做时，要考量你的想法和感受、情境及其他人的想法与感受，想想自己的目标。

2）改变身体化学状况（TIP）

非常强烈的情绪激发让人无法使用大部分的技能。TIP 技能是快速降低情绪激发的方法，包括用冷水改变脸的温度、激烈运动、调节呼吸、配对式肌肉放松。

TIP 技能可以改变你的身体化学状况，进而提高副交感神经系统的活性和降低交感神经系统的活性，从而减轻强烈的情绪激发和难以承受的感觉。

TIP 技能可以较快地发挥作用，在几秒到几分钟内就可降低情绪激发。和那些无效的应对行为，如喝酒、使用药物、暴食、自我伤害等一样有效，TIP 技能可以减轻痛苦情绪，但是又不会引起短期或长期的负向后果。TIP 技能使用简便，在极端情绪出现的时刻可以不需要想太多就能做得到。

3）用智慧心接纳转移注意力

转移注意力的方法在于减少与困扰或最痛苦层面的接触。再者，这些技能也能改变一部分的情绪反应。DBT 把七个转移注意力的技能用"ACCEPTS"来记忆。

A. 进行活动（activitiy）

致力于和负性情绪与危机行为相反或中立的活动，能减轻冲动及痛苦。它们能够转移注意力，

让短期记忆充满跟危机无关的想法、影像与感觉，直接影响生理反应与情绪的表达行为，例如专注地听音乐、打扫房间等。

B. 贡献（contributing）

将自己全情投入到可以促进他人幸福的事情上，例如做志愿者或者为朋友提供帮助，这样的经验可以使人暂时完全忘记自己的问题。对一些人来说，对他人有贡献也增加了生命的意义感，因而能改善当下。

C. 比较（comparison）

比较也是一种把焦点从自己转移到他人身上的方式。他人的处境可能跟我们一样，或者他们更无法响应危机，或者他们更加不幸。但是，通过比较，一个人也可能意识到过去的问题已不复存在，现在这一刻相比过去已经不那么困难了。有时候这真的有效，例如想想那些可能更不幸的人。尤其是很多患者往往在情绪状态下会忽略自己的变化，让他们比较自己之前的反应，看到自己的变化，本身就能带来情绪的改善。

D. 情绪（emotion）

通过产生不同的情绪来转移对目前情境与负性情绪的注意力，例如观看爆笑的综艺、令人紧张的恐怖片。重点是通过这些事情来创造不一样的情绪。

E. 推开（pushing away）

离开引发痛苦的情境会减少我们与情绪线索的接触。在脑海中阻挡则需要有意识地去抑制与负性情绪相关的想法、影像及冲动，例如拒绝去想令自己痛苦的情境。但也要注意，这个技能不应该是第一项使用的技能，也不要过度使用。

F. 想法（thought）

以其他想法占据短期记忆来转移注意力，让负性情绪引发的想法不再引发更多的情绪，例如不停地在心里哼唱某一句歌词。

G. 感觉（sensation）

强烈的、不同的感觉可以集中我们的注意力，这样我们就不会一直专注在痛苦的情绪和危机的冲动上。引发感觉的方法包括尝辣椒酱、含一片酸柠檬或很酸的糖果、戴耳机听快节奏音乐。

（2）接纳现实技能

1）全然接纳

全然的意思是完全、彻底和全部，理智、情感和身体都愿意接纳，停止和现实对抗。需要被接纳的是现实本身，拒绝现实并不会改变现实。当痛苦无法避免的，拒绝接纳现实会让我们卡在不快乐、苦涩、愤怒、悲伤、羞愧或其他痛苦的情绪中。这需要我们容许自己产生失望、悲伤或哀恸的情绪。

2）转念

转念就像是走在一条需要做出选择的分叉路上，必须一直提醒自己选择接纳的路，同时远离拒绝现状的路。每当观察到自己不接纳的时候，就需要进入内在做出接纳的承诺。

3）我愿意

很多极端的情绪来自我们的执念，比如拒绝忍受此时此刻，拒绝做必要的改变，轻言放弃，坚持要求每件事都在自己的控制之内，等等。在这些时刻，我们有可能是被情绪心或者理智心牵着走。"我愿意"技能是仔细倾听自己的智慧心，依照智慧心行动。

与之相对的是"我执意"，以"我愿意"来取代"我执意"其实是促使个体根据现实情况来做出回应。这一讨论也是辩证的一大典型冲突，这样的冲突会以许多形式出现。

（五）情绪调节技能

1. 关于情绪调节技能 情绪调节是一种能力，可以控制或影响自己有哪些情绪、什么时候有这些情绪，以及如何体验和表达这些情绪。情绪调节技能帮助练习者体察每一种情绪，而不是成为情绪的奴隶，提倡采用非对抗性的、非破坏性的方式来调整情绪，包括情绪宣泄、采取与情绪、欲望相反的行动和彻底地解决问题等。学习情绪调节技能通常可以达到以下几个目标。

（1）了解自己的情绪：学会辨别自己的情绪并为之命名，能帮助调节情绪。在此基础上，去了解情绪的功能，知道情绪从何而来或为何存在，可以帮助增强调节情绪的能力，学习与情绪分离。

（2）减少不想要的情绪出现的频率：当我们很难阻止痛苦情绪的发生时，可以在环境和生活中做些改变，减少负性情绪出现的频率。

（3）减少情绪心的脆弱性：情绪调节不会带走一个人的情绪，但是能帮助平衡情绪心及理智心，达到智慧心。情绪调节也会提升情绪复原力，也就是从逆境中重新站起、提高应对困难事件与情绪的能力。

（4）减少情绪的痛苦程度：当我们被痛苦情绪淹没时，情绪调节技能可以帮助管理极端情绪，减轻痛苦程度。

2. 核心技能与练习

（1）描述情绪的方法：前述无效环境对于个体的影响之一是对自我体验的不认可，这往往导致个体在描述和表达情绪上遇到极大的困难。因此，情绪调节的核心技能之一是帮助患者学习描述引发某种不想要情绪的促发事件，学会识别对促发事件的常见诠释、想法和假设，感受个体的生理变化和体验，并观察情绪反应。能理解自己的情绪反应，命名情绪，对于情绪失调尤其是存在述情困难的患者来说，本身就是有针对性的干预手段。

（2）累积正性情绪：所有人在生活中都需要正向事件才能快乐，正向事件不仅提升正性情绪，还会降低悲伤和其他负性情绪。如果生活中缺乏正性情绪，会减少快乐、增加悲伤，同时使人对引发痛苦情绪的事件更为脆弱。累积正性情绪运用了行为激活的原理。正向事件也可以分为短期和长期两种类型，短期的正向事件让我们在这一刻感觉良好，长期的正向事件带来持久的快乐或满足感。长期和短期的正向事件共同帮助我们更好地建立值得过的生活。

累积正性情绪（短期）：帮助患者制作正性情绪清单，一天至少做一件快乐的事。鼓励患者觉察正向体验，可以运用正念技术，不带评判、专一地做，有效地做和投入其中。

累积正性情绪（长期）：这实际上是鼓励患者现在就开始去做可建立自己想要的生活的事。这需要患者先确认对自己重要的价值观，找到一个现在可执行的价值观，制定与这个价值观有关的几个目标。然后患者选择一个现在可执行的目标，现在就采取一个小的行动步骤。

（3）相反行动：当情绪不符合事实或者随着情绪的行动无效时，患者应采取相反行动。每个情绪相应有一个行为冲动，这个技能是通过与这个行为冲动相反的行动来改变情绪。

教授患者采取相反行动，首先需要觉察和识别出想要改变的情绪，并给它命名。然后，核对事实，看看你的情绪是否符合事实，同时核对情绪强度与持续度是否也符合事实。当情绪符合事实时，情绪就是合理的。

这个技能需要结合正念中的描述和智慧心，患者要辨识与描述自己的行为冲动，问一问智慧心：表现出这个情绪对此情境是有效的吗？如果情绪不符合事实，那么基于这种情绪的行动是无效的，患者需要做出与行为冲动完全相反的行动，直到情绪改变。

（六）人际效能技能

1. 关于人际效能技能　人际情境中有三个潜在的效能：目标效能（在一个情境中实现个人的目的）、关系效能（在试图达到目标时，同时保持或改善关系）和自尊效能（保持或提升对自己的良好感觉，尊重自己的价值和信念）。有效社交的行为模式取决于特定情形下的个人目标。因此，个体分析处境与明确特定情境里个人目标的能力至关重要。但边缘性个体的歪曲信念和不可控的情绪反应阻碍了其应用人际技巧，他们还经常用不成熟的方式过早结束关系。为了有效地进行人际互动，一个人需要知道自己真正想要的是什么，并且在每种人际情境中都考虑到这三种效能的有效性及优先排序。澄清优先顺序本身就是重要的人际技能。

当一个人有技能缺陷时，他实际上不知道具体该怎么说、怎么做才能实现自己的目标。人际效能的核心技能旨在教授患者应用具体的人际问题解决、社交和自信技能来改善环境，实现他们在人际交往中的目标，简而言之就是在维持关系和自尊的同时达到目标。这一模块还涵盖辩证、行中庸之道等技能，帮助患者学会建立和维持关系的平衡，

并在关系中学会接纳和改变。发展人际效能通常是更困难的，因为它有赖于其他技能已经达到一定水平。

2. 核心技能与练习

（1）目标效能：如你所愿（DEAR MAN）。这是获得所需的具体技能，总结起来是描述情境（describe）、清楚表达（express）、勇敢要求（assert）、强化对方（reinforce）、保持正念[（stay）mindful]、表现自信（appear confident）、协商妥协（negotiate）。要澄清这个目标，需要询问自己：在互动结束时希望从他人身上得到何种具体改变或结果？这通常也是产生人际互动的首要原因。

这项技能也需要用到正念中的描述。忠于对当前情境事实的描述，才能告诉对方究竟是什么引起自己的反应。接下来要表达自己对这个状况的感受和意见。很多人际上的误解和冲突来源于常常不自觉的假设，即使我们不表达，别人也应该知道我们的感受或想要什么。接下来，需要清楚地去要求自己想要的或想拒绝的，坚持自己的主张。

强化对方是很重要的一步，也常常被忽略，尤其是在亲密关系中。事先解释如果对方依照自己想要的或需要的去做所带来的正面效果。必要时也要说明如果对方没这么做的负面效果。

这项人际技能的难点之一在于如何把焦点放在个人的人际目标上。通过正念的觉察和"唱片跳针"的小技巧来保持立场，避免分心脱离主题，忽视被拒绝或被攻击的威胁，不对其做回应，而是持续地表达自己的观点，展现出自信。小技巧效果很好，但患者掌握它们的唯一途径是不断地练习。

当然，所有人际的取和求都是相互的，有舍才有得。降低自己的要求，聚焦在可行的方案上，积极寻找替代的解决方案，都是最终实现人际目标所需的能力。人际技能训练的重要组成部分是行为演练，无论是在治疗中，还是在现实生活中。因此，帮助患者积极寻找，甚至鼓励他们去创造练习人际技能的情境至关重要。

（2）关系效能：维持关系（GIVE）。维持关系的技能可以总结为温和有礼[（be）gentle]、表现兴趣[（act）interested]、认可他人（validate）、

态度轻松[（use an）easy manner]。要澄清这个目标，需要询问自己：互动结束时希望对方对我有何感觉？

任何互动都需要关系效能，仅仅是让一个人明白这一点，有时候就很有帮助。很多人都知道维持一段关系，需要保持温和的态度，友善，尊重对方，但温和友善具体的表现是什么则往往会有很多误解。讨论和澄清温和友善意味着不攻击、不威胁、不评判、不失礼，帮助患者多角度地理解这些定义的内涵和外延，这是重要的工作。

这一技能还涵盖一项非常重要的技术——认可。这意味着我们在交流的时候，通过考虑对方的过去和当下情境去理解对方的感受、想法和行为。需要让患者了解任何时候认可他人都能有效促进人际关系，并且能熟练地表达理解，这对个体心智化的提升有直接的促进作用。

（3）自尊效能：尊重自己（FAST）。自尊效能能帮助我们维持或增进自尊，也能试着从互动中得到想要的结果。该技能总结为公平对待[（be）fair]、不过度道歉[（no）apology]、坚守价值观（stick to value）、保持真诚[（be）truthful]。要澄清这个目标，需要询问自己：互动结束时希望让自己有何感觉？

坚守价值观和立场是困难的，保持诚实有时候也会降低人际效能，因此在实施这些看似简单的技巧时，一个人还需要很好地保持正念觉察。常常把维持自尊当成主要问题，总想在人际互动中占上风或拥有掌控感、权威感，会损害长期的效能，一个人还需要学会平衡自尊效能和其他两种效能。

（刘　阳　刘　媛　范丹慧　王　纯）

第三节 DBT 的临床应用

一、DBT 临床应用的说明

（一）DBT 的应用范围

DBT 原本是为了有慢性自杀倾向的 BPD 患者发展的治疗，是第一个由对照试验证明对 BPD 患者有效的心理治疗方法。自那时起，多种临床试验显示，DBT 不只对 BPD 患者有疗效，还对许多疾病与问题都有帮助，包括对情绪缺乏控制和过度控制以及相关的认知和行为模式。此外，越来越多的研究证实，单是 DBT 的技能训练，对于有酗酒问题的人、自杀者的家人、家庭暴力受害者等许多群体，都是很有效的干预方式。

综合目前已有的循证研究，DBT 对 BPD、B 群和 C 群人格障碍、抑郁障碍、进食障碍、成瘾问题、PTSD、双相障碍、焦虑障碍、强迫障碍、注意缺陷与多动障碍、自杀自伤行为等均有明确肯定的疗效。一些社会工作者也尝试应用 DBT 中的社会心理技能帮助人们改善人际关系、调整紊乱情绪等，甚至试图将 DBT 技能培训运用于中高等教育系统中来提高学生的应变能力，提高普通人群的心理健康水平。从人群出发，DBT 适用于青少年、成人、智力障碍人群等多个群体，以及门诊、住院治疗、社区、大学咨询中心等不同的治疗情境。

（二）DBT 的治疗优势

DBT 自诞生就极其富有弹性和包容性，它兼容并蓄，充满哲学的智慧，同时又有非常多的实用技术，是各种成熟的有循证证据疗法的集合。它提供了足够多的充分的技能及方法，能帮助患者个性化地学习和使用适合他们的技能。在治疗过程中，DBT 强调同时激发患者配合治疗的动力与提高治疗师的主观能动性和治疗能力，营造一个足以支持患者和治疗师能力的治疗环境，以确保患者获得的新技能能够得到广泛应用。

DBT 是一种高度结构化的治疗方法，包括个体心理治疗、团体或个体技能训练、危机电话干预和治疗团队会谈，每一个单元都有独特的治疗目标以及完成这些目标所必需的策略。同时，DBT 在实践中的应用非常灵活，治疗师通常会根据治疗的障碍、人群和情境的不同对 DBT 的治疗成分进行多样化删减、增加和修改。这种演变主要体现在以下三个方面。

第一，治疗时长的改变。标准 DBT 要求团体技能训练以 24 周为一个周期，重复进行两遍，即治疗以 48 周为标准时长。但是现实中根据具体情况，实施时长为 4～72 周。

第二，DBT-ST 中课堂材料的修改。比如，用更简单的语言叙述以方便青少年理解。如今，已有一些著作专门讲解如何将 DBT-ST 用于学校课程，包括中学和大学生心理健康教育课程。

第三，针对 DBT 构成单元的修改。比如，因标准的 DBT 耗时久、成本高，很多地方放弃其他的治疗模块，而只使用 DBT-ST。因而，团体技能训练渐渐成为独立的治疗方式。团体技能训练所包含的技术也处在动态变化中，新的技术不断被包含进来以应对具体的心理障碍，比如专门针对成瘾患者的一系列技术等。

从被创立以来，DBT 所针对的是目前精神心理领域棘手的问题，并且一直处在动态的发展之中。其治疗程序在实践中被反复修改以应用于更广泛的心理障碍和治疗情境，相应地，DBT 的效用也将随着研究范围的扩展而增加。我们相信这项综合性治疗未来可以在精神科临床和心理治疗领域得到更广泛的应用。

（三）DBT 的治疗难点

DBT 要求治疗师在治疗策略、技能训练等方面严格遵循辩证法的基本原则。对于辩证观的理解和在临床过程中应用辩证哲学对治疗师提出了挑战。

辩证应用于行为治疗具有两层意义：首先，辩证是世间现实的一种本然；其次，辩证是思辨性对话的特点。辩证的世界观是 DBT 的核心基础。所谓辩证的世界观包含以下三个基本原则。

第一个基本原则是在一个动态系统中，辩证是将现实视为互相联系的整体。这意味着，分析单独的问题行为或者病态心理不能仅提供有限的价值，除非我们能够将这些部分联系到更大的整体中去看待。比如，一个抑郁的来访者脸上没有表情，他在体会到高兴的时候就立刻用"这没有意义"的想法打断自己。单从这种行为本身来看，不能解释来访者这么做的价值。可是当我们将这种行为联系到其家庭环境，看到在这个整体的关系网中，来访者恣意表达开心常常就会受到惩罚，我们就能明白，压抑积极情绪体验其实起到一种自我保护的功能。这个看似病态的负面行为与整体的家庭有关，辩证显示了来访者自救、自我保护的智慧和能力。

对立与统一是辩证的第二个基本原则，是理解现实并非凝固的铁板一块，而是充满了内在的对立力量（infernal opposing force），这些力量的冲突与整合又诞生新的内在对立。辩证的本质甚至可以理解为：任何一个主张本身包含与自己相矛盾的反向主张。中国的太极图完美诠释了这个辩证观点：黑与白不仅是对立统一的两种内在力量，其中，黑中蕴含一个小白点，而白中蕴含一个小黑点，它们是相对抗的力量，又在自己的本身里暗含着对方。用这种辩证思维来看待儿童的心理发育，就能更好地理解伴随成长过程的自我分化和自我认同（self-differentiation and self-identification）——当父母看到的只是逆反的时候，就无法看到逆反里面包含着主动与父母认同的需求。分化与认同如果能够好好整合，一个新的独立完整的人格就如春笋破土而出。

变化与维持建立在这两个基本原则上的第三个基本原则，万事万物的本质乃是变化和过程，而非实际内容或架构。有形的心理病理只是表象，其本质则是塑造与推动病理性行为的过程变化关系。无论是自伤还是暴怒，无论是过度控制还是消极拖延，都是"过程"中的一个环节，不看整体而只想解决孤立的环节只会是徒劳。比如一位因遭遇婚姻危机而崩溃的来访者，只看到自己的配偶似乎冷漠无情，决心已定。这位来访者不断地愤怒指责对方怎么可以如此无情。在其眼中，配偶的"无情"是病理，是需要被"治疗矫正"的部分，只要修理了

这部分，婚姻就可以继续。可是这部分实际只是两个人关系行为链（behavior chain）的最后一环。这位来访者对配偶的反应——暴怒指责，才是他们关系过程中更实质的东西。这显示出，两人关系的变化可能是在不断互相指责与攻击中发展的，两人的反应模式比实际反应的内容重要得多。

通过讨论这三个辩证的基本原则，治疗师的工作方向也呼之欲出：不在于维持某种稳固的秩序，因为稳固的秩序是不存在的，它是薛定谔猫，永远在稳定与不稳定之间保持动态平衡。治疗师的工作是帮助来访者对变化更加适应、灵活。与此同时，治疗师既要帮助来访者增加灵活性，还要看到灵活的极端也会是一种不灵活（过度的逆来顺受什么都能适应）和僵化。这就是 DBT 的哲学核心，美丽而智慧的思辨。这对治疗师的要求是非常高的，也是治疗中非常难的部分。

DBT 在治疗 BPD 患者时，治疗过程非常缓慢，需要治疗师和患者始终坚持治疗，坚定信念，但即使如此，治疗师在治疗过程中也会遇到很多的挑战和困难，可能在治疗过程中感觉到非常大的耗竭感，所以需要治疗团队的支持。但即使治疗师及治疗团队非常完美地使用了 DBT，治疗也可能失败。这是治疗师和患者都必须接纳的部分。

针对 BPD 患者的 NSSI、自杀行为的干预是非常考验治疗师的，也是很困难的部分。治疗师不仅需要及时处理患者和治疗师双方妨碍治疗的行为，不断寻求辩证统一，维持治疗关系，激发治疗动机，坚持治疗，还需要很好地对患者的自杀行为干预实施清晰的、步骤化的管理。

二、DBT 相关量表介绍

在运用 DBT 进行临床工作的过程中，为了更好地客观评估患者的状况和治疗效果，本书简单介绍几个主要的量化评估工具，具体量表全文和计分方法见附录3～5，供大家参考使用。

（一）DBT 应对方式量表

DBT 应对方式量表（DBT-DCCL）由林内翰等

编制，是用于评估使用 DBT 技能应对应激问题的量表，由技能使用应对分量表、一般功能失调应对分量表和指责他人因素应对分量表组成，共 59 个条目，采用 0～3 四级评分，计算各分量表均分及总均分，该量表信效度良好。

（二）正念注意觉知量表

正念注意觉知量表（Mindful Attention Awareness Scale，MAAS）是由 Brown 等编制的基于"当前的注意和觉知"和"概念的正念水平进行测量"的量表，涉及日常生活中个体的觉知、情绪、生理等方面，共 15 个条目，采用 1～6 六级评分，计算总分，得分越高，正念觉知水平越好。中文版 MAAS 符合心理测量质量控制指标要求，适合在国内使用。

（三）情绪调节困难量表

情绪调节困难量表（Difficulty in Emotion Regulation Scale，DERS）由 Gratz 等编制，有情绪知觉、情绪理解、情绪反应的接受、情绪冲动的控制、目标指向性行为的激发和情绪调节策略 6 个维度，共 36 个条目，采用 1～5 五级评分，得分越高表明情绪调节越困难。该量表在一项中国人群中的初步测试表明，所有项目在对应维度上的载荷值均大于 0.4，验证性因素分析的结果显示 6 因子测量模型与实际数据拟合，信效度良好。

三、特殊问题的专项技术

因本书将在第三章重点介绍 NSSI 行为的 DBT，此部分仅介绍几个也适用于 DBT 的临床问题。

（一）DBT 主要应用于 BPD 与自杀

林内翰认为，BPD 患者试图调节情绪的行为都是情绪失调后的自然反应。在治疗 BPD 患者的过程中，要遵循辩证法的基本原则以及治疗所需的承诺，选择合理的治疗模式和技能训练，力求达到预期的治疗目标，实现 DBT 的功能，例如停止自杀自伤的行为。由于 BPD 患者的自杀风险极高，因此在治疗过程中，针对 BPD 患者自杀行为的干预非常频繁，而且尤为重要。

DBT 对自杀行为的干预实施步骤化的管理，首先，治疗师分别评估患者急迫和长期性的自杀风险，遵循治疗自杀行为的总体指南。DBT 主张实事求是地、开放地谈论自杀，避免对自杀行为进行贬义解释，因为自杀对治疗师而言是需要解决的问题，而对来访者而言，是一种解决问题的方式；同时，DBT 强调治疗师不能独自治疗有自杀倾向的人，也不需要对患者的自杀行为负责。其次，治疗师在治疗过程中要求患者遵循危机协议、自杀行为协议及住院协议。最后，治疗师再确定治疗方案。

链锁分析是行为治疗过程中常用的一种手段。它以经典条件反射和操作性条件反射为理论基础，构建一条由前因变量引起行为，进而得到某个结果，并能无限延伸的事件链。通过链锁分析，我们可以获得必要的信息，找出哪些事件导致了某个特定行为的发生，找到问题所在及其障碍和资源。将自杀作为问题行为进行链锁分析，可得到一条详细的，包含诱发事件、脆弱因素等要素在内的行为链，通过切断链形中的任一环节来阻止自杀的发生。在链锁分析中，情绪、认知都被视为问题行为，故链锁分析适用于分析任何一种行为、情绪和认知。

（二）进食障碍

由于 DBT 针对情绪失调和冲动控制问题的理论基础和干预手段，在很早就被应用于暴饮暴食的群体，这也是以情绪失调为核心症状之一的障碍。当患者启动了暴食，就像关闭了觉察一样，常常感知不到食物的气味、味道，感知不到进食的感觉。这和 DBT 的基础——正念完全相抵触，暴食是不正念的。暴食后的后悔自责和羞耻又是患者对自己和暴食行为的巨大负面评判。

就像一个人的身体无法同时做到紧张和放松，患有暴饮暴食的人也不能同时暴食和正念进食。正念进食是针对暴食行为的 DBT 干预手段。教会患者正念进食，例如，使用经典的正念练习——正念吃葡萄干，让患者体验并记录练习的感受。让患者在每次吃东西时都练习正念进食，那理论上他就不会再暴食。这样的练习还可以在没有压力的时候，从对患者来说不那么有诱惑力的食物开始，使患者逐渐对正念进食建立起肌肉记忆。这样，正念进食能使患者对自身行为的觉察跟上实际行动，更容易连接到自己的智慧心，从而避免暴食。临床实践发现，想象正念进食有时能对患者有所助益。

另一项针对暴饮暴食患者有用的 DBT 技能是使用心理意象来保持对冲动的觉察——冲动冲浪。它也是一种正念的形式。任何强烈的欲望都不会永远持续，研究显示通常强烈的欲望 20 分钟左右就会过去。想象暴食的冲动像是大海的波浪一样，自己站在冲浪板上，逐波骑浪，随着冲动的力量起起伏伏，试图让自己停留在波浪顶端，而不是被其淹没，直至平静。这个技巧能帮助个体从冲动中分离出来，有时间去思考发生了什么，意识到他即便体验到冲动也可以不采取行动。通过不断地这样训练大脑，就能逐渐削弱原来冲动和行动之间的联系，从而放弃旧模式，采取替代的新行为。和正念进食一样，从容易入手的对象开始练习也很重要。当然，这对于患者来说很不容易，但在不断练习后，他们会发现这些技能的有效性。

和暴饮暴食不一样，神经性厌食患者不是无法控制进食的冲动，而是通过抑制冲动来实现自己想要瘦的长期目标过于强烈，是以过度控制为特征的。最开始 DBT 确实在神经性厌食上没有发现很好的循证支持，需要寻找合适的干预靶点，对厌食的病理机制有更独特的概念化才可以进行干预。有人研究了过度控制的表现和特点，并据此开发了新的技能训练模块——全然开放，通过该模块对其进行干预，取得了一定的临床效果。

（三）物质依赖

林内翰为各种成瘾行为发展了专门的痛苦耐受技术，当患者无法停止严重的上瘾行为时，治疗师可以把能减轻成瘾行为的基本技能加入到治疗中。这一组技能有七个：辩证戒瘾（dialectical abstinence）、清澈心（clear mind）、社区强化（community reinforcement）、斩断牵连（burning bridges）、重建新世界（building new ones）、替代性反叛（alternative rebellion）、适应性否认（adaptive denial）。

无论是化学物质直接刺激，还是通过个人体验获得，大脑接收到奖赏时就有陷入强迫重复的风险。一旦成瘾，实施成瘾行为的冲动会加剧，哪怕带来的愉悦感降低，这时候强化成瘾行为更多的是从强烈的不愉快的冲动中解脱。和常用的绝对禁欲来戒断不一样，DBT 把辩证观纳入进来，不需要患者在绝对禁欲与预防复发、减少伤害之间进行抉择，而是要综合这两者，寻找之间的平衡：以预防复发为取向，一方面，即便在很短的时间内，坚持在使用物质或实施成瘾行为之前，做到完全禁欲；另一方面，每次复发哪怕非常轻微，也强调彻底接纳、不评判，快速减害，回到禁欲。以往，患者在打破禁欲承诺之后，会感到内疚、羞耻、失控，再次承诺往往很困难。DBT 通过建立一种认知上的策略，同时去做这两件看起来矛盾对立的事情，承诺完全戒除和接纳再犯的行为，最终通过拼凑可管理的时间来实现完全戒除。

当然，计划戒瘾和重新建构可以强化戒瘾的环境，这也是 DBT 的重要策略。人的意志力不可能是完美的，所以需要用戒断的强化物来替代成瘾的强化物。帮助患者创造与成瘾无关的影像、嗅觉，是重建新世界的重要方式之一。冲动冲浪技巧也适合用于戒瘾。

有时候成瘾行为还有其他的功能，例如叛逆，这些功能使得放弃成瘾变得更为复杂。寻找替代性叛逆行为来取代成瘾行为，也是可以教授的技能。这个技能其实是建立在正念有效地做的基础上的，帮助成员看到并寻找如何有效地叛逆，对于尤其是处于青少年期的患者尤为重要。

（四）PTSD

DBT 按照患者的障碍程度分为四个治疗阶段，第一阶段是要先干预患者危及生命、严重干扰治疗或生活质量的行为以及严重的技能缺陷，第二阶段才是 PTSD 等其他心理障碍的处理。在患者有 PTSD 的时候，通常是标准门诊 DBT 加上 PTSD-DBT 的应对步骤，并联合其他治疗 PTSD 的方法，例如延长暴露治疗。DBT-ST 并不使用整套暴露治疗程序，但却能与暴露治疗有效地结合，并且在技能训练时零散地使用暴露治疗。

例如在延长暴露治疗之前,患者需要训练呼吸为暴露做准备,有一些 DBT 的技能也有类似的功能。针对解离症状的 DBT 技能就是如此,解离也是 PTSD 常见的症状,例如,通过强烈的嗅觉或触觉刺激来应对解离;解离时踩在平衡板上努力保持平衡,也能帮助患者从解离状态中快速恢复。这些方法都能让患者更好地忍受强烈的痛苦,从而更有效地实施暴露治疗。

(五)双相障碍

双相障碍也常表现出情绪上的失调,临床上常与 BPD 共病,它有时候容易被误诊,尤其是青少年时期发病不久的双相障碍、Ⅱ型和快速循环型。传统 CBT 针对双相障碍的干预是认识疾病、了解症状,学习应对疾病症状是主要手段。对于双相障碍来说,接纳疾病,适应新的社会角色是康复路上的难题。在这个层面上,DBT 本身具有的辩证观、正念基础和灵性视角,可以更好地帮助患者和家属适应疾病的困扰。很多 DBT 技能可用于双相障碍患者理解和应对自己的情绪失调,也能观察到一定的效果。但目前来说,研究仍相对较少,有个别研究认为双相障碍的 DBT 需要比 BPD 更久的治疗时间,如 2 年。对于双相障碍的 DBT,确实有待更多临床工作的经验积累和研究的展开。

四、DBT 与经典认知行为治疗的区别

DBT,尤其是 DBT-ST 采用了很多经典的认知与行为治疗策略。但 DBT 也加入了很多新的治疗要素,是传统 CBT 较少注意的,内容如下:①辩证法的纳入是 DBT 与经典 CBT 的核心区别,DBT 在理论基础、治疗策略和预后评估等方面都强调辩证过程,尤其强调接纳与改变的平衡;②DBT 吸纳多种东方哲学思想和理念,如正念、中庸等,纳入正念作为核心技能,不仅将正念作为治疗师的实践,还将其作为患者的核心技能进行教授;③DBT 强调监测和干预干扰治疗行为,主张对患者和治疗师双方的干扰治疗行为都进行链锁分析和干预;

④DBT 比经典 CBT 更加重视治疗关系,认为治疗师的自我暴露成为治疗不可或缺的组成部分;⑤DBT 强调治疗师团队和彼此互相支持的作用,将治疗团队会谈视为不可或缺的部分;⑥DBT 重视治疗所处的阶段,并根据严重性与威胁程度来选择要改变的行为;⑦DBT 纳入特定的自杀风险评估管理规则;⑧DBT 纳入其他实证治疗方法的行为技能;⑨DBT 通过日志卡聚焦于持续评估多重结果;⑩CBT 对某些高情感反应、高度敏感和高冲动性的患者缺乏有效方法,DBT 专门针对这类患者发展了相应的方法和技术,是对 CBT 大家族的有力补充。所有这些改进都为 DBT 能够适用于 BPD、NSSI、PTSD、进食障碍等临床棘手问题,提供了更大的可能性。

五、DBT 中的正念与普通意义的正念的区别

总的来说,DBT 中的正念与普通意义的正念(以卡巴金正念减压治疗的正念为代表),具有很大的相似性:①均来自禅宗,去除了宗教意义,保留了技术核心;②定义基本一致,其内涵为不带评判地关注当下,不执著于经验、想法和感受;③今后的发展均将正念首先扩展到慈悲,其次扩展到智慧。

两者关键的区别在于练习方法和如何教授正念:①DBT 是以技能训练为基础的正念练习,通过是什么和如何做技能进行练习,这是 DBT 的独特之处;②在 DBT 的正念训练中,智慧心的加入是非常特殊和极其有价值的,这是基于林内翰博士自己在禅修中练习正念的经验;③治疗团队会谈中的正念练习和对治疗师的支持,也是 DBT 特别强调的方面。

六、DBT 的评价与展望

DBT 是一种对多种精神障碍和普通人群的心理健康水平都普遍有效的治疗方法,尤其适用于临

床棘手问题，在当前国内外心理治疗领域具有不可或缺的重要地位，已经在全世界范围内广泛使用，并做出了积极贡献。

自从被创立以来，DBT 一直处在动态变化中，在实践中被反复修改以应用于更广泛的心理障碍和治疗情境，于是出现了不同的 DBT 版本以及 DBT 和其他疗法的融合。DBT 治疗模块的弹性也让我们能够不断地把新的处理技术及策略整合进基本的治疗框架中，以取代某些相比较不那么有效的策略。因此，随着时间的推进，DBT 的效用将随着研究范围的扩展而进一步改进。我们相信 DBT 这项综合性治疗未来可以在精神科临床和心理治疗领域具有更广泛的改进和应用。

DBT-ST 也正逐渐成为一种独立的治疗。近年来，许多机构由于没有足够的资源，无法提供完整的 DBT，因此只能提供 DBT-ST 干预或课程。越来越多的研究显示，只提供 DBT-ST 对许多情况也非常有效。相信不久的将来，DBT-ST 在国内也可以广泛地应用于希望提升情绪管理、改善人际关系的非临床人群。

未来需要重视对各种改编版本的研究，包括如下内容。首先，未来需要设计更加严谨的 RCT 疗效研究和机制研究，来确证各种改编版本的疗效，探讨其起效的环境和条件。其次，未来应更加注重 DBT 和其他疗法融合的研究。比如，DBT 和暴露治疗相结合来治疗那些同时具有 BPD 和 PTSD 的人群。这些混合疗法的效果以及适用于哪些人群还需要更多 RCT 的实证证据。最后，未来还要注重 DBT 在传统应用领域之外的疗效研究。由于它创立时针对的是以情绪调节异常为核心的问题，所以理论上，和情绪调节有关的大量临床问题和非临床问题都有可能通过 DBT 来解决。比如，在临床领域，深化开放式 DBT（radically open DBT，RO-DBT）被用来治疗过度控制情感的相关障碍。在非临床领域，DBT 也可以用来改善父母对孩子的教养方式。

需要特别提出的是，DBT 及其他第三代 CBT 均从东方文化中汲取心理治疗理念和方法，DBT 也是极力整合了东西方的文化渊源，但其创立者、研究人员大都为西方人士，治疗手段和技能方法也基本传承以西方文化为背景的西方现代心理治疗科学，故在我国患者中的疗效验证、具体方法技术根据我国文化环境的改良发展等本土化进程，仍需较长时间的摸索。

DBT 在国内传播时间较短，经验丰富、资质过硬的 DBT 治疗师、督导师和培训师极少。未来需进一步提高 DBT 相关学会组织的专业推动能力，大力开展 DBT 的连续培训与督导，在各大专业领域会议上搭建平台、增加会议交流及科普宣传，促进各地建立 DBT 治疗团队，推动 DBT 在各领域的规范应用，进而推动 DBT 在我国的积极发展，最终惠及国内患者。同时积极开展国际交流，在国际 DBT 舞台发挥中国力量。

（刘光亚　范丹慧　王　纯）

第三章

NSSI 行为的 DBT：治疗实践与临床研究

NSSI 行为目前已成为世界范围内重要的精神卫生问题，在国际上主要以心理治疗为主，DBT 具有最多的支持证据。本章将首先介绍 DBT 治疗 NSSI 的现状，尤其介绍当前 DBT 改善 NSSI 的研究现状、疗效与相关因素的研究，以及笔者所在团队的研究结果。其次在第二章的基础上，本章将具体讲解 NSSI 的 DBT（DBT for NSSI，NSSI-DBT）的团队组成、治疗设置、治疗流程、治疗模块，以及督导设置；依托案例呈现 NSSI-DBT 的评估诊断、方案设计、个体治疗、团体 DBT-ST、家庭治疗和电话危机干预的实施与技术要点。最后，在 NSSI-DBT 的特殊说明中，本章将介绍 DBT 的优势、独特之处，并对 NSSI-DBT 实施过程中的注意事项、特殊要求，以及治疗困难情境的处理建议、青少年 NSSI-DBT 的特殊要求展开论述。

第一节　NSSI 行为的 DBT：现状与疗效

一、现状概述

林内翰研发的 DBT 最初主要用于具有慢性自我伤害行为的 BPD 患者，后来被证明对 NSSI 有效。DBT 认为，BPD 患者的功能性失调行为是其在与无效环境的相互作用过程中产生的一种为了解决负性情绪的不良适应方式，如自杀行为和 NSSI 行为等。随着对 DBT 治疗 NSSI 行为研究的增多，DBT 治疗 NSSI 的疗效具有普遍的肯定证据，DBT 越来越多地被用于治疗 NSSI 行为。目前 DBT 是 NSSI 证据最多的治疗方法。

DBT 由 5 种治疗形式协同进行：DBT-ST、个体心理治疗、电话或电子邮件辅导、家庭治疗、治疗团队会谈。其中，DBT-ST 一般是每周开展 1 次的 10～12 人的团体心理治疗。在每周的团体心理治疗过程中，治疗师以 DBT 的治疗哲学与理论为基础，聚焦于患者的情绪及其功能失调的模式，教导并训练团体成员的技能以期改善成员与生活问题相关的行为、情绪、思考及人际模式。

二、循证证据

目前文献中检索到的 DBT 改善 NSSI 行为的研究大都以 DBT-ST 为主，虽然治疗的次数有所不同，但治疗流程一般都是由经典 DBT 改编而成的，内容均为 DBT 四大治疗模块的不同组合。这一方面说明 DBT-ST 在整个 DBT 干预中的核心地位，包含 DBT 核心理念的四大治疗模块；另一方面也是因为团体的形式便于研究。

2015 年，林内翰等进行的单盲 RCT 研究探讨了 DBT 治疗 BPD 伴发的 NSSI 的有效性，以及其各个模块成分的有效性。该研究将 DBT 干预分为

DBT-ST 加病例管理（DBT-S）、DBT 个体心理治疗加团体活动（DBT-I，这里团体活动作为对照组，无 DBT-ST 成分）以及标准 DBT（包括 DBT-ST 和个体治疗）3 种治疗设置。99 例女性 BPD 患者被纳入该研究，平均年龄为 30 岁，她们在过去 5 年中至少有过 2 次 SA 和/或 NSSI 行为，在筛查前 8 周内有过 1 次 NSSI 行为或 SA，以及在过去 1 年中有过 1 次 SA。参与者被随机分配到 3 个治疗组，干预由治疗师或病例管理者在大学附属医疗机构和社区进行，为期 1 年，其后随访 1 年。以 SA 和 NSSI 行为的频率和严重程度作为疗效指标，对疗效进行盲法评估。研究发现，所有治疗设置都可以改善 NSSI、SA、SI、因自杀使用危机服务的频率和严重程度等。与 DBT-I 组相比，包含 DBT-ST 的干预措施明显降低了 NSSI 行为的频率，并有效改善了抑郁症状，同时标准 DBT 组的脱落率、使用危机服务和住院的概率更低。该研究证实了技能训练在 DBT 中具有重要位置，但如果有条件开展完整的 DBT，其依从性和疗效更有优势。

　　研究普遍证实，DBT-ST 治疗 NSSI 行为不仅疗效显著，而且长期维持效果较好。2017 年，Mcmian 在一项为期 20 周的短程 DBT-ST 研究中，将 84 名主要以女性为主的具有 NSSI 行为的 BPD 患者随机分到两组，一组接受 DBT-ST+常规治疗（treatment as usual，TAU），另一组只接受 TAU 而不加以 DBT 干预。研究表明，DBT+TAU 确实有效地减少了患者 NSSI 行为的发生率。2018 年，Krantz 和 Mcmian 等专门针对 NSSI 行为的 DBT 干预研究结果表明，DBT-ST 组相较于只接受精神科药物处置的等待治疗组，有效地降低了患者 NSSI 行为的发生率，并在 3 个月后的随访保持了疗效。与长时间的其他心理干预相比较，短期 DBT-ST 也可以减少 NSSI 行为，并可将临床 BPD 患者在治疗中常见的 50%～80%的脱落率降低到 30%，这一比例显著低于支持性团体组治疗（support group therapy，SGT）对照组的脱落率，但在 NSSI 行为的发生率上，DBT-ST 组与 SGT 组并无显著差异。

　　青少年是 NSSI 行为的主体人群，DBT-ST 减少

患者 NSSI 行为的发生也适用于青少年。2018 年，Berk 等在一项为期 25 周的青少年干预研究中，对干预前后进行了对比，并发现受试者的自杀行为、自杀意念以及 NSSI 行为的发生率明显减少，并且在 1 年的随访期内这一改善趋势仍然保持着。这与之前在挪威等地的有关 DBT 治疗青少年的研究结果一致。2020 年，Santamarina-Perez 等开展了一项 RCT 研究，验证了 DBT-A 对高自杀风险的青少年人群的自杀和 NSSI 行为的疗效，该研究纳入了 35 例来自社区门诊部的青少年患者，他们过去 12 个月内存在反复出现的 NSSI 或伴有 SA。参与者被随机分入 DBT-A 组和 TAU 组。经过 16 周干预后，DBT-A 组在减少 NSSI、使用抗精神病药物和改善儿童大体评定量表评分方面更有效。在治疗结束时，两组均没有报告有 SA 发生。

　　DBT-ST 适用于多种疾病或人格障碍造成的 NSSI 行为，两项对 PTSD 合并 BPD 的研究，可对此佐证。系统综述也表明，对患有 BPD、SI 和合并抑郁症、双相障碍、进食障碍和攻击性、冲动行为的青少年来说，DBT 是一种很有前途的治疗方法，接受 DBT 时的住院频率较低。

　　一项针对精神专科有 NSSI 行为的住院患者进行 DBT 的研究发现，除了改善 NSSI 行为外，DBT 还在以下方面显示出优势：①针对医护人员表现出攻击性的时间减少；②针对医护人员的攻击事件的发生减少；③住院期间的约束次数减少；④不合群的情况好转；⑤住院天数减少；⑥出院后 30 天内再次住院的次数减少；⑦在减轻抑郁症状方面更为有效，抑郁量表评分显著下降。

　　另一些研究证明了 DBT 具有脱落率更低、依从性更好的优势。也有研究证实，接受 DBT 的患者在精神药物的花费上明显下降。仅使用 DBT-ST 的研究也证实了，成本更低、更容易推广的团体方式也具有明确疗效。其他有关 DBT 可改善 NSSI 行为的研究还有 Mehlum 等、Fleischhaker 等、James 等、Rathus 和 Miller、Woodberry 和 Popenoe 等的研究，以及我们 2019 年开始的全国多中心 DBT-ST 研究。

我们的研究

　　在 2019 年全国多中心非自杀性自伤行为的流行现状、发病机制和辩证行为治疗干预研究中，15 个中心里有 11 个中心加入了 DBT 干预研究，干预组的内容包括 1 次的个体心理治疗（治疗前访谈）、13 周的 DBT-ST（改编自 Soler 等在 2005 年发表的 13 周的版本）、紧急危机干预热线和每周 1 次的团体督导。入组对象主要为符合 DSM-5 的 NSSI-D 患者。根据入组标准和排除标准，招募 NSSI-D 受试者随机分入 DBT-ST 组和社会支持性团队心理治疗（social support group therapy，SSGT）组（对照组），SSGT 组的治疗流程、形式、治疗师与 DBT-ST 组保持一致，但无任何流派的心理干预，仅为治疗师带领下的患者团体讨论。最终 DBT-ST 组纳入 96 人，SSGT 组 91 人，在 13 周结束后，DBT-ST 组 66 人，SSGT 组 62 人，两组脱落率无明显差异。

　　在 13 周治疗后，两组患者的 NSSI 想法和行为，抑郁、双相障碍症状，均较治疗前有所减轻，但仅 DBT-ST 组改善了患者的边缘症状，并且 DBT-ST 组受试者在 NSSI 行为、述情障碍、情绪调节困难、心理复原力（坚韧性维度）、冲动性、认知情绪（积极重新评价维度）、情绪智力、积极的应对方式（解决问题维度）以及 DBT 应对方式（技能使用维度）的改善上均优于 SSGT 组。

　　在治疗 1 年后进行了随访，发现 DBT-ST 组和 SSGT 组的自伤想法和行为、自杀意念和行为，均得到了改善。DBT-ST 组在 NSSI 行为改善上仍显著优于 SSGT 组，不仅改善速度更快，而且改善程度也更大。

　　为更具特异性地比较 DBT-ST 及 SSGT 的疗效，我们将磁共振影像数据的体素特征构建成一个特征矩阵，用机器学习模型的训练和测试，搭建 NSSI 疗效预测网络，将 DBT-ST 组及 SSGT 组的影像数据分别构建深度学习网络，进行神经网络预测，结果发现相较于 SSGT 组，DBT-ST 组患者的 NSSI 想法和行为、SI、SA、双相障碍症状、边缘症状降低均显著优于 SSGT 组，这提示 DBT-ST 组在这些方面疗效明确。

三、相关因素

　　目前 DBT 对 NSSI 行为的疗效已经有较多证据，但较少研究探索 DBT 治疗 NSSI 的基本条件、起效机制，以及治疗的影响因素和疗效预测因素。

（一）DBT 治疗 NSSI 的基本条件

　　DBT 能够达到相应效果需要有两个基本条件：高质量的 DBT 治疗联盟和来访者对治疗师的依从性。从治疗师的角度来看，以非评判和认可的态度站在 NSSI 来访者的角度考虑，有助于获得来访者的配合，促进高质量的 DBT 治疗联盟的形成，这种关系大大提高了来访者的依从性。

　　研究表明，与未接受技能培训的 DBT 治疗师相比，接受技能培训的 DBT 治疗师在改善来访者 NSSI 方面更加胜任。当治疗师处于流动或缺乏培训的状态时，可持续性和有效性存在潜在风险；同时，治疗联盟不稳定，来访者依从性低，即使采用 DBT，SA 和 NSSI 行为也显著增多。而当经过规范 DBT 培训的治疗师稳定、治疗联盟稳固时，来访者报告在治疗过程中和 1 年随访期间，在自我肯定、自爱、自我保护以及较少的自我攻击方面均有重大改善。他们认为治疗师自信，且具有保护性，继而报告的 NSSI 次数更少。因此，DBT 治疗师的胜任力是治疗起效的基础。

（二）DBT 治疗 NSSI 的起效机制研究

　　DBT 治疗 NSSI 的心理学起效机制研究主要集中在 DBT 的四大模块技能上。Neacsiu 等对 108 名伴有 NSSI 行为的 BPD 患者进行了为期 1 年的 DBT，结果表明接受 DBT 的患者在治疗结束时使用的技能是对照组的 3 倍。中介效应也表明，DBT 技能使用的增加部分地介导了随着治疗时间的推移无 NSSI 发作的可能性的增加。Stein 等的一项研究表明，习得并使用 DBT 四个技能的患者其 BPD 症状显著轻于对照组。McMain 等的研究也有一致的结果，参与 DBT 的患者在学习应对技能方面也表现出了更大的进步，在 NSSI 行为方面表现出卓越的改善效果，这种效果在出院后也持续存在。

　　一些研究单独探索了正念在 NSSI 改善中的作用。Krantz 等首次直接测试了 89 名有 NSSI 行为的

DBT 患者接受为期 20 周 DBT-ST 前后正念的四个不同维度（观察、描述、有意识的行动、无判断的接受）与 NSSI 频率之间的关系，并发现正念技能的习得对 NSSI 有改善效果，并且在正念的不同维度中，加强无判断的接受技能可能是 DBT 针对 NSSI 的最有效途径，患者认为接受导向技能比改变导向技能更有帮助。Krantz 等认为，接受所有的体验，而不是通过 NSSI 这样的行为逃避，同时不加评判可以减少负面体验，如羞愧，进而减少 NSSI 的频率。Bentley 等的研究同样表明，短暂的正念情绪意识和认知再评价干预可以减少 NSSI 的冲动和行为。

Muhomba 对有严重精神问题（自杀、自伤和药物使用等）的学生进行了 7～10 周的超短程 DBT-ST 训练，此训练仅包括正念和痛苦耐受技能，在治疗后，所有学生在情绪调节和功能性应对方面的得分均显著提高。该研究首次表明，仅进行正念和痛苦耐受的针对性技能训练也可以产生有益的结果。

（三）DBT 治疗 NSSI 的预测因素和影响因素

Adrian 等对 DBT 的预测因素进行了研究，对 173 名有 NSSI 行为的青少年进行了 RCT 研究，其中实验组采用 DBT，对照组参与个体/团体支持治疗。结果表明，在进行 DBT 后实验组的 NSSI 改善率更高，NSSI 既往史、家庭冲突和外化问题是 NSSI 的显著治疗反应预测因子，NSSI 史越多、家庭冲突程度越高、外化问题越多的青少年，从治疗前到治疗后 NSSI 行为频率降低越多。同时，患者父母的精神状况以及青少年和父母的情绪调节水平也是影响治疗结果的重要因素，情绪失调程度较高的青少年和父母对 DBT 的反应更好，这表明对于情绪失调程度较高的家庭要优先考虑 DBT。

我们的研究

在多中心研究中，我们对 DBT-ST 改善 NSSI 起效的心理路径进行了中介分析，发现 DBT-ST 治疗可以通过对四大技能，改善患者的情绪调节困难和述情障碍，进而改善边缘症状，最终减少 NSSI 行为。

我们的研究并未得到单独正念技能对 NSSI 行为减少的中介作用，但发现了正念的提升与自杀和抑郁改善相关。这至少提示仅仅使用正念技能并不能稳定地达到四大技能共同使用对 NSSI 改善的效果。

我们发现，对于 DBT-ST 减少 NSSI 的影响因素中，不是独生子女的 NSSI 患者比是独生子女的效果好，我们推测这可能是因为，当前国内 NSSI 患者的部分心理因素可能与同胞竞争有关，DBT 对这方面问题的处理（如链锁分析、新技能使用等）可帮助改善这方面的家庭关系，进而更容易改善 NSSI，而独生子女的 NSSI 问题可能更多来自相反的因素，如父母过度控制，而不是忽视，因此我们未纳入 DBT 家庭治疗成分，这部分因素改善有限。同样，我们发现，与父亲关系和睦的比与父亲关系不和睦的效果好，这也可能源自家庭治疗的缺少，未能更好地改善亲子关系，帮助患者获得父亲更多的认可。这提示在完整的 DBT 中，家庭治疗有重要价值，尤其针对青少年 NSSI 患者更有价值。

我们的研究还探索了 DBT 干预的影像学机制，发现前中扣带回可能是 DBT 作用的关键脑区，与 NSSI 的改善相关，并且前扣带回与躯体感觉/运动区之间脑信息联络较好的患者更容易从 DBT 中获益。另外，我们也发现，NSSI 的减少伴随着一些敏感基因的甲基化改变和肠道微生物的改变。

（王　纯　范丹慧　龙　鲸　梁旻璐）

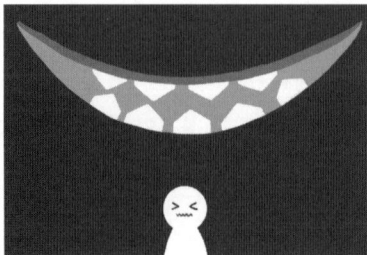

第二节　NSSI 行为的 DBT：模型与内容

一、NSSI 情绪失调的心理病理学模型及 DBT 干预策略

（一）NSSI 情绪失调的心理病理学模型

结合我们在国内的研究结果和临床经验，在行为理论和生物社会理论的框架下，总结提出了 NSSI 情绪失调的心理病理学模型，以期能更好地理解 NSSI 行为，指导进行针对性 DBT 干预，见图 3-1。

NSSI 情绪失调的心理病理学模型内容如下。

第一，易感过程（predisposing）：NSSI 患者通常存在一定的生物易感性，主要表现为冲动特质、成瘾素质和高敏感性，这样的孩子从小就需要家庭更多的照顾、理解和关注，更容易出现各种各样的心理状况。如果这种高的需求未能得到社会环境尤其家庭的高满足，甚至是情感或身体忽视、情感或身体虐待，或者持续处在高压、高控制的环境下，常会导致患者出现情绪调节困难，即情绪失调，这些环境被称为不认可的环境。NSSI 患者的情绪失调主要表现为边缘型人格特质（情绪反应敏感、自我认知不稳定、害怕被抛弃等表现）、消极的自我概念（不被爱、被抛弃、无价值等）和述情障碍（情绪识别和表达困难）。不认可的环境与生物易感性之间在长期成长过程中，存在不断的交互作用。生物易感性、不认可的环境和情绪调节困难都是 NSSI 行为发生的易感因素。

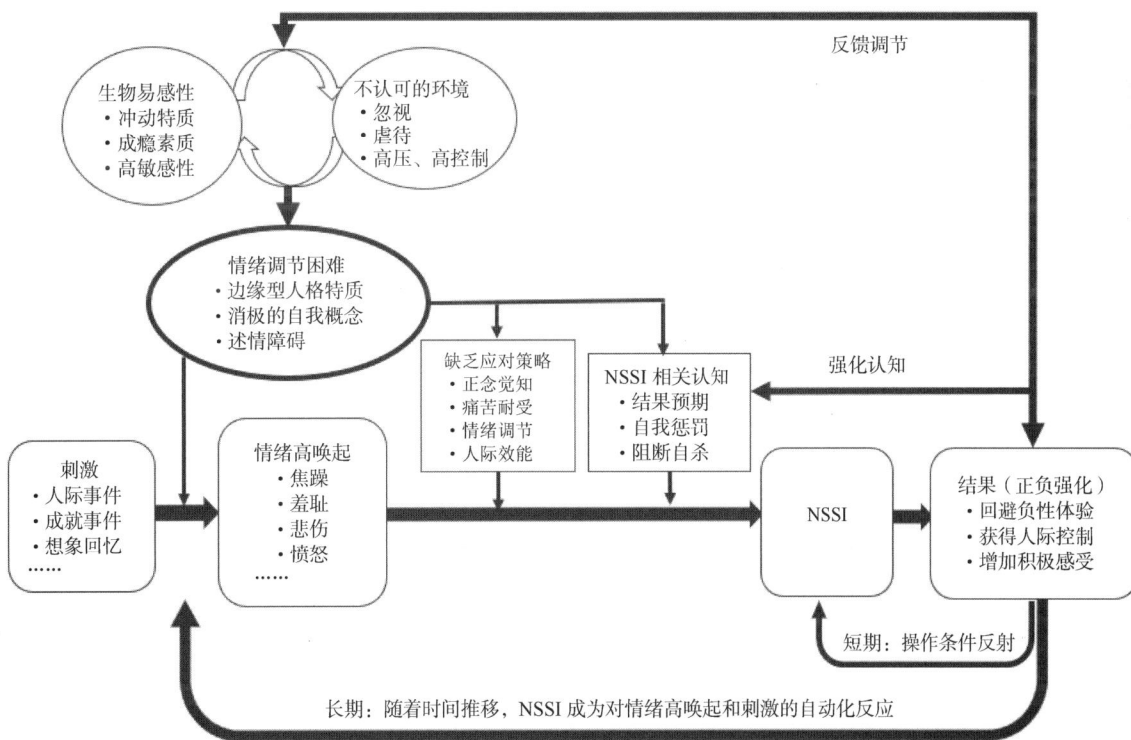

图 3-1　NSSI 情绪失调的心理病理学模型

第二，诱发过程（precipitating process）：一个具有情绪调节困难的人，在情境刺激或内在刺激下，会引发个体的情绪高唤起，通常是多种负性情绪，有时也会是单一负性情绪，高强度和持久的体验，伴随正性情绪唤起不足。同时该个体又缺乏有效的应对策略，如正念觉知能力、痛苦耐受能力、情绪调节能力等，这时如果再加上对 NSSI 存在肯定性的认知，例如认为 NSSI 行为可以让自己冷静下来，或者认为应该通过 NSSI 行为来惩罚自己，甚至觉得 NSSI 行为可以象征性地实施自杀以阻止真正的自杀实施，都会导致 NSSI 行为的发生。这个过程是 NSSI 行为发生的诱发过程，刺激事件是诱发因素。

第三，维持过程（perpetuating）：根据行为功能分析，NSSI 行为能够被持续实施，一定具有某些功能，正如 DSM-5 中 NSSI-D 的诊断标准 B 所指出的，其主要的预期功能包括三项：①回避负性体验；②获得人际控制；③增加积极感受。这些行为的结果作为强化因素，在短期内通过操作性条件反射导致了行为的反复发生，同时也强化了对 NSSI 行为的肯定性认知。随着时间的推移，NSSI 成为对情绪高唤起和刺激的自动化反应，让患者陷入情绪调节的恶性循环中。这些行为的功能及自动化过程成为 NSSI 的维持因素。

第四，循环过程（periodic process）：同时，行为结果的发生也会与不认可的环境产生相互作用（如 NSSI 人际控制作用和不认可的环境之间的人际互动，使得原本所处的不认可的环境变得更加冲突和无效），甚至可以影响生物易感性的可塑性发展（例如 NSSI 行为导致的负性情绪减少和正性情绪增加，加速了患者的成瘾机制的生物学进展，具有较强成瘾素质的患者也更容易依赖 NSSI 行为而无法自拔），行为结果与不认可的环境和生物易感性的交互作用，在 NSSI 的病程中存在反馈调节的双向作用，形成 NSSI 患者人格发展的恶性循环。

以上 NSSI 情绪失调的心理病理学模型是生物社会论、行为主义理论、情绪失调理论和心理病理学 3P 模型在 NSSI 概念化中的具体体现，从情绪失调形成的纵向分析，到刺激反应过程的水平分析，详细解析了 NSSI 患者情绪调节和人格发展的两个恶性循环。

（二）基于 NSSI 情绪失调的心理病理学模型的 DBT 干预策略

NSSI-DBT 中的各个模块和技能有效地针对上述因素和机制进行干预。图 3-2 显示的是基于 NSSI 情绪失调的心理病理学模型的 DBT 干预策略，当然这只能显示部分 DBT 干预成分，DBT 是基于辩证观的开放性治疗方案的组合，其整体治疗模式和认可与问题解决的态度，在整个过程中均具有治疗作用。

针对生物易感性，除了恰当的药物干预，DBT 的技能训练也能促进对情绪易感性的管理，当然也可以在 DBT 的框架中纳入针对性的行为训练，进行特定生物易感因素的管理。

对于 NSSI 个体来说，尤其是尚未独立、需要父母照顾的青少年，干预其所处的不认可的环境是极为重要的，因此针对父母或其他主要养育者的 DBT-ST 或家庭治疗通常是不可缺少的。正念等基础技能可以帮助养育者增加自我觉察，学习放下对孩子的评判。中庸之道技能模块通过教授养育者辩证、认可、增加行为和减少行为的策略等技能，极大地改善亲子养育的互动。另外，青少年情绪失调很可能还与其在学校的经历有关。在这个阶段的青少年更需要，也更重视来自同伴和社会关系的影响，遭受歧视、不理解、孤立、霸凌往往直接使青少年陷入极端痛苦的情绪中。这也极大地提高了他们应对人际冲突或隔阂技能的要求，以及所需支持的力度，但短期内他们显然无力提高这些技能，也很难独立面对。因此，养育者要尽力影响青少年所处的社会环境，为其提供支持。在这方面缺乏技能和意识的父母，则非常需要相应的心理教育和人际技能训练。家庭干预中的链锁分析能帮助养育者理解患者和自己的问题，双链锁分析更能展现问题的交互作用模式。同时，这是帮助患者和家属识别行为强化物的重要环节，将极大地促进患者和家属有意识地强化适应性行为、减少不想要的行为，打破 NSSI 调节情绪和环境的恶性循环。有时候，需要训练的人不是家长，可能是教师或养育者。有时候，需要部分或彻底改变环境，认可环境才能达到积极效果。

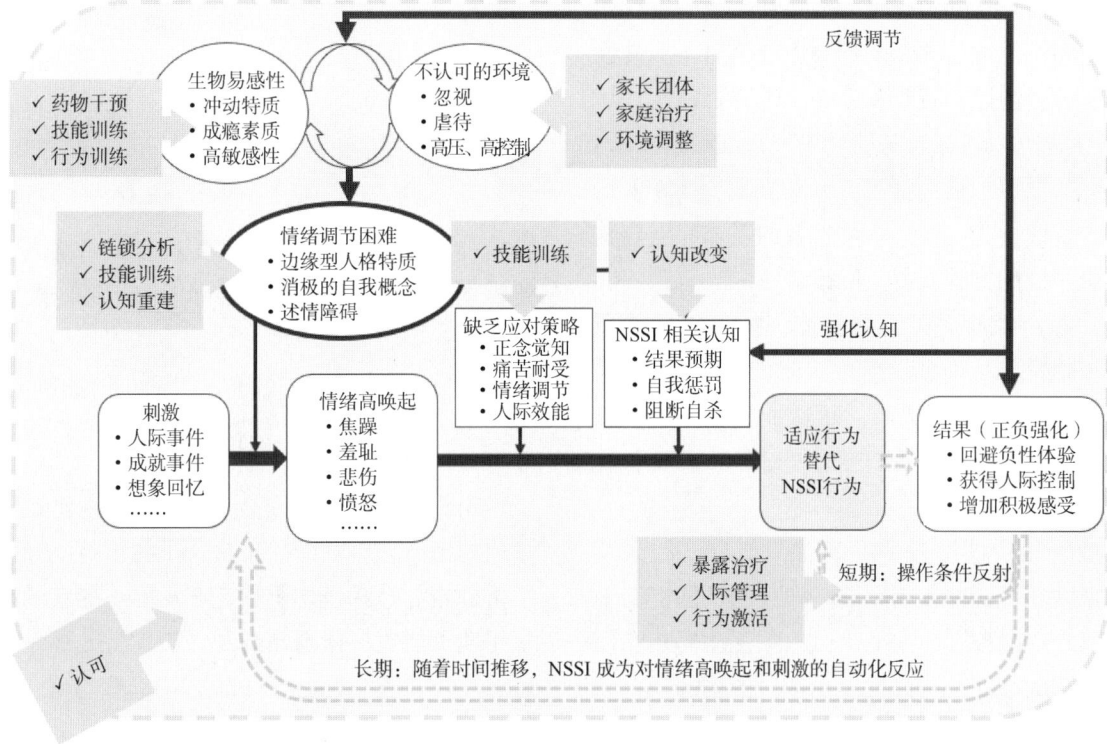

图 3-2　基于 NSSI 情绪失调的心理病理学模型的 DBT 干预策略

DBT 是针对情绪失调建立起来的心理治疗方法，链锁分析会帮助患者理解 NSSI 等问题行为背后的情绪失调本质，以及 NSSI 出现的前因与后果。DBT-ST 里的多项技能均可改善患者的情绪失调。情绪调节技能对情绪的命名可以帮助存在述情障碍的个体获得改善，长期将相反行为、问题解决以及人际技能等融入生活，则可以改善有边缘型人格特质患者的情绪和行为。正念技能中的观察、描述、不评判地做等能直接增加个体对于内在体验和外在情境的觉察，提高言语描述的客观性和准确性，识别和放下对自己、对他人或环境的负面评价。有时为了改变消极的自我概念，需要在 DBT-ST 的基础上纳入认知改变的成分进行系统性改变。

缺乏情绪调节的应对策略是 NSSI 最重要的影响因素，DBT-ST 是针对性的措施。直接教授 NSSI 患者痛苦耐受和情绪调节的技能，将打破患者采取 NSSI 来快速回避痛苦的应对策略，发展出替代行为来更适应性地调节负性情绪，或者有意识地增加正性情绪体验，以弥补正性情绪唤起不足。这些都是应对情绪高唤起的替代性方法，技能行为替代 NSSI 行为，可以直接减少 NSSI 行为的发生。

通常，同 NSSI 患者讨论其对 NSSI 的认知也是有必要的，对 NSSI 的肯定性认知可以直接导致 NSSI 行为的发生。如果患者对 NSSI 的认知有更大的灵活性和更积极的选择性，能够更加正念、辩证和开阔地看待自己所处的环境和选择，很多时候可以直接停止 NSSI 行为的发生。因此，认知改变有时甚至会出现立竿见影的效果。

持续去除正性和负性的强化物，打破操作性条件反射，才能使 NSSI 的自动化反应逐渐消退。暴露治疗、人际管理、行为激活等方法都是 DBT 中重要的问题解决程序。这些程序的元素已经转化到 DBT 的技能中，同时，这些程序也可以作为单独的干预方案。例如，情绪调节技能中的相反行为就是从暴露治疗衍生而来的，帮助患者暴露在情绪唤起的情境中，而不采用 NSSI 行为等回避策略。类似的衍生还有全然接纳、对想法或情绪保持正念等。对于创伤引发的 NSSI 行为，还可以单独使用暴露治疗进行干预。

人际管理是对 NSSI 行为特定的人际控制后果进行讨论和修正，通过减少人际控制后果的发生，去除强化物，从而使 NSSI 行为逐渐消退。在技能训练的开始，治疗师就要和患者讨论主要的治疗后果。治疗师针对 NSSI 行为的后果进行细致的分析，通过各种有意识地运用消退、惩罚来减少 NSSI 行为，强化替代行为，同时认可患者的需求，引导其通过健康积极的方式获得人际改善。

行为激活及相关的情绪技能训练可以帮助患者获得正性情绪，而无须通过 NSSI 这种付出巨大代价的方式来实现。行为激活可增加患者的愉悦感和掌控感，尤其对于存在抑郁症的 NSSI 患者，具有明确的效果。

教授人际技能可以帮助患者调节自己的人际环境或家庭环境，并在人际情境唤起的负性情绪中保持自尊，这能改变 NSSI 个体人际互动模式。使用调节情绪的技能行为并发展出适应的沟通模式，个体就不再需要使用 NSSI 来获得关注与关系，进而调节其所处环境的交互影响。

二、不同亚型 NSSI 的心理病理学特点及干预要点

NSSI 是一种行为，不同的 NSSI 患者具有较大的异质性。在第一章中提到，根据我们前期的研究，NSSI 行为主要存在于 BPD、抑郁症和双相障碍三种精神障碍中，这三种精神障碍都以情绪失调为主要表现。我们可以把这三种障碍的 NSSI 视为 NSSI 的主要亚型，即边缘型、抑郁型和双相型，其心理病理学特点有一定的共同性，也有各自的特点。

（一）边缘型 NSSI

BPD 以情感不稳定为主要特征，由于属于人格障碍的范畴，患者往往自比较小的年龄就表现出情绪不稳定、自我概念不稳定和人际不稳定的特点，童年期可能更多出现被忽视、被虐待的不良经历，患者往往具有"不被爱、被抛弃"的核心信念。NSSI 可能是 BPD 多个危险行为中的一个，也可能有更多人际控制的意义。

案　例

患者曾为留守儿童，从小跟爷爷奶奶长大，父母长期在外打工，初中时被父母带到城市生活，回到父母身边。生活上的不适应加上青春期叛逆，使家庭经常出现"战争"，患者的情绪敏感，父母的不理解甚至打骂，导致家庭冲突不断升级。在激烈的情绪冲突下，患者出现一系列的 BPD 表现及 NSSI 行为。

BPD 是 DBT 的经典治疗主题，做好长期工作的准备，按照 DBT 的原则和进程开展干预即可。针对边缘型 NSSI 患者，除了常规 DBT 干预以外，我们通常需要在第三阶段花较大工夫处理童年期忽视或创伤的一系列问题，处理"被抛弃"和"不被爱"的恐惧，患者在第一阶段中破坏治疗的行为也可能较多，不同患者的治疗进程会因具体情况和当前生活处境有较大差别。

（二）抑郁型 NSSI

抑郁症是以持续的心境低落、兴趣减低、体力减退为主要特征的情绪障碍，与 BPD 不同，有明确的发病期，发病前后判若两人。当前国内青少年抑郁症患者中，低动力的表现突出，具有消极的思维模式和自我概念，这与当前国内对青少年过高的学业期待和长时间的学业压力有关。患者的 NSSI 行为主要来自学业或人际受挫，他们继而产生内疚和自责，实施 NSSI 行为以达到自我惩罚的目的，常具有"我不行、无价值"的核心信念。

案　例

　　患者来自中等收入家庭。父母优秀，由于工作忙、时间少，对患者的陪伴和情感关注较少，却有较高的学业期待和严格的教育，患者也努力学习以期被认可。但在小学后半段或初中开始时，患者发现自己并不能像家长和别人期望的那样优秀，于是出现了挫败感，一开始是焦虑，后来慢慢发展为抑郁，在某次挫败事件后出现 NSSI 行为。

　　抑郁症一般不需要进行 DBT，但对抑郁型 NSSI 患者来说，DBT 技能训练对其帮助很大，而且学习起来比 BPD 患者更快，效果更稳定。第三阶段通常会将重心放在调整认知模式上，改变"无能感"的核心信念对他们尤为关键。家庭教育对帮助抑郁型 NSSI 患者发挥着非常重要的作用，父母的理解和认可、家庭整体氛围的改变，都可能为抑郁型 NSSI 患者带来突飞猛进的改变。在治疗后半段，逐渐积累更多的正性情绪，增加积极活动或运动，促进行为激活的开展，也会使患者更容易从困境中走出，重新发现和走上自己想要的人生。

（三）双相型 NSSI

　　双相障碍以情绪高涨和低落交替或混合发作为特点，核心特征是情绪的极度不稳定，主要由生物学因素导致，也受环境刺激的影响。具有 NSSI 行为的双相障碍患者通常为青少年，尤其是双相 II 型障碍或者混合发作的患者，有的也与 BPD 共病，或经常出现双相障碍和 BPD 之间的误诊。但双相障碍与抑郁症相似，有明确的发病期，而 BPD 的情绪不稳定是逐渐发展而来的。在躁狂发作状态下，患者的 NSSI 行为也表现出冲动性的行为特点。双相障碍患者在经历莫名的强烈悲伤、愤怒等淹没性的情绪体验时，常感到失控感和躁动不安，难以耐受，他们可能急于实施 NSSI 行为来帮助迅速缓解情绪张力。另外，在抑郁发作期间，他们也可能希望通过 NSSI 行为来获得快感或期望的生理反应。

案　例

　　患者从小在争吵、家暴的家庭环境中长大，父母中一方脾气特别暴躁。初中后患者发现自己越来越像那个自己讨厌的人，也动不动烦躁，控制不住脾气，常在情绪过山车中转来转去，情绪不稳定的时候不小心会伤害家人，也会伤害自己。

　　双相型 NSSI 行为的生物学强化因素较为明显，这既体现在情绪缓解的负强化，又常表现为因可以体验到愉悦而被正强化。因此，针对双相型 NSSI 患者，生物学的稳定性尤为重要，DBT 干预最好在药物调整较稳定的情况下再开始。治疗过程也会因情绪的波动和危及生命的行为而时常被中断，很多患者很难进行完整的 DBT 干预。对于双相障碍患者来说，深刻了解自己的情绪及变化规律是自我帮助的第一步，需要在建立很好的正念觉知能力后，才能减少被淹没性情绪控制，然后才可能进行痛苦耐受和情绪调节，第三阶段的情绪调节议题和第四阶段的人际恢复议题，往往都需要花更多的时间。

　　稳定心境和获得对身体甚至人生的掌控感，对双相型 NSSI 患者来说，并不是一件容易的事。

　　需要说明的是，不同亚型 NSSI 患者虽然存在不同的倾向特征，但既然出现 NSSI 行为，基本均符合 NSSI 行为情绪失调的心理病理学模型。如第一章所述，抑郁症和双相障碍中大约仅 1/10 的患者出现 NSSI 行为，可见出现 NSSI 行为的患者与不出现 NSSI 行为的患者相比，其 NSSI 相关的特殊心理病理学过程具有重要地位。不同亚型间只是模型中各组成部分的具体内容有所区别，以及不同因素之间的作用比例有所不同。例如，双相型 NSSI 的生物学因素比例相对较高，抑郁型 NSSI 的消极自我概念成分较重，边缘型 NSSI 早年的被忽视或被虐待环境可能较明显。

三、基于 NSSI 情绪失调的心理病理学模型的 DBT 干预

（一）治疗团队组建

与常规 DBT 团队类似，NSSI-DBT 治疗团队需要包括个体治疗师、团体治疗师（技能训练师）、家庭治疗师（家庭团体训练师）、危机电话接线员。与常规 DBT 团队不同的是，因为 NSSI 患者多达到精神障碍的诊断，NSSI-DBT 团队通常需要精神科医生的加入，有精神医学治疗方案的制定和实施（或建议）。以上每个角色至少 1～2 人。有条件的团队还可以设立个案管理员对患者进行一对一沟通管理，以及临床药师对药物治疗给出更加专业精准的建议。当然，这样一个团队一般需要有一名护士或其他背景的前台接待员，担任协调组织、沟通、记录等工作。因此，这样的团体一般需要 7～15 人。

NSSI-DBT 的假设是有效的治疗，因此必须同时考量治疗团队的胜任力与经验。对于专业人员来说，无论水平多高、经验多丰富，在面对众多 NSSI 患者时，工作过程总是非常具有挑战性的，会遇到各种可能的突发事件，因此需要随时准备开展危机干预，此外，也经常会出现需要超越经典 DBT 内容的治疗干预，如创伤治疗、进食管理、精神病性症状管理等，这使得整个团队持续存在于高压下，对团体提出了很高的要求，所以治疗团队会谈的支持和定期的督导必不可少。从这个角度来说，治疗团队最好能在团队内部有自己的 DBT 督导师和 CBT 督导师，可以更便捷、紧密地接受督导。

同时，因为 NSSI 患者多达到精神障碍的诊断，并且存在自杀等严重问题的风险，所以最好在精神科专业机构里开展治疗：一方面，这符合精神障碍诊疗资质的要求；另一方面，这样也能够给 NSSI 患者提供各种需要的相关医疗处置，如药物处置、突发问题的急诊处置、住院转诊等。

（二）NSSI-DBT 治疗阶段的注意事项

第一，治疗前阶段（承诺与认同阶段）：针对 NSSI 的治疗前阶段除了要建立关系、介绍 DBT、进行知情同意、签署不自杀协议并获得承诺之外，帮助患者理解 NSSI 的病理模型也很重要。认可患者采取 NSSI 行为是应对情绪失调一种强而有效的策略，对很多 NSSI 个体来说很关键。部分患者在这个阶段并不认同要改变 NSSI 行为，尤其是有成瘾倾向的青少年。因此，治疗师在这一阶段让患者能辩证地理解干预 NSSI 的意义，激发动机投入治疗，将极大地帮助后续治疗，如团体技能训练的开展。

第二，治疗阶段 1（行为严重失调阶段）：在这个阶段，首要任务就是要处理威胁生命的行为。直接干预 NSSI 行为的工作主要集中在这个阶段，也是这个阶段的一大挑战。DBT 自杀应对步骤和危机方案是这个阶段必须要率先开展的工作。教授技能是主要工作内容之一。容易被忽略的是在这个阶段要尽可能全面地识别和发现患者的 NSSI 以及破坏治疗的行为。需要最先学习正念和痛苦耐受技能，首先患者要能在实施 NSSI 行为前停下来，有意识地去思考什么才是更智慧的解决之道。治疗师要及早地协助患者找到他自己适用的 NSSI 替代行为，在情绪强烈唤起时塑造适应性的行为才是真正的解决之道。同时，患者也需要对痛苦耐受技能有正确的认识，它仅仅是帮助度过情绪危机时刻的"救生圈"，而不是真正解决现实问题的方法。因此，治疗师在这个阶段也需要对患者使用技能作为回避现实的策略有所了解。在这个阶段，干扰治疗的行为，例如不做作业、拒绝参加团体等是最典型的。尤其在团体技能训练刚开始的时候，例如刚开始学习正念，没有立刻理解正念如何帮助自己，不仅患者本人容易违反承诺，焦虑的养育者也可能难以耐受。因此在个体治疗或团体技能训练的初期，治疗师尤其不能忽略导向策略，而且要尽可能地用简单直白、贴合患者情况的话语做指导。不忽视患者不依从治疗的行为，在其明显破坏技能训练的时候，治疗师要立即坚定而有力地予以回应。

第三，治疗阶段 2（沉默的绝望阶段）：NSSI

个体在这个阶段会面对个人议题，常常需要聚焦于过往的创伤经历。治疗师在这个阶段需要和患者合作，发展出个性化的治疗方案。如果重要他人或父母也参加技能训练，并因此有所改变，改善与患者的关系，为患者提供支持，同时能更好地维持边界，那么患者的改善往往也会更加迅速。在这个过程中，不同亚型的 NSSI 会有不同的干预主题，例如，边缘型在这个阶段常常遇到的难题是一旦涉及创伤体验，患者情绪反应过于强烈，难以耐受暴露治疗等干预；抑郁型在这个阶段可以针对消极的自我概念进行系统的认知干预，通过认知概念化和认知改变帮助患者理解自己、提高自尊；双相型一般需要更久的时间（1 年或更久）对自己的情绪进行理解和调节，以及对双相障碍带来的认知功能下降和人生改变进行个人议题的讨论和处理。治疗师对于辩证的理解和应用，以及不同沟通策略的灵活使用也会经常受到考验。

第四，治疗阶段 3（不完全失调阶段）：这个阶段患者通常已经掌握了一定技能，情绪失调得到改善，帮助患者获得正常快感、增强自尊、提高耐受批评的能力，逐渐自我实现是这个阶段的议题。

第五，治疗阶段 4（半完成阶段）：NSSI 患者常常会面临一个议题，如何更好地面对自伤带来的破坏，包括身体伤痕或不可恢复的伤害、难以修复的关系、较差的社会角色形象等。在这个阶段，需要治疗师和家人提供大量的认可和支持，帮助患者克服病耻感和不完整感，增加自我的接纳和认可。在这个阶段的治疗还需要大量聚焦在鼓励患者做符合自己价值观的事情，寻找并建立值得活的人生，以帮助他们维持快乐，实现自我。

（三）NSSI-DBT 整体治疗模式的注意事项

NSSI-DBT 的整体治疗依然遵循 DBT 的基本理念。和标准 DBT 略有不同的是，接受 NSSI-DBT 的患者可能有多种疾病诊断和共病，因此 NSSI-DBT 在更个性化的整体治疗方案里的地位，是需要治疗师仔细思考并评估的。

1. NSSI-DBT 个体治疗　针对 NSSI 的个体治疗遵从 DBT 的大原则。个体治疗师与 NSSI 患者的工作在整个治疗团队里是最深入的，通过链锁分析

进行概念化、探寻和讨论深层心理问题、进行个人议题的深入干预，都是个体治疗的重要内容。

需要注意的是，对于日志卡的使用在 NSSI 的治疗中要更为细致。患者要详细记录，尤其是出现 NSSI 行为时，保持接纳和开放对于患者能真实记录、不隐瞒至关重要。治疗师在梳理一周困难情境的时候要对可能存在的隐性或轻微的 NSSI 保持警觉，同时保持辩证的平衡，强化患者在改善道路上的每一点进步。

治疗师也需要对 NSSI 行为的反复保持预期，很有可能在学习到后半程的时候，患者还会再次出现 NSSI。面对这样的情况，很多治疗师容易感到气馁，但这其实是非常好的机会能再次进行细致的链锁分析，加深理解，强化患者改变。

2. NSSI-DBT-ST　DBT-ST 是 DBT 技能训练的主体，通过技能训练才能增加 NSSI 患者的正念觉知能力、痛苦耐受能力、情绪调节能力和人际沟通能力，才能改善 NSSI 心理病理学中核心的情绪失调，在遇到刺激情境后才有能力改变 NSSI 诱发过程。每个技能训练团体大约 10 人，跨度可在 6～15 人，由两位治疗师带领。

关于 NSSI-DBT-ST 团体的患者年龄组合，因多为青少年或青年早期人群，在临床中常分成两个年龄段的团体，一个是青少年团体，年龄范围为 13～18 岁；一个是成人团体，年龄范围为 19～45 岁。如果同时组团的患者较多，能够按照更窄的年龄段进行分组最好，如初中年龄段、高中年龄段、大学年龄段团体。

关于技能训练的次数，最好能每个技能训练 6～8 次，共计 24～32 次。相比较而言，人际效能技能和情绪调节技能需要更久的时间，所以也可以是接纳技能每个模块 6 次，改变技能每个模块 8 次，共计 28 次。根据林内翰的建议，最好能每位患者参加两轮技能训练，即 48（24+24）次或 56（28+28）次，才能真正掌握技能要点并运用到生活中去。边缘型 NSSI 和双相型 NSSI 患者可能需要更久，如 96（48+48）次。由于我国目前 DBT 治疗资源的极度匮乏、社会节奏快，无论是医疗方还是患者方，都很难完成 24 次或 48 次的干预。我们在临床中常规使用的是 16 次的干预

方案，也建议患者参加两轮训练，但大部分患者只参加一轮。

同时，我国很多 DBT 团队由于医疗资源限制，很难提供完整模式的标准 DBT，即不提供或很少提供个体治疗、家庭治疗，仅仅提供 DBT-ST。本书第四章重点介绍的 13 次 NSSI-DBT-ST 手册，即是最简化版的范本，因此在使用本书的时候，也可以根据实际情况，适当增加每个模块的次数，以达到更好的效果。

如果仅仅使用团体技能训练作为干预手段，团体治疗师往往会面临更大的压力，团体内容和进程可能要承担更多的功能。根据我们的经验，如果没有个体治疗师的协助，那很有必要在团体中教授和示范链锁分析。这样才能更好地帮助患者和家属理解 NSSI 的机制。所以如果存在严重自杀企图或明显攻击性的患者，不推荐将其直接纳入仅有技能训练的干预模式团体。

团体治疗师不能让成员自由地在团体中讨论自己的问题、分享细节，这是 DBT-ST 的界限之一。面对 NSSI 行为和危机行为，团体治疗师还会有更多的压力，如果团体成员谈论详细的 NSSI 体验，尤其在青少年群体中，容易相互模仿。标准 DBT 模式里，深入探讨 NSSI 的体验和预期可以在个体治疗中进行，DBT-ST 团体要聚焦于教授方法和探讨如何用学到的技能应对危机。但如果只有团体技能训练，对于患者不能很好地使用技能减少 NSSI 行为，团体治疗师需要在有限的治疗资源（包括时间）里，给予一定程度的准确反馈和处理。团体治疗师在这里要对自己的角色和界限同样保持辩证的敏感。

处理 NSSI-DBT-ST 可能还会面临的挑战是团体成员在团体过程中体验到强烈的负性情绪唤起，忍不住要实施 NSSI 行为。团体治疗师要尽可能避免这种行为在团体成员面前发生，必要时团体的副治疗师可以带该成员离开团体，进行短暂的 NSSI 危机指导干预，但不能对该成员有任何程度的不认可，更不能惩罚该成员，同时最终鼓励该成员回到并继续留在 DBT-ST 团体中。这同样需要辩证的平衡，在这时凸显出副治疗师的重要性。干预 NSSI 的 DBT-ST 一定要由两位团体治疗师完成。

3. NSSI-DBT 的家庭干预 NSSI 很多时候在家庭成员互动之后发生，针对 NSSI 的家庭治疗非常需要呈现关于 NSSI 的家庭链锁分析。这是在 NSSI-DBT 家庭干预中常用的一个技术——双链分析（double chain analysis）。通过双链分析，可以清晰地看到引发人际负性后果或者 NSSI 行为的人际交互影响是如何发生的，以及双方在认知、情绪、行为等层面是如何逐步升级冲突的。这样的分析可以清晰地帮助家庭成员增加理解，并让家庭成员知道如何更好地应用所学到的技能管理前因和后果。对于 NSSI 的家庭治疗师来说，要深入掌握行为理论，能非常熟练地应用双链分析技术，并且能在处理 NSSI 这样高张力的问题行为时，保持辩证平衡和立场中立，同时认可所有家庭成员，并鼓励他们探索改变的策略。

DBT 家庭干预包括至少三种不同的形式：单个家庭的 DBT 家庭治疗，DBT 多家庭团体，DBT-ST 家长团体。DST-ST 家长团体与 DST 多家庭团体的区别在于，多家庭团体包括患者本人，家长团体不包括患者本人，只是不同家庭的家长参加。我们的经验是，无论哪种形式，如果 NSSI 患者是青少年，尽可能同时进行 DBT 家庭干预。根据实际情况，这三种形式都可以选择使用。在南京医科大学附属脑科医院心理健康中心，我们通常的做法是，青少年 DBT-ST 团体与他们的家长团体在不同的团体治疗室同时进行，主题进度大体一致。这样的设置最大限度地帮助家庭和患者在生活中一起改变。

对于家长来说，在 DBT-ST 家长团体中了解自己的人格、特质以及对家庭环境的影响是基础任务之一。这将促使家长能从更广的系统角度理解患者的 NSSI 行为和问题。这本身往往能缓解很多家长的焦虑和自责，同时让他们更愿意支持患者。有些家长本身可能就有类似的情绪调节问题，因此学习技能对家长自身往往很有效。我们往往在团体中推荐家长先把技能用于自己的日常生活，先从自己或者和伴侣的互动开始，有了实践的体验后，再探索如何与孩子互动。在家庭中，家长这样做也会成为孩子的榜样，形成示范，增加更高质量的亲子互动。

4. NSSI-DBT 的治疗团队会谈 治疗团队会谈对于 NSSI 工作十分必要。鉴于 NSSI 患者有较多危险行为和情绪不稳，在治疗过程中常出现破坏治疗的行为和各种危险情况，治疗师之间保持信息沟通的一致性和共同探讨以达成清晰理解，能够更高效地帮助患者。好的治疗团队可能会在治疗团队会谈中对每个存在 NSSI 行为的患者进行简单但清晰的概念化，并把观察到的 NSSI 迹象在会谈中及时交流，以保持不同治疗模式之间的信息通畅一致。有时候，不同治疗模式的治疗师对于患者的 NSSI 或者破坏治疗的行为有不一致的理解，这更需要在会议上进行讨论，澄清观点，形成一致的干预方案。

治疗团队会谈也可能包括医学处置的转介和药物调整的建议。同时，因为治疗师经常会面临 NSSI 反复发生的情况，尤其是当这种行为在治疗师和团体成员面前发生，治疗师可能会因此感到无能与耗竭，因此，治疗师之间的互相支持也大有裨益。

5. NSSI-DBT 的危机干预电话　NSSI 患者通常会成为 DBT 团体危机干预电话的主体人群，DBT 危机干预电话指导的主要服务人群是有自杀和自伤倾向的人群。因此每个参加 DBT 系统治疗的 NSSI 患者在入团体前都会接受危机干预电话的号码告知和使用宣教。需要特别注意的是，NSSI 行为与自杀危机干预的一个明显区别是，NSSI 行为更具有人际控制作用，危机电话接线员要非常清楚 NSSI 的行为功能分析，在危机指导中具有明确的干预思路，警惕患者把电话求助作为寻求人际关注的方式，但同时又以认可的方式进行快速讨论。电话指导仅仅是帮助 NSSI 患者能够采用在 DBT 中学习到的技能来应对情绪高唤起，减少 NSSI 行为的实施，如果患者已经实施了 NSSI 行为，则不属于危机干预电话指导的功能范围。

四、NSSI-DBT-ST 家长团体方案

虽然在临床中我们通常使用的是 16 次或 24 次 DBT-ST 家长团体，为了与本书 13 周的 NSSI-DBT-ST 患者手册相匹配，下面提供一个 13 周的

NSSI-DBT-ST 家长团体方案。相应内容可以根据临床资源和设置进行调整，如果团体有准备阶段，那么有部分工作可以调整到团体前的准备阶段做。

13 周的 NSSI-DBT-ST 家长团体方案

第一周：我的孩子怎么了？

团体内容：建立团体规则，了解 DBT，初步理解辩证观和行为理论，澄清家长参加团体的目标，区分青少年的典型行为和需要担心的问题行为，从生物社会论的视角来理解孩子为何会出现情绪失调和 NSSI 行为。如果时间充足，还可以进一步讨论父母在面对孩子的问题时，在养育过程中遇到了哪些辩证的困境，进一步帮助父母理解辩证的观点。

需要和所有成员一起讨论并明确团体的目的和规则，并建立关系。如果只有团体技能训练可以实施，无法提供完整模式的其他治疗形式，那在第一周需要花一些时间明确父母对于团体的期待，把期待转化成可以实现的治疗目标。要帮助父母了解团体的设置和所涵盖的内容，初步理解 DBT 中的辩证观和行为理论。如果在患者入团体前有较为充分的准备阶段，那么可以把这些工作放到准备阶段的会谈里完成。

家长往往只看到孩子的问题，因此容易陷入焦虑和自责之中。团体能帮助他们意识到并非所有的问题行为都那么严重，理解在青少年阶段真正需要担心的问题是什么。家长需要做的是对问题行为"抓大放小"。这样的讨论往往会缓解他们的压力，给他们灌注希望感，并激发他们的治疗动机。

在第一次团体工作中，对 NSSI 形成与维持的机制进行心理教育是开展后续工作的基础。通过纳入生物社会论和行为理论的心理教育和讨论，很多父母能开始从更多元、更广大、更系统的视角来看待孩子的问题。这部分工作需要给予父母大量的支持和认可，引导他们辩证地看待自己可能有过的无效回应，以降低他们的自责和愧疚感，进而帮助他们增强信心，更好地成为孩子改变的助力。

第一次团体工作结束后提供阅读材料，要求父母回去后要了解伴侣对于养育的不同观点和态

度，以促进他们坦诚开放地讨论，并且练习使用辩证观。

第二周：什么是问题行为以及它是如何发生的？

团体内容： 问题行为的链锁分析和 NSSI 情绪失调的心理病理学模型解读。

第二周开始可以完全依照团体的结构化进程来操作，例如开始时有一个简短的正念练习，并反馈上次布置的任务。

在 13 周的家长方案里也纳入了行为的链锁分析，这将帮助家长进一步理解孩子的问题行为是如何发生并维持的，了解什么是易感因素和后果管理。如果在团体中现场要求家长举例有一定的困难，我们还可以用提前拟好的小故事作为范例，将范例发到家长手上，家长可以跟着范例一步一步学习如何分析行为，并讨论可以做什么样的改变。我们会简要介绍行为结果如何强化行为的发生，以帮助父母理解 NSSI 的形成机制，从而更好地为后续的技能训练奠定基础。

课后任务是尝试对问题行为进行链锁分析，父母在练习的时候最好从自己的问题行为开始分析，如果一上来就分析孩子的问题行为，往往对于分析的理解不够深入。

第三周：正念是什么与如何做？

团体内容： 正念的基本概念与观察、描述、参与、不评判地做、专一地做。

这一周进入正念技能的教授。对父母而言，观察、描述和不评判地做是最需要清楚理解的技能。很多父母对孩子的观察不够客观，对自己的想法和评判的觉察不足，在沟通交流中，描述也往往体现为概括、评判、以偏概全等特点。这些往往是引发亲子冲突的原因，但当父母对此没有觉察的时候，只会感到困惑又无助。因此，在团体中采用尽可能丰富且生动的方式帮助父母理解，常常能激发他们的深刻领悟。

第四周：如何找到智慧的答案？

团体内容： 教授正念技能——有效地做和智慧心。

这一周继续教授正念"怎么做"中的有效地做，帮助父母了解智慧心的概念，并尝试在团体中通过

询问智慧心来找寻答案。正念是后续所有技能的基础，因此课后任务是要提供大量练习的资源，帮助父母在现实生活中使用正念，累积对正念的体验和洞察。

第五周：如何立即停止问题行为？

团体内容： 辨认危机情境，教授 STOP 技能、TIP 技能来管理极端激情激发。

很多父母在面对孩子的 NSSI 行为时感到束手无措，不知道如何应对，因此较早教授他们评估和识别危机情境，了解停止 NSSI 行为的方法，并讨论如何帮助和鼓励孩子使用这些技能，这能在很大程度上提高父母的掌控感和效能感。很多父母会反馈学习了 STOP 技能和 TIP 技能之后感到松了一口气，NSSI 行为确实是有方法可以应对的。

课后任务依然要鼓励父母先自己练习相应的技能，他们才能在停止自己问题行为的体验中，进一步理解孩子会遇到的困难，也能更好地帮助孩子使用技能。

第六周：如何进一步帮助孩子不伤害自己（或改变问题行为）？

团体内容： 教授痛苦耐受中的自我抚慰、通过智慧心接纳来转移注意力以及全然接纳。

父母能支持和帮助孩子建立应对情绪危机或 NSSI 行为的工具包，对于孩子应用技能很有帮助。同时，很多父母自己也深陷痛苦情绪之中，学习这些方法对他们自己就很有帮助。而且，当父母在家庭中展现出自我照顾、管理情绪的行为时，孩子也会受益匪浅。全然接纳这一技巧对于一些父母来说有独特的意义，因为要接纳孩子当前的问题是非常不容易的，很多父母从对"接纳不等于赞成""所有事情都有原因""不接纳把痛苦变成受苦"等理念的讨论中获益。团体治疗师需要对父母的痛苦有大量的认可和共情，帮助他们理解接纳可能会带来痛苦，但当他们更愿意尝试接纳现实时，也会逐渐平静。虽然这一周的主题看起来父母是协助者的角色，但实际上父母要先把这些技能用在自己身上，才是最能起效的方式。

第七周：如何对我的孩子表达理解和支持？

团体内容： 什么是认可？如何认可他人和认可

自己？

父母和孩子的目标是不一样的，父母参加团体往往是想要更好地应对孩子的 NSSI 行为，在亲子互动中能更好地沟通。很多父母非常努力想要帮助孩子，但是青春期的孩子还是常常控诉不被家长理解，这经常让父母感觉非常沮丧和困惑。因此，家长团体中更多的技能训练聚焦在人际中的中道模块。这个内容越早开始，越有利于父母改善家庭氛围，减少亲子冲突引发 NSSI 的机会。团体治疗师的示范非常关键，既要让父母清楚地了解认可该怎么说、怎么做，还要给父母体验和练习的机会。帮助父母自我认可也非常重要。团体治疗师对父母的认可，也将帮助父母模仿、学习认可，并能促进他们开始认可自己。

从这一周开始，要让父母在工作、生活、家庭中不断使用认可来表达理解，并观察互动中对方的反应。

第八周：如何增加期望中的行为？

团体内容：什么是强化与强化物？学习并讨论如何通过增加期望行为的策略——强化与行为塑造，来增加自己和孩子的期望行为。

和父母探讨如何增加期望行为，需要让他们理解行为理论，深入浅出地讲解和教授什么是强化、什么是强化物。这考验团体治疗师，越是能贴合实际的例子，越能帮助他们尽快理解。如果能和父母讨论观察到孩子的微小变化，如何给予及时的强化，常常能加快孩子改变的步伐。有的家长还反馈，把这样的策略用在伴侣和其他家人身上，有意外的收获。

团体治疗师自己也不能忘记及时强化家长的变化，这本身就是示范。副治疗师也可以刻意增加对这些变化的观察，并给予反馈。

第九周：如何减少不想要的行为？

团体内容：什么是消退、饱和与惩罚？如何通过这些策略来减少自己和孩子不想要的行为？

很多父母最开始关注的是要如何减少问题行为，特别是孩子的 NSSI 行为。过往父母可能更常使用的是惩罚，因此要让父母认识到惩罚的弊端，理解如果不能塑造出新的替代行为，要更为谨慎地使用惩罚。这些内容是复杂的，仅用一次

团体时间，往往很难让父母彻底理解。团体治疗师对父母在理解和使用这些内容时会遇到的困难要有所准备，用事先构想的生动易懂的范例、父母在现实中遇到的情境做示范，这都能有一定的效果。

第十周：如何沟通才能让孩子愿意听从？

团体内容：理解与澄清人际互动的三个目标，教授实现有效目标的技能——DEAR MAN。

这一周的主题通常是父母最感兴趣的内容之一，尤其在团体初期，很多父母纠结于孩子不听我们的话，该如何让孩子听话。有的父母在人际互动中也没有意识到有不同的目标需要平衡，所以最开始需要帮助父母对于人际的目标有更清晰的认识。因为孩子学习人际互动的一大资源是父母，对个体来说，到了青春期，同伴关系会越来越重要。他们在遇到人际困难时，其实需要更多的指导和示范。因此，家长对于人际互动的理解越清楚，越能帮助孩子学会在每一次人际互动中平衡不同的需求，增加心理弹性。

教授父母使用 DEAR MAN 技能，将直接作用于家庭中的互动，在团体中示范真实例子的沟通常常会有比较好的效果。有些家长在家校沟通中也会遇到阻碍，缺乏有效影响学校老师的技能，掌握 DEAR MAN 技能也能直接帮助这些家长。

这一周的任务是让父母回去使用 DEAR MAN 技能来向孩子提出要求和期待，建议家长先在不那么冲突或紧张的关系或情境中使用这个技能，这样他们更容易开始，也更容易获得积极的结果和体验。

第十一周：什么是情绪？该如何改变它？

团体内容：认识情绪的功能，观察、描述及命名情绪，通过相反行为改变情绪。

这一周进入情绪调节技能模块。首先要帮助父母接纳和理解情绪反应，准确描述情绪不仅是孩子需要学习的，也是父母需要进一步理解的，这能帮助他们理解孩子的情绪反应，提高共情能力。父母能更好地管理自己的情绪，尤其是愤怒的情绪，孩子也会更快地平静下来，所以父母需要对通过相反行为来改变情绪有切身的体会。这当然也能促进父母协助孩子掌握这一技能。

第十二周：如何减少孩子的情绪易感性，帮助他们调节情绪？

团体内容：减少情绪易感性，增加短期和长期的正性情绪。

在这一周，情绪调节技能将进一步帮助父母理解该如何降低孩子情绪的易感因素。父母如果能理解行为激活的原理，鼓励和强化孩子通过愉悦事件来累积正性情绪，弥补孩子正性情绪激活不足的情况，将更快帮助孩子康复。很多青春期的孩子会对未来人生目标感到迷茫，但家庭推崇的价值观可能比较单一，父母有时候会忽略在这个方向上和孩子进行探讨，因此在家庭中开启讨论这些价值观，思考应该过什么样的人生，如何建构值得过的生活，对于孩子来说有长远的意义，也会促进他们积极恢复的动机。这部分需要父母的深度参与，因此在团体中，父母有机会先作反思，并试着更辩证地看待孩子和自己的差异，对于双方都非常有意义。

第十三周：如何在孩子的人际关系问题上给予支持？

团体内容：学习人际效能技能——GIVE 与 FAST，理解青少年的人际需求，帮助孩子将人际效能技能应用到现实生活中。

人类的深层需求之一是被尊重、被欣赏。青春期的孩子往往会通过外界的评价来认识自己，在这个阶段，他们渴望尊重和自由，想要实现自我价值，会以自我为中心。他们需要在人际交往中发展自我意识，实现这些心理需求。同时，很多孩子也缺乏应对自尊、自信受挫的力量和技巧，而有边缘型人格特质的人更容易有不稳定的自我意识，缺乏相应的能力。这就需要父母能理解孩子的需要，及时共情，在发现问题时给予恰当的指导，而不是给予简单粗暴的归因或说教。所以，父母要能掌握孩子所学的技能，并结合自己的人生经验，更好地支持他们应用这些技能。

这一周也是团体的结束，因此还需要在团体中预留时间去回顾团体的历程，梳理总结，收集父母的反馈，确认改变。团体治疗师要有意识地给父母认可与祝福，欣赏并强化他们的改变，鼓励他们和孩子一起合作，积极地面对问题。

（范丹慧　王　纯　龙　鲸　张瑜敏）

第三节　NSSI 行为的 DBT：案例与分析

案　例

小美的故事

案例介绍

小美，19 岁，初次走进诊室的时候是一名大一学生。小美出生在一个城市家庭中，父亲是一名火车司机，母亲是一名工厂工人，小美没有其他兄弟姐妹。爷爷和奶奶在小美的生命中基本没有出现过，从母亲的口中得知爷爷和奶奶重男轻女，在得知小美母亲生下一个女婴后，两家基本上断绝了往来，小美也没有外公和外婆，小美母亲自幼在孤儿院长大。小美的成长过程中没有七大姑八大姨，也没有多少亲人，小美的回忆中除了母亲，还有父亲的少数回忆，再没有其他。

父亲是一名火车司机，被安排在青藏线的火车上，回家次数少，常年都在外地，她的记忆中对父亲的印象不多。母亲是忙碌的，每天忙于上班和照顾年幼的小美；母亲是不快乐的，记忆中很少见母亲灿烂的笑；母亲是严厉的，小美几乎没有被夸奖过，当小美拿着第二名的成绩单高兴地跑到母亲面前，母亲却说"你还需要努力，下次要考第一"；母亲是充满愤怒的，小美印象中总是回荡着母亲歇斯底里的对父亲的咆哮"你不爱我，你不关心我，你从来没有对我好过"；母亲也是喜怒无常的，有时候称小美为我的小宝贝，有时候又无视小美的存在，任由小美妈妈、妈妈地叫着。

在小美印象中，母亲经常酗酒和吸烟，常容易喝醉，在无数个喝醉的夜晚，谩骂着长得极像爸爸的小美"你长得很难看"。在这种成长环境中的小美比同龄人更懂事一些，她很小的时候就可以照顾好自己，她希望给母亲减轻负担，希望母亲能更喜欢自己，她显得很小心翼翼，生怕惹母亲生气；同时，她也觉得因为像爸爸自己长得难看，自己很糟糕，她隐藏着自己的情绪，对着每个人微笑，她觉得只有这样才能让别人喜欢上如此糟糕的自己。无疑小美时常感到孤独，经常不快乐，小美身上没有孩童该有的烂漫，多了很多的心灵阴霾，小小年纪就懂得了隐忍。所以小美不敢哭，不敢发怒，她怕黑，同时又喜欢黑夜，只有这个时候她才可以泪流满面。

在小美上初中后，母亲的情绪状态有所缓解，酗酒减少了，和父亲的关系也缓解了，父亲开始回家了，但是小美发现自己很难有较长时间的快乐感受，总是突然感觉到很生气，哪怕是家中母亲的声音大一些，小美也控制不住地生气，在学校中总是感觉到他人的行为让自己厌恶。这些情绪来了后，小美感觉到完全被卷进去，难以恢复到正常的平静状态。慢慢地，小美开始出现头痛、胸闷，并开始掐自己、抠自己，身上的伤痕越来越深，最后小美发现只有用美工刀片划伤自己的时候才可以让自己短暂地摆脱痛苦，让自己暂时平静下来。

在进入大学后，小美体验不到大学生活的自由及充实，感觉自己的心无处安放，她总是想通过一些方式让自己快乐起来，她渴望有一个男朋友可以让她感觉到好受点。很快小美恋爱了，起初很甜蜜，两人形影不离，但是很快小美感觉到她和男朋友之间有一种距离感，哪怕是短暂的分离也让小美感觉到自己会被抛弃，小美害怕这种被抛弃的感受，小美总是想象自己可能会随时离开，所以后来这个男孩子因无法忍受这种忽近忽远的关系而分手。在和朋友的关系中，小美也经常体验到这样的感受。有一次小美的两个朋友正在聊一个感兴趣的话题，小美感觉自己被忽视了，再一次情绪崩溃，觉得自己被孤立了。小美爆发了，她先大声地哭泣，然后歇斯底里地尖叫，很快小美用刚好在旁边的修眉刀当着这几个同学的面划着自己的左侧手臂，几个同学很快制止了小美的行为，并一起将小美送到了学校医务室，接着辅导员来到了医务室，迅速通知了小美的父母，他们随后到了学校。

　　小美回到了家中，校方让小美休息一段时间，母亲知道小美的情绪问题由来已久，之前母亲建议小美寻求心理医生的帮助，小美拒绝了，但是这一次小美无法再逃避问题，她必须到医院就诊，看看自己是否患上了精神障碍。

　　小美带着这些故事和情绪来到病房，成为一名住院患者。我们很快诊断小美是 BPD，她的母亲可能是隐藏多年的 BPD。对于这样一个困难家庭，我们需要很长的时间展开工作。处理每个孩子的问题都非常困难，更何况还有母亲的问题。幸运的是，她的母亲现在的情绪问题改善了很多，她的情绪没有之前那么剧烈。她的母亲和父亲的关系也改善了不少，母亲也很少抽烟和喝酒，逐渐意识到自己的问题影响到了孩子的成长。在小美进入青春期后母亲做了很多改变，母亲开始看见小美微笑背后的悲伤、愤怒和羞愧等情绪。小美在学校自伤导致了休学，也开始正视自己的 NSSI 问题，想要寻找方法来处理情绪。

一、评　估

（一）NSSI 史

　　（1）主诉：情绪不稳、发作性自伤 6 年，加重 1 周。

　　（2）诱因：小美的两个朋友在小美面前聊一个感兴趣的话题。

　　（3）自伤前的状况：觉得朋友孤立自己，进而伤心和生气，出现胸闷、胃痛，然后又进一步想到自己总是令人厌恶，进而感到自责、羞愧和恶心。

　　（4）自伤方法和部位：在朋友面前随手拿起修眉刀划伤自己的手臂，一下子就划了四五下，被朋友拦下。

　　（5）自伤时间表：首次出现自伤行为在 6 年前，一开始是偶尔，有一段时间较频繁，1 周 2～3 次，1 年后逐渐减少，之后在有情绪波动的时候偶有自伤，或者一段时间集中出现。近两个月与男朋友分手后自伤情况增多，1 周至少 1 次，有时好几次。

　　（6）自伤的影响：患者在自伤后羞愧和自责等负性情绪会减轻，手臂小面积划伤引起轻微的疼痛。

　　（7）社会功能：患者在上大学后因为情绪问题有时候无法正常完成所有的课程学习，有一门学科考试不及格，在人际关系上和寝室室友交往较多，但是感觉无法建立完全信任的关系，爱情和友情关系都不稳定，人际关系越来越疏离。

　　（8）内科疾病和精神疾病：患者既往体健，否认慢性疾病和用药史。

　　（9）药物使用情况：无。

（二）身体和精神状态检查

　　小美左上前臂内侧有密密麻麻瘢痕，长短不一，深浅不一，新旧不一，大部分是白色的条形，部分有红色的瘢痕，伤口有不同程度的条形结痂。发育正常，偏瘦，步态正常，衣帽整洁，神志清晰，思维反应速度正常，注意力不集中，智力及记忆力正常，定向力准确，对答切题，谈话时语量正常，语调正常，未引出幻觉、妄想，有强烈的自我伤害意愿，情绪不稳，发作性情绪低落、自责感，情感反应与周围环境协调，略显紧张、担心，意志行为略减退，自知力完整。

（三）对 NSSI 行为的评估

　　我们对小美的自伤行为进行了链锁分析，具体见图 3-3。

　　从链锁分析可以看出，小美的 NSSI 行为是有功能的，通过这种行为小美可以迅速地让自己冷静下来，羞愧感减轻。另外一个功能是小美用这种行为来惩罚自己，确认了"我总是令人厌恶"的信念，导致其无用感加深，最终人际关系更加疏离。

母亲是 BPD 患者

父亲在家少，父母关系不好

③脆弱因素

两个室友聊天，没有注意小美

②促发事件

想法：她们孤立我

情绪：伤心、生气

躯体：胃痛、胸闷

想法：我总是令人厌恶

情绪：自责、羞愧

躯体：恶心

④连接促发事件与问题行为的一连串因素

①问题行为

用修眉刀划手臂

伤心、羞愧感暂时减轻

被孤立感加深

人际关系疏离

⑤结果（近期/远期）

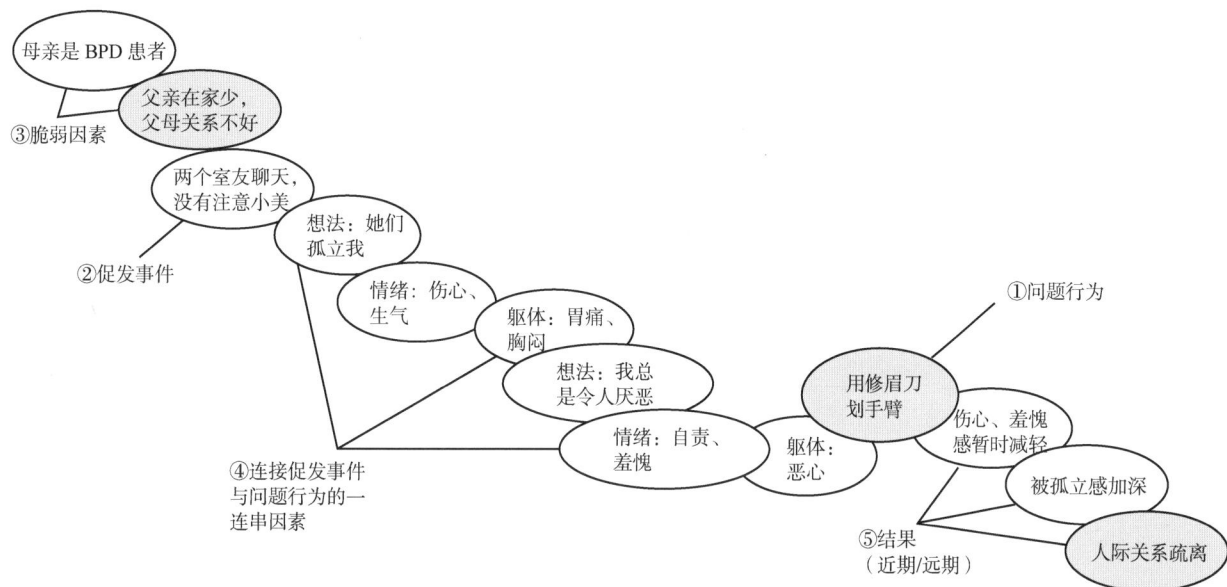

图 3-3　小美 NSSI 行为的链锁分析

（四）对自杀的评估

通过 MINI 自杀评分表，对小美的自杀风险等级进行了评估，结果显示小美的自杀评估是低风险，更多用抓自己的方式来缓解情绪，而不是以自杀为目标。有时候小美会去想自杀的问题，但是这种念头多是一闪而过的。

（五）对情绪和自我感知的评估

小美的各种情绪包括抑郁、内疚、羞愧、焦虑，也包括被深深压抑的愤怒。情绪受环境影响大，变化快、体验深，极度不稳定。

小美无疑是一个被抛弃、被忽视的孩子，所以小美从小感到孤独、悲伤、无人支持、担惊受怕，感到受排斥，小美对抛弃那样害怕，对排斥那样敏感，但是又不知道怎样去处理好亲密关系，也无法正视内心是一个需要被保护、需要被爱的孩子。

小美也是空虚的，小美无法完成自我认同，这表现为小美的几个自我：第一个自我是理想化的自我，这个自我是对于外界认同的一种伪装；第二个自我是被压抑的一部分，比如愤怒的自我，小美无法整合自己，所以经常陷入过度自恋和过度贬低的两极之中；第三个自我是空虚的自我，小美无法准确定义"我是谁""我这个人怎么样"，以及不知道"我要成为什么样的人"等。

（六）对人际关系的评估

同时，我们也评估了小美的人际关系，小美和母亲的关系看似平静，但其内心深处压抑着很多情绪。小美对于母亲有内疚、愤怒，对于自己有羞愧、自责，这导致小美在母亲面前过度讨好，这也是导致母亲对于小美情绪无觉察的原因，甚至在小美小的时候，母亲有一段时间把小美当作自己情绪的宣泄对象。幸运的是，母亲成长了，母亲现在对于自己的问题及孩子的问题有了觉察，这是治疗中最重要的资源。

小美对于自己人际关系的评价的确非常糟糕，由于小美的敏感特征，小美在关系中一方面会去敏锐地觉察他人的情绪，这导致小美会过度讨好同学，像变色龙一样，根据周围的环境来调整自己的伪装颜色，这样的结果反而让小美在关系中被忽视。另一方面，这种人际模式又让小美经常出现短暂的愤怒，小美不喜欢处于这种边缘地带的自己，经常感觉自己受到不公平的对待，但是很快小美对这种愤怒感到恐惧，进而将这种愤怒转化为羞愧指向自身。每当这时，自伤的冲动就会出现，有时可以控制，有时控制不住，小美用这种行为来让自己解脱，来惩罚自己，这样的结果又加深了"我不值得被人喜欢"的自我评价。

二、诊　　断

按照 DSM-5，小美符合 BPD 和 NSSI-D 的诊断标准。

DSM-5 BPD 的诊断要点包括：①对被抛弃的恐惧；②不稳定的人际关系；③不稳定的自我形象与空虚感；④冲动行为；⑤自伤与自杀；⑥情绪不稳定；⑦持续的空虚感；⑧强烈的、不可控制的怒气；⑨持续的疏离感。

小美从初中开始渐渐出现情绪不稳定，自我意向不稳定，人际关系不稳定，自伤行为，难以控制的愤怒，对于被抛弃的恐惧、空虚感，符合 BPD 的诊断标准。我们进一步对小美的症状进行归类：①自我感失调，自我意向不稳定、慢性空虚感；②人际关系失调，人际不稳定、被抛弃感；③情绪失调，情绪不稳定、难以控制的愤怒；④行为失调，自伤行为。

三、治 疗

在小美住院期间，对她使用抗抑郁药的同时，选择了 DBT 作为主要治疗方法。

我们明白冰冻三尺非一日之寒，小美的问题不是一朝一夕能解决的。对于小美的治疗，DBT 干预分成四个阶段。阶段 1 是针对 NSSI 行为失控，目标是严重的 NSSI 行为控制不良到行为控制。阶段 2 是针对沉默的绝望，目标是非创伤性的情绪替代沉默的绝望。阶段 3 是针对生活中的问题，目标是对生活中的问题达到一般的快乐和不快乐。阶段 4 是接纳不完整性，目标是解除不安全感，达到自由。具体干预思路见图 3-4。

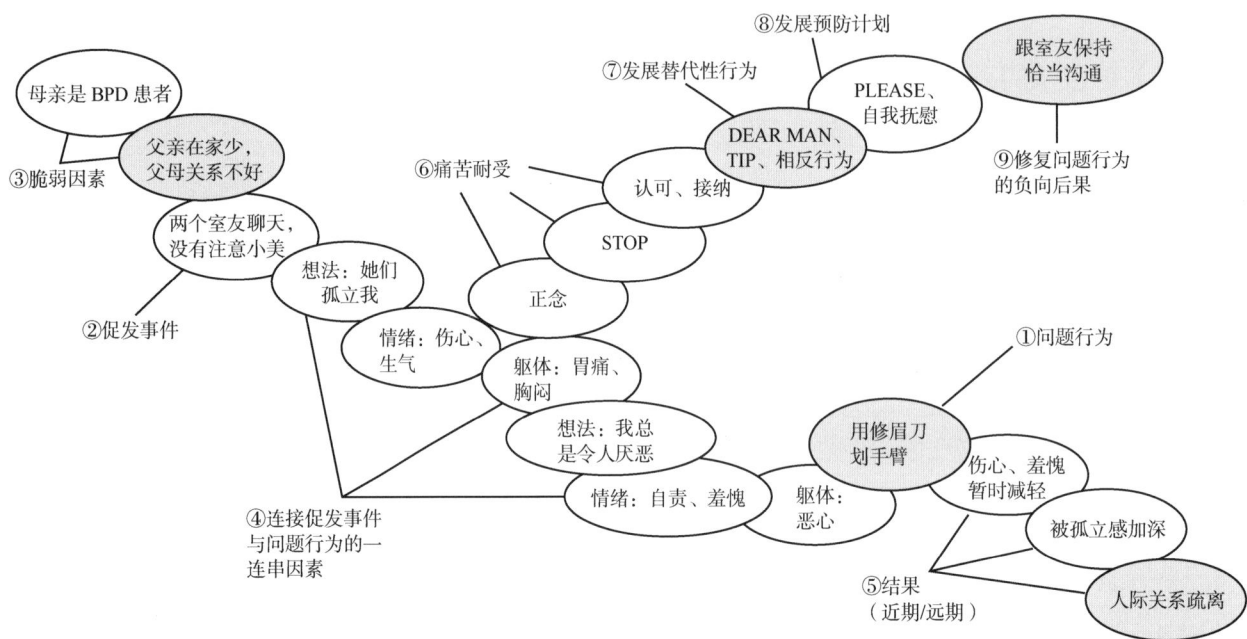

图 3-4　DBT 干预思路

治疗的方式

DBT 整体治疗模式。本案例的治疗过程具体包括治疗前访谈 2 次、个体心理治疗 15 次、DBT-ST（住院部 10 次+门诊 13 次）团体治疗、家长团体（住院部团体 2 次+门诊团体 13 次），以及提供危机电话干预指导。

小美是一个治疗动机强烈的孩子，积极参与 DBT 技能学习，小美的父母也很配合。我们对于小美的学习给予积极的反馈，指导小美将所学知识运用到日常生活中。

1. 治疗前访谈　小美的治疗前访谈由主管医生进行，包括讨论和告知病情及诊断、治疗方案讨论和设计、导入 DBT 团体治疗模块、DBT 团体治疗中个体治疗怎样和团体治疗共同工作、赋予希望、增强治疗动机、增加依从性，另外还包括签署不自杀协议、DBT 知情同意书。

2. DBT-ST 团体治疗　小美在住院期间开始了 DBT 团体治疗，所以住院的 2 周内安排了 10 次的病房 DBT 课程，在出院后参加了本书手册的 13 周 NSSI-DBT-ST，共计 23 次治疗。经典 DBT 认为，DBT-ST 的复训（再次参加一轮技能训练）对患者理解和掌握 DBT 技能很有价值。小美的治疗也安排了出院后的复训。

治疗设置：①住院期间：开放式团体，人数 6～10 人，治疗师 2 人，分为主治疗师及副治疗师。时间：每次 90～120 分钟，每天 1 次。治疗大纲：痛苦耐受 2 次，正念 2 次，人际效能 3 次，情绪调节 3 次。针对家长的团体：患者及父母健康教育 1 次，患者父母的 DBT 团体 1 次。②出院后：封闭式 13 周 NSSI-DBT 团体，人数 12 人，脱落 2 人，共 10 人完成。治疗师 2 人。时间：每次 100 分钟，每周 1 次。治疗大纲：正念 3 次，痛苦耐受 3 次，情绪调节 3 次，人际效能 4 次。小美的父母同期参加了为期 13 周的家长团体，家长团体在小美参加的 DBT-ST 团体隔壁的团体治疗室同步进行，也是由 2 名治疗师带领。

在住院两周的时间里，小美快速学习了 DBT 的主要技能，她开始找到了自己情绪发生的原因，同时也学习到了一些方法。她知道自己在情绪极度痛苦的时候可以使用 TIP 技能来处理，她知道怎么去察觉情绪及命名情绪，怎样去表达情绪及其功能，她也知道自己一直在人际关系中处于被动、委曲求全的状态，所以总是突然去放弃一些人际关系。同时她也学习到了一些正念的方法，怎样去寻找自己的智慧心，以及怎样保持正念。

尽管如此，小美感觉在团体治疗时可以部分掌握这些技能，但是在运用过程中又不知道怎么使用，原因可能是短时间内学习了多种技能，但没有通过日志卡进行练习，很多技能只是知道而已，但在实际操作时还不太会用。这种感觉就如同一个人知道了吹笛子的具体技能，但未必能吹好笛子。

出院前小美和父母对 DBT 有了很多的了解，而且小美发现 DBT 可以解决自己的问题，愿意继续参加门诊的 DBT 团体，接下来 13 周的时间小美同招募的其他 12 个孩子（最终 10 人完成）一起参加门诊为期 13 周的 NSSI-DBT-ST。

第一周：智慧心，技能训练的目标、技能训练的准则，智慧心——心的状态；

第二周：是什么（WHAT）技能，如何做（HOW）

技能；

第三周：自我抚慰技能、转移注意力技能；

第四周：接纳现实，全然接纳及转念；

第五周：我愿意，对想法正念；

第六周：了解情绪，并命名情绪；

第七周：累积正性情绪，包括短期及长期；

第八周：PLEASE 技能，建立自我掌控，照顾你的心先照顾你的身体，对当下情绪的正念；

第九周：相反行为；

第十周：人际效能的目标、干扰人际效能的因素；

第十一周：DEAR MAN 技能、GIVE 技能、FAST 技能；

第十二周：开始一段关系与结束一段关系；

第十三周：评估你的选项，结束仪式。

通过为期 3 个多月的团体治疗，小美收获很大。她之前一直害怕回忆过去，但是又忍不住回忆。在治疗过程中小美学习到了认可策略，认可曾经发生过的不好的事情，同时也认可自己的情绪，认可自己是一个情绪不稳定的人，试图摆脱只会让痛苦变本加厉。同时在团体中，小美也找到了和自己状况一样的同伴，小美感觉不孤独，在团体中自己的情绪、感受、行为总是可以被其他人包括治疗师认可。治疗师也会和大家一起直接探讨自伤的问题，对于曾经小美感觉非常羞愧的事情、总是试图遮掩的痕迹，治疗师能够理解、接纳，大家能够面对、分析；对于小美在团体中的发言，其他同伴也能认真倾听，分享自己的感受和经验，帮助出主意、想办法。她感觉在团体中充分被尊重，她也积极帮助其他人分享自己的感受和经验，出主意、想办法。大家一起为每个成员的心路波折而揪心，为每个成员的点滴进步而高兴。

小美学到了改变和问题解决策略，感觉慢慢有力量去尝试改变，她意识到，如果不做出改变，不去解决问题，生活依然会很困难。小美和伙伴们在 DBT 团体治疗中学到了很多改变策略，共同寻找办法来更好地应对、处理问题，大家一起去学习技能、使用技能、互相鼓励、减少自伤。慢慢地，大家的自伤都少了，笑容都多了。

小美现在会更多地采用辩证策略，比如入院之前的"导火索"，小美因为害怕被同学抛弃而陷入情绪之中。之后，小美知道是这种感受促使她做出了冲动行为，而这种感受来源于小美自己的诠释。因此，小美对同学产生了一种内疚感，同时对自己也深感羞愧。小美知道，暂时躲避可以减少这种羞愧，但是不去解决问题小美又无法消除这种感受，所以运用辩证策略，小美在中间寻找到一个平衡。小美用到了人际效能技能去和同学联系，在这次人际沟通中小美进行了人际关系目标排序，她把维持关系放在第一位，其次是目标效能，以增进友谊为目标，把自我尊重放在最后。小美主动联系了两位同学，在微信上向同学讲述了自己的状况，坦诚地分享了当时自己的心理状况，并表达了自己的歉意。这样的举动成功地消除了那次自伤带来的人际关系影响，并加深了与同学之间的心理联系。

3. 家长团体　实际上，家长团体不仅帮助家庭更好地支持和理解小美，帮助小美更快地恢复，对小美母亲自己的问题和家庭关系的改善也有很大的帮助。这些帮助包括以下几点。

第一，帮助家庭成员认识、了解 BPD 和 NSSI 的具体表现，以及小美问题的形成原因和过程。小美母亲感受到小美自很小的时候就表现得非常敏感，对于陌生人显得戒备，这使小美在生物性上容易发展出 BPD 的特质。小美母亲同时也感受到内疚，自己没有意识到这些，反而对于孩子有更多的要求，觉得孩子听话、懂事，所以对孩子有更多的要求，很少表扬孩子，特别是在小美哭泣的时候，母亲也总是在一旁奚落，"哭能解决问题吗？你这是无能的表现"，再加上母亲把没有处理好的情绪总是强加给小美，所以小美变得胆战心惊，总是在解读母亲的情绪和内心感受。

第二，帮助家庭成员认识、了解自己的人格、特质及家庭环境状况。小美母亲感受到自己是隐匿的 BPD 患者，自己总是在寻找爱，而小美父亲没有给她想要的安全的爱，所以她经常歇斯底里，这不仅影响到她对小美的照顾，而且影响到和丈夫的关系。她总是在抱怨指责，很少感受到温暖，当时也很少用温暖的母爱去照顾小美。而小美父亲有点强迫型人格特质，他不懂如何表达爱，总用自己认为对的方式去爱这个家。当关系处于一种无法控制的状态，父亲的解决方式就是逃避，

所以他躲得远远的，甚至不回家，导致这个家长期缺乏家庭的温暖。

第三，教会家庭成员 DBT 四大治疗模块的核心技术。这一部分我们通常用团体治疗的方式，几个家庭一起学习正念技术、痛苦耐受技术、情绪调节技术、人际效能技术四大模块的核心技术，并将这些技术运用到日常生活中，采取有效的策略帮助BPD 患者。小美母亲觉得 DBT 对自己也非常有效，这些理论也是自己在成长中有用的方法，比如她曾经在情绪到来的时候，感受不到情绪，她无法准确觉察到是什么事件触发了自己，当然这个时候她无法控制，她用一些冲动的方式如酗酒来缓解，意图让自己好受一些。但是她后来感觉情绪没有那么激烈，能感受到一些事件触发了她的感受，她可以用一些更有效的方式来解决问题，即便有的时候无法让情绪缓解，她可以退后一步，用 STOP 技能及 TIP 技能来为自己赢得时机，当能更好地处理时再去解决问题。

第四，教会家庭成员辩证地看待和应对患者所出现的问题，避免卡在两极中，同时做出有效的整合，使家庭系统处于一种辩证平衡的状态。辩证、走中道、认可、接纳等理念的反复讨论，使小美的父母感受到以下几点内容：首先，家庭里每个成员都有各自不同的人格特质以及信念，对于同一件事情，每个成员都会有不同的态度、看法与评价，并有各自不同的言语表达与行为方式。这些从他们自身的角度来看，都是正常且可以理解的。其次，家庭是一个系统，辩证帮助我们明白自身如何受到家庭环境的影响，同时自己的言行又是如何影响身边人及家庭氛围的。矛盾并不是单方面谁的问题，而在于这个系统里面每个成员都有各自的问题，改变在于每个人。最后，辩证帮助家庭成员全然接纳的同时，也告诉家庭成员所有事物都是发展变化的，对于未来要充满希望，小美的问题会在未来改变的。

第五，教会家庭成员如何接纳，以及如何通过行为改变策略，达到接纳与改变的平衡。小美的父母认识到，小美因为不被父母理解和支持，所以不愿意与他们沟通交流，更不用说是敞开心扉了，从而导致整个家庭陷入一种无助无能的状态。接纳能够增进家庭成员之间的良好互动，在良好的互动中改善和促进相互间的关系，彼此间

感觉到被理解、被支持，使双方关系更亲近，并促进家庭关系良性发展。

小美母亲改变了，她会在孩子面前表露愧疚。在夜晚病房安静的时候，小美坐在床上玩手机，母亲在床边给小美削水果，母亲袒露自己在小美幼时的心理状态，并给孩子郑重道歉，起初小美不为所动，但是我们发现小美愿意和母亲待在一起。

4. 个体治疗　在 3 个多月的时间中，我们为小美安排了 15 次个体治疗，每周 1 次，每次 1 小时，这样的安排主要是帮助小美深入讨论自己的概念化，解决生活中的重点问题。我们要求小美每次带上 DBT 日志卡，在这个日志卡中小美需要详细记录自己每天的感受，无论什么情绪都需要在日志卡上写出来，并在日志卡中记录技能使用情况。通过探讨，帮助小美强化在 DBT-ST 团体中学习到的技能，并指导她将这些技能用于解决生活中的问题。

但是例外时有发生，个体治疗并不总能跟随治疗师的安排，小美有时候会陷入一些困难情景中。有一次小美又自伤，当时小美在个体治疗过程中情绪非常沮丧，她差一点放弃这次个体治疗，在母亲的催促下，小美姗姗来迟，并且拒绝带日志卡。治疗师对于小美的情绪表示认可，并给予充分的理解和关注，于是小美将自己的事情一股脑地说了出来。治疗的前一天小美和父母一起去逛街，小美想买一双鞋子。在他们进入商场后母亲很快被商场大促销吸引了，忽视了旁边的小美，当母亲询问小美这件衣服好不好看时，小美用一种爱理不理的态度对母亲表达了不满，但是母亲没有察觉，小美发怒了，加上中午进餐又遇上服务员态度不好，小美撒腿跑回家中，把自己关在房间里面，越想越难过，后面出现了用剪刀戳手腕的情况。在充分认可和共情后，治疗师此时此地对这次事件进行了链锁分析，虽然 DBT 学习已经过半，链锁分析已经在第一阶段讨论过，但这次的复习使小美又一次清晰地理解了这个过程中的环环相扣，对自己的自伤行为有了一次加深理解，并与治疗师一起找到了预防自伤的关键点、预警信号，并制定好下次的预案。从那次后，小美再也没有实施过自伤。

5. 危机干预电话指导　存在 NSSI 行为的个体常陷入危机之中，比如一次不满意的交谈、周围人的一个眼神，甚至不小心将水打翻也会让他们崩溃。情绪经常突然被触发，又一步步升级至冲动行为，可能在短短几分钟甚至几十秒内就能使患者进行 NSSI 行为。所以我们对小美和其他 NSSI 患者提供紧急电话救援，在危机时候拨打危机干预电话仿佛是他们的救命稻草。

在整个过程中，小美只打过一次危机干预电话。那次是出院后不久，小美在家里与母亲发生争执，小美很冲动，无法表达自己，神情恍惚，冲进厨房去找菜刀。小美父亲一边拦住她，一边大声喊她的名字，并说："小美，打医生的电话！小美，打医生的电话！"一片慌乱中，小美父亲拨通了危机干预电话，父亲简单说明情况后，医生要求小美接电话，对这个事件进行了简单的干预，帮助小美运用 STOP 技能和将整个脸浸泡冷水的痛苦耐受技能，阻止了自伤的发生。在整个过程中，小美母亲都在自己房间里没有出来，减少了自己和小美情绪的进一步升级，对成功阻止自伤也起到了一些帮助。

1 次两周的住院、2 次治疗前访谈、15 次个体治疗、23 次团体治疗、15 次家长团体、1 次危机干预电话，再加上 18 次的治疗团队督导，前后不到 5 个月的时间，小美渐渐减少和控制了自伤，改善了情绪和家庭关系，改善了与同学的关系，同时也渐渐减少并停掉了抗抑郁药物。又过了 4 个月，小美重新申请了复学，回到了校园。虽然有时小美的情绪还是容易受到生活中各种事情的影响而产生波动，但小美能够理解自己，知道如何面对，调整情绪的时间一般不会太长。在我们 1 年后进行随访的时候，小美已经交了新的男朋友，并且坚持在学校的心理咨询中心进行个体咨询，小美希望自己能在咨询师的帮助下越来越好。

（银春燕　王　纯　范丹慧）

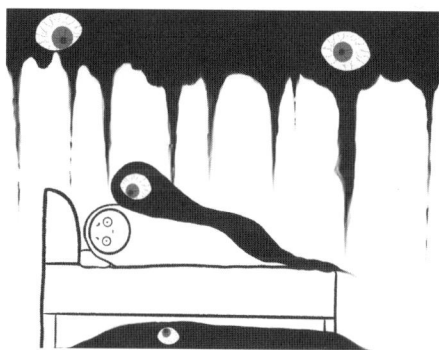

第四节 NSSI 行为的 DBT：困难情境

一、自杀风险及处理要点

（一）NSSI 患者的自杀风险

虽然 NSSI 不是以结束自己的生命为目的，但如果不加以正确引导，最后可能发展为自杀行为，或造成意外死亡。研究表明，大多数存在 NSSI 行为的患者表示自己从未考虑过自杀。尽管如此，有的 NSSI 方式在无自杀意图的和有自杀意图的自我伤害之间的界限模糊，例如用刀割手腕。有些具有成瘾素质的 NSSI 患者在多次进行 NSSI 后，为了获得更强烈的情绪体验开始寻求更刺激的 NSSI 方式，这些方式更容易导致意外身亡。

有些研究探讨了患者从 NSSI 升级到自杀的可能性，并发现自杀风险随着 NSSI 终身患病率的增加和绝望感的增强而上升。也有研究提示，NSSI 是 1 年后自杀的预测因子。非常重要的一点是，如果患者一旦出现自杀想法，NSSI 史会增加患者实施自杀行为的可能性，因为那些有过 NSSI 史的患者更容易找到一种致命的方式，多次的 NSSI 行为也会降低对自杀的恐惧。

临床经验也发现，很多患者同时存在 NSSI 和自杀的问题。有的患者可以很清晰地告诉你："我这次的行为是要自伤的，我那次的行为是要自杀的；我在某些情况下是会进行 NSSI 的，我在某些情况下是控制不住真想自杀的。"因此在 NSSI 的干预中，患者存在自杀风险的情况并不少见，治疗师在治疗的整个阶段都要对自杀风险评估和干预保持最大的警惕。

（二）DBT 在应对 NSSI 患者自杀风险时的处理要点

自杀问题在任何心理治疗干预中均属于优先级主题，保护患者的生命安全上升到心理治疗伦理的要求，伦理守则中规定保密原则有 3 个例外情况，其中之一就是自杀风险，《中华人民共和国精神卫生法》规定的非自愿住院的情况之一也是自杀问题。

DBT 第一阶段的主要目标是治疗威胁个人生命、治疗和生活质量的失控行为，其中自杀是这个阶段最重要的主题，自杀干扰了主要治疗目标的进展，因此往往是治疗的焦点。每一位要进行 DBT 干预的患者都需要在最初访谈的时候进行完整的自杀风险评估，一旦发现存在自杀风险，马上聚焦于此，自杀风险降低后才可以进行其他流程。

同样地，在整个 DBT 的任何阶段，只要患者有自杀倾向的流露，需要第一时间开展自杀风险评估。自杀风险评估后，发现患者存在明显自杀行为的可能（而不仅是想法），立即开始自杀干预的流程，回到第一阶段，自杀风险降低后再继续原来的进程。

下面介绍简明国际神经精神访谈（mini-international neuropsychiatric interview，MINI）自杀风险程度评估（表 3-1）。

表 3-1 MINI 自杀风险程度评估

风险程度	自杀表现或类似程度表现
非常低	服用非致命药物（<5 片），抓伤、碰撞头部，寒冷中穿得过于单薄
低	服用 6～10 片的非致命药物，香烟烫伤，从非常低的地方跳下去（<3 米）
中	服用 11～50 片非致命药物或 6～10 片可能致命药物，深度割伤，吞咽洗发水、清洁化合物
高	服用>50 片药物，走在车辆密集的路上
非常高	服用中毒量的药物，从高处跳下（>6 米），在全身点燃易燃物质
严重	上吊，从高处坠落，用枪对准太阳穴，割喉

评估的方式为访谈，询问要直接、清晰。有些治疗师担心询问自杀会引发自杀，这个顾虑反而影响了对重要问题的评估和预防，而且一个原本不想自杀的人不会因为被询问就去自杀。但需要注意循序渐进，先从 SI 问起，然后是自杀计划、SA。如果上一个问题患者回答没有，一般可结束访谈；如果上一个问题患者回答有，那么继续询问下一个问题。问题依次为：①您是否有自杀的想法？②这个

想法能控制住吗？有去实施的冲动吗？③您打算如何自杀？有具体计划吗？④您实施自杀过吗？您是如何做的？

当患者对于上述 4 个问题均为肯定回答的时候，再详细询问其自杀的方式，对照 MINI 自杀风险程度评估。所有程度的自杀风险均需要通知监护人和再次重申或签署不自杀协议。

如果患者存在非常低或低的自杀风险，可以通过心理干预展开治疗，如自杀原因探讨、相关认知和情绪处理、安全计划的制定与实施、签订不自杀协议等。

当患者达到中度及以上自杀风险时，需要推荐医疗处置措施，如药物干预和住院治疗。必要时帮助家属联系医疗处置安排。

当自杀干预结束后，需要再次评估自杀风险是否解除，若风险解除再进入其他阶段的 DBT 干预，应注意保持警惕和随访自杀风险。

二、伴有复杂性创伤的处理建议

（一）NSSI 伴有复杂性创伤

研究显示，有些 NSSI 患者曾在童年时期有过身体虐待、性虐待或情感虐待的经历。由于童年时期防御机制的不成熟，很多被虐待个体往往会采取一系列类似自我发泄、不恰当的应对方式缓解其强烈的情感反应（如将矛盾的痛苦指向自己而采取自伤）。在报告了童年创伤的人中，高达 90%的人都经历了严重和慢性的情绪障碍。

事实上，NSSI 行为在 PTSD 中也较高出现，主要存在于起源于早年的复杂性 PTSD，BPD 的一些诊断标准与复杂 PTSD/创伤后状态存在重叠，PTSD

与抑郁症也经常共病。这些情况都可能导致患者的 NSSI 行为。因此，在临床的 DBT 工作中，遇到具有创伤经历的患者是常事。

（二）NSSI 伴有复杂性创伤的处理建议

德国 DBT 专家 Bohus 教授经过多年的研发，建立了一套 PTSD 的 DBT 的理论和治疗方案。他认为，伴有复杂性创伤的患者通常会经历创伤性的不认可，即反复体验到无法分享情绪、被重要的人拒绝等经历，继而导致自我概念、情绪调节和人际关系、记忆加工均受到进一步影响，这使复杂性创伤患者易怒、易激惹，患者感到不安全、无力、内疚、羞耻，反复出现闯入和闪回，同时产生诸多针对自我及周围世界的消极假设，进一步产生多种适应不良的行为。

在治疗复杂性创伤患者时，亦需从复杂性创伤对患者产生的多方面影响着手，在完成个体评估、确认个体适宜进入 DBT-PTSD 治疗后，尤其要在治疗开始时关注对创伤及 PTSD 模型的心理教育，对危机行为的梳理，对价值和治疗目标的明确，聚焦于正念练习、抗解离技能以及针对极度羞耻、愤怒和内疚情绪的应对策略等。同时，在治疗中段还需增加技能辅助下的创伤暴露模块。

在创伤暴露中，需要首先选择对患者影响最大的创伤进行暴露，因为患者的创伤经历彼此相连，即便未选择影响最大的创伤进行暴露，仍然会激活患者所有的创伤体验，让患者觉得难以承受，从而降低患者对暴露治疗的依从性。通常，在完成对影响最大的创伤暴露后，后续的创伤暴露对患者来说也将更加容易完成。治疗后期将重点关注对过往经历的慈悲接纳，以及对生活的重新掌控，以帮助患者开始新的生活。

案 例

许某是一名 30 岁的女性，在治疗开始时符合 PTSD 和 NSSI 的诊断标准。许某有长期的 NSSI 行为史，在治疗开始时，她大概每周划伤自己一次。她报告了广泛的创伤史，包括她母亲在她 5 岁时和父亲离婚的经历、13～16 岁期间遭受继父的性虐待、18 岁时告诉母亲后所经历的家庭其他成员的言语虐待及被母亲抛弃的虐待，以及在大学期间遭遇的三次性侵犯（18～19 岁）。她还出现了精神病性症状，声音的强度取决于她的压力水平和其他 PTSD 症状。当她的生活相对良好时，她称这些声音为"混乱的背景噪声"，并表示它们不会干扰她的身体功能。当她处于压力的情况下，她觉得声音越来越大，更难以忽视，这些声音经常告诉她，她是一个应该受到惩罚的坏人，这些声音是在大学时期一次被性侵后不久出现的。

治疗过程

考虑到以上情况，许某开始接受标准的 DBT。在为期半年的 DBT 中，她已经渐渐消除了 NSSI 行为，显著减少了进行 NSSI 的冲动，并增加了治疗知识和行为技能的使用，尽管她仍然会有间歇性的解离发作。通过对解离事件的行为分析，出现了一种模式，即对创伤事件的记忆，特别是性虐待，会引发强烈的负性情绪（特别是羞耻和愤怒）。解离行为的作用是逃避情绪和记忆。因为这一至关重要的联系促使虐待的记忆闪回和解离，成为她的创伤史和精神症状之间的联系。

治疗师认为，许某的创伤史是下一个阶段治疗的一个重要焦点。许某还表达了对治疗的愿望，希望可以建立更好的人际关系。她不再符合 PTSD 的完全标准，但她确实存在回避亲密关系、努力不思考或感受自己的经历、睡眠困难和强烈的愤怒等问题。治疗师和许某决定继续进行个体治疗，这一阶段的重点主要是针对童年经历实施长期暴露治疗，因为许某觉得这些经历对她的影响最大，经常出现侵入性记忆和噩梦的内容。

尽管已经和许某一起治疗了半年，治疗师对虐待的细节知之甚少。因此，重要的是要在这个治疗阶段一开始收集关于虐待行为的信息，以便规划今后的治疗。然而许某变得相当没有反应，似乎在大部分时间里处于解离状态，不愿意回答"第一次发生的时候你多大了""他做了什么"等问题。50 分钟后，咨询在获取有关创伤的信息方面几乎没有取得什么进展。许某的语言没有明确说明发生的事情，经常用烦躁这个词来描述一切，以及长时间的沉默。因此，在随后的疗程中，治疗师对明显的解离进行了分析。

她报告说，她脑子里有许多自我否定的想法，比如"我勾引了我的继父""母亲恨我"，这导致她产生了对自己的强烈愤怒。许某还记得一些能引起强烈羞耻感的事情。她记得继父第一次性侵她时，她很害怕，但她的身体有很多反应。她回忆说："第一次发生的时候，我真的很高兴，因为那是爸爸第一次爱我。"许某不敢去面对这一切，因为身体的反应，她认为自己是在勾引继父，她被排斥和厌恶是罪有应得。许某有强烈的羞耻情绪，所以对此避而不谈。然而，她对母亲对待她的方式感到愤怒和难过，因此许某只能从食物中寻找安慰。

她之所以抗拒描述这件创伤事件，是因为强烈的自我批评的想法。这些分析清楚地表明，羞耻感在 PTSD 的自伤行为中发挥了重要作用。之后的治疗开始关注羞耻和内疚。在做了一段时间的认可和认知改变的迂回推进之后，她说她有一个"顿悟"："这一切都不是我的错。"在这之前，许某把性侵和自己是坏女人的想法联系在一起，而从"这一切都不是我的错"这句话开始把责任从自己身上转移开。渐渐地，她的暴露治疗变得更容易，解离、回避表现和抑郁症状也在改善，相关量表得分也证明了这一点。她的生活开始慢慢走上正轨。

在常规 DBT 团体之后，创伤的处理转向了暴露治疗和相关认知改变，但这个过程也以 DBT 的方式展开，充分体现了接纳和改变的平衡。可见，有效的治疗需要基于经验、理论和研究证据，进行个体化评估，在合适的治疗阶段，选择最合适的治疗方案。事实上，这是在许多临床环境中治疗其他疾病的医生所共同面临的挑战——基于固定方案的治疗往往不足以解决复杂患者的独特问题。

同时，DBT 为这种策略选择提供了一个模型，因为它被开发为治疗具有异质性和复杂病情的患者。在治疗开始时，本案例是根据 DBT 的核心理论进行完全的概念化，采用标准 DBT 作为初始治疗。在实现了标准 DBT 的许多目标后，再进行未能解决问题的再评估和再调整。

在本案例中，尽管患者一开始就报告了她童年受虐待的侵入性记忆，但这很难直接采取针对性的治疗，因为患者不能保持足够长时间的暴露，以纳入长时间的暴露方案。Bohus 教授提出，在

DBT-PTSD 的治疗中段展开创伤暴露。本案例在完成了半年的 DBT-ST，患者的基本状态逐渐好转后，转向创伤暴露。进一步的个体干预研究发现，对虐待的记忆会导致个体形成特定的信念，这些信念进而引发羞耻感，羞耻感带来解离行为。在本案例中，我们将基于暴露的羞耻感干预纳入治疗方案以改进治疗，取得了成效。

三、青少年干预的特殊要求

（一）青少年 NSSI 有何特点

NSSI 的主体即为青少年群体，BPD 也类似，因此青少年群体的特殊情况也是 DBT 经常需要面临的问题。青少年时期是心理发展最不稳定的时期，生理状态的迅速改变与心理发展的不成熟之间的矛盾，使得青少年经常处于混乱和迷茫之中。

在这个阶段，青少年需要解决自我同一性的问题，自我概念的不稳定会使青少年经常处在左右摇摆的不稳定之中。在这个阶段，同伴关系的发展是另一个主要的阶段性目标，同伴关系的情况对青少年影响极大。欺凌、孤立、嘲笑有时候是客观存在的，有时候也有当事人自身敏感过度解读的成分。在这个阶段，学业成就处于需要持续努力、不进则退的持续压力中。以上种种困难使得青少年情绪不稳定、内心冲突加剧，并充满各种不确定性，因此他们更容易变得敏感。这些本身就是情绪失调和 NSSI 的成因，具有以上诸多问题的青少年的 NSSI 也因这些状况的存在而迁延不愈，不定时发生，给治疗带来很多不确定性。

同时，不稳定和不成熟的状态也增加了治疗关系的困难，使得治疗依从性变弱，破坏治疗关系和治疗进程的突发事件增多。这些对治疗师的胜任力和经验都提出了更高的要求和更严峻的考验。

（二）青少年 DBT 的处理建议

DBT-A 是专门为青少年设计的 DBT 干预方法。其核心内容与经典 DBT 基本一致，主要区别就在于态度和技能训练的方式有所调整，以更适合青少年的方式进行。

首先，认可的使用要程度更大、使用更多、表达更直接，用青少年更容易理解的方式直接、清晰、反复表达认可。这对青少年非常适用，认可本身即可以缓解很多情绪和误解，促进反思和领悟。

其次，技能训练需要以青少年更容易接受的方式来开展，通常需要进行以下调整：①减少每次讲授的内容，简化技能训练的操作要求，有些难以理解的复杂技巧可以直接忽略，增加每一个技能讲授和讨论的时长；②增加身体活动、举例，多使用视频示范、角色扮演等方式，以通俗易懂的、有趣的和体验的方式使其理解技能训练的原理和操作要点；③注意在团体中使用认可，关注团体动力，时刻保持公正、中立，平衡组员间关系，留意和尽早处理团体中的各种暗流；④在可行的情况下，青少年 DBT 团体成员的年龄尽可能相近，比如初中生和初中生组团，高中生和高中生组团，甚至每个年级组团。因为青少年时期是心理成长变化迅速的时期，不同年龄段虽然只差 1～2 岁，但心理发展差别已经很大，不像成人团体年龄可以跨度 10 岁甚至更多。

其实，青少年阶段的同龄人支持和接受是影响青少年的一个重要因素，同伴群体可以是一个有效的工具来促进接受和支持适应性行为。研究发现，青少年对于团体治疗的接受度和效果相比于传统个体治疗更高，且其接受度也高于成人，团体治疗的推进速度常比个体治疗快很多。因此，团体治疗应作为治疗青少年 NSSI 的主要方式。

最需要强调的一点是，家庭的支持和改变对青少年 NSSI 尤为重要，青少年 DBT 治疗原则中必须有家庭的深度参与。青少年家庭干预领域的研究表明，家庭参与有助于改善家庭的功能，这是青少年适应不良行为的一个重要因素。据报道，家庭冲突经常是影响治疗效果的重要因素。此外，家庭关系、情感支持和适当的监督是预防 NSSI 行为的保护性因素。家庭的加入不仅可以成为减少家庭冲突的有效工具，增加对青少年的认可，调整适当的期待，也可以是直接减少青少年 NSSI 行为的有利因素，同时还可以帮助支持家庭中的其他适应性行为和家庭有效沟通。DBT 家长团体或者多家庭团体的主要内容也是 DBT-ST，但认可和走中道技能是家庭工作中的重中之重。

最后，学校是青少年感受重大压力源的地方，同时学校也是为学生提供积极支持的地方。如果可以在教育环境中，深入宣传和开展DBT主题工作，设计基于DBT的心理课程或活动，将会为学生提供大量机会来了解、学习和使用这些有效的技能，帮助发展人际关系。实际上，DBT不仅用于存在心理问题及NSSI的青少年，即使是心理健康发展良好的青少年也会从中受益，DBT可以成为所有青少年的心理健康工具。

（张卓维　王　纯　吴思楚）

第四章

NSSI 行为的 DBT 团体技能训练：操作手册与案例分析

NSSI 行为的 DBT 团体技能训练（skill therapy of dialectical behavior therapy for non-suicidal self-injury，NSSI-DBT-ST）操作手册（见本书配套手册）包括《治疗师手册》《患者手册》《家庭作业手册》。

本章将主要介绍操作手册的使用方法，并通过话术样例和情境案例对团体技能训练的具体操作过程进行详细说明。这样做的目的是抛砖引玉，为技能教学和典型情境的处理提供一些思路和参考，便于初学者学习，但它们并不是完美的话术或做法。我们相信，DBT 团体技能训练应该在规范的设置内，结合团体成员的实际情况和可利用的资源，用智慧心和创造力尽可能找到适合团体成员的方法来组织教学。

第一节　操作手册概要

一、操作手册的编写目的

NSSI 行为的 DBT 团体技能训练（NSSI-DBT-ST）的目的是团体治疗师（团体技能训练师）以团体的形式，帮助患者学习心理社会技能，并强化和推动这些技能在患者生活中的应用，以帮助他们改变与 NSSI 相关的思维、情绪、行为和人际模式。为了帮助团体治疗师更好地学习如何对 NSSI 患者实施 DBT 团体技能训练，我们在林内翰的 DBT-ST 手册的基础上，修改编制了针对 NSSI 的三本操作手册——《治疗师手册》《患者手册》《家庭作业手册》。其中《治疗师手册》供团体治疗师阅读，以帮助团体治疗师了解技能训练的组织形式与操作内容；《患者手册》供患者在治疗师的指导下阅读，以帮助患者更好地掌握每个技能的使用方法；《家庭作业手册》供患者在生活中练习所学习到的技能时使用，以推动他们将技能应用到自己的生活中。

二、操作手册的内容编排

NSSI-DBT-ST 一共 13 周，囊括正念、痛苦耐受、情绪调节和人际效能四个模块的技能，其中前两个技能模块属于接纳技能，后两个技能模块属于改变技能，详见表 4-1。三本操作手册均按照周次编排，且彼此呼应，便于治疗师和患者使用。

表 4-1　13 周 NSSI-DBT-ST 内容安排

周次	训练内容
第一周	团体技能训练简介与正念技巧训练（智慧心）
第二周	问题行为的链锁分析
第三周	正念：正念是什么、正念如何做
第四周	痛苦耐受：TIP 技能
第五周	痛苦耐受：转移注意力和自我抚慰
第六周	痛苦耐受：全然接纳
第七周	情绪调节：认识情绪
第八周	情绪调节：相反行动
第九周	情绪调节：对当下情绪正念和累积正性情绪
第十周	情绪调节：建立自我掌控、预先响应以及 PLEASE 技能
第十一周	人际效能：目标与干扰因素
第十二周	人际效能：如你所愿
第十三周	人际效能：维持关系和自我尊重

（一）《治疗师手册》

《治疗师手册》提供的是团体技能训练所需要的参考资料，包括每次技能训练团体的结构、内容、时间安排，以及对 DBT 技巧的详细说明，也提供一些有用的教学技巧和可供选择的练习活动。

《治疗师手册》的开头部分介绍了团体技能训练的形式与组织，具体包括团体准备和单次团体的结构（开始、讨论家庭作业和结尾），随后按照周次介绍了每周的参考资料。在每周参考资料的开头部分，手册以表格形式罗列该周的训练主题、内容，以及家庭作业的内容，便于治疗师了解训练的整体框架。随后，手册按照单次训练的结构，依次介绍开始、讨论家庭作业、技能训练和结束这四个部分的具体内容。每周团体技能训练均以正念开始，手册中介绍了每周建议使用的正念练习，并提供了指导语供治疗师参照使用。在讨论家庭作业部分，手册也提供了一些可供治疗师选择的讨论内容。随后

在技能训练部分，手册详细介绍了技能的内涵、目的、使用方法和注意事项等内容。为了增强团体成员之间的人际互动，避免技能训练成为枯燥的理论讲授，在技能训练部分，手册也罗列了一些可供治疗师选择的练习活动，通过活动来介绍技能会使学习变得更有趣，有助于强化患者学习和使用技能的动机，这一点对于青少年患者来说尤其重要。最后，手册介绍了家庭作业的布置，并提供了建议患者课后练习的内容，练习内容通常与团体学习的技能有关，以推动患者在生活中使用技能。

（二）《患者手册》

《患者手册》按照周次编排，是患者使用的学习材料，它呈现了所要学习的技能要点，供患者在团体中阅读和课后复习。例如，在《患者手册》第二周的材料中，罗列了问题行为链锁分析的具体步骤；在第三周的材料中，详细介绍了如何练习"正念是什么"和"正念如何做"的技能；在第十二周的材料中，罗列了如你所愿技能的要点。

（三）《家庭作业手册》

《家庭作业手册》是供患者课后练习技能的作业单，患者每周都需要填写的日志卡并放在《患者手册》的最后，治疗师可以给每位成员复印 13 份作业并装订成册。《家庭作业手册》也是按照周次编排，方便患者找到每周需要练习的技能。例如，在《家庭作业手册》第二周的材料中，建议患者针对自己的一个问题行为，根据链锁分析的方式，分析自己问题行为产生的过程，以及思考如何改变；在第七周的材料中，建议患者通过情绪模式图来识别并深入了解自己一周内出现的各种情绪及其变化；在第十周的材料中，需要患者描述本周如何使用建立自我掌控、预先响应和 PLEASE 技能。

第二节　操作手册的使用示范

本节将通过话术样例和情境案例，详细呈现 13 周 DBT 团体技能操作手册的内容，同时以形象生动的方式展示技能训练的全过程。

一、第一周

（一）团体开始

1. 相互认识　主治疗师（以下简称治疗师）首先向团体成员表示欢迎，在白板上写下治疗师的名字，并进行自我介绍，然后向团体成员介绍副治疗师，副治疗师也可以自我介绍。治疗师可以向大家简要介绍主治疗师和副治疗师的角色分工，这样团体成员知道在团体过程中遇到一些问题时可以优先找副治疗师帮忙。

接下来可以让团体成员轮流进行简短的自我介绍。如果时间允许，团体成员可以简短地说一下自己的职业、兴趣爱好等。对于青少年群体，可以邀请他们介绍自己最喜欢的明星、偶像等，应注意控制时间。

话术样例——欢迎词

"欢迎大家来参加 DBT 团体技能训练。我非常欣赏大家愿意学习一些技能来解决生活中的问题。我叫 A，主要负责带领大家一起学习这些技能。这位是 B，会协助我的工作，大家在团体技能训练过程中遇到什么问题或需要什么帮助时，可以找 B 帮忙。"

情境案例——初入团体不发言的成员

情境：进来后，小 A 一直戴着耳机，小 B 一直低着头，他们和治疗师、团体成员没有目光接触。

治疗师："我很欣赏大家的勇气，你们今天能来到这里的确不容易。对于没有参加过团体心理治疗的人来说，今天我们这个场合会让人觉得很奇怪——要和一堆陌生人来学习自己可能都没听说过的技能。我敢打赌这周超过一半的人动过这样的念头——要不我别去了吧。有的人可能是因为怀疑学习这些东西是否有用，能否帮助我解决问题。有的人可能是因为想到要和一群陌生人在一起学习会很紧张。一方面，大家之前为了解决各自的问题可能做了很多的努力和尝试，到了 DBT 团体技能训练这一站，很可能已经失去了信心。同时，大家能来到这里，一定是内心还没有完全放弃对值得过的生活的追求，对这个团体或多或少抱有一些希望，希望这个团体能够带给自己和自己的生活一些改变。在接下来的一个多小时里，希望大家鼓励这个部分的自己去勇敢尝试，尽可能努力地学习技能，跟大家分享你的所得。至于能分享多少，我想大家都会接受。DBT 的一个信条就是我们每个人都在努力做到最好。小 A，你现在愿意跟大家介绍一下自己吗？"

在治疗师的认可下，小 A 介绍了自己。但是小 B 仍然低着头，不说话。

治疗师："小 B，现在没有办法介绍自己也没有关系。我希望你以后能慢慢适应这里，跟大家有更多的交流和分享。"

---

2. 介绍团体规则和设置　治疗师简要介绍团体规则的意义，然后带领团体成员讨论团体规则，可以让团体成员轮流朗读其中的一部分。例如："为了保证大家能够更好地参加团体、学习技能，并相互促进而不是相互影响，我们需要遵守一些基本的团体规则，接下来谁能帮我读一下第一条？"治疗师逐条对规则进行解释说明，并解答大家的疑问。

治疗师和团体其他成员也可以根据实际情况制定一些其他的规则，比如在团体进行过程中不戴耳机、不吃零食、手机静音等。注意应该在介绍完团体规则之后，治疗师向团体成员确认大家是否充分理解并愿意遵守这些规则，以及是否认为有其他的规则或注意事项需要补充。所有补充的规则或注意事项可以记录在《患者手册》第一周技能训练的准则的空白部分。

（二）技能训练

1. 介绍技能训练的目标 首先，向团体成员介绍 DBT-ST 的总目标：帮助个体改变与生活中的问题相关的行为、情绪、想法和人际模式。其次，让团体成员在《患者手册》第一周技能训练的目标中明确的目标"要减少的行为"中勾选自己要减少的问题行为。再次，简要介绍 DBT-ST 会教授的四种技能及其作用。最后让团体成员勾选自己要增加的技能，并在个人的目标部分写下自己要减少的行为和要增加的技能。

话术样例——DBT-ST 的总目标

"我们大家来到这个团体是想要减少自我伤害，相信没有人想要自杀伤害，有时候我们去自我伤害是因为我们缺乏一些技能。比如，曾经有一个女孩告诉我，她没有办法跟她妈妈沟通，她一听到她妈妈说话就特别烦躁，她们没说几句话就会吵起来，吵架以后她会特别生气，经常回到自己房间之后就会自伤。如果这个女孩能有一些技能和妈妈心平气和地沟通，不去吵架，或者有一些技能能够帮助她去调节她的愤怒，她可能就不需要自伤。在这个团体里，我们的目标是去学习一些技能，让我们有能力去改变自己的行为、情绪、想法和人际交往模式，从而减少问题行为。"

在介绍这部分内容时，治疗师经常会遇到如下问题。

（1）"我觉得我的自伤不是问题"：治疗师不需要赞同成员说的所有话，但可以尝试去认可其中合理的部分，可以说："是的，你现在不想去改变它，也许它确实对你是有用的，当你非常痛苦的时候，自伤可以很快减轻这种痛苦的感觉。所以自伤对你而言可能是一个解决方案，对你的家人、医生来说才是问题。同时，我也会觉得有一部分的你觉得这是可以改变的，有一部分的你觉得不想改变，那么，邀请想要尝试改变的你，通过练习，或许找到不一样的方法来解决问题，从而降低情绪的强度，减少痛苦。DBT 给你另外一个选择，无论你选择使用自伤，还是使用技能，我都能理解。如果你使用自伤，那是因为它有用处，在这 13 周里，我也希望给你介绍一些其他的方法，就好像一个菜单，有时候你可以点自伤，有时候你可以点其他的方案。也许你会发现这些方案里有更适合你的。"

（2）"我觉得自己没有什么需要改变，是别人希望我改变"：作为治疗师可以认可他说的："是的，也许可以尝试去觉察到底是哪里有问题？至少你知道，你生活中有一个人，他觉得你有问题。我们可以学习一些人际效能技术。你可以说服他，你没有问题。或者，你可以去训练辩证思维，能够更好地理解他，或帮助他更好地理解你。"

这个环节是考验治疗师能否认可成员的想法。成员表达的内容一定有合理的方面，有可以认可的部分，考验在于找到这部分。

（3）成员的参与度不高：治疗师首先要认可团体成员的感受，因为这种感受是有一定道理的，如果团体成员觉得不够安全，这种感受是真实存在的，而且是合理的。承认活动时间有限，无法照顾到每一个团体成员的具体情况，同时也对工作再一次做说明，相信学习这些技能，是可以帮助他们去解决问题的。另外，作为 DBT 团体的主治疗师和副治疗师在调节气氛的方面，可以做以下一些尝试：①幽默；②更多地自我暴露；③设计一些与技能训练主题有关的有趣活动。

回到技能训练团体本身，要清楚知道，我们无法完全兼顾教授技能和营造气氛，可以做一点气氛调节的工作，但重点仍然是把技能教给团体成员。所以，治疗师也需要改变和接纳。如果团体成员暂时还做不到分享很多内容，我们就要学会对他们愿意表达的部分表示满意。因为我们相信，团体成员更需要的是学习新的方法去解决问题，而不是寻求一种特别开心、快乐的气氛。同时，这对治疗师本身也是一种要求。当治疗师感觉到自己非常紧张时，会变得比较刻板，甚至直接念手册。所以，作为团体的带领者，首先要用 DBT 技能来调节好自己的情绪，并依靠 DBT 的伙伴（副治疗师），让他帮助你一起更好地带领团体。

2. 正念的目标　正念对于大多数人，尤其是青少年来说可能比较陌生，正念的概念也比较抽象，带领者可以通过带领团体成员进行简短的正念练习来进行导入，比如正念呼吸的练习。在选择练习时，应该注意这可能是大多数团体成员初次接触到正念练习，尽量选择时间短、难度低的练习。可以结合对导入练习的讨论，介绍正念的定义和所能达到的目标，尤其是在介绍正念练习的目标时，可以结合生活实际，用通俗的语言，让团体成员理解学习正念技能对于改善自伤及其相关问题行为的意义。需要着重指出的是，正念的练习方法很容易让患者联想到一些宗教的修习方法，应注意厘清正念与宗教的关系。另外，这些看似枯燥的，对呼吸、躯体感觉、想法的正念练习与我们想要达成的练习目标之间有什么联系，也是大家经常关注的问题，应注意在讲授过程中回答这些问题。

3. 智慧心　在 DBT 创始人林内翰看来，每一个人都有内在智慧，而智慧心是帮助我们抵达内在智慧的正念练习，是 DBT 的重要技能。智慧心的概念相对抽象，内涵丰富，容易引起误解，常需要很多澄清和解释才能深入理解。在团体成员首次接触时，可以先结合生活实例，治疗师讲授最核心的

要点，在后续的团体中结合具体情境，适时引导团体成员运用智慧心，并借机对一些容易混淆的要点进行澄清。可以利用《患者手册》中三个圆圈的经典讲法，也可以利用比喻对"心的三种状态"加以说明，避繁就简。比如，三种状态各自的"说话方式"是什么样的，被什么"主宰"（规则），如何用温度和颜色来进行比喻等，并利用表格来进行辨析，见表 4-2。

表 4-2　心的三种状态

特点	情绪心	理智心	智慧心
"说话方式"	我感到……	我认为……	我知道……
主宰（规则）	感受和冲动	事实、道理和逻辑	内心的智慧
温度比喻	热	冷	温
颜色比喻	红色	蓝色	黄色

接下来让团体成员轮流举例子，最近一周处在情绪心、理智心或智慧心中的例子。一般来说，举出情绪心和理智心的例子比较容易，在团体成员给出例子之后，带领者可以趁机引导大家思考：什么时候容易陷入情绪心和理智心？情绪心和理智心的优点和缺点是什么？也可以用双驾马车的比喻来说明心的三种状态的关系，情绪心和理智心就像两匹马，而智慧心就像是驾车人。

情境案例——分享对心的状态的理解

小 C 结合自己的情况，反馈自己对智慧心的理解：

"情绪心：我痛恨自己不能做到优秀、完美。划自己可以让不完美的部分迅速离开我，让我感觉舒服一些，也可以让妈妈尽快闭嘴。"

"理智心：自伤会伤害我的身体，长期下去也不利于我学习新技能，我必须立即终止这样的行为。"

"智慧心：承认情绪是有它的合理性的，我确实很痛苦，划自己能马上缓解。另外，理智也是有道理的，我需要改变，我学习了新技能就要去实践，每一次每一步努力起来，让自己越来越好。智慧心能同时觉察和承认这两部分，并把它们结合起来。"

（三）团体结束

1. 团体成员反馈收获　鼓励团体成员反馈本次技能训练团体的收获。

2. 治疗师总结本次治疗　治疗师对本次治疗进行总结，主要回顾和总结本次的教学内容，补充

遗漏的要点，对容易混淆或操作起来有难度的要点进行强调；也可以对本次团体成员的表现进行简要总结，对积极分享、善于联系自身实际、给予其他成员认可和支持等积极行为进行强化。

3. 布置家庭作业　家庭作业可以促进团体成员在生活中练习使用学习到的技能，并将这些技能

进行泛化，从而形成能力。在第一次布置家庭作业的时候，治疗师要郑重强调在两次团体治疗之间进行练习并完成作业的意义。可能家庭作业这个词会让有些青少年反感，尤其是那些学业压力大或者对学校生活有强烈的负性回忆的团体成员，这个时候可以灵活地将家庭作业变更为家庭练习等。

本周的家庭作业是完成《家庭作业手册》中第一周的练习智慧心，以及填写日志卡。

话术样例——介绍家庭作业的意义

"我们在每次团体技能训练中学到的技能都需要在生活中加以练习，才能够熟练掌握。只有这样，大家才能够利用这些技能去解决生活中的问题，过值得过的生活。我们专门为大家准备了两次团体中间要完成的家庭练习。希望大家努力去做这些练习。学习 DBT 技能就像是健身一样，只有不断地练习，才能让肌肉更加强壮。以后每次团体在学习新的技能之前，我们都会跟大家一起讨论上次的练习任务。也请大家一定要记得带上上一周的日志卡。"

二、第 二 周

（一）团体开始

1. 问候　在团体开始之前，问候团体成员并对大家坚持来参加团体技能训练的行为进行强化。如果上次有人缺席，需要讨论缺席的相关事宜。

2. 觉察呼吸的正念练习　引导 1～2 名团体成员分享练习中的体验："谁能跟大家分享一下，在练习的过程中，你觉察到了什么？"

话术样例——欢迎回到团体

"大家好，欢迎大家回到 DBT 团体技能训练，继续学习技能。尤其是在这么热的天气，我猜想大家一定会有很多更想去的地方。我很欣赏大家为了更值得过的生活而付出的努力。"

情境案例——患者在练习正念时感觉心慌

情境：小 E 称在练习的过程中心很慌，尤其在听到开始和结束的磬声的时候，感觉心里一揪。

治疗师："你能觉察到这一点，我非常高兴。虽然你体会到的是一些不舒服的感觉，但是你描述的语气是很中立的。可能大家之前做过一些放松训练，会觉得'好像'与正念练习有一些相似。放松训练是为了获得一些放松的感觉，而正念的目标是觉察，我们觉察到的不一定是一些舒服的感觉，也有可能是不舒服的感觉。这种技能在我们的生活中是非常重要的。在生活中，如果我们能够及时地觉察到不舒服的感觉，我们就可以选择接下来做什么。看是要使用一些技能，还是在不舒服的感觉上冲浪，或者做点什么，比如做一个深呼吸或者走动一下。你是通过哪些躯体感觉觉察到自己心慌的？"

小 E："感觉心跳得很快。"

治疗师："还有吗？"

小 E："因为要去觉察呼吸，我会努力把注意力放在呼吸上，但是却有一种好像自己不会呼吸了的感觉。"

治疗师："是的，很多人都会有这样的体验。平时我们不会去刻意关注呼吸。在做练习的过程中，当我们把注意力放在呼吸上时，有的人反而会觉得很别扭，会开始怀疑自己的呼吸方式，甚至觉得自己好像不会呼吸了。在这个时候我们往往把注意力放在了该如何呼吸上，而不是呼吸本身。我们做正念练习的目的是把注意力放在呼吸上，不是刻意去追求某种呼吸方式。呼吸并没有对错，只是去留意呼吸就好。其实在这个场合，我们一大堆陌生人聚在一起，去学习一些听起来很复杂的技能，内容也很多，即使不做正念练习，也有可能会心跳加速。我想你一定会想到三个更想去的地方。在这里心跳得更快也是很正常的。另一方面，正念帮助你觉察到这一点，你就可以去选择如何做。比如，要不要调节一下自己的情绪来解决心慌的问题？我们后面会学到的情绪调节技能可以帮助你做到这一点。但是，目前你至少已经做到了第一步，去觉察到它，这非常棒！"

（二）讨论家庭作业

上周的作业是练习智慧心和填写日志卡。治疗师了解团体成员作业的完成情况，引导大家分享做作业的体会，并回答相关的疑问。虽然已经明确希望团体成员按时完成作业，出现有人没有完成作业的情况，也是很常见的现象。对于没有完成作业的成员，不要持批判的态度，应该耐心询问原因，对其困难进行认可，并加以讨论和解决。下面是一位患者（在校学生）未完成家庭作业的案例。

情境案例——某患者没有做作业

情境：在其他团体成员分享作业的时候，小 G 好像心事重重，在椅子上扭来扭去，经常转手里的笔，把讲义翻来翻去。

治疗师问小 G 要不要跟大家分享一下自己的作业。

小 G："我现在挺难受的，对不起，我没有做作业，刚刚我看到别人做得那么好，自己一个字都没写，感觉自己特别差劲。"

治疗师："我们现在就可以想一想自己心的状态。此时此刻，你的情绪心可能会对你说什么？"

小 G："我不想听到作业这个词。"

治疗师："嗯，情绪心可能会说，本来我就是因为在学校里压力特别大才来到这里，结果医院也发作业。我觉得这可能是我的问题。要不以后我们不要叫它作业。我们叫它家庭练习怎么样？我也对作业这个词感觉不舒服。不过，我的确是用了这个词，可能对于作业，你之前有一些不愉快的经历。同时，你也可能会觉得自己没有别人努力，会很内疚，会觉得对不起自己，也对不起我。当处在这样情绪心的状态，你可能会有一些非黑即白的想法，要么就学好，要么就不学，学不好还不如退出。你也可能会有一些灾难化的想法，我第一次作业就没有完成，完了，我以后可能也学不好了。甚至在这种内疚、沮丧的情绪状态下，你会做出一些伤害自己的行为。你的理智心会怎么说呢？"

小 G："我知道要好好学习您教的技能，也要好好做作业，这些都是对我有帮助的，应该要去做，但是我做不好。"

治疗师："理智心可能会说，这个作业很简单呀，就两页，又没有发很多。这对你很重要，你必须要拿出时间和精力去做。你不去练习，怎么能学会这些技能呢？你学不会这些技能，你怎么去做改变呢？理智心可能就会这样欺负我们，一方面把我们面对的问题简单化，另一方面来打击和贬低我们。那在这种情况下，我们该如何运用智慧心呢，小 G？或者大家有什么建议也可以来说说。"

（三）技能训练

在团体中第一次讲授链锁分析最好不要用团体成员个人的真实例子，链锁分析会对问题行为发生的各个环节进行详细的了解，暴露程度很高，有可能会引起团体成员的担心，可以使用《家庭作业手册》上的案例或治疗师准备好的案例。注意尤其不要在分析中披露自伤或自杀行为的细节，以免对团体成员造成刺激。此外，在讲解案例时，治疗师针对所有或部分问题讨论其他的可能性。同时也要让团体成员知道，不要被追求做出完美分析和找到正确环节的念头所束缚，真正重要的是开始使用链锁分析，而不是被想要达到完美的复杂性所击败。

（四）团体结束

在团体结束时，治疗师邀请团体成员反馈收获，总结本次治疗，并布置家庭作业。本周的家庭作业是完成《家庭作业手册》第二周中的练习链锁分析，以及填写日志卡。

三、第 三 周

（一）团体开始

治疗师问候并强化出席团体的行为，如果上次的团体技能训练有人缺席，首先讨论缺席的相关事宜。接下来做身体感觉的觉察练习。

（二）讨论家庭作业

邀请团体成员分享自己家庭作业的练习情况。上周的家庭作业是练习链锁分析和填写日志卡。

情境案例——患者觉察到身体不适

小 F："我在练习的过程中，刚刚开始的时候，鼻子堵住了，我觉得很难受，就用嘴巴呼吸，过了一会儿我觉得头很痛。本来睁着眼，但过了一会儿就觉得有点累，很困，眼皮打架，最后眼睛就闭上了。"

治疗师："有可能是因为我们做了这个练习，会觉得困。也有可能是因为我们慢了下来去觉察当下，发现自己其实很困。鼻子是堵住的，也有可能之前鼻子就是堵住的，身体有些疲惫，需要休息。这些不舒服的感觉，即使我们没有觉察到，也一直都在，也有可能在不知不觉中影响着我们的感受和情绪。当我们觉察到了以后，就可以去选择，可以运用一些技能去调节，比如去擤一下鼻涕，伸展一下身体让自己清醒一点，还是选择去接受这种不舒服的感觉，什么都不做。也有可能擤了鼻涕以后，鼻子仍然是堵的，伸展了身体以后仍然很困，这个时候你可能就要面对你的情绪心和理智心。你的情绪心也许会说太难受了，我不要在这里参加什么团体，我要出去透透气或者回家休息。但是你的理智心也许会告诉你，学习技能才是你跑那么远的路来到这里的目的。在这个时候你就需要问问你的智慧心，该做出怎样的选择，该如何平衡，又该如何去做。"

情境案例——讨论链锁分析

小 D 结合她与妈妈关于物业费缴纳的问题，介绍她对链锁分析的理解。她说："那天我开车回家 ——→ 快进小区时接到了妈妈的电话，她让我顺路去交一下物业费 ——→ 我脑海中立马出现了要见陌生人的画面 ——→ 恐惧的情绪侵袭而来 ——→ 我开始怨恨妈妈，她是我一切问题的根源 ——→ 我更加愤怒，以至于没法继续开车 ——→ 我还是尽自己最大努力开车回了家 ——→ 回家以后，我又一次拿刀割自己 ——→ 清醒一些后我找妈妈，告诉她我今天的所有感觉和行为 ——→ 让她明白我的感受（我还没准备好去见陌生人）——→ 我也告诉她，她的要求、说话的方式又让我感觉到冷冰冰 ——→ 提出我的要求：以后不要在我开车时提要求，如果有要求，尽量提前在家里说，给我时间去思考和接受。通过链锁分析，我发现自己为了解决问题，在链锁的第二个环节做了改变，让妈妈做出一些调整来预防后续问题的产生。以前的我，是不敢跟妈妈提要求的。"

治疗师问团体成员："大家觉得小 D 的链锁分析做得如何？哪些方面值得肯定？还可以在哪些方面做出调整以更好地帮助自己？"

成员们纷纷肯定了小 D 和妈妈沟通的环节。

小 H 则说出他的担心："在那样冲动的情况下继续开车很危险，将路人、自己都置于危险境地。"

然后，大家一起思考如何重建链锁。经过讨论，团体共同得出了以下结论：①接到电话后，如果小 D 能够自我觉察，发现自己的情绪，这样就可以试着问问自己的智慧心，也许情况会不一样；②小 D 回家后在冲动中找到了刀具，如果她的刀具已经事先管理起来，也许情况会不一样；③如果小 D 选择的宣泄方式不是用刀割自己，而是打拳击或者其他方式，也许情况会不一样；④如果小 D 在接到电话后产生恐惧情绪时，将链锁修正为找一个可以停车的地方——→深呼吸，告诉自己冷静——→缓和过来后——→慢慢开车回家，也许情况会不一样。

治疗师让小 D 介绍讨论后的感受。

小 D："看到伙伴们这样鼓励我，也说出对我的担心，我很感动。在学习链锁分析前，我会觉得都是妈妈不好，是她刺激到我，每次她对我提要求，我就会抓狂、崩溃。现在我知道，妈妈的要求只是导致我产生情绪反应的激发事件，而我可以有主观能动性。现在我知道，在很多环节我都可以有自己的方法，除了已经做到的把我的感受告诉妈妈，我还可以调节好自己的状态，后者对我来说更为重要。今后，当我在产生相关情绪反应时，我需要去分析是什么事件（想法、情绪）导致并开始了这样一个链锁反应。"

治疗师："大家讨论得很热烈，也很有效，现在刚开始学习，探索过程还是有点困难，但通过反复练习，相信大家一定能越来越快地捕捉到那个诱发因素，也会识别链锁反应的每一步，进而找到帮助自己的办法。"

情境案例——患者在做链锁分析时遇到困难

成员 A："我上周做了链锁分析，但是我觉得促发事件和问题行为之间的链锁环节特别难，因为里面有好多种躯体感觉、认知、感受和行动，还要排序，我觉得特别困难。其实在我看来，心里难受划自己是一瞬间的事情，我很难觉察到那么多的环节，而且有时候也很难确定哪个环节在前，哪个在后。"

治疗师："的确做好一个链锁分析并不容易，而且我们不习惯去分析那些链锁环节。那最基本的部分，脆弱因素、促发事件和行为后果部分你填得怎么样？"

成员 A："这些都没有问题，而且中间的链锁环节我也填了，就是填的时候很懵，不知道对不对。"

治疗师："我很欣赏你这种态度，虽然有困难，不确定做得够不够好，但是先去完成它。一个可能不完美的作业总比没有完成作业要好。我觉得你已经做到我们今天要学的正念技能——有效地做。做链锁分析的目标是去了解问题行为，进而找出减少问题行为的方法。就算找不到促发事件和问题行为中间的链锁环节，我们也找到了脆弱因素和行为后果，那就在实现这个目标的路上向前迈进了一步。而且我相信，就算你不确定中间的链锁环节和先后顺序是否准确，仍然会对我们了解问题行为和找到解决方案有所启发。随着不断去学习和练习正念，我们对躯体感觉、认知、感受和行动的觉察能力会越来越强，会做得越来越顺手，链锁分析对我们的帮助也会越来越大。即使永远也做不到完美，我们仍然可以做一个有用的链锁分析。你愿不愿意分享一下你做的这个链锁分析？"

（三）技能训练

1. "是什么"技能　"是什么"技能包括观察、描述、参与。这部分内容对于很多人，尤其是青少年来说往往难以理解，在教授这些技能时，最好能结合具体的练习，在分享互动中把相关要点自然地引出来。为了便于掌握，下面将完整地呈现讲授"是什么"技能的样例，供大家参考。下面提供的是一些供治疗师参考的话术样例和情境案例，其中对生活情境的举例以青少年为主体，若面对的是成人，可以使用一些更适合成人生活的例子。

话术样例——观察

治疗师："我们首先来看观察，观察是有意地去注意此时此刻正在发生的事情，把心聚焦在我们的五种感官上，去留意看到了什么、听到了什么、闻到了什么、尝到了什么、触到了什么。我们学过问题行为的链锁分析，只有清楚地观察到自己身体感觉、想法、情绪、行动和环境中正在发生的事情，才能了解促发事件到问题行为之间的一个个环节，才知道问题出在哪里，再去选择使用哪些技能或者要做出什么具体的改变。观察是把我们的注意力放在此时此刻，就像在过马路的时候，我们时刻注意周围的车辆，而不能把注意力放在刚刚经过的美女或帅哥或去想我今天晚上要吃什么。因为并不是我们不去看车，车就不会来撞我们。"

"我们能通过五种感官去观察外在的世界，也可以通过感知我们的想法、情绪和内在躯体感觉去观察我们的内在世界。"

"接下来我们用 1 分钟的时间做一个观察想法的练习。只是去观察头脑当中的念头，不要试着去推开某些念头，也不要试着去抓住某些念头。就像站在站台上看车厢一节节经过，或站在溪水边看水中的落叶一片片飘过。好，现在开始。"（练习 1 分钟）

"现在谁来分享一下你觉察到了什么？"（鼓励成员进行简短的分享）

成员 B："我刚坐在这个椅子上感觉有点不舒服，椅子有点硬，我就想它要是那种太空舱的躺椅就好了，也想到去年夏天去海边度假的时候，那种晒太阳的躺椅，也想到自己当时度假时的一些场景。"

治疗师："这种觉察非常棒！当我们在想坐在海边的躺椅上晒太阳的时候，仍然坐在这个不太舒服的椅子上。虽然想到那些会让你舒服一点，但是这个椅子还是没有改变。所以，我可以去协调一下，看能不能下次给我们换更舒服点的椅子，如果实在不能换，能不能加个坐垫什么的。请大家观察一下这个图片，你们看到了什么形状？谁愿意跟大家分享一下？"

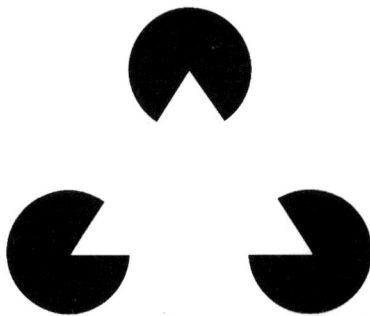

在团体成员分享后进行解释："很明显这张图上有三个圆圈，每个圆圈都缺了一块儿。很多人都能看到一个三角形。但实际上这个图片上并没有三角形。只是三个圆圈的缺口恰好是那样排列的。如果用线把这些缺口连在一起，才会构成一个三角形。但实际上这些缺口之间没有连接线，所以也就没有三角形。然而我们的心却可以提供这些'缺失的'线，因此我们才会'看'到一个实际上并不存在的三角形。我们的心有能力来填空，让我们'看'到我们预期的东西，即使它并不存在。当我们的心没有全神贯注的时候，它也能够擦去一些我们没有预期的东西，即使这些东西就在那里。事实上，大多数人在认为自己知道某个东西是什么的时候就不会再去注意了。这可能会有用，会节约很多的时间。但是如果事实并非我们看到的、我们认为的那样，就有可能会导致很多问题。"

情境案例——觉察声音的正念练习

治疗师："我们做一个觉察的练习，现在闭上眼睛，打开我们的耳朵，觉察一下在周围能听到什么，无论是房间里的声音还是外面的声音，或者是我们自己发出的声音。如果注意力跑远了，感谢自己，温柔地把它带回到当下。如果我们开始去分析，去思考，或者去做别的，就重新把注意力放在此时此刻能听到什么上。觉察的时候尽量不要用言语去描述你听到的内容，只是去觉察，去听。"（1 分钟后，引导团体成员进行分享）

成员 A："我听到了'呼呼'的声音，因为我们的楼层比较高，我就想应该是窗外风吹过的声音，但是您刚才提醒我们不要试图用语言去描述，只是去听。"

治疗师："我们在做这个练习的时候，希望大家去觉察而不去描述，也就是无言地觉察，这是我们的目标。但是实际上这很难做到，我们一听到什么声音，大脑就会马上进行解释。比如我听到的是钟声，是风声，是汽车的声音。这种能力会有一定的好处，让我们可以在需要的时候快速做出分析、判断和反应。但是在觉察的同时马上形成一个概念，去贴一个标签，也会带来问题，比如当我们听到呼呼的声音，马上贴一个标签'风的声音'，会很容易把心关上了，不去听风的声音到底是怎样的。其实如果你仔细觉察，风的声音也是在变化的，有的时候音调高一些，有的时候音调低一些，有的时候风声急一些，有的时候慢一些，有的时候声音大，有的时候声音小。为觉察到的信息加上语句或贴上标签，是我们要讲的下一个技能——描述。实际上，在观察、描述、参与这三种'是什么'技能中，我们每次只能专注于其中一项，没有人能同时做好两件事。这也是我们让大家去练习观察而不去描述的原因。但是如果你的脑海中反射性地开始描述，告诉你'风声'，也没关系，可以温柔把注意力重新带回到对这个'呼呼'声音本身的觉察上。"

话术样例——描述

治疗师："描述是将我们的观察转化成语言，给观察到的内容命名或贴上标签。"

"请大家把双手放在大腿上，去体验和大腿接触的双手皮肤的感觉。首先只是去观察和留意，不要给这种体验赋予任何的语言或者标签。"（然后等几秒的时间，让大家去体验）

"好，现在大家尝试着用语言去描述这种体验。"（然后等几秒的时间）

"刚才在这个练习的过程中，我们开始只是去留意大腿上的手，这就是观察，是将注意力放在感觉体验上。当我们赋予这些体验语言的时候，这就是描述的技能。当我们在描述的时候，我们在识别所观察到的是什么。大家有没有注意到当你把手放在大腿上的时候，你立刻有一种冲动想要去描述你手掌的感觉——温暖的感觉、柔软的感觉、裤子的质感等。但正念是让我们慢下来，一次只做一件事。我们不能同时去观察，又去描述。所以当我们练习描述的时候，首先要做的是观察，然后再去描述。没有观察就没有描述，那些不能够去观察的对象，也就不能去描述。"

"大家可以做这样一个练习，两个人面对面坐着，观察对方的脸，然后描述一下你的观察。"

成员 D："我观察到她在微笑，她很开心。"

治疗师："微笑的表情是什么样的？你从哪里观察到微笑？"

成员 D："就是嘴角在上扬，眼睛也是弯的。"

治疗师："你是如何判断她开心的呢？"

成员 D："她在笑啊。"

治疗师："那我问一下你的搭档，小 B。你能描述一下当时你的情绪或者内心的感受吗？小 A 说你很开心，准确吗？"

　　成员 B："也不太准确吧，开始可能觉得有点好玩，毕竟很少会两个人这样面对面坐着，盯着对方看，坐一会儿之后会有些尴尬，后面心里越来越尴尬，会有点急，想着早点结束。所以小 A 说是微笑，其实后面有很多是尴笑。"（捂着嘴笑起来）

　　治疗师："小 D，听了小 B 的话，你有什么体会？"

　　成员 A："知人知面不知心。"（也捂嘴笑起来）

　　治疗师："的确，一个人内心的感受、情绪、想法、意图、态度，我们是没有办法观察到的，也就没有办法去描述。所以'她很开心'并不是一个描述，只是我的一个想法，可以描述成'我有一个想法是她很开心'。这个想法是基于我的解释和推测，并不一定是事实。我们的脑海当中会不停地产生一些想法，但是它们只是想法，并不是事实。只是因为你认为'大家都不喜欢我'或者'我弱爆了'，并不意味着那就是真的。比如，数学老师突然走进教室，手里拿着一沓试卷要搞一个突击测验，你可能会观察到自己心跳加速，胃也在紧缩，心里可能会想'我完蛋了'。但这只是一个想法，所有的想法都只是我们的内心活动，并不是外部现实。诀窍在于要学会把想法只是当作想法来进行观察，并给它贴上一个标签，这是我的一个想法。"

　　治疗师继续提问："大家有没有什么时候错误地描述了他人的情绪或者意图？当然这个描述是打引号的。"然后，针对团体成员的描述进行回应。

话术样例——参与

　　"参与是完全投入到某一个活动里——自动与这个活动融为一体。参与是全身心的参与，不是你在做着这件事，还同时做着另一件事，或者想着一些别的东西。生活中有很多这样的例子，比如小朋友在特别投入地玩耍，学生在全神贯注地思考一道数学题，妈妈在心无旁骛地烹制她的拿手菜。当我们全身心地参与某个活动的时候，会达到某种忘我的境界，有时候即使这个活动很难，但看起来非常自然，好像毫不费力，就像花样滑冰的运动员做一些高难度动作的时候，他们在冰面上滑行、旋转、跳跃，虽然需要极高的技巧，但在我们看来那一切都很自然，如行云流水，毫不费力。"

　　治疗师邀请团体成员分享："大家可以两人一个小组，彼此分享自己可以全然参与的事情。也请大家去思考一下你是如何在做这件事的过程中做到完全投入的？你当时有没有去想着自己的情绪，或者别人怎么看，或者他们以前是怎么做的，或者担心将来的事情？"

---

　　2. "如何做"技能　　"如何做"技能强调我们在练习正念的时候，应该如何去做，即不评判地做、专一地做、有效地做。其中最难以理解和掌握的部分是不评判地做，这部分是所有正念教学的基础，需要确保所有成员理解，并进行相应的练习之后再进入后面的教学。

　　初学者很容易产生的一个疑问是，不评判地做是不是要放弃所有的判断。这样会让我们丧失分辨能力和是非观念，我们应从评判的类型入手，让团体成员了解不评判地做是指在做正念练习的时候，尽量不让评价影响我们的观察、描述和参与的过程，而不是要我们丧失辨别的能力。专一地做是带着觉察和专注投入当下，专心只做一件事。可以通过让大家列举不专心地做的例子，并讨论有可能产生的危害，从而认识专一地做的必要性。有效地做是指从自己想要达成的目标出发，不执著于对错、公平、应该，采取一种灵活务实的态度，认清实际情况，做有助于达到目标的事情。应着重引导团体成员理解目标的含义和要想有效地做需要克服的障碍。

话术样例——不评判地做

治疗师："要想正念地观察、描述、参与，就要采取不评判的立场。也就是，不要去评判事情的好与坏，有价值还是没价值，值得还是不值得，应该还是不应该。有两种评判，一种是辨别，另一种是评价。辨别可以帮助我们去确定两个事物是相同的还是不同的，或者某个事物是否符合预设的标准。在这里'区分'和'辨别'这两个词是等价的，可以互换。比如我们之前有一起确认过我们这个团体的规则，那我们可以去辨别或者区分哪些行为是符合团体规则的，哪些是超出了团体规则的。学校里老师在判卷子的时候，也是通过辨别或区分你的答案和正确答案是否一样来判断你的答案是否正确。大家注意，这种辨别或区分并不是评价一个事物的好坏，这种评判只是在表述一个事物是否符合某一个预设的标准。辨别是建立在事实的基础上的，它对我们的生活来说非常重要。我们并不想要消除辨别和区分。谁能举一个生活中我们应用辨别或者区分去评判的例子。"

成员 A："椅子面是软的，这个椅背是硬的。"

治疗师："很好，这个评判是区分椅子面和椅子背的软硬度是不同的。"

成员 B："这个奶茶是热的，不是冰的。"

治疗师："嗯，区分不同的温度。小 C，你要举个例子吗？"

成员 C："我比较被动，不如小 A 和小 B 主动，算吗？"

治疗师："你是指在课堂上分享这件事情是吗？"

成员 C："是的，如果你不叫我的话，我就不会主动发言。"

治疗师："被点名才发言和不等点名就举手发言这两种行为的确是有区别的，如果单纯是区别这两种行为的话，的确是属于辨别的评判，因为这种辨别的确是基于事实。但是主动和被动很容易被赋予价值判断，好像主动就是好的，被动就是不好的，如果当时你指的是这个意思的话，就属于另一种评判——评价。"

"评价是基于一些想法、观点和价值，并不是基于事实或现实。这些评判经常会把事情划分为好的或坏的、有价值的或没价值的、对的或错的。这些想法是基于我们的看法而不是现实。因而，一个人的看法可能和另一个人是不同的。一些评价可以被认为是一种简便的描述方式，生活中我们在描述一些事情的时候经常会这么说。比如，我们会描述一个苹果是'坏的'，而很少会去详细地解释这个苹果是烂了、发黄了，还是上面有很多虫眼。我们会说一个苹果'好吃'，这个时候的意思是我们喜欢这个苹果的味道。但是你说一个苹果好吃，另一个人可能会觉得这个苹果还没有熟透，还有些酸。"

"我们在把一些形容词用到人身上的时候，很多时候都是在做评价，比如小 C 说的主动和被动。其实，小 C 在说自己比较被动、别人比较主动的时候，是在说别人不用叫就举手发言，她要被叫到才会发言，而小 C 可能心里面是希望自己也能够在没有被叫到的时候就举手发言。说自己被动、别人主动，的确是一种更简便的描述。可能我们在场的人，即使小 C 不去解释，也会很容易明白她在说什么。但是，不在场的人就不会明白小 C 说的是什么意思。其实不仅是别人，就算是我们自己，时间长了都会忘记这句话本身的语境，会把它当成对事实的描述，会给自己贴上被动的标签，而当我们想到这个标签的时候，我们的感觉会很不好。"

"当我们在跟别人交流的时候，如果也使用这种给别人贴标签的方法，'你就是自私'，'你就是虚伪'，'你就是不自律'，'你太冲动'，可能容易导致无效沟通。面对这样的评价标签，对方也完全不知道你不满意的是什么、需要他们改变的具体行为是什么。结果就是我们没有得到我们想要的，对方也会很愤怒，或很受伤。其实，如果采用描述的方法，具体地说'我希望你不要一不开心就不管多晚都给我发语音，而出去玩却从来不约我'，比'你很自私'显然会更有效。"

"那些过于概括的负性评价，无论是对自己的，还是对他人的，都常常会影响我们的情绪，成为负性情绪的燃料。我们越是去评价，情绪就可能越强烈，会让我们陷入情绪心。不评判的态度可以帮助我们保持智慧心。"

"不评判并不意味着赞成，也不意味着对可能引起的后果视而不见。每一个行动都会产生后果，无论我们认为事情应该是什么样子的。"

"我们多数人都习惯了去评判。但是，我们现在了解了评判也会给我们带来痛苦和困难。所以，我们要去练习在描述事物的时候尽可能不去评判。有一些步骤可以帮助我们做到这一点。第一步是去留意我们的评判，当自己开始评判的时候首先去留意它。留意就好，不要试图去压制或消灭这种评判，更不要因为自己产生了评判而评判自己。这是个很自然的事情，同时我们已经在学习如何改变了。第二步是去数一下自己的评判次数。当自己去评判的时候去记一个数，比如在本子上画正字，或其以任何你喜欢的方式记数都可以。如果你觉得自己无时无刻不在评判，数不过来，也可以每天先选择 1 个小时来数数看。第三步是用描述事实的方式来重述你的评判，去除对人的评价，去掉自己的情绪或者好坏的评判，单纯地描述事实。带着不评判的态度去识别自己的偏好。只是描述观察到的事情，不去附加任何的个人观点或情绪。我们的目标是不评判，并不是要去把那些坏的评价都改成好的评价，去追求某种积极或者豁达的境界。对于一个事情，好的评价、坏的评价都可以有。我们做正念练习的目标是用对事实的描述来代替好坏、优劣、贵贱、高低这样的评价。"

■ **练习：鉴别辨别/区分和评价**

可以准备一个像表 4-3 的空表格发给小组成员，或者在白板上画一个这样的表格。接下来请大家列举几个生活中常见的评判的例子，当成员说完例子之后，需要告诉治疗师这个例子属于哪一类评判，其对应的另一类评判常常会是怎么的。

表 4-3 两类不同的评判

评判——辨别/区分	评判——评价
"根据体重指数的标准，我超重了。"	"我又胖又丑，看起来真恶心。"
"我的语文考试没及格，因为作文写跑题了。"	"我语文考试没及格，因为我是一个傻瓜，作文写跑题了。"
"因为作文写跑题了，我很生气。"	"我就像一个傻瓜，怎么这么蠢，作文都能写跑题。"
"我妈今天回来看到我没上学，不容分说地就把我骂了一顿，她说的话很难听，我特别生气。"	"我妈又暴躁，又刻薄，一点都不理解我。我烦死她了，我再也不想看见她了。"

话术样例——专一地做

"专一地做的意思是带着觉察和专注投入当下，专心只做一件事。专一与觉察的品质有关。把注意力只放在一件事上有助于我们不带期待地完全投入到某个活动当中。专一意味着聚焦于即刻的当下，而不是过去或者未来。过去的已经过去了，未来还没有到来。但是我们经常会在上自习的时候，心跑到过去或者未来，没有办法专心地做当下该做的事情。比如拿着书，心里却在担心明天要做汇报，或是想着昨天跟朋友闹矛盾的事。所以在做正念练习的时候，我们强调要把心放在当下正在做的事情上，专一地做一件事。我们在讲'是什么'技能的时候，也曾经跟大家强调，观察、描述、参与，我们每次只能做一件事。"

■ **练习：不专一地做的潜在危害**

在白板上画出表 4-4,让团体成员举出生活中不专一地做的例子，由治疗师简写记在左边一栏，根据时间和进程，在完成 3~5 个例子后，让大家讨论每种做法潜在的不良后果或危害是什么。最后将其概括为要专一地做的三点理由：①焦虑未来或陷入负性的回忆会增加当下的痛苦；②一心一意比一心多用更有效率；③不专注有可能会让我们与每一个当下擦肩而过，在人际关系中无法全情投入，错过生命中的精彩和美好。根据大家的反馈和用语进行概括，体现上面的三个要点即可。

表 4-4 不专一地做的潜在危害

不专一地做	潜在危害

话术样例——有效地做

"有效地做的意思是去做那些有效的事情，也就是能够达成目标的事情。可能有人会说，这还用说吗？不那样做怎么能达成目标呢？但是大家想想看，有效地做，做能达成目标的事情，真的那么容易吗？"

"比如我打算周末和家人去度假，目的是想陪陪家人，让大家都放松一下。我想要去泡温泉，花很多时间做了攻略，还订了温泉票，本来想着把一切做好之后再跟他们说，给他们一个惊喜，但是父母都想去滑雪，让我把温泉票退了。我觉得滑雪太冷了，冬天去泡温泉多舒服，但是他们就是不同意。这个时候，我很容易会怎么做？（提问）（成员回答：和父母吵架）是的，这个时候，我可能很容易把注意力放在到底应该去泡温泉还是滑雪上，但其实这并不是我最初的目标。如果我能始终清楚地知道自己的目标是去陪家人，就不会跟父母吵架，可能会选择让步。"

"知道自己的目标是什么，是有效地做的第一步。但是当我们在做事情的时候，有时候经常会不知道自己做这个事情真正的目标是什么，或者会忘记自己的目标。"

■ **练习：分享最近想做的事及目标**

三个人组成一个小组，每组讨论五分钟，跟小组成员分享一件你最近想做的事，以及做这件事情的目标。五分钟之后，我们在大组里分享讨论。

（四）团体结束

团体结束时的流程与之前一致。本周的家庭作业是完成《家庭作业手册》第三周中的练习正念核心技能，以及填写日志卡。

四、第 四 周

（一）团体开始

如果上次的团体技能训练有人缺席，首先讨论缺席的相关事宜，接着做正念吃葡萄干的练习。

（二）讨论家庭作业

邀请团体成员分享自己家庭作业的练习情况。上周的作业是练习正念核心技能以及填写日志卡。

情境案例——患者觉得专一地做事很别扭

成员 F："老师，我这周练习了一次专一地做，也就是一心只做一件事。那天我在吃饭的时候突然想到了，就说试一下。以前吃饭的时候，我喜欢一边吃饭，一边看手机或者看电视。因为我平时的学习都很忙，吃饭是难得的放松时刻。但是我想我要一心一意地做，放下手机，电视也没开，就在那儿吃饭，但是我觉得心里特别别扭。"

治疗师："嗯，非常好！因为这一次和你平时吃饭的方式不一样，开始的时候的确会非常别扭，但是你能觉察到这种别扭，这也是一种对情绪的正念觉察。如果你的目的是觉察你在这个过程中的情绪，你已经做到了专一地做。但是正念还需要有效地做，如果你的目的是觉察你吃的东西的外观、口感和味道，你可能需要在这个过程中温柔地把注意力拉回到对食物本身的觉察上。"

成员 F："其实我的目的是像正念吃葡萄干一样去觉察食物。但总觉得别扭，觉得这种感觉不对，练习正念不是应该觉得舒服才对吗？"

治疗师："我们可能都希望在练习正念的时候觉得舒服，因为毕竟生活中的痛苦已经够多了。然而，正念是觉察当下，当下可能既有舒服的体验，也有不舒服的体验。这种觉察不仅要专一地做，而且要不评判地做，只是把注意力放在对当下体验的觉察上，而不要放在对体验的评判上，其实并没有所谓对的体验和不对的体验。"

成员 F："是的。可是我还是觉得一边看手机一边吃饭挺好的，是非常难得的放松。"

治疗师："没错，可能你平时的生活太忙碌了，难得有时间看手机，所以你不想放弃这个机会。其实我们的目的也不是在生活中做每一件事都必须要以正念的方式去做，不能一心二用。我们是想通过练习一心一意去做事情，培养一心一意的能力，这样在需要的时候，我们就可以用得上这种能力。如果你的目的是放松，在吃饭的时候看手机视频会让你更放松，当然没有问题。你可以找其他机会练习专一地做，比如上课的时候、写作业的时候、和朋友聊天的时候，这时候一心一意更能帮助你有效地做。"

（三）技能训练

本周的团体技能训练聚焦于 TIP 技能。在讲授这部分时，重要的是带领团体成员练习这些技能，并教给他们在何时使用。让团体成员了解这些技能背后的原理，有助于增加依从性，但不应花过多的时间。

话术样例——痛苦耐受技能模块的导入

"在前三次的团体技能训练中，我们学习了正念模块的技能。当我们在通向问题行为的高速公路上开着车一路狂奔的时候，正念可以帮助我们意识到当下正在发生什么，接下来我们要做的是赶紧找到一个出口从这个高速公路上下来。我们可以寻找的第一个出口是我们接下来要学习的这个模块——痛苦耐受技能。痛苦耐受技能可以帮助我们度过危机时刻，防止情况进一步恶化。"

"今天我们开始学习一个新的模块，名字是痛苦耐受技能。这个模块的所有技能都是关于如何应对痛苦。痛苦是生活中的一部分，是没有办法避免的。没有人想要痛苦。面对痛苦，我们经常采取回避的态度，甚至想都不想想，更不用说去想如何去应对它了。但是我们真的能够去掉生命中所有的痛苦吗？相信大家一定会说不可能。因为生活中就是会有不如意的事情发生，比如父母离婚，我们所爱的人离世或者患有某种慢性病，和男朋友或女朋友分手，想要取得好的名次但是特别特别难，等等。"

"如果我们不能去应对自己的痛苦，就有可能做出冲动行为。大家有没有在经历强烈情绪的时候，做出过冲动行为，比如你特别生气或者害怕的时候？"（引出成员的例子）

"当我们做出冲动行为的时候，有可能会伤害到自己，也有可能会伤害到其他人，同时我们并没有得到我们想要的，甚至会让事情变得更糟。但是想想看我们是不是都有过情绪太强烈、太难受，无法忍受的时候？这个时候，你一般会怎么做？也许你会做一些让自己后悔的事情，比如砸东西、伤自己，或者做一些损害关系的事情。虽然痛苦是无法避免的，但同时我们不想因为缺乏痛苦耐受能力而制造更多的痛苦，所以我们需要学习痛苦耐受技能。"

"有两种痛苦耐受技能，危机生存技能和接纳现实技能。危机生存技能的目标是去帮助你度过短期的危机情境，而不把它弄得更糟。常常当一个危机发生的时候，我们可能会从情绪心出发去行动，结果导致更多的问题。危机生存技能可以帮助我们耐受痛苦，让我们不意气用事。接纳现实技能适用于一些长期痛苦。如果你目前过得不好，但是短期内又没有办法改变，你就需要接纳现实技能。大家是否曾经有时觉得事情不应该是那样的，而事实偏偏就是如此。你可能会觉得很生气，去跟现实斗争，拒绝接受现实。这是一个正常反应，但它实际上增加了我们的痛苦。当我们无法改变生活中那些痛苦的事情，比如事情已经发生了或者我们根本无能为力，我们能做的是学习一些技能来接受现实。在痛苦耐受这个模块的后半部分，我们会学习接纳现实技能。"

"简而言之，危机生存技能可以帮助我们忍受短期问题导致的痛苦，接纳现实技能可以帮助我们忍受长期问题导致的痛苦。需要提醒大家的是，痛苦耐受技能并不能解决那些引起痛苦的问题。它们的目标不是消除痛苦，也不是让我们感觉良好。在使用这些技能之后，有时候我们可能感觉会好一些，但是使用这些技能的目标实际上是让痛苦变得更能够忍受。"

团体成员在使用这些技能时，经常会有以下的抱怨和质疑。

1. "我试了，但是没有效果" 这些技能虽然能够快速起效，但是也需要持续一定的时间，比如激烈运动应该至少持续 20 分钟；把脸部浸泡在冷水里虽时间不宜过长，但时间过短，不能充分诱发潜水反应；调节呼吸和配对式肌肉放松都需要平时进行练习，而且不会一做就马上起效。

2. "我觉得还是自伤更好用" 自伤的确会通过疼痛迅速起到转移注意力的作用，而且会刺激机体产生内啡肽增进愉悦感，但长期使用会让疼痛慢慢变得不敏感，让自伤行为固化甚至加重，侵蚀个体的自尊，引发来自家长、学校和社会的现实压力。更重要的是，它阻碍个体通过发展自身技能来努力

追求一个值得过的生活的机会。因此，我们应引导团体成员全面、辩证地看待自伤，破除使用技能的障碍。

3. "我想不起来用这些技能" 可以提醒团体成员，平时可以由易到难，多加练习，最好能在练习前后对自己的情绪、冲动或痛苦的强度进行评分并对比，增加自身使用技能的信心，这样才有可能在危机发生时使用这些技能。

4. "我既往用过，但体验不好" 在团体中，我们经常会遇到这样一种情况，某成员会说自己以前用过，比如深呼吸、浸泡冷水等，但是体验不好。这时，治疗师一方面对成员使用过该技能并且此刻表达了使用的感受给予认可，另一方面需要详细询问成员的使用方法，跟成员一起讨论可能存在的问题。

情境案例——患者使用 TIP 技能时体验不好

治疗师介绍完 TIP 技能后，问团体成员："关于介绍的用冷水浸泡脸或洗澡，有谁曾经用过这样的技能吗？有经验或者教训要分享吗？"

小 F："我用过，那个时候天还比较冷，我放了一浴缸的冷水，把自己的身体整个浸到冷水里，人是清醒了，但小腿抽筋，到现在还常常会有小腿抽筋的问题。"

治疗师："是啊，所以，我们在使用这些技能来帮助自己的时候，也要明白注意事项，以免受到身体上的伤害。比如像小 F 介绍的情况，各位觉得可以怎样避免呢？"

大家纷纷发表意见，有人说身体逐步进入，有人说先把冷水一点点泼到自己身体上，也有人说只是尝试冷水洗脸即可。

治疗师："是，我们要注意不让自己的身体受到不必要的伤害，最好跟自己的医生一起评估心脏承受能力。同时，我们也要注意，在别人做这个尝试的时候，要保护好他们，比如不把小伙伴或者家人的头强制按到冷水里。"

（四）团体结束

团体结束的内容与之前类似。本周的家庭作业是完成《家庭作业手册》第四周中的练习 TIP 技能，以及填写日志卡。

五、第 五 周

（一）团体开始

如果上次的团体技能训练有人缺席，首先讨论缺席的相关事宜，接着做身体扫描的正念练习。

（二）讨论家庭作业

邀请团体成员分享自己家庭作业的练习情况。

上周的家庭作业是练习 TIP 技能以及填写日志卡。

（三）技能训练

本周的团体技能训练包含 ACCEPTS 和自我抚慰两个技能。ACCEPTS 技能旨在帮助团体成员在情绪危机时刻可以及时转移自己的注意力，自我抚慰技能旨在通过五种感官刺激进行自我抚慰和自我关怀，这两个技能的目的都是减少即时痛苦，提升危机生存技能。其中 ACCEPTS 相对更难掌握，需要更多的解释和讨论，要注意帮助团体成员了解分心和逃避的区别，避免不当或过分地使用分心技能。自我抚慰技能则比较好理解，在课堂上不需要进行详细的讲解和示范，可放在家庭作业中让团体成员尝试使用。

情境案例——使用了 TIP 技能，但感觉不是很好

治疗师："谁能跟我们分享一下，在刚刚过去的这一周，你是如何用 TIP 技能的？效果怎么样？有没有什么困难？"

小 C："我上周用了 TIP 技能里面的 T，就是改变温度的技能。我上周跟男朋友分手了，感觉特别难受。我就想起这个技能——用冷水洗脸。但是在用的过程中，我并没有感觉很好，我一边洗脸一边哭，最后还是看着镜子里面的自己哭的样子很丑才停下来的。"

治疗师："嗯，那你洗了多长时间？"

小 C："两三分钟。"

治疗师："做完之后，你看到镜子里的自己哭的样子，你有个想法是哭成这个样子很丑，之后你做了什么？"

小 C："我不想让自己那么丑，就停下来了。"

治疗师："如果你当时没有去用冷水洗脸，你可能会做什么？"

小 C："我可能还是会自伤，比如用指甲划自己。"

治疗师："你刚刚失恋，一定非常难受，而且这种难受可能不仅仅是心理的难受，还包括身体的各种不舒服。在这种难受非常强烈，甚至要无法忍受的情况下去使用 TIP 技能是非常合适的。"

小 C："嗯，我当时就是特别难受，觉得要撑不下去了。"

治疗师："你可能疑惑的是，我用了冷水洗脸，可是感觉仍然没有变好。最后我是一边哭，一边洗，直到看到镜子中的自己才停下来的。"

小 C："是的，不知道是不是 TIP 技能的效果。"

治疗师："痛苦耐受技能是帮助我们能够去忍受那些强烈的痛苦，减少冲动行为。TIP 技能帮助你度过了最难受、最冲动的那一刻，让你没有立刻去自伤，减少问题行为是我们使用 TIP 技能的目标，从这个角度来说它是有效的。虽然有时候我们使用了痛苦耐受技能，感觉可能会好一点，但这并不是我们的目标。如果我们想改善自己的负性情绪，后面会专门学习情绪调节技能。分手带来的痛苦可能不会马上消失，在一段时间内可能会像波浪一样，一波未平，一波又起。一方面，我们可以把每一次的浪头最高的时刻看成是一个危机时刻，用危机生存技能来帮助我们度过这个危机，而且今天我们的危机生存技能的工具箱还会增加两个技能——ACCEPTS 和自我抚慰。另一方面，从长期来看，你可能也需要另一类痛苦耐受技能，即接纳现实技能，来帮助你接纳这段关系的确已经结束了这一事实。另外我想提醒你的是，练习和使用我们学过的正念技能，对想法、情绪、躯体感受进行觉察和描述，全身心地参与到当下的活动，专一地做、有效地做、不评判地做，也会有助于我们度过这样的情绪危机。"

话术样例——ACCEPTS 之推开

"ACCEPTS 中的 P 代表推开（pushing away）。当我们面对痛苦的情境时，如果我们暂时没有办法解决，可以及时离开那个情境，比如在客厅里跟妈妈吵起来了，当意识到这不是我想做的，可以先回自己的房间。及时抽身，减少和情绪线索的接触。"

"我们可以在脑海当中有意识地推开那些跟负性情绪有关的想法、画面或者冲动。说一个我自己的例子，我在读研究生的时候，有时候会被导师非常严厉地批评。他在气头上时会不停地批评我，这时我没有办法做任何的解释，也不能离开他的办公室。我会想象自己慢慢离开了自己的身体，飘起来，越飞越高，飞到天空中，去俯瞰整个学校，甚至整个城市。等他气消了，我再去跟他沟通和解释。"

"你也可以想象那些让你痛苦的想法被写在纸上，那些痛苦的画面被定格成一张照片，那些令人痛苦的声音被记录在一个磁带上，你把它们放在一个盒子里，然后把盒子放在架子上。"

"你也可以想象自己坐在堆满了东西的桌子前，桌子上的那些东西是你脑海当中挥之不去的想法和情绪，想象自己把所有的东西统统推下去，然后大声说'不'。"

话术样例——ACCEPTS 之区分转移注意力和逃避

治疗师："今天学了很多转移注意力的技巧，同时我想问问大家如何区分转移注意力和逃避呢？这是个很重要的问题。比如，当我们想到下周一要进行考试，心里特别紧张、烦躁，就去看一个有趣的电视剧来分散一下自己的注意力，会起到替换想法和替换情绪的作用。本来我在想着下周一的考试，看电视剧替换了我的想法。本来我很焦虑，这个电视剧让我产生了轻松、开心的情绪。但是如果让电视剧自动联播，一集一集看下去会怎么样？谁能说一下这是否是一种逃避？要怎么分清我们现在做的是在转移注意力还是逃避呢？"

成员 A："我觉得如果一个事情，虽然会给自己带来一些压力和不舒服，却是必须要去想办法解决的，如果我们一直不去想这个事情，一直做其他的，这就是逃避。但是如果这件事情非做不可，但是此刻我确实压力很大，就要崩溃了，我先去看一会儿电视或者干会儿别的事情，一会儿好一些了再去想办法解决这个事情，这就是在转移注意力，而不是逃避。"

治疗师："非常好，说得非常清楚。转移注意力是一个痛苦耐受技能，它的目的是让痛苦变得更能够忍受，而不是让我们一直不去面对现实，不面对那些我们要去解决的事情。有一个比喻可以帮助我们理解转移注意力和逃避的区别。转移注意力就像去度假，你走的时候一般就计划好了什么时候回来，甚至你会买往返的票。而逃避是我只想离开这个地方，我可能随便买一张机票，去哪里都好，只要能离开这儿就行，不会去计划什么时候回来，更不会去买好返程的票。在使用分散注意力技能的时候，你可以设定一个时间限制，比如去玩半小时的游戏让自己情绪平复一下，半小时后去做该做的事情。这样可以帮助我们减少逃避。另外需要提醒大家注意，TIP 技能和分心技能，这些危机生存技能是当我们处在特别强烈的负性情绪中时用到的，我们用这些技能只是为了让那些强烈的痛苦变得更能够忍受，而不是要去消除那些痛苦。所以，大家也需要警惕，如果我们过于频繁地使用这些技能，或者只要有一点不舒服就去使用 TIP 技能和分心技能，那么要问问自己的智慧心这样做是不是在过度回避痛苦的体验。"

话术样例——自我抚慰技能

"当我们感到特别痛苦的时候，如果能够做一些事情让自己感觉舒服、被滋养，温柔、善意地对待自己，安抚自己，就有可能降低我们的情绪易感性，能够更好地控制自己的冲动行为。要想这么做并不容易，因为我们不一定会习惯那么温柔、友善地去对待自己，去自我安抚。"

"对于有些人来说，也可能是内心的自责在作祟，老是自我批判，觉得自己做错了，或者做得不够好，应该负责任，不配被那么温柔、友善地对待。他们经常让自己处于痛苦之中，变相地去做自我惩罚。当给他们提供自我抚慰技能时，他们可能会告诉你'我没有时间，或者没有心情，反正我做不到。'但实际上是内心的自我批判和自我贬低在作怪。生活已经那么痛苦了，我们为什么没有权利去做一些能让自己愉快、舒服、放松的事情呢？"

"还有一种误区是，觉得应该是别人来安抚我。比如朋友惹我了，让我很生气，应该他来安抚我。而实际上，如果目标是让自己尽快平静下来，就不必纠结于应该是别人来安抚自己，而是自己想办法抚慰自己，这才是有效地做。"

"或者说理智心跳出来跟你说，你需要的只是去想方法解决眼前的难题，根本不需要考虑什么个人的感受，更不需要什么自我抚慰。这个时候，你需要去认可自己。'是的，解决这个问题很重要，但同时我目前的感觉的确特别糟，如果能做点什么让我现在感觉好一点，还是值得去尝试一下。'当脑海中出现这些阻碍我们使用自我抚慰技能的想法，可以尝试去觉察，然后问问自己的智慧心，做出最有效的选择。"

"《患者手册》中列出了一些通过五种感官来抚慰自己的方法。大家可以去看一下这些方法，在每一种感官中选出两个最想尝试的方法，在前面的小方框里画钩。"

（四）团体结束

团体结束的内容与之前类似。本周的家庭作业是完成《家庭作业手册》中第五周的练习转移注意力和自我抚慰，以及填写日志卡。

六、第 六 周

（一）团体开始

如果上次的团体技能训练有人缺席，首先讨论缺席的相关事宜，接着做正念练习：对当下的想法正念。

在团体技能训练中，患者缺席或迟到是很常见的现象，治疗师需要了解患者出现这些行为背后的原因，有一些可能与技能训练的主题相关，比如临出门前跟家人吵架，情绪很差，于是不想参加。如果与技能训练的主题相关，那么治疗师在团体中与患者的讨论和分析便可以帮助患者找到解决问题的方法，比如在什么地方使用学习到的技能，进而有助于患者减少后续类似行为的发生。

情境案例——患者迟到

　　小 F 在团体技能训练进行到 40 分钟的时候才到，当时小 B 在发言，治疗师示意小 F 坐下。

　　在小 B 发言后，治疗师问小 F："我注意到你今天迟到了，可以跟伙伴们说说是什么原因让你迟到了吗？"

　　小 F："是的，很抱歉，我今天迟到了。我有两个抱歉的原因，一是上周我违反了不自杀承诺，我自杀过，所以很抱歉。二是我今天已经很努力要让自己能来，但还是有点做不到，不过我想我哪怕迟到也一定要来。"

　　团体其他成员开始问小 F 发生了什么。

　　小 F："因为情绪的无法自控，所以服用了药物，被家人发现后送到医院洗胃，自己意识到不应该再采取这样的行为了，所以今天来也是想要从团体中获得帮助。"

　　治疗师："你有两个很好的觉察，一是觉察到服用药物的行为跟情绪失控有关，二是你意识到不能再采取自杀的行为了。同时，感受到你很想改变，并且你希望从团体中获得一些帮助，也就是说，你开始做一些行动（寻求团体的帮助）帮助你改变，这真是太棒了！你希望团体怎么帮助你呢？"

　　小 F："希望大家能给我一些建议。"

　　小伙伴们开始讨论，有些人建议可以使用痛苦耐受技能，小 D 问她服用的具体药品名称以及平时药品是由谁保管。在听到小 F 说药品是她自己保管的时候，小 D 说："也许可以把你的药品交给父母保管，每天向他们拿当天的药品量。"

　　小 F 觉得这是一个可行的办法，表示自己会遵照执行，也会尝试用冷水洗脸。

（二）讨论家庭作业

　　邀请团体成员分享自己家庭作业的练习情况。

上周的作业是练习转移注意力和自我抚慰，以及填写日志卡。

情境案例——患者觉得痛苦耐受技能对自己不适用

　　成员 H："我觉得痛苦耐受技能对我来说可能并不适用。因为我在自伤的时候，并没有感觉到痛苦，只是想去划自己，整个过程我都很清醒，很平静。"

　　治疗师："嗯，你觉得在划自己的过程中都很清醒，很平静，同时如果你愿意的话，也可以继续练习正念，看看以后能不能觉察这个冲动产生之前发生了什么。你可以做链锁分析，看看脆弱因素、促发事件是什么，促发事件和自伤行为之间有哪些环节。同时，如果你觉得自伤行为是和你长期的生活目标相违背的，是你想要减少甚至消除的行为，那么当你有强烈的冲动做这个行为时，即使你没有感受到强烈的情绪痛苦，仍然可以使用痛苦耐受技能，如使用 TIP 或者 ACCETP 技能；当冲动没有那么强烈的时候，你也可以做一些自我抚慰。我相信这些技能会对实现你的目标有帮助。"

（三）技能训练

　　本周的技能训练包括全然接纳、转念、我愿意。其中，全然接纳是重中之重。《患者手册》

中介绍了全然接纳的概念、全然接纳的对象和原因，可采用治疗师讲解和团体成员讨论相结合的方法进行。

> **话术样例——练习全然接纳**
>
> "大家可以拿出之前写下的那个例子，现在我们学习了全然接纳技能，你觉得这个例子符合全然接纳的定义吗？如果你觉得符合的话，可以把它写在《家庭作业手册》第六周全然接纳作业单上。这个作业单要求列出四件使用全然接纳技能的事情，其中两件是生活中非常重要的事情，两件是没有那么重要的事情。大家花一点时间思考，并填写这四件事。"
>
> 等全体成员填好后，继续："如果0分表示目前我们完全不能接纳，5表示完全能接纳，请大家对这四件事目前的接纳程度打分。"
>
> 等全体成员评完分之后，邀请两名团体成员分享自己的例子和评分结果。最后，进行作业单中的步骤3，请团体成员来检视自己的列表。
>
> "大家现在按照步骤3的提示来检查一下自己列出的四件事，检查一下这四件事是事实，还是我们的观点和解释，其中有没有掺杂我们的评判，如果需要的话，试着不带评判地重新描述一下这四件事。"
>
> 等全体成员完成检视后，邀请两名团体成员分享自己的一个例子和评分，并邀请1~2名团体成员对这个例子是否区分了评判和现实进行反馈。手册中的步骤4~6作为家庭作业让团体成员课下完成。

在本周的技能训练中，一个常见的情况是患者普遍觉得全然接纳的练习非常难，治疗师自己练习起来也会觉得难，如何处理呢？

最好能在当下找到一个大家共同觉得比较难以接受的，但也试图接受的事。例如，团体成员可能有一个共同点，就是他们或多或少觉得不想接受治疗，他们会觉得是别人的问题，不是自己的问题。那可以这样引导他们：此时此刻，是否有部分的你还是觉得"我不想来""不应该是我在这里""是别人的过错"。如果不接纳，就会让自己一直卡在抱怨里，那对自己的现状和生活来说，并没有帮助。

另外一个方式是，治疗师可以让团体成员想一个生活中接纳的例子，这个例子是比较容易的，不是那么难的。假设有人想到了，治疗师邀请他在团体里说出来。我们要知道，刚刚开始练习全然接纳的时候，通常接纳的是一个评判，而不是事实。比如他们会想要接纳"我将来一事无成""我就是不够聪明""没有人爱我"，他们会尝试接受这些评判，或者将来还没有发生的事。治疗师可以通过自己的例子来帮助他们理解，全然接纳当中很重要的一部分是分辨什么是事实、什么不是事实。如果被一个评判所困，那会让人非常难受，因为越尝试去接受这个评判，越会陷入痛苦之中。

"愿意的手"和"微笑"就是比较直接、快速的方法。或者也可以让团体成员先做一分钟双手握拳、紧缩在胸前的姿势，再换成"愿意的手"和"微笑"，让他们去察觉身体的姿势和情绪之间的关系。这样他们也可以理解，全然接纳不仅仅是一种认知，也是一个身体、心、情绪的全然接纳。所以，所谓的"全然"不单是把所有的事实都接纳，同时也是用自己的全部身心去接纳。

（四）团体结束

团体结束的内容与之前类似。本周的家庭作业是完成《家庭作业手册》中第六周的练习全然接纳、转念和我愿意，以及填写日志卡。

七、第七周

（一）团体开始

如果上次的团体技能训练有人缺席，首先讨论缺席的相关事宜，接着做正念练习：觉察情绪。

（二）讨论家庭作业

邀请团体成员分享家庭作业的练习情况。上周的家庭作业是练习全然接纳、转念和我愿意，以及填写日志卡。

情境案例——分享练习前后的感受

成员 A："我想分享的需要接纳的事是我跟男朋友分手。我和男朋友已经分手一个月了，我尝试了各种挽回的方法，都没有用，但是我没有办法接受。"

治疗师："你试着去全然接纳这件事？你是怎么做的？"

成员 A："晚上我在学习的时候又想到他，很难受。我尝试着去接受，我们结束了，谁让我没有魅力呢。在这样想的时候，我试着微笑，并做'愿意的手'的动作。"

治疗师："我估计在那种情况下，你去做'愿意的手'和'微笑'一定很难，是吧？"

成员 A："对，我会觉得虽然我在僵硬地微笑，但是心里那种难受的感觉并没有改变。"

治疗师："那你觉得做完以后和不做相比有什么区别吗？"

成员 A："我觉得虽然心里还是有难受的感觉，但是可以很快回过神来去学习。没有像以前一样，我可能坐在那里一直想，甚至痛苦一个晚上，结果是作业也没做。"

治疗师："所以使用这个技能会让你的痛苦能够减轻一些，更容易平静下来学习？"

成员 A："是的。"

治疗师："接受分手这个事实并不容易，我很欣赏你愿意在那么困难的情况下去尝试全然接纳的技能。如果你继续这样做，肯定会有一天变成一个全然接纳的大师。我们在结束一段关系的时候，一定会难过，这也是正常的情绪反应。但是如果我们不能接纳现实，可能会更难过，或者难过更长时间。使用技能之后，我们可能仍然会难过，不一定会马上不难过，尤其是在这么困难的情况下。但是有可能难过的程度会减轻一些，或者时间短一些。全然接纳一件事也需要一个过程，不会一下子做到。但是我相信如果你继续尝试在这件事情上不断地使用这个技能，你会慢慢接受事实。"

成员 A："嗯。"

治疗师："但是需要提醒小 A，和男朋友分手是一个事实，可以尝试用全然接纳的技能去接纳它。但是'我没有魅力'，这是一个评判，并不一定是事实。也需要提醒大家，在使用全然接纳的技能时，我们要接纳的是现在和过去已经发生的真实的事情，以及对未来合理的预期。就像使用正念的描述技能一样，在使用全然接纳时，我们一定要先去核查，这个对象到底是事实还是想法。"

（三）技能训练

1. 情绪调节的目标　本次团体将开始学习情绪调节模块，可以花一点时间来导入情绪调节模块。在讲授情绪调节的目标时，治疗师可以先引导患者进行发言，如果他们拥有了情绪调节的能力，想要达成什么样的目标，自然导入本部分内容。

话术样例——情绪调节模块的导入

"就像大海上一定会有波浪，我们每个人都会有情绪，但有时候情绪会很强烈，会像巨浪一样吞噬我们，引发自我伤害的行为。所以我们需要学习一些技能来调节情绪，学着如何去冲浪或者在海浪小一些的日子出海。但是我们没有办法消除情绪，就像大海不可能没有波浪。在这个模块中，我们主要学习情绪调节技能。请大家思考一下，如果你有了情绪调节的能力，你想要达到什么样的目标呢？"

2. 情绪的功能　很多人对于情绪存在这样的误解：某些情绪，尤其是伤心、愤怒、内疚等负性情绪是不正常的、不好的或愚蠢的，想尽最大的可能消除这些情绪。本部分旨在帮助团体成员理解每种情绪都是在进化过程中发展来的，都是有功能的，情绪本身无所谓好坏，需要认可自己的情绪。

团体成员很难通过讨论概括出情绪的三种功能，更适合通过阅读手册或由治疗师直接引出。治疗师可结合生活实例逐条讲解情绪的每项功能，适当引导大家进行讨论。情绪的功能带有进化心理学的色彩，也可采用原始人的视角来进行讲解。比如对原始人来说，恐惧的情绪可以让他们知道正在有危险的事情发生（对应"情绪帮助我们与自己沟通"），可以引发战斗、逃跑或僵住的行为，以帮助他们在遇到危险的时候生存下来[对应"情绪引发（并组织）行动"]。用高声吼叫、拍打前胸、呲牙、瞪眼等愤怒情绪的非言语表达可以让对方知道自己的不满并退出自己的领地（对应"情绪可以与他人沟通并影响他人"）。

3. 情绪的模式图 学习这部分内容有助于团体成员理解情绪的构成要素，也有利于对后续内容的理解。在讲授时，治疗师可以请团体成员思考在过去的一周是否有过最需要用情绪调节技能的时候，最想调节的情绪是什么。请一名团体成员来回答，治疗师一边询问情绪的各个要素，一边在白板上画出流程图，从而帮助团体成员结合具体实例理解情绪模式图，不至于混淆或分心。

话术样例——情绪帮助我们与自己沟通

"情绪可以像一个内在的闹钟，提醒你重要的事情。（治疗师在白板上写下恐惧、愤怒、悲伤、内疚四种情绪，并提问）恐惧会提醒我们什么？（引出答案：向我们发出危险的警报）愤怒会提醒我们什么？（引出答案：我们的目标受到了阻碍；我们失去了某个东西）内疚会提醒我们什么？（引出答案：我们违背了自己的价值观）。"

"如果你对某件事有一种直觉，不要把它当成事实，那只是一个信息——但是你也许不想要忽略它。当你有一种直觉的时候，重要的是去核查事实。大家是否曾经在某件事上听从了自己的直觉，最后证明直觉是对的？谁来说一下？（引出团体成员的分享）注意这可能也是智慧心。"

"将情绪当作现实可能会带来问题。如果我们偏听对牙医的恐惧情绪，把它当成现实，认为牙医会伤害我们，我们当中的很多人可能会满口龋齿。同样，感到内疚，认为自己不好，并不意味着你真的不好。"

---

4. 描述情绪的方法

话术样例——描述情绪的方法

"学习观察和描述情绪可以帮助我们去理解和调节情绪。《患者手册》中列出了很多不同的情绪，以及每一种情绪所包含的成分。我们可以先看看愤怒这个情绪，大家首先会看到有很多描述愤怒的词，这些词的意思可能有差别，情绪强度可能会不一样，但是核心都是在描述愤怒的情绪，就像是一个家族——愤怒家族。接下来列出了愤怒感受的促发事件、对促发愤怒感受事件的诠释、愤怒的生理变化与体验、愤怒的表达和行动、愤怒的后续影响。后面每个情绪家族都按照这个顺序来描述。大家以后如果对自己的情绪体验不确定，但是可以识别出目前这种情绪的某个成分，比如，我的想法或行为冲动是什么，可以去查这个手册，看看它符合哪一种情绪体验。"

（四）团体结束

团体结束的内容与之前类似。本周的家庭作业是完成《家庭作业手册》第七周的练习观察与描述情绪，以及填写日志卡。

八、第 八 周

（一）团体开始

如果上次的团体技能训练有人缺席，首先讨论缺席的相关事宜，接着做正念练习：抛球。

（二）讨论家庭作业

邀请团体成员分享自己家庭作业的练习情况。

上周的家庭作业是练习观察与描述情绪，以及填写日志卡。

情境案例——分享日志卡

在分享日志卡时，有一位成员表示自己过去的一周有自伤冲动，但没有自伤行为，并有如下反馈。

"在上次大家对小 F 的帮助中，我学习到了如何放置自伤工具，回到家我把美工刀藏了起来。在又一次情绪崩溃时，情绪心驱使我冲过去试图取出美工刀，但这次因为我已经把美工刀锁了起来，所以没能马上拿到，就在这一延缓的过程中，我的智慧心回来了，我觉察到了自己的情绪，并告诉自己'STOP'。治疗中学到的各种技能重新回到我的眼前，这一次我没有划自己。"

"因为这一次的成功，我明白了我是可以做到的。在向我的个体治疗师报告以后，她也给了我大大的赞许，我们充分地讨论了这次成功的意义。从这以后，到目前为止，我再没有划自己的行为。"

"一直以来，我都是家长眼中'别人家的孩子'，以前为了取得好成绩，我不眠不休地学习；为了保持好身材，我疯狂健身，减脂餐吃到吐但仍然继续。但不断自虐的结果是情绪的无法自控，以至于因为担心自己形象不完美而不敢出门。虽然现在，我还是希望做个优秀的女孩，但学习了这部分技能后，我也知道要爱惜自己的身体，要照顾自己的情绪，我可以同时协调好'照顾好自己的情绪'与'让自己变得优秀'这两个愿望。"

情境案例——分享观察与描述情绪

成员 G："我填写的这个情绪反应发生在周三晚上吃完饭的时候。"

治疗师："当时发生了什么事情？"

成员 G："本来我情绪不好，没胃口，但是一想如果不上桌吃饭，爸妈又会特别着急，心里斗争半天上了桌去吃饭。但是坐在那儿，我还是吃不下。我妈催我吃饭，我说我吃不下。我爸说我整天吃零食，当然吃不下。我说就是吃不下，跟吃零食没关系，而且最近零食也吃不下。我爸在那儿阴阳怪气地说'是的，你没吃，垃圾桶里扔了那么多包装袋，都是我和你妈吃的？'我当时情绪一下子就上头了。"

治疗师："当爸爸那么说的时候，你怎么想？"

成员 G："我想到他老是不相信我，我为了不让他们着急，才被迫坐在那里，其实我闻到饭菜的味道就恶心，但是这些他都不知道。还有就是他凭什么老是讽刺我？原来我学习好的时候，他从来没有那么对我，他一直以我为骄傲。现在我休学了，他嫌我丢人。"

治疗师："所以你的解释是爸爸不信任我，也看不到你对父母的理解和努力，因为你休学他嫌你丢人？"

成员 G："是的。"

治疗师："你当时的生理反应是什么？你刚才说情绪上头了？"

成员 G："是的，就是血往上涌，头晕，四肢没有力气。"

治疗师："当时你有一种什么样的冲动？想要怎么做？"

成员 G："我特别想把桌子掀了，想要跟他大吵一架。"

治疗师："那你是怎么表达这种情绪的？"

成员 G："我没有表达，就是一脸漠然，冷冷地看着他，坐那儿不说话。"

治疗师："用沉默来表达？"

成员 G："是的，因为我不想跟他吵架。"

治疗师："用沉默来表达什么情绪？"

成员 G："愤怒吧。"

治疗师："强度呢？"

成员 G："100。"

治疗师："哦，100！后来发生了什么？"

成员 G："我回自己房间了，但还是很生气，脑子很乱，会想很多不好的事情，越想越烦，特别想划自己。"

治疗师："你有真的去做吗？"

成员 G："没有。"

治疗师："是什么让你能够控制那么强的冲动，你有用我们之前学过的一些技能吗？"

成员 G："TIP 技能。"

治疗师："具体是怎么用的呢？"

成员 G："我先调节呼吸，做了几次深呼吸，然后又想起学过的配对式肌肉放松，就深吸一口气，紧张全身的肌肉，然后再放松，同时呼气。然后感觉好像平静了一些，我拿了一本书看，分散一下注意力。"

治疗师："所以你还用了 ACCEPTS 技能里面的 A，通过进行一些活动来转移自己的注意力。太棒了，你不但能来跟大家一起学技能，还能把它们用在生活里。相信学完情绪调节这个模块，你会更有能力调节自己的情绪。"

（三）技能训练

本周团体需要介绍的技能是相反行动。当情绪不符合情境的事实或不能引发有效的行为时，这时如果一再重复且贯彻执行与情绪相反的行动就会改变情绪。在讲述这个技能之前，务必让团体成员了解其基本原理，以争取团体成员的配合。

话术样例——相反行动的基本原理

"我们上一次在学习情绪的组成部分时已经了解到，每种情绪都会包含一个冲动行为。当我们愤怒的时候，会采取什么冲动行为呢？（引出答案：攻击）悲伤呢？（引出答案：退缩）害怕呢？（引出答案：回避）羞耻或内疚呢？（引出答案：隐藏）通常我们会顺着这样的冲动做出相应的行为，情绪会引发行为（同时在白板上先后写出情绪和行为两个词，并画一个由情绪指向行为的箭头）。其实，行为反过来也会影响我们的情绪（同时在白板上画出反向的箭头）。比如，在攻击别人的时候，我们可能会感到愤怒。你有没有对别人大喊过？是否发现你喊得越多、越大声，你就会变得越愤怒？这个例子说明我们的行为也会激化情绪。同样，当我们回避的时候，可能会感到害怕或焦虑。当我们退缩的时候，会感到悲伤。当我们隐藏的时候，会感到羞耻或内疚。如果我们改变自己的行为，也会起到调节情绪的作用。大家想想，如果在特别愤怒的时候，你不是去大喊大叫，不去跺脚，不去摔东西或者打人，而是转身离开，做几个深呼吸，甚至尝试从对方的角度重新审视一下让你生气的事，你的愤怒会减轻还是会更愤怒？（引出答案：愤怒会减轻）"

接下来可以分别提问当对恐惧、悲伤、羞愧采取相反行动时，会起到什么效果？

此外，在讲授相反行动的步骤时，治疗师可以让团体成员列举一个最近特别需要情绪调节的困难情境，以此为例逐步进行讲授，并强调容易混淆的要点。尤其需要强调应注意核对事实，即自身的情绪是否建立在事实的基础上，强度和持续时间是否与实际的情境匹配。还应注意情绪有时是符合事实的，但体验和表达这种情绪却是无益的，甚至是有害的，也无助于我们达成自己的目标。这时在考虑是否采取相反行动时，重要的是厘清情绪反应能否达到效果，应如何有效地做。

《患者手册》第八周的材料中列出了九种情绪出现的典型情境、相反行动和完全相反的行动，可以让团体成员针对某一种情绪举一个例子，询问团体成员这时的相反行动是什么，完全相反的行动又是什么，结合具体的例子帮助团体成员理解相反行动。可以解说每种情绪，每部分都强调一两个重点，然后询问团体成员有没有问题，如果时间不允许也可以挑选团体成员有疑问或者难以理解的情绪来

进行讲解，把阅读整篇讲义作为一个家庭作业。

（四）团体结束

团体结束的内容与之前类似。本周的家庭作业是完成《家庭作业手册》第八周的练习相反行动，以及填写日志卡。

九、第九周

（一）团体开始

如果上次的团体技能训练有人缺席，首先讨论缺席的相关事宜，接着做正念练习：感恩喜欢的人（事或物）并扫描身体。

（二）讨论家庭作业

邀请团体成员分享自己家庭作业的练习情况。上周的家庭作业是练习相反行动，以及填写日志卡。

情境案例——分享对相反行为的理解

成员 A："我是数学课代表，负责收数学作业，还负责检查作业，然后把没交的和没完成的同学名单报给老师。数学老师很严厉，如果有同学没有交作业，就会被批评甚至被惩罚。所以我每次报名单的时候都很内疚。但是如果采取相反行动，替同学隐瞒，纵容他们的行为，我担心反而会害了他们。所以我不知道该怎么办。"

治疗师："嗯，一方面把名单报上去会让同学挨批评，甚至受到惩罚；另一方面，不报的话又担心会纵容他们不写作业，这的确让你非常矛盾。同时，我想提醒你，相反行动并不是指那些引发负性情绪的事情，不是说报名单让我内疚，我就不去报，这不是相反行动，而是回避行为，通过这样的行为回避了引发负性情绪的事件。相反行动是当我们的情绪不符合事实的时候，我们做出与冲动行为相反的行为。我们首先要核查事实。谁能来说一下小 A 的内疚是否符合事实？"

成员 B："我觉得不符合事实，因为这是课代表的工作，如果她不去做，也会有人去做这个工作。"

成员 C："我也觉得不符合事实，检查作业是很正常的事情，如果不检查的话，大家就都不做了，至于批评和惩罚是否过头了，那是老师的教育方法的问题，不是课代表的责任。"

成员 D："是的，而且我觉得既然大家都知道不完成作业有什么后果，那不写作业的同学应该为自己的行为负责，课代表没有必要内疚。"

治疗师："小 A，你同意他们说的吗？"

成员 A："同意。"

治疗师："也就是内疚并不符合事实，但你当时很内疚吗？"

成员 A："是的。"

治疗师："那在这种内疚的情绪下，你有什么样的冲动？你想做出什么行动？"

成员 A："我想跟那些同学道歉，让他们原谅我。我甚至想跟老师求情，让老师别惩罚他们，但是老师肯定也不会听。心里会怪自己，都是因为自己让他们被老师惩罚。"

治疗师："所以，相反行动应该是什么？"

成员 A："不道歉，也不去求情？"

治疗师："特别棒，你学得非常快。可能相反行动还包括不在心里谴责自己。"

情境案例——分享使用相反行动的感受

成员 A："关于练习相反行动，我有感触。我有社交恐惧，以前，我去便利店买矿泉水都要预先打好腹稿，我该怎样说话，营业员可能会怎样回答，我再怎样说才合适，万一营业员讲的话与我预想的不同，我就愣住了，不知道该如何说。因为这样，我害怕出门，更不敢去那种跟别人相处的场合。我想要走出这样的困境，所以知道有这样的团体后，我就来了，在这里，大家包容我、接纳我，我越来越敢说话，不怕出错了。我原先不是不会说话，我是怕出错，担心自己不完美。现在，我已经可以在晚上独自一人在闹市区待两小时了，也能独自一人去参加派对，只是现在还是参加那种不用说话的派对，不过我已经看到自己的努力和进步，我很开心。"

治疗师："今天是第九次团体技能训练，这一路过来，我们团体成员有看到小 A 的变化吗？"

成员 D："我看到了，开始时她讲话一直低着头，手也是不停搓着的，现在能偶尔看看我们了，手的动作好像也少了一些。"

成员 B："我看到她原先坐座位时会拉开座位离我远一些，现在离我近一点了。"

成员 F 对着成员 A 说："你很漂亮，你每次穿的衣服也很漂亮，我很喜欢。"

（三）技能训练

1. 对当下情绪正念　对情绪正念是应用很多 DBT 技巧的基础，所以在这部分应该花足够的时间来帮助团体成员理解接纳和觉察情绪的重要性，以及如何对情绪进行正念。对情绪正念是较为困难的正念技能，需要大量的练习。因此，在初次讲授时，治疗师可将重点放在引导团体成员以不回避、不批判、开放的态度来对待情绪上，在后续的技能训练中可以时常邀请团体成员对当下情绪正念。

2. 累积正性情绪

辩证是 DBT 的重要思想，既重视教授团体成员减少痛苦的技能，也重视教授团体成员如何增加积极的经验。因为负性生活经历只能带来负性情绪，只有在正性生活经历中才能有正性情绪，正性生活经历也会减少我们对负性情绪的易感性。导入这一部分时，可以用线段、长方形或饼图来代表我们全部的生活经验，让团体成员直观地看到，增加正性体验，负性体验相应就会减少（图 4-1）。

话术样例——对情绪正念的导入

"刚刚所做的正念练习是对情绪正念。可能有人会觉得奇怪，在痛苦耐受技能模块我们通过分心技能学着把注意力从痛苦的情绪上移开，怎么又要让我们去关注和觉察情绪呢？分心技能是一种危机生存技能，也就是在极端痛苦的时候使用的技能，它可以让痛苦变得能够忍受，但并不能解决问题。只有能够靠近情绪、了解情绪并且能够忍受一定强度的情绪，我们才有可能学会如何调节自己的情绪。所以学会对情绪正念，和自己的情绪待在一起，不带评判地去观察它、描述它、体验它，而不是把它推开，这是非常重要的。"

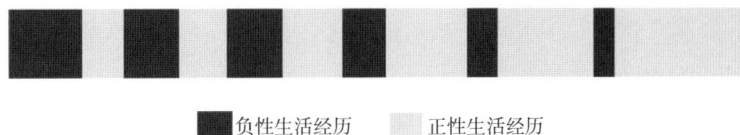

■ 负性生活经历　　□ 正性生活经历

图 4-1　生活标尺中的负性和正性生活经历

《家庭作业手册》第九周中列出了短期累积正性情绪的方法，内容简单，通俗易懂，可以采用团体成员朗读、治疗师答疑的方法。治疗师可以询问团体成员，目前在情绪不好的时候，会不会找一些能带给自己愉悦感和掌控感的事情做，效果如何。对于团体成员的积极分享，即效果好，治疗师可以进行强化，以增加大家使用技能的信心。对于团体成员的消极分享，即团体成员分享效果不好或者很少这样做，治疗师可在回应中帮助其分析原因，突破使用技能的障碍。如果没有出现消极分享，治疗师可以主动提问这样做是否总是会收到好的效果，大家有没有效果不好的经历，以及是否有人最近基本上不会这样做，然后再进行分析和讲解。

《家庭作业手册》中列出的积极活动，不必一一通读讨论，可以采用小组讨论的方式，让大家分成小组自行阅读，然后找出五件本周可以尝试去做的事情、五件目前没有条件做但是可以列入计划的事情。

《患者手册》第九周中也呈现了长期累积正性情绪的步骤，旨在鼓励团体成员减少回避，通过确认个人的价值观，激发具体可执行的生活目标，并为之而努力。治疗师可以让团体成员每人朗读一个步骤，治疗师进行相应的解释；对于青少年来说，

价值观这个词过于抽象，应着重进行解释。如果团体成员确认自己的价值观有困难，不妨请大家阅读《家庭作业手册》第九周的价值观与优先级清单，并勾选出自己所看重的条目（即价值观），然后选择一个价值观来确定自己的行动目标和行动步骤。如果时间不允许，也可将其作为家庭作业。

（四）团体结束

团体结束的内容与之前类似。本周的家庭作业是完成《家庭作业手册》第九周的练习累积正性情绪，以及填写日志卡。

十、第十周

（一）团体开始

如果上次的团体技能训练有人缺席，首先讨论缺席的相关事宜，接着做正念练习：观察一个想法以及其带来的躯体感受、情绪和冲动。

（二）讨论家庭作业

邀请团体成员分享自己家庭作业的练习情况。上周的家庭作业是练习累积正性情绪，以及填写日志卡。

情境案例——患者因为情绪很好没有练习累积正性情绪

成员 E："我没有做上次的家庭作业，因为我上周情绪很好，过得都挺开心的。"

治疗师："的确，当我们情绪好的时候，很容易就会觉得没有必要刻意再去做这些积极的活动，而且在这种情况下，我们会自发地做能够产生正性情绪的事。"

成员 E："是的，自然就会做很多开心的事情。"

治疗师："自然地做和有意识地做会有什么不同的效果吗？"

成员 E："我看不出有什么不同，都会开心呀。"

治疗师："没错，从短期来看，两者都会产生积极的情绪。但是从长期来看，一直有意识地做累积正性情绪的活动和自己随着心情做开心的事，会有什么不同的效果呢？"

成员 E："长期会养成习惯吧。一直有意识地做，就会形成一种习惯，可能在不开心的时候也会那么做。"

治疗师："非常好，如果我们在不开心的时候也会有意识地去做一些能够产生积极情绪的事情，会起到调节情绪的作用，有可能让我们没那么不开心，也会降低我们对负性情绪的易感性。其实随着自己的心情去做事，心情好了就去找开心的事情做，心情不好了就不想去做或者根本不做，也会形成一种习惯，而且是我们很多人的习惯。但是这种习惯对于调节情绪并没有好处。所以，不管情绪好还是不好，我们都需要有意识地练习这个技能。"

成员 E："嗯。"

治疗师："我们在情绪好的时候会常常觉得没有必要练习这个技能，但同时这也是练习这个技能的好时机，因为这个时候我们更容易去做那些可以累积正性情绪的事情，我们往往只是需要有意识地去做这些事，并不用付出很多的努力。"

情境案例——患者很难澄清自己的价值观

成员 B："我觉得做从长期目标出发累积积极活动这个作业很难，因为我不知道自己要成为什么样的人。清单里面的价值观，我都认同，但是我没有办法找出一个对自己特别重要的。"

治疗师："如果你的朋友遇到了这样的情况，他也觉得这些都是他认同的价值观，都可以成为他生活努力的方向，但是方向太多了，他只能坐在原地。你给他什么建议呢？"

成员 B（笑）："尽量找一个最重要的吧，实在找不到也可以找个方向先努力，只要是自己想要的就可以了，总比待在原地强。"

治疗师："嗯，非常好。一方面，我们希望找到最重要的价值观，因为它不仅能帮我们深入了解什么是最值得过的生活，还能激发我们努力的动机；另一方面，一个人可能会有很多看重的价值，而且在不同的成长阶段，它们的重要性可能会发生变化，所以厘清什么是自己最重要的价值观并不容易。这个时候可以先问问自己的智慧心，相信直觉和智慧，选一个目标试试看。"

成员 B："嗯。对，其实有时候直觉也很重要。说到直觉，我也想到了一个方法。就是那个清单从 A 到 N 有很多大类，每一类下面又有很多条目。其实可以先选一个最有感觉的大类，然后在那个大类里面选一个最重要的条目。不要像我当时一样，一条条读下去，最后找不出来哪个更重要。"

治疗师："这也是一个很好的方法。我也推荐给你一个方法，就是我们的价值观往往会体现在行动上，所以你周围的朋友、老师、亲人，通过你平时说的话、做的事，也可能会了解到你是看重什么的。如果你愿意的话，也可以跟他们讨论一下，在他们看来，你最看重哪个价值观。"

（三）技能训练

本周学习的技能是建立自我掌控、预先响应和 PLEASE 技能。

通过从事有一定难度和挑战的活动来建立自我掌控感，获得成就感，有时在短期内就会带来积极的情绪和感受，若日积月累，必会带来更为积极的自我概念，有助于提升自尊和积累正性情绪。自我掌控的教学应注意激发团体成员的动机，并强调在选择这类活动时应难易适中。活动过于容易，团体成员不能获得掌控感；活动难度过大，则团体成员难以取得成功。

预先响应是指针对可能遇到的困难情境提前规划应对策略，并在想象中进行演练，以提高对可能引发强烈负性情绪的困难情境的应对能力，增加在困难情境下自动地、反射性地使用 DBT 技能的可能性。治疗师在讲解时，需帮助团体成员理解预先响应的原理以提高其参与度和使用技巧的动机。

PLEASE 技能是指通过治疗身体疾病、均衡饮食、避免改变情绪的物质、均衡睡眠和适当运动等五个方面照顾好自己的身体，以降低对负性情绪的易感性。内容浅显易懂，带领团体成员学习一遍即可。如果时间充裕，可把重点放在引导团体成员讨论做到这五个方面的困难是什么，该如何解决，未来一周在这五个方面可以做出哪些改进。

话术样例——自我掌控

"有自信或胜任感、为有可能出现的情绪困难做好准备会降低负性情绪出现的可能，也会帮助我们在困难情境去使用自我掌控的技能。接下来我们要学的两个技能聚焦于建立自信心和胜任感以及如何为有可能出现的情绪困难做准备。"

"去做一些能够培养自信心、控制感和胜任感的事情是很重要的。我们把这叫作建立自我掌控感。有两类能够建立自我掌控感的活动。第一类活动是，你在做这些事情的时候也许并没有什么乐趣，但是在完成这些任务之后，会感觉好多了。比如，你可能并不喜欢打扫房间，但是当你打扫完房间，走进干净整洁的房间时，你的情绪可能会更积极，对自己和周围的环境有更积极的感觉。这种类型的活动，大家还能想到其他的例子吗？（引出团体成员的答案，答案可能包括完成作业、小组互动、做饭、理发、洗衣服、跑步等，如果时间充裕，可以让团体成员充分表达在做这些活动时的积极感受，以激发动机）第二类活动是一些能让你有胜任感和掌控感的事情，它们能增加你的信心。有时候第一类活动也会起到这个效果。建立自我掌控感，这个技能的目标是让大家每天至少安排一件能够建立掌控感、带来成就感的事情。窍门在于你安排的事情要有一些难度，但仍然是自己能够做到的。那些太难或者根本不可能的事情，还有太简单的事情都没有帮助。我们选择的事情应该能够给我们带来成就感。我们的计划是为了成功，而不是失败。所以目标要合理，可以逐渐增加难度。请大家思考一下，生活中有哪些活动可以提供掌控感呢？（引出团体成员的答案，如果时间充裕，可引导其充分表达在做这些活动时的掌控感和成就感，以强化其动机）"

"建立自我掌控感不一定要选那些大事，或者要达到一个宏伟的目标。掌控感也不一定都跟我们的学习、工作有关。比如搭配一身得体的衣服，画一个合适的妆，做一个让自己看起来很不错的发型，做一顿饭，读完一本书，或者游戏晋级，这些事情其实也不容易，也会给你成就感，帮你建立掌控感。关键是要选择合适的目标，慢慢增加难度。"

话术样例——预先响应

"对一个可能引发强烈负性情绪的情境进行预先响应有点像对这个大事件提前进行预演。你需要提前计划才能有效地应对这个情境。有些情境可能会让我们的情绪非常强烈以至于忘记使用技能，对于这样的情境，我们也需要提前进行计划和演练。可以问问自己，威胁是什么？我最担心发生的事情是什么？这常常是我们要提前应对的威胁。"

"运动员会为了比赛去练习某个项目，同样你也需要为那些有压力的情境进行练习。我们都知道运动员为了参加奥运会花很多的时间去练习，每一个奖牌背后都有大量的汗水。同样，为了成功地应对那些有压力的情境，我们也需要进行大量的练习。当条件不允许的时候，运动员经常会在头脑中进行练习，在心里进行预演。科学研究发现，运动员在脑海中利用想象进行预演也会收到练习的效果，因为这个过程跟实际从事该活动所激活的脑区有许多是一样的。不仅要去预想一切顺利的情况，更重要的是要去预想那些需要运用技能的、具有挑战性的情境。对最好和最差的情况都准备好脚本，才是真正的万事俱备。比如，如果奥运会的跳水选手想要在跳水失误后迅速在跳台上调整好情绪、恢复平静准备下一跳，但他们害怕的是观众和教练的负性评价或者自我的批评，那么这可能就需要他们提前做好应对准备。在想象中进行练习同样有效，这对我们来说是个好消息，因为那些让我们有压力的情境，我们往往没有那么多机会进行真实的练习。好在心想真的可以事成！"

"下面谁能帮大家读一下《患者手册》中预先响应部分的内容，这里呈现了我们做预先响应的具体步骤。大家对这些步骤有什么疑问吗？（如有疑问，做进一步的解释）"

（四）团体结束

团体结束的内容与之前类似。本周的家庭作业是完成《家庭作业手册》第十周的练习建立自我掌控与预先响应以及 PLEASE 技能，并继续填写日志卡。

十一、第十一周

（一）团体开始

如果上次的团体技能训练有人缺席，首先讨论缺席的相关事宜，接着做正念练习：不评判。

（二）讨论家庭作业

邀请团体成员分享自己家庭作业的练习情况。上周的家庭作业是练习建立自我掌控与预先响应以及 PLEASE 技能，并继续填写日志卡。

情境案例——分享使用预先响应的体验

成员 H："我上周用了预先响应的技能。"

治疗师："用在什么样的困难情境呢？"

成员 H："我一直情绪不好，每天上学都很累，在学校感觉也特别糟，我想请一段时间的假，等心情好一些再去学校。之前我也跟爸妈说过，他们总说理解我的处境，但是心情不好也要坚持上学，一边上学，一边治病，课程落下了，压力会更大，而且现在中考压力那么大，考不上高中就得上职高什么的，吧啦吧啦一大堆。"

治疗师："你想跟他们协商这件事情？"

成员 H："是的，我都想好了怎么跟他们说，怎么在说的过程中保持平静，如果他们说话难听、跑题或者人身攻击，我用调节呼吸进行放松，一定得把我的想法和要求说清楚才行。"

治疗师："你担心的最糟糕的情况是什么？有没有对这部分做预先响应？"

成员 H："最担心的是他们情绪失控，特别愤怒，不听我说，甚至言语攻击我。在那种情况下，我也可能会特别生气，会很激动，没法沟通了就用 ACCEPTS 技能里面的"推开"，赶紧离开，然后可以用冷水洗脸，或者出去跑跑步，或者做调节呼吸、配对式肌肉放松，让自己冷静下来。"

治疗师："实际情况怎么样？"

成员 H："我跟我妈说我最近状态特别差，在学校也听不进去课，作业没办法完成，这种状态老师也早跟他们反映过了。而且看到别的同学都在努力学习，自己压力更大，更烦躁，有时候特别想划自己，我还给她看了我手臂上的伤。希望他们能给我请个长假，我积极配合吃药，好得快一点，没准病好了，学习效率高了，进步也会更快。"

治疗师："你成功地向妈妈提出了自己的要求，也阐述了理由，你觉得这个过程，如果没有预先响应会怎么样？"

成员 H："我可能会没那么自信，或者可能很激动，没说完就和我妈吵起来了。但是我妈听我这么说，没有骂我，一下子崩溃了，哭了，哭得特别伤心，然后说你不想去学校就别去了，她就上班走了。"

治疗师："那你是怎么做的？"

成员 H："我当时懵了，她从来没有这样过。我也没想到她会是这种反应。我非常内疚，特别自责，觉得自己真没用，别人都能正常生活，就我连学都上不了，让我妈那么伤心。我就又把自己给划了。"

治疗师："爸爸妈妈后来答应给你请假了吗？"

成员 H："我妈和我爸好像商量好了，晚上一起回来的，跟我说，如果我想清楚了，实在坚持不下去，就给我请假休息一段时间，先去看病。"

治疗师："他们还是答应了你的要求。你预想了如何跟他们提要求，如何应对他们的反驳和愤怒，以及如何管理自己的愤怒。同时，你也设想了可能出现的最糟糕的画面。我觉得这个预先响应已经做得很全面了，而且也达到了自己的目标。做预先响应，我们希望能考虑到所有可能发生的情况，但是可能会有出乎意料的情况发生。下一次可以把这些情况也放到我们的情境库，进行预先响应。"

成员 H（点头）："嗯。"

治疗师："妈妈的反应让你非常内疚，现在如果让你核查一下现实，你觉得内疚的情绪是符合现实的吗？"

成员 H："现在我会觉得我的内疚是不符合现实的，因为我生病了，医生也给出重度抑郁的诊断，也建议我需要的话请假休息，现在我是实在坚持不下去了。其实是我父母一直拒绝接受现实。"

治疗师："但是你当时的内疚感非常强烈，内心非常痛苦，产生了很强烈的自伤冲动。"

成员 H："其实我内疚也好，自伤也罢，对我妈也没什么帮助，她看到我自伤会更难受，我都没敢让她知道。"

治疗师："你觉得当时如果能够核查现实的话，应该做出的相反行动是什么？"

成员 H："不自伤。"

治疗师："非常好，可能也包括了停止自责和继续去提自己合理的要求。"

成员 H："对，可以用相反行动技能。"

治疗师："是的，你太聪明了。而且你在特别内疚的时候，也可以用本来打算在特别愤怒的时候用的 ACCEPTS 和 TIP 技能。"

（三）技能训练

1. 人际效能的目标

情境案例——人际效能目标的讨论

成员 A："我的目标比较多，其实都与我和妈妈的关系相关。我希望能够改善和她的关系，我也希望她能别整天看着我、唠叨我。但是如果我改善跟她的关系，让她靠近我，她就会整天盯着我、管着我。"

治疗师："很好，你的目标非常辩证。一方面，你想要从妈妈那里得到自己想要的信任和尊重，想要拒绝她的监视和控制；另一方面，你也想要改善、修复跟她的关系。有时候，如果确实没有足够的人际技能，那么这两方面会非常冲突，就好像鱼和熊掌不可兼得。因为没有足够的技能既保持良好的关系，又让自己不受委屈，我们常常会去牺牲关系。'好吧，我离你远点，这样你就不会老是监视我、控制我。'但是这又不符合我们长期的目标，毕竟和妈妈的关系是很重要的亲密关系。后面我们会学到很多的人际技能，比如 DEAR MAN 会帮助我们如何在人际关系里面得到自己想要的，GIVE 会教我们如何维持好人际关系。相信如果你继续学习并练习使用这些技能，最终会实现你长期的人际效能目标，同时得到鱼和熊掌。"

成员 B："我选的目标是在冲突淹没我之前，先解决它，其实这又不太符合我内心真正的目标，我是非常不希望和别人起冲突的，但是往往做不到。"

治疗师："的确，我们都希望在人际关系里面没有冲突，如果我们去努力学习一些技能的确可以减少人际冲突，但是完全消灭冲突的可能性太小了。因为无论我们有多少技能，也难免会说错话，办错事，或者没有办法满足对方的需求，所以冲突和矛盾其实是没有办法避免的。但好在我们也可以去学习如何解决冲突和修复关系，这甚至是更重要的技能。因为要想过一个值得过的生活，肯定要跟他人建立长远、深刻的人际关系，而越是长远、深刻的关系，就越可能会出现矛盾和冲突。"

2. 干扰人际效能的因素 《患者手册》第十一周中列出了有可能干扰人际效能的五类因素。在人际交往中，无法有效地达到目标，可能是因为缺乏充分的人际技能，也可能是因为技能足够但目标不清楚、情绪强度过高、认知存在歪曲或者冲动短视而无法如愿。但是，在某些场合，面对某些人和事，就算人际技能娴熟、目标清楚、情绪稳定、头脑清楚、清醒冷静也未必能够完全如愿，此时环境因素是我们必须接纳的现实。如果时间充裕，治疗师可以询问团体成员实现前述人际效能目标的障碍是什么，并结合团体成员的具体事例进行讨论和总结，从而引出这五类因素。如果时间不足，治疗师可以跳过讨论，仅对要点进行讲解。

话术样例——干扰人际效能的因素之环境因素

"在人际交往中，有时无法有效地达到目标，并不一定是因为我们自己。比如有些有权威的人可能根本不给你表达的机会，或者根本不考虑你的意见。这个时候，我们无法去表达自己想要的东西，只能服从，否则可能会遭受更严重的损失。再者，有时候我们也无法在得到想要的东西或拒绝对方的同时，还能让对方喜欢我们。有时候，面对别人的嫉妒、排斥和偏见，我们能做的也很有限。而且有时候，为了得到你想要的，除了委曲求全找不到其他的办法。在这种情况下，全然接纳和有效地做是非常重要的技能。谁能分享一个环境因素影响人际效能的例子？"

《患者手册》第十一周中列出了干扰人际效能的不合理的想法，不必一一讲解，可以让团体成员自行阅读，在那些自己平时认可的或者跟自己想法相似的条目前打钩。然后，请团体成员来进行分享，并尝试挑战自己的迷思，必要时由其他团体成员或治疗师提供必要的帮助。应注意个体成长环境和经历千差万别，这些迷思虽然是思维误区，事实上却在人群中广泛存在，某些迷思对于某些人来说可能荒谬至极，但是另外一些人对其却深信不疑，难以撼动，应该使用技能对其进行挑战，不可操之过急或用力过猛，更不要陷入说教或人身攻击。

（四）团体结束

团体结束的内容与之前类似。本周的家庭作业是完成《家庭作业手册》第十一周的挑战干扰人际效能的不合理想法，以及填写日志卡。

另外，由于团体技能训练还剩两次就要结束，为了尽可能减少患者对团体结束的不适（如可能的分离焦虑），在此次团体结束时，可以提前预告团体即将结束。

十二、第十二周

（一）团体开始

如果上次的团体技能训练有人缺席，首先讨论缺席的相关事宜，接着做正念练习：慈心冥想（祝福爱的人、自己和讨厌的人）。

（二）讨论家庭作业

邀请团体成员分享自己家庭作业的练习情况。上周的家庭作业是完成挑战干扰人际效能的不合理想法，以及填写日志卡。

情境案例——患者认为某个干扰人际的想法很合理

治疗师："大家有没有发现某个迷思很难挑战，或者某一条几乎就是我的想法，我看不出它有什么问题？"

成员 D："我不应该提出要求或拒绝，他们应该知道我想要什么。这一条我觉得如果是好朋友或者家人应该知道我要什么，如果他们愿意的话，自然就会满足我。而且我也很难拒绝他们，我觉得我有义务去满足他们的要求。"

治疗师："这里的他们指的是关系亲密的朋友或者家人？"

成员 D："是的。"

治疗师："你的意思是作为关系亲密的朋友或者家人，应该知道彼此的需求，所以没有必要提，是吗？"

成员 D："是的。"

治疗师："但是你的好朋友或者家人有时候会跟你提要求，而且你很难拒绝，觉得自己有义务去满足他们，是吗？"

成员 D："是的。"

治疗师："他们的要求在提出来之前，你都知道吗？"

成员 D："有些知道，有些不知道。"

治疗师："可是你刚才说，作为好朋友或者家人会知道彼此的需求。那你怎么看，作为他们的好朋友或者家人，你有时候却不知道他们的需求呢？"

成员 D 沉默。

治疗师："你现在能不能尝试再去挑战一下这个迷思？"

成员 D："有时候，我可能要（明确地）提出自己的要求，（因为）他们（可能）不会总是知道我要什么。"

治疗师："同样，他们也不会总是知道你不想要什么，对吗？"

成员 D（笑）："对的。"

治疗师："所以，有时候，我们也要学会拒绝？"

成员 D："嗯。"

治疗师："是的，我们可能非常看重某些亲密关系，希望能维护好这些关系，这是我们的长期目标。但是即使再亲密，如果我们不说，他们也不会总是知道我们需要什么或者想要拒绝什么，长期这样做，自己的需求没有办法满足，也会影响亲密关系，同样达不到我们的长期目标。"

（三）技能训练

DERA MAN 技能常用于帮助个体在人际情境中有效地实现自己的人际目标，包括提出要求、表达拒绝、维护自己的立场或观点等。这个技能重在应用，角色扮演和演练应该是教学重点。由治疗师引入一个虚构的案例情境，或者由团体成员呈现自己生活中的真实案例。演练可以在治疗师和团体成员之间进行，也可以在团体成员之间进行。演练方式可以带入角色按照 DEAR MAN 的操作进行，也可以由治疗师引导进行，比如询问团体成员如果对方这样说，你会怎么回应。对于某些极端的个案，可以让其在想象中进行练习。

话术样例——DEAR MAN

"DEAR MAN 技能用来帮助我们得到自己想要的或者表达拒绝。DEAR 由描述情境、清楚表达、明确要求、强化对方四个英文词首字母组成，代表了我们该做什么。MAN 由保持正念、表现自信和协商妥协这三个英文词首字母组成，代表了我们该如何去做。DEAR MAN 技能可以帮助我们在日常的人际交往中有效地发挥人际效能。在开始学习这个技能之前，请大家再花一点时间写下一个让自己感到为难的人际目标，可以是你想要别人满足你的一个要求，也可以是一个自己想要拒绝的要求。"（1~2 分钟）

接下来请团体成员分享自己写下的人际目标，如果这个目标过于概括或者不合理，治疗师应引导其进行具体化或做相应的调整。然后，逐条讲解每一项技能，在讲解时让团体成员用自己的例子进行练习，并进行分享。必要时，团体成员可以和治疗师或其他团体成员一起进行角色扮演。

（四）团体结束

团体结束的内容与之前类似。本周家庭作业是完成《家庭作业手册》第十二周的练习如你所愿，以及填写日志卡。

另外，由于技能训练还剩一次就要结束，为了尽可能减少团体成员对团体结束的不适，在此次团体结束时，再次预告团体即将结束。若有团体成员流露出焦虑、担心，邀请他们表达，治疗师在认可这些感受的同时，带领大家讨论：在我们学习到的技能中，有哪些技能可以帮助我们。

十三、第十三周

（一）团体开始

如果上次的团体技能训练有人缺席，首先讨论缺席的相关事宜，接着做正念练习：回顾已学和已经使用的技能及感受。

（二）讨论家庭作业

邀请团体成员分享自己家庭作业的练习情况。上周的作业是练习如你所愿，以及填写日志卡。

情境案例——分享练习如你所愿的体验

成员 H："上周我和两个室友一起去食堂吃饭，她们两个排在我前面，打完饭就去找位置了。我打完饭之后找不到她们，因为中午食堂吃饭的人很多，我非常生气，怪她们不等我，位置难找也不差这一会儿。但是我还是决定用一下 DEAR MAN 技能。在我很费力地找到她们之后，我没有像往常一样生闷气，跟她们冷战。我对她们使用这个技能，先描述情境，'刚才你们打完饭去找位置了，我打完饭找不到你们'；接着表达自己的感受，'我当时特别着急，像一个掉队的大雁那样，可怜巴巴地找队伍'；然后提出自己的要求，'你们下次等我一会再去找位置吧'；最后对她们进行强化，'这样你们也不用担心我找不到你们'。她们说好的，下次等我一起，我们一行大雁一起飞。我心里一下子舒服多了。"

治疗师："非常好，如果你不用 DEAR MAN 技能，你会像往常一样跟她们冷战是吗？"

成员 H："是的。"

治疗师："如果冷战的话，会有什么坏处吗？"

成员 H："可能吃饭的氛围会比较压抑。"

治疗师："而且她们虽然可能会发现你不高兴，但是可能并不知道你生气的原因，对吗？"

成员 H："是的。"

治疗师："那样的话，她们可能下次还是不会等你，你可能会更生气。所以用技能有效地提出自己的要求，不仅会让自己一下子舒服多了，还会让自己的要求得到满足，不让自己生气，也会不给你们的关系埋雷，甚至对你们的关系产生积极的影响。你觉得这个经历会对你们的关系什么积极的影响吗？"

成员 H："会的，以前我老是觉得她们两个人更亲密，不考虑我的感受，所以我也不敢提自己的要求。这件事让我觉得她们还是挺重视我的感受和需求的，可能以前很多时候是因为她们根本不知道我的需求。"

治疗师："非常棒，希望你能继续练习和使用 DEAR MAN 技能，更有效地达到自己的目标。"

（三）技能训练

GIVE 技能中的认可是团体成员相对难以理解的重点内容，NSSI 等情绪失调患者的成长环境往往缺少认可，可以让团体成员针对同一情境练习给出认可的回应，案例情境由治疗师提供或利用团体成员自身的案例均可。

话术样例——GIVE 技能的练习

"我们刚才在讨论家庭作业时，小 H 跟我们分享了她和室友一起去食堂吃饭的例子。两个室友打完饭去找座位了，没有等她。小 H 找了半天才找到她们。她非常着急，也非常生气。大家现在尝试每个人给小 H 一个认可的回应，包括小 H 自己，也要认可一下自己。（引出团体成员的回应，治疗师进行适当的引导）好，小 H，如果你同意的话，现在我们轮流认可一下你的室友，可以吗？如果可以的话，就从你开始。"（引出团体成员的回应，治疗师进行适当的引导和总结）

"接下来我们再做个练习，两人一组，一人是谈话者，来跟搭档讲一个最近生活中发生的事，另外一人是练习者，尽可能地用 GIVE 技能进行回应。给大家 3 分钟时间，开始。（3 分钟后）现在练习者要来一个大变脸，尽可能地以 GIVE 的反面进行回应，粗暴，心不在焉，不认可，态度严肃。3 分钟时间，开始。"（3 分钟后停止，进行角色互换，整个练习结束后邀请团体成员分享自己的观察和感受）

FAST 技能包括公平对待、不过度道歉、坚守价值观和保持真诚四个技能。DBT 最初主要的目标人群是 BPD 患者，提升自尊可能是更为重要的目标，而对于 NSSI 患者，有必要强调，对自尊过于敏感和低自尊都无法长久维持良好的人际关系，也无法有效地达成自己的人际目标。可以快速过一遍《患者手册》第十三周的材料，简要地讲解要点，然后进行讨论或练习环节。治疗师可以邀请团体成员分享是否有因为不公平、过度道歉、没有坚守价值观、撒谎而降低自我尊重的例子，自己在这个情境下维护自我尊重的困难是什么，可以针对困难之处进行引导和演练。团体成员也可以分享自己因为做到了公平对待、不过度道歉、坚守价值观和保持真诚而提升了自我尊重的例子。

上次团体中的 DEAR MAN 技能教给团体成员如何在人际关系中有效地达成自己的目标，本次的 GIVE 和 FAST 技能则旨在教授如何在达成目标的同时，维护良好的人际关系和保持自我尊重。应该让团体成员辩证地去理解达成自身目标与维护良好关系和保持自我尊重之间的辩证关系。在人际关系中，只关注自身需求，势必无法维护良好的关系，那么自身需求也无从满足；反之，完全忽视自身需求，良好的人际关系也失去了意义，而且这种关系往往也难以长久。能够在人际关系中有效地达成自己的目标，有助于提升自我尊重的效能，反之，则会降低我们的自我尊重。为了他人利益和幸福做出适当的让步和牺牲，同样会提升自我尊重。在自己与他人的需求和利益之间辩证地进行平衡，往往是保持自我尊重的最佳方式。DEAR MAN、GIVE 和 FAST 是相互配合、相辅相成的技能，培养团体成员能够根据自己的目标，灵活使用和整合这三个技能是重要的训练目标。

话术样例——二人角色扮演练习（技能整合）

治疗师提前将 1、2、3 三个数字以 6 种不同排列顺序写在 12 张小纸条上，每个顺序写两张。接着让团体成员抽签，并对自己抽到的数字保密。然后将团体成员分组，两人一组，并向团体成员公布数字 1 代表目标效能，2 代表关系效能，3 代表自我尊重效能，每人抓到的数字顺序代表这些技能的优先级。

"现在大家要和自己的搭档练习如何按照你们抽到的优先级将 DEAR MAN、GIVE 和 FAST 技能整合在一起。你所面对的情境是你和朋友在某快餐厅排队打饭。你刚付完钱，朋友凑过来跟你说他没带钱，让你帮他付钱。这种事以前发生过好几次，他从来没还过钱。他是你好不容易交到的好朋友。你的目标是不付钱，保持友谊还是维护自我尊重？你将如何按照拿到的优先级顺序来使用目标效能、关系效能、自我尊重效能的技能呢？两人一组，轮流扮演你自己和你的朋友，但是不要告诉对方你抽到的优先级是什么。等你们各自把两个角色都演完了，整个练习结束之后再向对方揭晓答案，然后分享一下各自的感受。好，再一次提醒大家，要去练习整合我们学过的三个技能，DEAR MAN、GIVE 和 FAST 。"

如果时间充裕，也可以在小组练习结束之后，邀请一部分小组在整个团体前进行表演，让团体成员猜他们的优先级是什么并解释原因。

（四）结业仪式

治疗师简要总结本次团体技能训练的收获，然后邀请团体成员分享这 13 周的治疗心得，不同于之前邀请团体成员回顾学过了哪些技能，此处重在分享通过学习和使用技能给自己的生活带来了哪些改变，取得了哪些进步，自己有哪些体会。治疗师也邀请成员分享经过了 13 周的团体技能训练，在情绪调节、人际交往等方面还面临哪些困难或未来可能会面临哪些困难，计划通过哪些方法或渠道（如继续定期看精神科医生，接受个体治疗，向亲友寻求帮助，继续练习和使用 DBT 技能，参加新一轮的 DBT 训练团体，或参加其他团体治疗的项目等）来帮助自己解决这些问题或者预防复发，并承诺将继续努力不做自伤行为并为一个值得活的人生而努力。

接下来，让团体成员相互祝福和告别。如果时间充裕，可以让团体成员面对所有团体成员说出自己的祝福并告别，然后再一一互送祝福并告别。在互送祝福的环节，可以采用小游戏的方式，让团体成员在后背用双面胶粘上一张白纸，互相在后背上的白纸上写下自己的祝福。

治疗师可以为团体成员赠送提前书写好的祝福卡片，除了有针对性的祝福之外，可以附上选自 DBT 教材或蕴含 DBT 精神的箴言。治疗师也可以统一赠送一些具有纪念意义和治疗意义的纪念品。一个印有 DBT 箴言、使用技能的小提示、当地精神卫生服务资源和危机干预电话的笔记本会是很好的选择。

（吴限亮 吕 华 杨 华 王 纯）

第三节　NSSI 行为的 DBT：经验分享

一、认可技术时刻不忘

从 DBT 理解 NSSI 行为的生物社会理论来说，存在 NSSI 行为的患者，其所处的成长环境中普遍缺乏认可。为了更好地激发患者参加技能训练，并强化其在生活中应用所学习到的技能，给予患者接纳和认可尤为重要。对于存在 NSSI 行为的青少年群体来说，对他们的父母进行与 NSSI 有关的心理教育和养育方面的指导非常重要，如果有足够的资源，也可以同时开展针对父母的技能训练团体。

二、动机激发牢记于心

虽然在标准的 DBT 治疗模式中，动机激发通常是个体治疗师的重要工作内容，但是这并不意味着团体治疗师无须关注患者的动机，以及做动机激发的工作。相反，团体治疗师要始终关注患者参与团体和完成家庭作业的动机，当患者出现缺席、迟到、不完成家庭作业时，要予以讨论并解决问题。如果团体成员是青少年，常见的现象是患者本人的治疗动机较弱，他们通常是在家长的反复劝说下，勉为其难地来到团体，甚至只是为了回避去学校，这就需要团体治疗师耐心地激发他们的治疗动机。

三、自我关照少不了

即便再有经验的治疗师，也会遭遇难以处理的困难情境，以及经历情绪的扰动。除了治疗师团队的督导，治疗师也需要关注自己的情绪，做好自我关照，用 DBT 技能帮助自己，避免心理耗竭。同时，如果治疗师自己有使用 DBT 技能的体验，这将有助于他们更好地向患者讲授 DBT 技能。

四、设置可灵活调整

本书配套的操作手册按照持续 13 周、每周 100 分钟的设置来编排技能训练的内容，时间和内容安排较为紧凑。治疗师可根据团体成员的实际情况，适当调整技能训练的具体内容和时间安排，比如适当增加或减少训练次数，以及每次的训练时间等，但通常技能训练的次数不低于 8 次，每次的时间不低于 90 分钟。这需要平衡治疗师的工作安排、患者的技能学习效果和参与动机，以及治疗费用等各方面的情况，最终由治疗师团队做出更适合患者的选择。例如，如果团体成员为青少年，一次技能训练则不宜涉及太多内容，时间最长不宜超过两小时，最好一次技能训练的中间安排一次简短的休息，内容的讲授也需要尽可能地结合活动和青少年的生活实际来开展，而且多设计一些活动，以增加趣味性和参与性。再如，如果团体成员普遍存在比较多的人际困扰，则可以在人际效能模块安排更多的时间。在四个技能模块中，一般团体成员比较容易理解痛苦耐受模块中的 TIP、转移注意力和自我抚慰技能，而对于其他技能理解起来相对困难，一般需要更多的时间来讲授这些内容。

五、中期可安排一次回顾与展望

由于团体技能训练的持续周次较长，有些成员可能会遗忘或不再重视一开始的团体设置和目标。所以，在整个训练的中期，治疗师可以安排一次回顾与展望活动，这次活动将总结和反馈前面所学习的内容，邀请团体成员分享感受和收获，也欢迎提出改进建议，以供治疗师和团体成员讨论。同时，这次活动也邀请团体成员展望未来，分享对后续技能训练的期待，再一次讨论团体设置和目标。

六、可单独安排一次结业总结或随访

治疗师可以尝试将最后一周的结业仪式单独形成一次额外的总结与讨论，这样第十三周的团体活动时间也变得充裕，最后的结业仪式也可以更加充分地反馈收获和感受，并更好地处理团体成员之间因团体活动的结束而出现的分离情绪。如果条件允许，治疗师可以在团体训练结束后的一段时间（比如半年或一年），安排一次随访，邀请团体成员再次回来，分享和交流所学技能的使用情况。

（杨 华 王 纯）

辩证行为治疗日志卡

填 写 说 明

1. 你间隔多长时间填写一次？过去一周每天填写、间隔 2~3 天，还是？

2. 起始日期：填写刚开始使用本日志卡的日期。

3. 最后填写日期：填写最后一次使用本日志卡的日期。

4. 使用 0~5 评量表：表格中许多地方均要求个案记录 0~5 的数字。这是客观而持续的量表，用以表达各种行为或经验的体验。定位点 0 表示缺乏某特定经验（如没有冲动），定位点 5 表示该经验的最强程度（如可以想象的最强冲动）。

5. 最高冲动想："自杀"表示想自杀的最高冲动强度。"自伤"是指想自我伤害或任何自伤行为的最高冲动强度。"使用药物"是指有滥用药品的最高冲动强度。

6. 每天最高评级：表示情绪困扰强度、身体困扰的强度以及当天所体验到的喜悦（或幸福）程度。请每天使用 0~5 评量表评定每一种情绪。

7. 药物/药品：在酒精方面，请写下数量与种类（例如 3 瓶啤酒）。在药品方面，请写下用量与种类。

8. 行动："自伤"一栏表示任何想自伤或自杀的企图，"说谎"一栏表示所有掩饰真相的蓄意或掩藏行为。填写时，保持不评判的立场很重要。"使用技能"用以呈报每天技能的最高使用率。做此评级时，请参照栏中"使用技能（0~7）"的说明。最后两栏为选答，可以填写想要补充的情绪与行为，需要的话也可以对其进行 0~5 打分。

9. 本周药物改变：请个案写下处方药的任何改变。这些改变可能包含药物的剂量（增或减，例如从 5mg 增加为 10mg，从 20mg 减少为 10mg），少了某种药物，或增加了新药物，如果空间不足，请将这些信息填写到另一张纸上。

10. 本周指定的家庭作业与完成情况：请记录当周制定的家庭作业，并记录完成情况。

11. 有冲动想（0~5）：请对自己想停止治疗、使用药物、自杀和自伤的冲动强度进行 0~5 评分，分数越高，代表冲动强度越强烈。

12. 我可以改变或调节的：使用相同的 0~5 评量表评定个案对自己可以改变或调节情绪、想法与行动的能力，分数越高代表能力越强。

13. 本周焦点技能：请写下当周特别专注、使用或练习的技能。这个空格也可用于记录当周更需要专注的技能。

14. 圈选练习技能：请在日志卡中圈选使用的技能，以及使用日期。

[流程改编自 Soler（2005），内容改编自林内翰（2014），杨华、梁旻璐、王苏弘、王纯整理]

辩证行为治疗日志卡						你间隔多长时间填写一次？ ___每天___2～3天___4～6天___7天				起始日期：___年___月___日 最后填写日期：___年___月___日					
最高冲动想			每天最高评级			药物/药品				行动			情绪	补充		
自杀	自伤	使用药物	情绪困扰	身体困扰	喜悦	酒精		药品		自伤	说谎	使用技能			
0～5	0～5	0～5	0～5	0～5	0～5	否	是/何种	否	是/何种	是/否	是/否	0～7			

本周药物改变

本周指定的家庭作业与完成情况

*使用技能

0=没想到或没用	1=想到，没用，不想用
2=想到，没用，想用	3=试过，但用不上
4=试过，有用但不管用	5=试过，有用，有帮助
6=自动地使用，不管用	7=自动地使用，有帮助

有冲动想（0～5）		我可以改变或调节的（0～5）	
停止治疗		情绪	
使用药物		行动	
自杀		想法	
自伤			

本周焦点技能

圈选练习技能的日期

智慧心	周一	周二	周三	周四	周五	周六	周日
观察	周一	周二	周三	周四	周五	周六	周日
描述	周一	周二	周三	周四	周五	周六	周日
参与	周一	周二	周三	周四	周五	周六	周日
不评判地做	周一	周二	周三	周四	周五	周六	周日
专一地做	周一	周二	周三	周四	周五	周六	周日
有效地做	周一	周二	周三	周四	周五	周六	周日
TIP	周一	周二	周三	周四	周五	周六	周日
转移注意力	周一	周二	周三	周四	周五	周六	周日
自我抚慰	周一	周二	周三	周四	周五	周六	周日
全然接纳	周一	周二	周三	周四	周五	周六	周日
微笑，愿意的手的姿势	周一	周二	周三	周四	周五	周六	周日
我愿意	周一	周二	周三	周四	周五	周六	周日
相反行动	周一	周二	周三	周四	周五	周六	周日
累积正性情绪	周一	周二	周三	周四	周五	周六	周日
自我掌控	周一	周二	周三	周四	周五	周六	周日
预先响应	周一	周二	周三	周四	周五	周六	周日
PLEASE	周一	周二	周三	周四	周五	周六	周日
对当下情绪正念	周一	周二	周三	周四	周五	周六	周日
DEAR MAN	周一	周二	周三	周四	周五	周六	周日
GIVE	周一	周二	周三	周四	周五	周六	周日
FAST	周一	周二	周三	周四	周五	周六	周日

附录 2

渥太华自我伤害调查表

1. 您是否实施过不是想自杀的自我伤害（自伤）行为？请根据您自身的实际情况，在以下相应的数字上打"√"。

【说明】自伤行为是指自己伤害自己身体的行为，主要包括切割、伤害性搔抓、烫烧、啃咬、非运动性或娱乐性地击打、扎伤身体、扯头发、用力啃咬指甲或伤害指甲、刺伤身体、撞头、服用非法药物、过量服用药物、服用小剂量药物（不是为了治病）、吞下或喝下不能吃的东西、试图打断骨头等。

（1）从未有过请选"0"，每日都有请选"3"（打"√"表示，下同）

过去 1 个月中您有几次	从未有过	至少 1 次	每周 1 次	每日都有
并不想自杀但想到了自我伤害	0	1	2	3
并不想自杀但实施了自我伤害	0	1	2	3

（2）从未有过请选"0"，每日都有请选"4"

过去 6 个月中您有几次	从未有过	1~5 次	每月 1 次	每周 1 次	每日都有
并不想自杀但想到了自我伤害	0	1	2	3	4
并不想自杀但实施了自我伤害	0	1	2	3	4

（3）从未有过请选"0"，每日都有请选"4"

过去 1 年中您有几次	从未有过	1~5 次	每月 1 次	每周 1 次	每日都有
并不想自杀但想到了自我伤害	0	1	2	3	4
并不想自杀但实施了自我伤害	0	1	2	3	4

2. 您是否曾经做过自杀的尝试？（请在相应框中打"√"）□ 否　　□ 是
如果有，请在以下相应时间段内标明次数
①在过去 1 个月中:（　　）次　　　　②在过去 6 个月中:（　　）次
③在过去 1 年中:（　　）次　　　　④在 1 年之前:（　　）次
3. 您是否在故意自伤后去医院急诊或门诊接受过治疗？（如缝合伤口、伤口敷药等,请在相应框内打"√"）
□否　□ 是　　如果有，过去 1 年中您因故意自伤就诊（　　）次
4. 您是否因为故意自伤而住院治疗？（请在相应框内打"√"）
□否　□ 是　　如果有，过去 1 年中您因故意自伤住院（　　）次
5. 您第一次自伤时是几岁？（　　）岁

6. 您第一次自伤的想法来源于何处？请在相应的数字上打"√"（单选）

（1）我在一个网站上看到相关内容

（2）我在一个网络博客中看到相关内容

（3）我在一本书刊上看到相关内容

（4）我在一部电影或电视中看到了自伤行为

（5）我在现实生活中看到了其他人进行自伤行为（请列出谁）＿＿＿＿＿

（6）我在现实生活中从其他人处听说过相关内容（请列出谁）＿＿＿＿＿

（7）是我自己想出来的

（8）其他来源（请列出）＿＿＿＿＿

7. 当您有伤害自己的冲动时，这些冲动会给您什么感觉？请根据您自身的实际情况，在相应的数字上打"√"。

当您有伤害自己的冲动时	完全没有	稍微有点	有一点	大多数	极为明显
（1）这种冲动让我感觉痛苦或混乱	0	1	2	3	4
（2）这种冲动让我感觉舒适	0	1	2	3	4
（3）这种冲动是侵入性的或有攻击性的	0	1	2	3	4

8. 您只有在使用毒品或喝酒后才会自伤吗？（请在相应框中打"√"）

□否　　　　　　　　□是

9. （1）您会让别人知道您有自伤行为吗？（请在相应框中打"√"）

□①没有人知道　　　　□②有几个人知道　　　　□③大部分人都知道

（2）您告诉了谁？（请在相应框中打"√"，可多选）

□①朋友　　　　　　　□②家庭成员　　　　　　□③心理医生/精神科医生

□④老师　　　　　　　□⑤其他心理健康专家　　□⑥电话求助他人

□⑦学校心理咨询师　　□⑧其他（请说明）

10. 您最初有自伤（不是想自杀的伤害）时，您伤害了自己身体什么部位？请在所有被伤害过的部位后"＿"上打"√"，在最常被伤害的一个部位后"（　　　）"内打"×"。

A. 头皮＿＿（　　　）	G. 嘴内＿＿（　　　）	M. 腹部＿＿（　　　）	S. 臀部（屁股）＿＿（　　　）
B. 眼睛＿＿（　　　）	H. 颈部＿＿（　　　）	N. 手＿＿（　　　）	T. 大腿或膝盖＿＿（　　　）
C. 耳朵＿＿（　　　）	I. 胸部＿＿（　　　）	O. 生殖器＿＿（　　　）	U. 小腿或踝部＿＿（　　　）
D. 脸部＿＿（　　　）	J. 乳房＿＿（　　　）	P. 肛门＿＿（　　　）	V. 脚或脚趾＿＿（　　　）
E. 鼻子＿＿（　　　）	K. 后背＿＿（　　　）	Q. 上臂或臂肘＿＿（　　　）	W. 其他＿＿（　　　）
F. 嘴唇＿＿（　　　）	L. 肩膀＿＿（　　　）	R. 下臂或腕部＿＿（　　　）	

11. 如果您当前（指过去1个月内）仍有自伤（不是想自杀的伤害），您伤害了身体的什么部位？请在所有被伤害过的部位后"＿"上打"√"，在最常被伤害的一个部位后"（　　　）"内打"×"。

A. 头皮＿＿（　　　）	G. 嘴内＿＿（　　　）	M. 腹部＿＿（　　　）	S. 臀部（屁股）＿＿（　　　）
B. 眼睛＿＿（　　　）	H. 颈部＿＿（　　　）	N. 手＿＿（　　　）	T. 大腿或膝盖＿＿（　　　）
C. 耳朵＿＿（　　　）	I. 胸部＿＿（　　　）	O. 生殖器＿＿（　　　）	U. 小腿或踝部＿＿（　　　）
D. 脸部＿＿（　　　）	J. 乳房＿＿（　　　）	P. 肛门＿＿（　　　）	V. 脚或脚趾＿＿（　　　）
E. 鼻子＿＿（　　　）	K. 后背＿＿（　　　）	Q. 上臂或臂肘＿＿（　　　）	W. 其他＿＿（　　　）
F. 嘴唇＿＿（　　　）	L. 肩膀＿＿（　　　）	R. 下臂或腕部＿＿（　　　）	

12. 您最初开始自伤（不是想自杀的伤害）时，自伤的方式是什么？请在"所有实施过的方法"和在"最常应用的一个自伤方法"后"＿"上打"√"，在最常被伤害的一个部位后"（　　　）"内打"×"。

A. 切割＿＿（　　）	G. 击打＿＿（　　）	M. 用力撞击头部＿＿（　　）
B. 搔抓＿＿（　　）	H. 妨碍伤口愈合＿＿（　　）	N. 服用过量药物＿＿（　　）
C. 扯头发＿＿（　　）	I. 用力啃咬指甲或伤害指甲＿＿（　　）	O. 吞下或喝下不能吃的东西＿＿（　　）
D. 烫烧＿＿（　　）	J. 用尖利物体刺伤皮肤＿＿（　　）	P. 服用小剂量药＿＿（　　）
E. 啃咬＿＿（　　）	K. 刺伤身体部位＿＿（　　）	Q. 试图打断骨头＿＿（　　）
F. 过量喝酒＿＿（　　）	L. 过量使用非法药物＿＿（　　）	R. 其他（请列出）＿＿（　　）

13. 如果您当前（指过去 1 个月内）仍有自伤（不是想自杀的伤害），那您的自伤方式是什么？请在"所有实施过的方法"和在"最常应用的一个自伤方法"后"＿"上打"√"，在最常被伤害的一个部位后"（　　　）"内打"×"。

A. 切割＿＿（　　）	G. 击打＿＿（　　）	M. 用力撞击头部＿＿（　　）
B. 搔抓＿＿（　　）	H. 妨碍伤口愈合＿＿（　　）	N. 服用过量药物＿＿（　　）
C. 扯头发＿＿（　　）	I. 用力啃咬指甲或伤害指甲＿＿（　　）	O. 吞下或喝下不能吃的东西＿＿（　　）
D. 烫烧＿＿（　　）	J. 用尖利物体刺伤皮肤＿＿（　　）	P. 服用小剂量药＿＿（　　）
E. 啃咬＿＿（　　）	K. 刺伤身体部位＿＿（　　）	Q. 试图打断骨头＿＿（　　）
F. 过量喝酒＿＿（　　）	L. 过量使用非法药物＿＿（　　）	R. 其他（请列出）＿＿（　　）

14. 您最初开始实施自伤（不是想自杀的伤害）的原因是什么？下面列了一些可能的原因，请根据您自身的实际情况在相应的数字上打"√"。

可能的原因	从不	偶尔	有时	经常	总是
1. 释放无法承受的压力	0	1	2	3	4
2. 体验"快感"	0	1	2	3	4
3. 令父母不再生我的气	0	1	2	3	4
4. 摆脱孤独与空虚感	0	1	2	3	4
5. 获得他人的关心与关注	0	1	2	3	4
6. 惩罚自己	0	1	2	3	4
7. 体验令人愉快的刺激	0	1	2	3	4
8. 释放紧张感或恐惧感	0	1	2	3	4
9. 避免因自己所做的事而陷入麻烦	0	1	2	3	4
10. 将注意力从不愉快的记忆中转移	0	1	2	3	4
11. 改变自我形象或外表	0	1	2	3	4
12. 感觉被某些同龄伙伴接受	0	1	2	3	4
13. 释放愤怒	0	1	2	3	4
14. 让我的朋友或男友或女友停止对我生气	0	1	2	3	4
15. 向他人表明自己很受伤	0	1	2	3	4
16. 向他人展示我有多强大	0	1	2	3	4
17. 让自己摆脱不舒服的情绪	0	1	2	3	4
18. 遵循自己内在的想法或他人的建议而实行自伤	0	1	2	3	4
19. 体验身体局部疼痛，以此转移自己无法承受的其他痛苦	0	1	2	3	4
20. 摆脱别人对自己过高的期望	0	1	2	3	4
21. 释放悲伤和消极情绪	0	1	2	3	4
22. 想在一个没人可以影响自己的方面获得掌控感	0	1	2	3	4

续表

可能的原因	从不	偶尔	有时	经常	总是
23. 阻止自己实行自杀的想法	0	1	2	3	4
24. 防止自己实行自杀	0	1	2	3	4
25. 当感到麻木和"非真实感"时，通过自伤行为感受到真实感	0	1	2	3	4
26. 释放挫折感	0	1	2	3	4
27. 摆脱自己不想做的事情	0	1	2	3	4
28. 感觉没有原因，就是有时会自伤	0	1	2	3	4
29. 验证自己的承受力	0	1	2	3	4
30. 其他（请列出）_____	0	1	2	3	4

15. 如果您当前（指过去 1 个月内）仍有自伤（不是想自杀的伤害），那您当前自伤的理由是什么？下面列了一些可能的原因，请根据您自身的实际情况在相应的数字上打"√"。

可能的原因	从不	偶尔	有时	经常	总是
1. 释放无法承受的压力	0	1	2	3	4
2. 体验"快感"	0	1	2	3	4
3. 令父母不再生我的气	0	1	2	3	4
4. 摆脱孤独与空虚感	0	1	2	3	4
5. 获得他人的关心与关注	0	1	2	3	4
6. 惩罚自己	0	1	2	3	4
7. 体验令人愉快的刺激	0	1	2	3	4
8. 释放紧张感或恐惧感	0	1	2	3	4
9. 避免因自己所做的事而陷入麻烦	0	1	2	3	4
10. 将注意力从不愉快的记忆中转移	0	1	2	3	4
11. 改变自我形象或外表	0	1	2	3	4
12. 感觉被某些同龄伙伴接受	0	1	2	3	4
13. 释放愤怒	0	1	2	3	4
14. 让我的朋友或男友或女友停止对我生气	0	1	2	3	4
15. 向他人表明自己很受伤	0	1	2	3	4
16. 向他人展示我有多强大	0	1	2	3	4
17. 让自己摆脱不舒服的情绪	0	1	2	3	4
18. 遵循自己内在的想法或他人的建议而实行自伤	0	1	2	3	4
19. 体验身体局部疼痛，以此转移自己无法承受的其他痛苦	0	1	2	3	4
20. 摆脱别人对自己过高的期望	0	1	2	3	4
21. 释放悲伤和消极情绪	0	1	2	3	4
22. 想在一个没人可以影响自己的方面获得掌控感	0	1	2	3	4
23. 阻止自己实行自杀的想法	0	1	2	3	4
24. 防止自己实行自杀	0	1	2	3	4
25. 当感到麻木和"非真实感"时，通过自伤行为感受到真实感	0	1	2	3	4
26. 释放挫折感	0	1	2	3	4
27. 摆脱自己不想做的事情	0	1	2	3	4
28. 感觉没有原因，就是有时会自伤	0	1	2	3	4
29. 验证自己的承受力	0	1	2	3	4
30. "沉迷"于自伤行为	0	1	2	3	4
31. 其他（请列出）_____	0	1	2	3	4

16.（1）实施自伤（不是想自杀的伤害）后，您感觉情绪得到了释放吗？

自伤后您感觉情绪得到了释放吗?	从不	偶尔	有时	经常	总是
	0	1	2	3	4

（2）如果自伤后您感到情绪得到了释放，那么这种释放感可以持续多久？（单选，请在相应框中打"√"）

□①少于1分钟　　　□②1～5分钟　　　□③6～30分钟

□④31～60分钟　　　□⑤几小时　　　□⑥几天

17. 如果您持续实施自伤（不是想自杀的伤害）的原因出于以下内容，那么请根据您自身的实际情况，评定一下自伤对下列原因的有效程度。

自伤的原因	完全没有帮助	稍微有点帮助	有些帮助	帮助很大	非常有帮助
（1）释放无法承受的压力	0	1	2	3	4
（2）释放愤怒	0	1	2	3	4
（3）释放挫折感	0	1	2	3	4
（4）释放紧张感	0	1	2	3	4
（5）释放悲伤或消极感	0	1	2	3	4
如果您持续自伤的原因未包括在上述原因中，请在下列横线上写清原因和自伤多大程度上对您有帮助					
（6）原因1：＿＿＿＿＿＿＿＿	0	1	2	3	4
（7）原因2：＿＿＿＿＿＿＿＿	0	1	2	3	4
（8）原因3：＿＿＿＿＿＿＿＿	0	1	2	3	4
（9）原因4：＿＿＿＿＿＿＿＿	0	1	2	3	4
（10）原因5：＿＿＿＿＿＿＿＿	0	1	2	3	4

18. 一旦您想到自伤，您是否总是马上行动？　　□是　　□否

19. 当您想伤害自己时，从出现想法到采取自伤行动平均需要多长时间？（单选，请在相应框中打"√"）

□①少于1分钟　　　□②1～5分钟　　　□③6～30分钟

□④31～60分钟　　　□⑤几小时　　　□⑥几天

20. 在压力性事件发生后，您是否伤害过或者想要伤害自己的身体？请在相应数字上打"√"。

在压力性事件发生后，您是否伤害过或者想要伤害自己的身体?	从不	偶尔	有时	经常	总是
	0	1	2	3	4

如有，通常哪些压力性事件会导致您自伤？以下列出了可能的压力性事件，请根据您自身的实际情况在相应的数字上打"√"，并举例子。

压力性事件	从不	偶尔	有时	经常	总是	具体例子
（1）①被离弃	0	1	2	3	4	②请列出：
（2）①失败	0	1	2	3	4	②请列出：
（3）①感到失落	0	1	2	3	4	②请列出：
（4）①被拒绝	0	1	2	3	4	②请列出：
（5）①其他	0	1	2	3	4	②请列出：

21. 自伤时，您是否感觉疼痛？请根据您自身的实际情况在下面表格相应的数字上打"√"。

	从不	偶尔	有时	经常	总是
自伤时，您是否感觉到身体的疼痛？	0	1	2	3	4

22. 自从您开始自伤后，您是否发现了以下情况，请根据您的实际情况，在相应数字上打"√"。

自从您开始自伤后，您是否发现	从不	偶尔	有时	经常	总是
（1）自伤行为发生的频率超过您的预期	0	1	2	3	4
（2）自伤行为导致的后果越来越严重（例如，伤口更深，面积更大）	0	1	2	3	4
（3）您现在是否需要更频繁、更大强度的自伤行为才能达到您最初自伤所达到的效果	0	1	2	3	4
（4）自伤行为或想法是否占用了您大量的时间（例如，计划及考虑，收集及藏匿利器，实施自伤及康复）	0	1	2	3	4
（5）尽管您有戒除或是控制这种行为的愿望，但却无法做到	0	1	2	3	4
（6）尽管认识到了自伤行为对您身体和/或情绪的危害，可您还是继续自伤行为	0	1	2	3	4
（7）因为自伤行为的发生导致您放弃或减少了重要的社交、家庭、学校或创造性活动	0	1	2	3	4

23. 如果您尝试过抵制自伤行为，您会怎么做？请在所有实施过的方法前的方框内画"√"，在最有帮助的一个方法后的"（　　）"内打"√"。

实施过的方法	最有帮助的方法
□（1）从未尝试过抵制（抵抗）自伤	（　　）
□（2）与别人交谈	（　　）
□（3）锻炼身体或运动	（　　）
□（4）阅读，写作，听音乐，跳舞	（　　）
□（5）看电视，玩电子游戏	（　　）
□（6）做放松运动（如瑜伽、深呼吸）	（　　）
□（7）喝酒或服用非法药物	（　　）
□（8）做任何可以让双手忙碌起来的事情	（　　）
□（9）其他（请列出）＿＿＿＿＿＿＿	（　　）

24. 当您尝试抵制自伤（不是想自杀的伤害）时，您有多大动力停止该行为？请在相应数字上打"√"。

	完全没有	稍微有些	有一些	很大动力	非常大
您有多大动力停止自伤？	0	1	2	3	4

25. 针对您的自伤行为，您接受过哪些治疗方法？（多选，请在相应方框内打"√"）

□（1）我没有进行过治疗　　　　　　□（2）我谢绝治疗

□（3）自我帮助（例如自教书籍、网络）　　□（4）个体治疗

□（5）学校咨询　　　　　　　　　　□（6）团体治疗

□（7）家庭治疗（您和父母共同参加的心理治疗）

□（8）药物治疗（请列出＿＿＿＿＿＿）

□（9）其他（请列出＿＿＿＿＿＿）

26. 如果您接受过治疗，哪些治疗方法对于减少或消除自伤行为效果比较好？（多选，请在相应方框内打 "√"）

　　□（1）我没有进行过治疗　　　　　　　　□（2）我谢绝治疗

　　□（3）自我帮助（例如自教书籍、网络）　　□（4）个体治疗

　　□（5）学校咨询　　　　　　　　　　　　□（6）团体治疗

　　□（7）家庭治疗（您和父母共同参加的心理治疗）

　　□（8）药物治疗（请列出_____）

　　□（9）其他（请列出_____）

27. 本问卷全面描述了您的自伤经历吗？请在相应的数字上打 "√"

本问卷全面描述了您的自伤经历吗？	完全不同意	稍微有点同意	有些同意	同意	非常同意
	0	1	2	3	4

28. 关于您的自伤行为，您还有什么要告诉我们的吗？如有请写下来。

_____

_____

辩证行为治疗应对方式量表

请在下面量表中的 59 个条目旁圈出恰当的数字（0～3），标明相应陈述适用于你的频率。各级的标准如下：0 表示从不，1 表示很少，2 表示有时，3 表示总是。

	从不	很少	有时	总是
1. 通过让步或妥协以从这种形势中获得某些积极的东西	0	1	2	3
2. 数一数自己的祝福有多少	0	1	2	3
3. 自责	0	1	2	3
4. 专注于整个事件中好的事件	0	1	2	3
5. 感知自我	0	1	2	3
6. 确保自己的回应方式不会疏远他人	0	1	2	3
7. 知道谁应当被责备	0	1	2	3
8. 期望发生一个奇迹	0	1	2	3
9. 在采取任何行动之前试图集中注意力	0	1	2	3
10. 跟别人谈论自己的感受	0	1	2	3
11. 站稳脚跟，争取自己想要的东西	0	1	2	3
12. 拒绝相信它已经发生了	0	1	2	3
13. 让自己品尝真正美味的东西	0	1	2	3
14. 自我批评	0	1	2	3
15. 把气撒在别人身上	0	1	2	3
16. 想出几种不同的方法解决自己的问题	0	1	2	3
17. 希望自己是一个更坚强的人——更加乐观和有力	0	1	2	3
18. 接受自己的强烈感情，但不要让情感过多地干涉别的事情	0	1	2	3
19. 专注于自己生命中的美好事物	0	1	2	3
20. 希望自己能改变自己的感受	0	1	2	3
21. 找到一些美好的东西使自己感觉更好	0	1	2	3
22. 改变自己的一些东西使自己可以让形势更好	0	1	2	3
23. 专注于自己生活中好的方面，减少对消极想法或感受的关注	0	1	2	3
24. 对导致问题的人或事情感到生气	0	1	2	3
25. 对于无法避免的问题感觉不好	0	1	2	3
26. 试图通过积极主动来分散自己的注意力	0	1	2	3
27. 意识到必须做些什么，并因此一直在加倍努力工作	0	1	2	3
28. 认为其他人对我不公平	0	1	2	3
29. 用一种香味环绕自己，安抚自己	0	1	2	3

续表

	从不	很少	有时	总是
30. 责备他人	0	1	2	3
31. 听或播放可以使自己放松的歌	0	1	2	3
32. 好像什么也没发生过一样	0	1	2	3
33. 接受"退而求其次"	0	1	2	3
34. 告诉自己事情将会变得更糟	0	1	2	3
35. 用一些别的东西占据自己的意识	0	1	2	3
36. 与能够针对这个问题做一些事情的人交谈	0	1	2	3
37. 通过吃东西、喝酒、吸烟、服用药物等让自己感觉更好	0	1	2	3
38. 试图不要太仓促行事或遵循自己的预感	0	1	2	3
39. 改变一些事情使得情况好转	0	1	2	3
40. 尝试令人舒适的东西（例如泡泡浴或拥抱）来呵护自己	0	1	2	3
41. 避免人群	0	1	2	3
42. 思考自己比其他人好多少	0	1	2	3
43. 一步一步，慢慢来	0	1	2	3
44. 做了一些有完全不同情感体验的事情（例如去看了一部有趣的电影）	0	1	2	3
45. 希望情况会消失或以某种方式结束	0	1	2	3
46. 不让别人知道事情有多糟糕	0	1	2	3
47. 把精力集中在帮助别人	0	1	2	3
48. 把精力集中在找出别人的责任	0	1	2	3
49. 确保照顾好自己的身体并保持健康，这样自己的情绪就会变得不那么敏感	0	1	2	3
50. 告诉自己我已经完成了多少	0	1	2	3
51. 确保自己以某种方式回应了，因此以后仍可以尊重自己	0	1	2	3
52. 希望自己可以改变已经发生的事情	0	1	2	3
53. 制定一个计划并执行它	0	1	2	3
54. 与某人交谈以了解形势	0	1	2	3
55. 避免自己的问题	0	1	2	3
56. 退后一步，试图看见事物的本身	0	1	2	3
57. 将自己与不幸的其他人做比较	0	1	2	3
58. 增加自己生活中令人愉快的事物的数量，以便有一个更积极的前景	0	1	2	3
59. 不试图背水一战，而为自己打开一些道路	0	1	2	3

辩证行为治疗应对方式量表由林内翰等（2010）编制，是用于评估使用辩证行为治疗技能应对应激问题的量表，信效度良好。共59个条目，采用0~3四级评分，计算总分。

正念注意觉知量表

以下是一系列关于您日常生活的描述，请根据每一个陈述事件在您生活中发生的频繁程度，从 1～6 六个数字中选出最符合实际的数字，注意请务必根据您的真实经验作答，而非您心中的预期。

	几乎总是	非常频繁	有些频繁	有些不频繁	非常不频繁	几乎从不
1. 我会对正在经历的某些情绪毫无知觉，直到一段时间后才能有所感知	1	2	3	4	5	6
2. 我会因为粗心大意、注意力不集中或者在想其他事物而弄坏或洒掉东西	1	2	3	4	5	6
3. 我发现自己很难持续地将注意力集中到正在发生的事情上	1	2	3	4	5	6
4. 我倾向于快速走到自己要去的地方，而不留意一路上所经历的事物	1	2	3	4	5	6
5. 我倾向于不去注意身体上的紧张或不适感，直到它们真正引起了我的注意	1	2	3	4	5	6
6. 如果我是第一次得知某人的名字，我几乎马上就会忘记它	1	2	3	4	5	6
7. 我不太能意识到自己在做什么，身体似乎在无意识地自动运转	1	2	3	4	5	6
8. 我仓促地完成各项活动，实际上并不用心	1	2	3	4	5	6
9. 我会因过于专注于想要达到的目标，而忽略了现在正在为此而做的努力	1	2	3	4	5	6
10. 我机械地工作或完成任务，实际上并不知道自己正在做什么	1	2	3	4	5	6
11. 我发现自己在听别人说话的时候并不认真，因为在那同时我还会做其他事情	1	2	3	4	5	6
12. 我会习惯性地开车或去到某个地方，就像"自动导航"一样，然后才会想为什么要去那里	1	2	3	4	5	6
13. 我发现自己经常沉浸在对过去的回忆和未来的想象之中	1	2	3	4	5	6
14. 我发现自己做事情注意力不集中	1	2	3	4	5	6
15. 我在吃零食的时候，往往意识不到自己正在吃东西	1	2	3	4	5	6

正念注意觉知量表由 Brown 等（2003）编制。该量表涉及日常生活中个体的觉认知、情绪、生理等方面，共 15 个条目，采用 1～6 六级评分，计算总分，得分越高正念注意觉知水平越好。

情绪调节困难量表

请在下面量表中的 36 个条目旁圈出恰当的数字（1～5），标明相应陈述适用于你的频率。各级的标准如下：1 表示几乎从不（0～10%），2 表示有时（11%～35%），3 表示大约半数情况（36%～65%），4 表示大多数时候（66%～90%），5 表示几乎总是（91%～100%）。

	几乎从不	有时	大约半数情况	大多数时候	几乎总是
1. 我很清楚自己的感受	1	2	3	4	5
2. 我会注意自己的感受	1	2	3	4	5
3. 我感到自身的情绪倾轧一切，无法掌控	1	2	3	4	5
4. 我对自己的感受一无所知	1	2	3	4	5
5. 我难以解释自身的感受	1	2	3	4	5
6. 我会留意自身的感受	1	2	3	4	5
7. 我很清楚自身的感受如何	1	2	3	4	5
8. 我很关心自己感受到的东西	1	2	3	4	5
9. 我的感受令我困惑	1	2	3	4	5
10. 当心烦意乱时，我能接受自己的情绪	1	2	3	4	5
11. 当心烦意乱时，我会为那样的感受对自己怒不可遏	1	2	3	4	5
12. 当心烦意乱时，我会为那样的感受而变得难堪	1	2	3	4	5
13. 当心烦意乱时，我很难完成工作	1	2	3	4	5
14. 当心烦意乱时，我会变得失去控制	1	2	3	4	5
15. 当心烦意乱时，我认为自己会长时间停留在那种状态	1	2	3	4	5
16. 当心烦意乱时，我认为自己最终会变得异常沮丧	1	2	3	4	5
17. 当心烦意乱时，我认为自己的感觉是合理且重要的	1	2	3	4	5
18. 当心烦意乱时，我很难集中精力处理其他事务	1	2	3	4	5
19. 当心烦意乱时，我感到失去控制	1	2	3	4	5
20. 当心烦意乱时，我仍旧能够完成工作	1	2	3	4	5
21. 当心烦意乱时，我会为那样的感受而羞愧	1	2	3	4	5
22. 当心烦意乱时，我知道自己能找到办法让情绪最终好起来	1	2	3	4	5
23. 当心烦意乱时，我觉得自己很虚弱	1	2	3	4	5
24. 当心烦意乱时，我觉得自己仍能控制自身的行为	1	2	3	4	5
25. 当心烦意乱时，我会为那样的感受而内疚	1	2	3	4	5
26. 当心烦意乱时，我很难集中精神	1	2	3	4	5
27. 当心烦意乱时，我很难控制自身的行为	1	2	3	4	5
28. 当心烦意乱时，我认为自己无法令情绪好起来	1	2	3	4	5
29. 当心烦意乱时，我会为那样的感受而恼怒自己	1	2	3	4	5

续表

	几乎从不	有时	大约半数情况	大多数时候	几乎总是
30. 当心烦意乱时，我开始为自己感到难过	1	2	3	4	5
31. 当心烦意乱时，我认为沉浸其中是唯一能做的事情	1	2	3	4	5
32. 当心烦意乱时，我会对自身的行为失去控制	1	2	3	4	5
33. 当心烦意乱时，我很难思考其他事情	1	2	3	4	5
34. 当心烦意乱时，我会花费时间来弄清楚自身真正的感受	1	2	3	4	5
35. 当心烦意乱时，我要花费很长时间才能感觉好些	1	2	3	4	5
36. 当心烦意乱时，我的情绪会将我吞没其中	1	2	3	4	5

　　情绪调节困难量表由 Gratz 等（2004）编制。量表有情绪知觉、情绪理解、情绪反应的接受、情绪冲动的控制、目标指向性行为的激发和情绪调节策略 6 个维度，共 36 个条目，采用 1～5 五级评分，得分越高表明情绪调节越困难。

参 考 文 献

陈思佚，崔红，周仁来，等，2012. 正念注意觉知量表 (MAAS)的修订及信效度检验. 中国临床心理学杂志，20(2): 148-151.

梁旻璐，王纯，张培，等，2020. 非自杀性自伤行为的辩证行为治疗(综述). 中国心理卫生杂志，34(5): 398-402.

吕张伟，王纯，张宁. 辩证行为治疗对精神障碍的疗效. 中华行为医学与脑科学杂志，2023, 32(7): 653-657.

王瑶，何文知，梁丽君，等，2021. 辩证行为治疗在青少年非自杀性自伤行为中的应用. 四川精神卫生，34(1): 92-96.

张丽萍，王纯，杭亚明，等，2022. 非自杀性自伤行为的关键生物基础. 中华精神科杂志，55(2): 150-153.

Andover MS, Schatten HT, Morris BW, et al, 2015. Development of an intervention for nonsuicidal self-injury in young adults: an open pilot trial. Cognitive and Behavioral Practice, 22(4): 491-503.

Asarnow JR, Berk MS, Bedics J, et al, 2021. Dialectical behavior therapy for suicidal self-harming youth: emotion regulation, mechanisms, and mediators. Journal of the American Academy of Child & Adolescent Psychiatry, 60(9): 1105-1115, e4.

Bedics J, 2020. The handbook of dialectical behavior therapy: theory, research, evaluation. San Diego: Academic Press.

Berk MS, Gallop R, Asarnow JR, et al, 2024. Remission, recovery, relapse, and recurrence rates for suicide attempts and nonsuicidal self-injury for suicidal youth treated with dialectical behavior therapy or supportive therapy. Journal of the American Academy of Child & Adolescent Psychiatry, S0890-8567(24)00059-5.

Bjureberg J, Sahlin H, Hedman-Lagerlöf E, et al, 2018. Extending research on Emotion Regulation Individual Therapy for Adolescents (ERITA) with nonsuicidal self-injury disorder: open pilot trial and mediation analysis of a novel online version. BMC Psychiatry, 18: 1-13.

Brañas M, Croci M, Salto A, et al, 2021. Neuroimaging studies of nonsuicidal self-injury in youth: a systematic review. Life(Basel), 11(8): 729.

Brown KW, Ryan RM, 2003. The benefits of being present: mindfulness and its role in psychological well-being. Journal of Personality and Social Psychology, 84(4): 822.

Clarke S, Allerhand LA, Berk MS, 2019. Recent advances in understanding and managing self-harm in adolescents. Other, 8:F1000 Faculty Rev-1794.

Cliffe B, Tingley J, Greenhalgh I, et al, 2021. mHealth interventions for self-harm: scoping review. Journal of Medical Internet Research, 23(4): e25140.

Cook NE, Gorraiz M, 2016. Dialectical behavior therapy for nonsuicidal self-injury and depression among adolescents: preliminary meta-analytic evidence. Child and Adolescent Mental Health, 21(2): 81-89.

DeCou CR, Comtois KA, Landes SJ, 2019. Dialectical behavior therapy is effective for the treatment of suicidal behavior: a meta-analysis. Behavior Therapy, 50(1): 60-72.

Gratz KL, Roemer L, 2004. Multidimensional assessment of emotion regulation and dysregulation: Development, factor structure, and initial validation of the difficulties in emotion regulation scale. Journal of Psychopathology and Behavioral Assessment, 26: 41-54.

Harvey P, Rathbone B, 2015. Parenting a teen who has intense emotions: DBT skills to help your teen navigate emotional & behavioral challenges. Oakland: New Harbinger.

Hooley JM, Fox KR, Boccagno C, 2020. Nonsuicidal self-injury: diagnostic challenges and current perspective. Neuropsychiatr Dis Treat, 16: 101-112.

James AC, Winmill L, Anderson C, et al, 2011. A preliminary study of an extension of a community dialectic behaviour therapy (DBT) programme to adolescents in the looked after care system. Child and Adolescent Mental Health, 16(1): 9-13.

James S, Freeman KR, Mayo D, et al, 2015. Does insurance matter? implementing dialectical behavior therapy with two groups of youth engaged in deliberate self-harm. Administration and Policy in Mental Health and Mental Health Services Research, 42: 449-461.

Kaess M, Hooley J. Klimes-Dougan B, et al, 2021. Advancing a temporal framework for understanding the biology of nonsuicidal self-injury: an expert review. Neuroscience and Biobehavioral Reviews, 130, 228-229.

Kothgassner OD, Goreis A, Robinson K, et al, 2021. Efficacy of dialectical behavior therapy for adolescent self-harm and suicidal ideation: a systematic review and meta-analysis. Psychological Medicine, 51(7): 1057-1067.

Lang N, Zhong Y, Lei W, et al, 2024. Neural mechanism of non-adaptive cognitive emotion regulation in patients with non-suicidal self-injury. Comprehensive Psychiatry, 133: 152487.

Linehan MM, 1993. Skills training manual for treating borderline personality disorder. New York: Guilford press.

Linehan MM, 2014. DBT Skills training manual. 2nd Edition. New York: Guilford Press.

Linehan MM, 2015. DBT skills training handouts and worksheets. 2nd Edition. New York: Guilford Press.

Linehan MM, Korslund KE, Harned MS, et al, 2015. Dialectical behavior therapy for high suicide risk in individuals with borderline personality disorder: a randomized clinical trial and component analysis. JAMA Psychiatry, 72(5): 475-482.

Mazza J, Dexter-Mazza E, Miller A, et al, 2016. DBT skills in schools: skills training for emotional problem solving for adolescents (DBT STEPS-A). New York: Guilford Press.

McCauley E, Berk MS, Asarnow JR, et al, 2018. Efficacy of dialectical behavior therapy for adolescents at high risk for suicide: a randomized clinical trial. JAMA Psychiatry, 75(8): 777-785.

Mehlum L, Ramleth RK, Tørmoen AJ, et al. Long term effectiveness of dialectical behavior therapy versus enhanced usual care for adolescents with self-harming and suicidal behavior. Journal of Child Psychology and Psychiatry, 2019, 60(10): 1112-1122.

Mehlum L, Tørmoen AJ, Ramberg M, et al, 2014. Dialectical behavior therapy for adolescents with repeated suicidal and self-harming behavior: a randomized trial. Journal of the American Academy of Child & Adolescent Psychiatry, 53(10): 1082-1091.

Neacsiu AD, Rizvi SL, Linehan MM, 2010. Dialectical behavior therapy skills use as a mediator and outcome of treatment for borderline personality disorder. Behaviour Research and Therapy, 48(9): 832-839.

Neacsiu AD, Rizvi SL, Vitaliano PP, et al, 2010. The dialectical behavior therapy ways of coping checklist: development and psychometric properties. Journal of Clinical Psychology, 66(6): 563-582.

Prada P, Perroud N, Rüfenacht E, et al, 2018. Strategies to deal with suicide and non-suicidal self-injury in borderline personality disorder, the case of DBT. Frontiers in Psychology, 9: 2595.

Ramsey WA, Berlin KS, Del Conte G, et al, 2021. Targeting self-criticism in the treatment of nonsuicidal self-injury in dialectical behavior therapy for adolescents: a randomized clinical trial. Child and Adolescent Mental Health, 26(4): 320-330.

Rathus J, Miller A, 2015. DBT skills manual for adolescents. New York: Guilford Press.

Reitz S, Kluetsch R, Niedtfeld I, et al, 2015. Incision and stress regulation in borderline personality disorder: neurobiological mechanisms of self-injurious behavior. The British Journal of Psychiatry, 207(2):165-172.

Rizvi SL, Fitzpatrick S, 2021. Changes in suicide and non-suicidal self-injury ideation and the moderating role of specific emotions over the course of dialectical behavior therapy. Suicide and Life-Threatening Behavior, 51(3): 429-445.

Santamarina-Perez P, Mendez I, Singh MK, et al, 2020. Adapted dialectical behavior therapy for adolescents with a high risk of suicide in a community clinic: a pragmatic randomized controlled trial. Suicide and Life-Threatening Behavior, 50(3): 652-667.

Sayrs J, Linehan M, 2019. DBT teams: development and practice. New York: Guilford Press.

Soler J, Pascual JC, Campins J, et al, 2005. Double-blind, placebo-controlled study of dialectical behavior therapy plus olanzapine for borderline personality disorder. American Journal of Psychiatry, 162(6): 1221-1224.

Soler J, Pascual JC, Tiana T, et al, 2009. Dialectical behaviour therapy skills training compared to standard group therapy in borderline personality disorder: a 3-month randomised controlled clinical trial. Behaviour Research and Therapy, 47(5): 353-358.

Turner BJ, Austin SB, Chapman AL, 2014. Treating nonsuicidal self-injury: a systematic review of psychological and pharmacological interventions. The Canadian Journal of Psychiatry, 59(11): 576-585.

Zhang P, Ouyang L, Liang M, et al, 2023. A cross-sectional epidemiological study of non-suicidal self-injury prevalence in Chinese psychiatric patients. Nature Mental Health, 1(4): 266-272.

配套手册 1

非自杀性自伤行为的辩证行为治疗团体技能训练

（NSSI-DBT-ST）

治疗师手册

科学出版社

北　京

目　　录

团体技能训练的形式与组织 ………………………………………………………… 1

第一周　团体技能训练简介与正念技巧训练（智慧心）………………………… 3

第二周　问题行为的链锁分析 ……………………………………………………… 8

第三周　正念：正念是什么、正念如何做 ……………………………………… 12

第四周　痛苦耐受：TIP 技能 …………………………………………………… 20

第五周　痛苦耐受：转移注意力和自我抚慰 …………………………………… 25

第六周　痛苦耐受：全然接纳 …………………………………………………… 28

第七周　情绪调节：认识情绪 …………………………………………………… 36

第八周　情绪调节：相反行动 …………………………………………………… 44

第九周　情绪调节：对当下情绪正念和累积正性情绪 ………………………… 49

第十周　情绪调节：建立自我掌控、预先响应以及 PLEASE 技能 …………… 57

第十一周　人际效能：目标与干扰因素 ………………………………………… 61

第十二周　人际效能：如你所愿 ………………………………………………… 66

第十三周　人际效能：维持关系和尊重自己 …………………………………… 72

团体技能训练的形式与组织

本手册介绍的非自杀性自伤行为的辩证行为治疗团体技能训练（skill therapy of dialectical behavior therapy for non-suicidal self-injury，NSSI-DBT-ST）内容按照共 13 周、每周 1 次、每次 100 分钟来设计。治疗师可根据团体成员的实际情况，灵活调整，比如适当增加或减少训练次数，以及每次的训练时间等，但通常技能训练的次数不低于 8 次，每次的时间不低于 90 分钟，这需要平衡治疗师的工作安排、患者的技能学习效果和参与动机，以及治疗费用等各方面的情况，最终由治疗团队做出更适合患者的选择。另外，如果团体成员为青少年，则一次技能训练不宜涉及太多内容，时间不宜超过 2 小时，最好每次技能训练的中间安排一次简短的休息。

团体技能训练主要包括开始、讨论上一次的家庭作业、学习新技能、结束等。这个结构在连续 13 周的技能训练中是一致的。团队技能训练以正念练习开始，首先是团体成员分享和讨论上周的家庭作业，其次是学习、讨论和练习新技能，最后是结束部分，包括总结、反馈、作业布置。

一、团 体 准 备

选择安静、隔音好的场地，团体成员围坐成一圈，并准备好白板方便需要时书写，同时准备好患者使用的打印成册的《患者手册》和《家庭作业手册》，提供笔，或者提醒团体成员带笔。另外，团体除了需要一名主治疗师（或称之为团体训练师）之外，还需配备 1～2 名副治疗师，副治疗师可以辅助主治疗师讲授技能、带领大家做练习，在个别成员出现突发情况（如情绪崩溃）时及时处理，以免影响其他成员的学习和练习。可以准备痛苦耐受工具（如冰袋），以提供给可能在课堂上出现解离危险的人使用；也可以提供不含咖啡因的咖啡与茶，在团体开始之前，团体成员可以取用咖啡或茶。

二、团 体 开 始

以主治疗师或副治疗师带领正念练习作为团体开始，可以播放已经录好的正念录音，或者现场带领练习。在练习结束时，治疗师邀请团体成员分享正念练习的感受，这样的分享很重要，因为无须花费许多时间，却可以给治疗师一个机会，在必要时提供修正性的回馈。如果团体成员缺席了上周的团体，治疗师可以简要向其介绍团体进行到哪里了，必要时讨论团体成员缺席的原因。如果对某人来说，团体训练是个问题，那么就可以花时间（不超过 5 分钟）分析究竟是什么干扰了其上课的意愿，以及如何克服。简短关注干扰治疗的行为很重要，不应该坐视不管。

三、讨 论 家 庭 作 业

接下来是分享和讨论治疗间隙练习特定行为技能（正念、痛苦耐受、情绪调节、人际效能）的情况。在团体中，主治疗师可以在圆圈中走动，并邀请每位团体成员分享他/她在上周练习的情况。通常等待团体成员主动分享会花太多时间，主治疗师可以在圆圈中走动时，让团体成员决定由谁先开始。

每周分享家庭作业练习情况是技能训练重要的部分。主治疗师需要询问团体成员练习技能的完成情况，如果有团体成员不做练习，则需要深入分析，以解决问题的方式激发团体成员的练习动机。这部分非常重要，比完成其他团体任务更重要。由于时间有限，主治疗师需要有很好的时间管理技能。

在青少年团体中，有时候等待团体成员主动分享会花太多时间，可以让团体成员决定由谁先开始或按照顺时针或逆时针的顺序逐个分享。鉴于很多青少年成员对家庭作业这个词有很多自己的想法或情绪，有些青少年比较容易接受家庭作业是巩固技能训练的一部分，有些青少年可能自然地对家庭作业产生厌恶的情绪，他们不喜欢在完成学校的作业之外，还要完成技能训练的家庭作业。因此，可以使用家庭练习一词替代家庭作业，并在第一次及之后的技能训练中，更多地解释家庭练习的概念及意义。

四、学习新技能

讨论完家庭作业后是学习新技能，如果必要，也可以复习已经教过的技能。治疗师在带领团体成员学习新技能时，要让团体成员意识到所学习的技能与其生活息息相关，如果提升这些技能，他们的生活质量也将会有所提升。更重要的是，他们可以真正习得这些技能。治疗师在展现如何将这些特定技能应用到特定的问题时，往往需要创意。

五、团 体 结 束

团体技能训练快要结束时，安排收尾时间对于情绪失调（自伤的个案通常都存在情绪失调）的个案非常重要。在结束部分，治疗师需要对本次团体的内容进行简要总结，帮助团体成员梳理学习到的东西。另外，团体成员在本次团体中的任何感受、收获都可以在结束部分再次分享，这是必要的。对于治疗师来说，有机会倾听团体成员的感受与想法，可以帮助治疗师适当调整团体计划以更好地适应团体成员的需要，特别是当有团体成员分享并不舒服的感受时，治疗师可以在认可其感受的基础上，为其提供帮助，以激发其继续完成治疗的动机。对于团体成员而言，表达自己的感受和收获，或者倾听他人的感受和收获，都有助于梳理训练过程、强化学习收获，还能在必要时获得治疗师的帮助与指导。

在结束部分，另一个重要的任务是布置家庭作业，治疗师需要清楚、明确地告知团体成员在接下来的一周需要完成哪些练习，并询问团体成员对家庭作业是否存在困惑。注意激发团体成员完成家庭作业的动力，并以解决问题的方式处理团体成员可能会遇到的问题，这一点跟学习新技能一样重要。

团体技能训练简介与正念技巧训练（智慧心）

第一周团体技能训练的主要内容包括三个部分：①开始；②技能训练；③结束。其中开始部分包括治疗师和团体成员相互认识，介绍团体规则和设置。技能训练部分包括介绍技能训练的目标、正念的目标，以及智慧心。结束部分包括团体成员反馈本次技能训练的收获，治疗师总结和布置家庭作业（表S1-1）。

表 S1-1　第一周团体技能训练的主要内容

周数	主题	主要内容	家庭作业
1	团体技能训练简介与正念技能训练（智慧心）	1. 开始（30分钟） （1）治疗师和团体成员互相认识 （2）介绍团体规则和设置 2. 技能训练（50分钟） （1）介绍技能训练的目标 （2）介绍正念的目标 （3）介绍智慧心：心的状态 3. 结束（20分钟） （1）团体成员反馈收获 （2）治疗师总结 （3）介绍《家庭作业手册》的使用方法，并布置家庭作业	1. 练习智慧心 2. 填写日志卡

一、开　始

（一）相识

治疗师带领团体成员相互认识，每人做简要的自我介绍。在自我介绍时，团体成员介绍愿意在团体中让其他成员了解的个人信息，并表达对参加团体技能训练的期待。在该过程中，治疗师可以创造性地使用一些有趣的、有利于团队建设的方式，比如让团体成员在做自我介绍时将自己的姓名写在白板上，所有团体成员的名字要围成心形图案，也可以准备一些席卡、姓名贴等，便于团体成员相互认识。

（二）团体规则和设置

治疗师邀请团体成员阅读《患者手册》中第一周技能训练的准则，向团体成员介绍团体规则和设置，并说明遵守规则和设置有利于团体的良性发展，有利于团体成员更好地学习技能。

1. 团体规则

在规则介绍部分，治疗师先介绍基本规则，若团体成员质疑基本规则或对这些规则困惑，治疗师可带领团体成员讨论。

（1）保密

团体成员（含治疗师）对团体中涉及的个人隐私遵循保密原则，不得与团体之外的人，或在非团体技能训练的时间讨论其他团体成员的个人隐私。保密原则有两个例外：一个例外是治疗师因督导需要，可以在告知团体成员的情况下，与督导师讨论团体中发生的事情，但不能提及成员的姓名、单位等可以识别出身份的信息；另一个例外是如果某团体成员知道另一成员可能有自杀或伤害他人的风险时，则应该告知治疗师，寻求协助，以保障自杀者、潜在受害者的人身安全。

（2）尊重

团体成员（含治疗师）尊重其他成员的想法与感受，不批评、指责和进行人身攻击。

（3）出席

准时出席且不早退，是表达对其他成员尊重与支持的方式。如果成员不按时出席又早退，很难让彼此都重视这个团体。团体成员若因特殊原因迟到或缺席，需请假。

（4）退出

团体成员有权利随时退出技能训练。若成员连续四次缺席，则算自动退出，即便成员有意愿参加余下的技能训练，也不能重新进入团体。本团体技能训练为期 13 周，若某成员缺席了前 4 周的训练，那么接下来的 9 周他也不能回到团体。此外，若有必要，治疗师也可以设置允许缺席的总次数（如 6 次），若超过该次数，也算自动退出。

（5）避免多重关系

治疗师应避免将已存在社会关系的人（比如夫妻、好朋友）放在同一个团体中。而且在团体技能训练期间，团体成员间应避免发展多重关系，尤其是在团体中无法被讨论的关系，如恋爱关系。任何一种关系都可能发生人际冲突，有些冲突很可能无法在团体中被讨论，甚至愈演愈烈，以至于让其中一名成员无法继续参加团体。若团体成员已经发展了多重关系，治疗师应该与双方讨论多重关系对团体的可能影响，并建议其中一名成员退出团体。在青少年团体中，性关系是被严格禁止的。

在讨论完基本规则后，治疗师可邀请成员讨论：为了团体的良性发展以及成员更好地学习技能，还需要哪些团体规则？成员可以在《患者手册》中其他的团体准则或注意事项处填写。比如，可能会有成员提议"在团体技能训练期间，关闭手机"。若有成员提出新的规则，治疗师需要带领成员讨论新的规则，当新的规则获得大多数成员的同意时，便可以纳入到团体规则中。

■ 可选择的练习活动：可以通过先邀请成员分享对团体技能训练的期待，来引入关于团体规则的讨论。治疗师事先准备一些便利贴和大白纸，邀请成员先口头分享对团体的期待，然后各自把期待写在便利贴上，接着请所有成员将写有期待的便利贴贴在大白纸上，并告诉成员大白纸会一直贴在治疗室的墙壁上，在团体进程中，大家可以随时修改自己的期待。为了增加团体的互动性，在这一环节，治疗师可以有创意地布置一些团队合作任务，比如在要求大家将便利贴贴在大白纸上时，所有的便利贴需要围成一颗爱心形状。随后，治疗师询问成员：大家希望在什么样的团体中实现自己的期待呢？期待什么样的团体氛围？接着，治疗师跟成员逐一讨论团体规则，并将征得大家同意的规则写在之前贴有便利贴的大白纸上，即大白纸的一半贴着写有大家期待的便利贴，另一半写有团体规则。

2. 团体设置

治疗师向成员介绍团体设置，包括每周 1 次、每次 100 分钟、封闭式团体（团体成立后不接受新成员）、时间与地点等。

二、技能训练

（一）技能训练的目标

DBT-ST 的主要目标是帮助个体改变与生活相关的思维、情绪、行为及人际模式。围绕该目标，治疗师需要引导成员思考：自己希望减少的行为有哪些？期待增加的技能有哪些？

1. 要减少的行为

邀请成员阅读《患者手册》中技能训练的目标，思考自己想要减少的行为是什么。请成员在讲义下方填写个人的目标，分享并讨论。

2. 要增加的技能

治疗师向成员逐一介绍 DBT 的四大技能训练模块，即正念技能、痛苦耐受技能、情绪调节技能和人际效能技能，并让成员思考自己想要增加的技能是什么。请成员在讲义下方填写个人的目标，分享并讨论。

（1）正念技能

正念是有意识地、非评判地觉察当下。正念技能可以帮助我们将注意力停留在此时此刻，同时注意到自己及所处的环境中发生了什么，让我们如其所是地觉察和接纳当下所发生的一切。

（2）痛苦耐受技能

痛苦耐受技能是容忍痛苦，并在危机情境中存活，而不会让事情变得更糟的能力。这些技能可以帮助我们增强对痛苦的耐受能力，接纳并全然投入可能不符合自己希望的生活。

（3）情绪调节技能

情绪调节技能可以帮助我们更好地觉察和了解自己的情绪，增强我们对情绪的调节能力。在某种程度上，我们只能做自己，而情绪是我们的一部分。不过，我们可以学习更多的技能来处理我们的情绪。

（4）人际效能技能

人际效能技能可以帮助我们和亲近的人、陌生人维持并改善关系。其中的核心技能是教我们如何面对冲突情境，得到我们想要和需要的，拒绝不合理的请求和要求，同时又能够维持对自己的尊重。

（二）练习正念的目标

治疗师向成员介绍练习正念的目标，并请成员在《患者手册》中正念的目标的方框内勾选或补充对他们具有重要性的目标，分享并讨论他们的选择。

1. 减少痛苦、增加幸福感

具体包括减轻疼痛、紧张和压力，增加快乐与喜悦，改善身体健康、人际关系，提升痛苦耐受的能力。某些研究已经证实，规律练习正念确实有益，例如，增加情绪调节；减少分心、反刍的想法与行为；增加与积极情绪相关的脑部区域活动；提升免疫力；减少疼痛症状，改善患者因慢性疼痛所产生的抑郁症状，以及提升应对疼痛的能力；减少心理困扰，提升幸福感；等等。以上研究成果大部分来自那些持续练习正念冥想和瑜伽（八周或以上）的个人。然而即使练习正念的时间非常短，也可能会有益处。更多长期和持续的收获往往需要经过更长的时间、持之以恒练习正念方能获得。

2. 增加对于心的控制

在某种程度上，控制自己的心，就是控制自己的注意力。正念可以帮助我们更好地体验当下，当我们被其他事情分心时，正念会让我们温柔、坚定地把注意力再次拉回到当下，而不是任由分心肆意。所以，正念练习的目标之一是练习控制自己的注意力。

3. 经历本来的现实（体验如其所是的现实）

每天，我们头脑中会出现成千上万个想法，有的想法经得起现实检验，而有的想法若仔细推敲则可能与事实不太相符，甚至漏洞百出。比如，一位妻子想要让休假在家的丈夫接自己下班，但丈夫说自己很忙，让她打车。这位妻子头脑里出现了这样一个想法"他在找借口，其实是嫌我烦了，不在乎我了"，进而为此生气、失落。等妻子回到家后才发现，丈夫还在开视频会议，他说很忙是真的！我们会经常把想法当作事实，从而受其影响。练习正念可以帮助我们觉察事实及与事实有关的想法有何不同，体验如其所是的现实。

（三）智慧心

治疗师邀请成员阅读《患者手册》中的智慧心，介绍心的三种状态：情绪心、理智心和智慧心。

1. 情绪心

当我们处于情绪心的状态时，情绪会控制我们的想法和行为，而理性的参与很少。当我们完全处于情绪心的状态时，心情、感受，还有想要去做或去说些什么的冲动会主宰我们，事实、理智和逻辑都不重要，我们完全处于丧失理智的状态，进而做出冲动行为。

需要说明的是，体验到高强度的情绪和情绪心并不等同。情绪心之所以会发生，是因为丧失理智，我们的思想和行为让情绪来做主，进而做出冲动行为。通常处于情绪心时，我们体验到的情绪强度是比较高的。但是体验到高强度的情绪，并不意味着我们一定处于情绪心的状态，只有当我们被情绪主宰，丧失理智，做出冲动行为时才处于情绪心的状态。人们常会感受到强烈情绪却不会失控，例如得知亲人去世时悲痛的情绪体验会很强烈，但是只有在情绪将理智排除在外时，我们才会处于情绪心。

讨论重点：情绪心对我们的影响有哪些？其中包括哪些负面影响？会有正面影响吗？

情绪心的负面影响有三个方面。一是情绪体验本身可能会很痛苦。二是情绪心会使我们做出冲动行为，这些冲动行为通常并不能真正解决我们的问题，反而会让我们的处境变得更糟糕。比如，上文提到的因丈夫没有来接自己下班而生气、失落的妻子，若完全受情绪心的主宰，则可能会在电话里冲丈夫发脾气，指责、埋怨丈夫。因为丈夫当时正在忙于工作，听到妻子的指责，可能也会很生气，甚至直接挂断电话。可以想象，这时妻子的情绪可能会再次升级。三是情绪心会有短期正面的结果，但是其长期结果却是负面的。比如，自伤行为在短期内可能会缓解一些令我们不舒服的情绪（如内疚），但长期而言会带来很多负面影响。例如自伤的频率和强度会增加，我们会逐渐习惯这种处理情绪的方式，进而忽略甚至放弃使用其他也许更合适的情绪处理方式。

情绪心也会有一些益处，例如，会让人克服艰难困苦，会引发充满勇气或慈悲的壮举。比如见到他人身处危险时的奋不顾身，甚至愿意牺牲自己来拯救他人。个人如果只有理智，很可能就不愿意排除万难或出于大爱而行动。

2. 理智心

理智心是一种理性没有受到情绪制衡的状态。当我们完全处于理智心时，会受到事实、理性、逻辑和务实的控制，此时爱、罪恶或哀伤之类的情绪，都显得无关紧要，表现为冷漠、无情。

讨论重点：理智心对我们的影响有哪些？其中包括哪些负面影响？会有正面影响吗？

如果只有理智心，我们很难跟他人发展和维持关系。人与人之间的沟通与交流，需要情绪的回应，也需要顾及对方的感受。当我们忽视自己的情绪，也不重视别人的情绪时，关系就很难维系。例如，某人只追求高质量、高效率地完成工作，忽视自己的疲惫和对家人的挂念，便处于理智心的状态。

理智也是有益的。理智是自我的一部分，负责逻辑性的计划与评估，也是自我冷静的一部分。如果没有理智，人们就无法建立规则、建设家园，更不能解决逻辑问题和发展科学，社会生产与生活也无法有序运转。

3. 智慧心

将理智心和情绪心合而为一则是智慧心。智慧心是人人都有的内在智慧，当我们进入内在智慧时，我们就处于智慧心的状态中。内在智慧可以理解为有能力获得并应用知识与经验去应对和适应当下的处境。

虽然对某些人来说，处于智慧心的状态很容易，但是对另一些人来说，处于智慧心的状态却很困难。但是，每个人都有智慧心，只不过受一些因素的干扰（比如情绪），而无法进入智慧心的状态。这些因素包括前面提到的两种心的状态，即情绪心和理智心。智慧心能整合这两种心的状态，帮助我们整合观察、逻辑分析、身体的经验、行为和直觉等所有认识世界的方式来应对和适应当前的处境。

此外，情绪心和理智心之间常存在冲突，而智慧心则有助于我们做出智慧的选择，从而调节两者的冲突。例如，一位备战高考的学生很想把所有的时间都花在学习上（理智心），但长时间的学习又让人疲惫以至于什么也不想学（情绪心），这时智慧心也许会做出这样的选择：上课时认真学习，下课时出去散心，每天留 30 分钟的时间用于放松、娱乐。

只有多下功夫持续练习，才能找到我们本就拥有的智慧心。为了帮助成员进入智慧心，治疗师要带领成员进行智慧心练习。可以先从《患者手册》中的智慧心练习"抛进湖中的石头"或"走下内在的回旋梯"开始，让成员产生进入内在智慧的感觉。

■ 可选择的练习活动：邀请一位成员分享自己处于情绪心、理智心或智慧心的经历，然后大家讨论该成员处于哪种心的状态。如果该成员处于另两种心的状态，会有什么样的反应？

■ 可选择的练习活动："心的状态"角色扮演。将成员随机分成多个 3 人小组，进行三轮"心的状态"角色扮演。3 人小组内，在每一轮扮演中，三种心的状态均需要由成员扮演，每位成员扮演其中一心的状态，但不能跟之前自己扮演过的角色（心的状态）重复，这样三轮结束后，每位成员均扮演过三种心的状态。在成员扮演之前，治疗师也可以演示如何扮演三种心的状态。

治疗师事先根据成员的情况，设计两个情境。例如，情境 1：今天下午要来参加 DBT 团体技能训练，但想到要当众发言，而且上次布置的练习也没有做，纠结要不要去参加团体？情境 2：今天作业（工作）很多，做到凌晨还没做完，又困又累，很焦虑。

针对情境 1，3 人小组每位成员选择一心的状态进行扮演，即扮演在某种心的状态下的反应。针对情境 2，3 人小组成员角色互换后进行扮演，即如果第一轮扮演的是情绪心，第二轮需要扮演理智心或智慧心。情境 3 可以由成员自己提供，成员扮演的角色不能与前两轮相同。每一轮角色扮演结束后，邀请成员分享感受。

三、结　　束

在结束部分，治疗师首先向成员简要总结本次训练的主要内容，例如彼此相识，制定了团体规则，了解了自己参加技能训练的目标，学习了正念和智慧心等，也可以邀请成员做总结。其次，治疗师邀请成员反馈参加今天技能训练的感受与收获。通常情况下，在团体刚建立时，会经常遇到大家都沉默的状态，这时治疗师需要耐心地、不急不慢地对成员予以鼓励，当有成员发言时，及时给予强化。最后，治疗师总结大家的收获，并介绍《家庭作业手册》的使用方法，布置家庭作业。

第一次技能训练的家庭作业是完成《家庭作业手册》中第一周的练习智慧心，以及填写日志卡。为了尽可能保证成员能够完成家庭作业，需要治疗师注意三点：一是向成员说明完成作业的重要性，即为什么我们还需要在技能训练之外完成练习。如同学习任何一种新技能一样，如果不勤于练习，就难以真正掌握和使用这些技能；二是需要询问成员是否理解了作业的内容，及时对大家的困惑予以解答；三是将完成作业时会遇到的困难正常化，但是遇到困难不代表就放弃完成作业，我们可以在下一次技能训练时讨论和解决遇到的困难。

问题行为的链锁分析

第二周团体技能训练的主要内容包括四个部分：①开始；②讨论家庭作业；③技能训练；④结束。其中，开始部分包括讨论上次缺席事宜和练习正念呼吸。家庭作业部分主要是邀请成员回顾、分享家庭作业的完成情况，解决其可能存在的困扰。技能训练部分的主要内容是介绍问题行为的链锁分析。结束部分的内容与第一次技能训练相同（表 S2-1）。

表 S2-1　第二周团体技能训练的主要内容

周数	主题	主要内容	家庭作业
2	问题行为的链锁分析	1. 开始（15分钟） （1）如果上次的团体有人缺席，讨论缺席的相关事宜 （2）正念：正念呼吸练习 2. 讨论家庭作业（20分钟） 3. 技能训练（50分钟） 　　问题行为的链锁分析 4. 结束（15分钟） （1）团体成员反馈收获 （2）治疗师总结 （3）布置家庭作业	1. 链锁分析 2. 填写日志卡

一、开　　始

若有成员缺席了第一周团体技能训练，治疗师可以在本周团体技能训练开始之前，单独向其简短地介绍第一周团体技能训练的内容。在本周团体技能训练开始时，邀请第一周缺席的成员做自我介绍，并欢迎其加入。接着，治疗师带领成员练习正念呼吸，练习后可以邀请成员分享练习感受。

正念呼吸练习

请采取一个相对舒适的姿势坐在椅子上，双脚平放在地面上，感受一下脚踏实地的稳固感，双手自然放在腿上或膝盖上，保持背部挺直而不紧绷。请把眼睛闭上，也可以放松地看着前方，无论看到什么，都不用盯着它，保持眼睛能看到就好，也不用费心去思考你所看到的东西。

下面，请把你的注意力专注在你的呼吸上，带上你的好奇心，让你的意识跟随着呼吸，游走在身体每一个感受强烈的角落。它可能在鼻腔、颈部、胸部、腹部，或者其他地方。保持这种对呼吸的专注，去感受空气流进、流出的感觉。

如果你发现自己被一些想法、声音或者其他一些东西所干扰，没关系，把这些干扰你的东西看作你在路上行走时，从你身边经过的来来往往的汽车一样，看它们一眼，然后温柔而坚定地再把注意力拉回到此刻的呼吸上。

重复这样的一吸一呼，感受呼吸的流动，保持对呼吸的觉察。

我们的练习就要结束了，当你觉得合适的时候，可以睁开眼睛或收回意识，环顾一下周围。

二、讨论家庭作业

治疗师邀请成员分享上一次的家庭作业，即《家庭作业手册》中第一周的练习智慧心和填写日志卡，分享的内容可以包括但不局限于以下内容：描述练习智慧心的情境，以及你是如何练习的？这个练习如何有效地协助你回到智慧心？练习中存在哪些困惑或困难？治疗师对成员的分享予以积极回应，当成员在完成作业遇到困难而选择放弃做练习时，治疗师在认可其感受和行为的基础上，带领其他成员一起帮助其解决困难。总之，激发成员完成练习的动机，鼓励成员坚持练习是技能训练中非常重要、不可或缺的部分。

成员常见的问题是已经做了智慧心练习，但还是没有找到自己的智慧心。治疗师一方面对成员完成练习的行为予以认可，另一方面也可以邀请其他有过智慧心体验的成员进行分享，并澄清智慧心是每个人都有的内在智慧，鼓励大家只要坚持练习，终将会听到智慧心的声音。治疗师也可以带领大家做以下的正念练习——铃铛的故事，帮助大家带着坚持和信心寻找智慧心。

铃铛的故事

采取一种专注而舒适的姿势——最好是坐直。双手放松地放在大腿上，掌心向上，嘴角带着温和的微笑。用温暖而友好的语气对自己说："你好。"

闭上眼睛，做几次深呼吸。让你的身心进入一种平静的状态，试着感受你与所坐位置表面的接触。

观察你的呼吸，它变得越来越深。每次呼气都更深沉、更平静。吸气时温柔地想"智慧"，呼气时温柔地想"心"。观察你的呼吸进出——与你的呼吸在一起，保持充分的觉知。你可能想将一只手放在你身体中最能感受到智慧心的地方。

听听下面这个古老的故事，观察一下自己的心境。

一个岛屿上建立了一座寺庙，寺庙里有上千个大大小小的铃铛，出自世上最有名的制造者之手。有风吹过时，所有的铃铛一起发出声音，仿佛奏响了一曲美妙的交响乐，所有听到的人都感到无比的喜悦。

但几个世纪过去，铃铛随着岛屿沉入海底，有一个古老的传说声称铃铛仍在不停地发出声音，任何想要听的人都可以听到。被这个传说所激励，一个年轻人跨越了几千公里来到海边，下定决心要听到铃铛的声音。他在海岸边坐了数日，面对着消失的岛屿，用所有的力量倾听，但他所能听到的只有大海的声音。他用尽全力想要阻断这个声音，但是根本做不到；大海的声音似乎席卷了整个世界。

他继续在海岸边坐了数周，每一次他失去信心时，都会想起村庄里的智者一次次重复这个神秘的传说。之后，他的心再次被点燃，但当数周的努力仍然毫无结果时，他的心依然会受挫。

最后，他决定放弃尝试。或许他无缘听到铃铛的声音，或许传说是假的。这是他在这里的最后一天，他来到海岸边，对大海、蓝天、海风和椰子树说再见。他躺在沙滩上，第一次，认真倾听了大海的声音。不久，他沉浸在大海的声音中，几乎忘却了自己的存在，这种声音所营造的寂静竟如此深刻。

在深深的寂静中，他听到了！一个铃铛接着一个铃铛发出声音，一个接着一个……接着上千个铃铛无比和谐地奏响，而他的内心充满了无上的喜悦。

三、技 能 训 练

（一）问题行为

问题行为是指那些在个体身上反复出现的，令人痛苦，影响其生活、学习或工作的行为。个体通常知道这些行为不合适，但又无力改变，例如成瘾行为、自伤行为等。

（二）链锁分析

1. 链锁分析的定义

我们对于那些已经习惯的行为，往往会感觉它们好像是自然而然就发生了。但是，任何行为的发生都是由一系列环节所组成的，这些环节被"串联"起来，连续性地一个接一个、一环扣一环，像链锁一样。链锁分析通过对一系列的问题（例如：在这之前发生了什么？之后发生了什么？）的询问，逐步将看似瞬间发生的行为拆解开来。

2. 链锁分析的目的

链锁分析的目的是找出什么导致了问题行为，它的功能是什么，什么妨碍了解决问题，有哪些资源可以帮助解决问题。总之，链锁分析帮助我们评估要改变的行为。虽然使用链锁分析需要花费时间与精力，但我们可以了解到哪些事件会导致特定的问题行为。很多时候，我们无法顺利解决问题是因为没有完整了解并分析问题。通过持续练习链锁分析，个体可以找出自身行为中的不同构成部分是被什么样的模式串联起来的。要停止问题行为的第一步，就是先找到串联这些部分的环节，打破这些环节，就能减少甚至避免问题行为的发生。

3. 链锁分析的步骤

治疗师邀请成员阅读《患者手册》中第二周的材料，借助示例，逐步讲解问题行为的链锁分析的八个步骤。

当我们想要了解与解决某个问题行为时，链锁分析可以辨认出重要的信息。第一到第五步帮助我们了解问题，第六到第八步是改变问题行为。由于成员才开始学习技能，治疗师重点介绍前五个步骤，并简要告知学员 DBT 的四个技能模块可以在链锁分析的哪些环节帮助我们改变问题行为。

第一步：问题行为到底是什么？

第二步：环境中的什么事件启动了这一连串事件（促发事件）？

第三步：事发当天，自己的脆弱因素是什么？

第四步：从促发事件到问题行为，环环相扣的一连串事件是什么？

第五步：在环境中，行为的后果是什么？

第六步：找出取代问题环节所需的技能行为，减少再发生这个行为的可能性。

第七步：发展预防计划，以降低促发事件与环环相扣的链锁的脆弱性。

第八步：修复问题行为对环境与自身造成的消极后果。

讨论重点：问题行为是如何一步一步发生的？在发生的整个链锁中，哪些环节做一些调整可能防止问题行为的发生？

需要注意的是，链锁中的环节可能具有功能，也可能是失功能的。练习链锁分析时，成员应该专注于找出关键的失功能环节（想法、事件、行为），这些环节是把促发事件连接到问题行为的关键。判定某个环节是否为关键的方法之一，是请成员想象如果少了这个环节，是否会改变问题行为发生的概率。

治疗师需要提醒成员，不要被想做出完美的分析和找出正确环节的念头"卡住"，真正重要的是开始使用链锁分析。练习链锁分析就和其他技能一样，多练习就会熟练，做得越多就越容易完成。

■ 可选择的练习活动：如果成员是青少年，通常需要设计一些有趣的活动来增强他们的参与性。首先，治疗师可以使用《家庭作业手册》第二周中的 NSSI 案例或自己编写一个典型案例，将链锁的每一环节（第二至第五步）分别写在同一个颜色的便利贴上，打乱顺序。其次，将成员随机分组（3～4 名成员一组），并告知大家便利贴上详细描述了某个问题行为的发生、发展过程，邀请每组成员根据自己的理解，将便利贴排列顺序，以说明问题行为的发生、发展过程。再次，邀请每组派一位成员分享。最后，治疗师分享正确的顺序，并在分享中讲解链锁分析的步骤。治疗师分享正确顺序时，不同的环节可以使用不同颜色的便利贴，便于成员一目了然地看到链锁分析的不同步骤。比如，"促发事件"使用蓝色便利贴，"脆弱因素"使用黄色便利贴，"联结"使用粉色便利贴，等等。

四、结　　束

结束部分与第一次技能训练的结束流程一致。需要注意的是，治疗师可以结合成员上一次作业的完成情况，决定是否需要花更多的精力来激发成员完成作业的动机，包括强调练习的重要性，以及解决成员完成练习的困难等。

第二次技能训练的家庭作业是选择一个自己的问题行为，完成《家庭作业手册》第二周中的链锁分析（第一至第五步）；填写日志卡。

正念：正念是什么、正念如何做

第三周团体技能训练的内容结构与之前类似（表 S3-1）。开始部分的正念练习将聚焦于觉察身体，技能训练的主题是"正念是什么及如何做"。

表 S3-1　第三周团体技能训练的主要内容

周数	主题	主要内容	家庭作业
3	正念是什么及如何做	1. 开始（15 分钟） （1）如果上次的团体有人缺席，讨论缺席的相关事宜 （2）正念练习：觉察身体 2. 讨论家庭作业（20 分钟） 3. 技能训练（50 分钟） （1）正念是什么 （2）正念如何做 4. 结束（15 分钟） （1）团体成员反馈收获 （2）治疗师总结 （3）布置家庭作业	1. 练习正念核心技能 2. 填写日志卡

一、开　　始

缺席事宜讨论与第二周团体技能训练的开始部分类似，后续不再赘述。接着，治疗师带领成员进行觉察身体的正念练习，练习后邀请成员分享感受。

正念练习：觉察身体

让自己舒服地躺在地毯或垫子上（若条件不允许，也可以坐着），眼睛轻柔地闭上。提醒自己练习的目的不是去感受放松或沉静，这些可能发生，也可能不发生。练习的目的是尽自己所能，对你体验到的身体感觉加以觉察。

先花一点时间来感受一下自己吸气、呼气时的身体感觉。然后，将注意力经过左腿，然后进入左脚，到达左脚脚趾。带着轻柔的好奇来探究自己的感觉，也许会觉察到麻麻的感觉、温暖的感觉，也许并没有什么特别的感觉。几乎不可避免，我们的注意力会不时地游离到呼吸和身体之外。这非常正常，如果你觉察到它的游离，觉察一下它到底去了哪里，然后再温和地把它带回到希望关注的身体部位上。用同样的方式将注意力集中在右腿，然后进入右脚，最后到达右脚脚趾，带着好奇心去觉察自己的感觉。

现在把注意力扩展到其他区域——背部、腹部、胸部、手指、手、胳膊、肩膀、脖颈、头部、面部。对于每个身体部位，带着清晰的觉察和轻柔的好奇去感受该部位的感觉。当你发现自己分心时，去看一看让你分心的东西，然后再温柔地提醒自己，把注意力带回到希望觉察的身体部位上。

如果你觉得自己有点昏昏欲睡，那么可以睁开眼睛练习，或者练习坐着进行身体扫描而不是躺着，这样会很有帮助。你可以自由地探索不同的练习方式。这样扫描完全部身体以后，再花一点时间来觉察一下整个身体的感觉，看看呼吸如何自由地出入我们的身体。

我们的练习就要结束了，当你觉得合适的时候，可以睁开眼睛，环顾一下周围。

二、讨论家庭作业

治疗师邀请成员分享上一次的家庭作业，即《家庭作业手册》第二周中的链锁分析以及填写日志卡。分享的内容可以包括但不局限于以下内容：分析的主要问题行为是什么？导致问题行为的促发事件是什么？问题行为跟当时自己及环境中的哪些脆弱因素有关？在促发事件和问题行为之间，还发生了哪些环节（比如想法、身体感觉、行为等）？问题行为导致了什么后果？在整个问题行为发生的链锁中，哪些环节做一些变动就可能减少问题行为的发生？如何修补问题行为导致的不良后果？日志卡记录中的自伤行为跟以前比是否有变化？哪些原因导致了变化？

成员在初次完成自己问题行为的链锁分析时会遇到很多困难，甚至没有完成作业，治疗师带领大家一起讨论和解决困难，并在认可成员感受的基础上，鼓励成员继续觉察和分析自己的问题行为。

三、技能训练

（一）正念是什么

正念是什么技能指的是我们练习正念时会做的事，包括观察、描述和参与，成员可同时阅读《患者手册》第三周的材料。每一种"是什么"技能都是截然不同的活动，就像走路、骑车和游泳一样，这三种"是什么"技能是三项分开的活动。因此，每一次只练习一种"是什么"技能：可能是观察，或是描述观察的对象，或是参与当下。

1. 观察

只有观察才能看见事物的原貌。观察的好处是让我们能够接触到真实的当下。如果我们只活在过去或未来，那并不是真的活着。观察就是学习全然感受此时此地活着的状态。另外，我们可以通过观察将信息送进大脑，从而有改变的可能。研究显示，信息经过感官处理之后，将会帮助我们以想要的方式做出改变。如果持续测量体重，往往就能减重（如果觉得自己太胖）或增重（如果觉得自己太瘦），填写日志卡也是这样。

我们可以通过感官注意当下的经验。试着通过眼、耳、鼻、舌及身体肌肤，去注意当下的经验。我们通过五感，也就是视觉、听觉、嗅觉、味觉、触觉，去观察身外的世界。另外，我们也要通过想法、情绪及内部身体感觉，去观察内在世界。观察时，我们唯一要做的就只有观察，除此之外什么事都不要做。不要反应，不要贴标签，不要描述，只要注意经验本身就好。

观察内在世界会比观察外在世界更难。有些人非常害怕看自己的内心，因为他们已经逃避面对自己的内心多年。对这些人来说，先去观察身体以外的事物，效果会更好——例如观察一片树叶或一朵花朵，注意它的颜色、重量、质地、气味和形状等。而有些人会不停地分析自己的内心，一直注意自己的经验。对这些人来说，一开始就去观察自己的内心也会困难。

治疗师带领成员进行简短的观察练习。以下是非常简短的练习，可以在第一次介绍观察时进行。可以先做其中一个练习再分享经验，或是依序做完其中几个练习再来分享经验。请成员做以下的动作：

■ 将注意力集中到你的手上，感觉手接触到的是冰冷的表面（例如桌面或椅子），或是温暖的表面（例如你的另一只手）。

■ 集中注意力，感觉大腿坐在椅子上。

■ 集中注意力，试着感觉自己的胃和肩膀。

■ 凝神倾听。

■ 倾听呼吸，注意腹部起伏的感觉。

■ 觉察内心第一个浮现的念头。

■ 抚摸上唇，然后停止动作，注意经过多久时间，你的上唇才不再有感觉。

■ 采取站姿，手臂轻松垂放于身体两侧，双脚打开与肩同宽。将注意力集中在双脚接触地板的感觉，在不移动脚步的情况下，找到你觉得两只脚最平衡的那一点。

■ 观察两张类似的图片。

讨论重点：邀请成员在练习后分享经验。

观察看上去很简单，但也可能困难得出乎意料。我们刚开始练习观察时，最常发生的状况之一就是想要放弃。原因也许是觉得无聊，感受到痛苦情绪，身体开始疼痛，想起还有一些没有做完的事，或是有其他事情引起我们的兴趣等。治疗师需要提醒成员，无论心里出现了什么让自己分心的事情，都不需要采取行动，分心是很正常的。当我们发现自己分心时，只要看一看那些让我们分心的事，然后再将注意力温柔地带回正在观察的对象就可以。例如，我们可能会注意到窗外汽车行驶的声音，但不需要真的跑出去看，听一听这个声音，然后将注意力再带回正在观察的对象即可。

观察的另一个困扰是，我们可能在观察时体验到自己不想体验到的东西，进而排斥继续观察，例如，体验到身体的疼痛，或者令自己害怕的想法等。尤其是曾经有过创伤经验的人，可能会觉得观察很可怕，而不敢去看自己的内心。但是逃避观察只会让我们暂时避免痛苦，长期而言只会让我们越来越惧怕，进而失去发现事物本来面貌的机会。

最后，可以邀请成员在《患者手册》第三周练习观察的方法中勾选自己感兴趣的活动并在课后练习。

2. 描述

描述是指用语言描述观察到的事实。刚开始介绍这个技能时，可以先做以下练习，然后再解释描述技能的意义。

■ 可选择的练习活动：寻找一位成员，然后跟对方说："我觉得好累，而且现在已经很晚了。"随后请对方描述你说话时的意图或动机。坚持请对方一定要描述。如果对方无法描述或描述内容是错的，就再找下一位成员。之后，与成员共同讨论：我们有多大程度认为自己知道别人的动机？请成员分享，是否有过别人曾经坚持他们了解成员的内心，但是事实并非如此的情况，以及这样的做法让成员有何感受。

描述的意义之一是描述可以培养整理与区别的能力，能够区别观察对象和观察时的心理反应（如想法）。如果把对于事件的心理反应和事件本身混为一谈（例如将想法当作事实），就会导致不必要的情绪困扰及混乱。例如，当我们发现孩子在玩电子游戏时，可能会出现这样的想法：又在偷偷玩了，太不自觉了，学习搞不好了。这样的描述就会造成自己和孩子的情绪困扰。又如，你本来要和好朋友外出吃饭庆祝生日，但是当和好朋友碰面时，他/她穿得非常随便甚至邋遢，这时候你把这种情况描述成好朋友并不重视自己，可能就无法和他/她一起享受生日晚餐。把对于事件的想法当作事实并加以回应，可能导致无效的行动，特别是在我们的想法和实际事件并不吻合的时候。

描述的意义之二是描述可以获得更多人的回馈，从而帮助我们发现事实本来的面貌，因为我们身边的人会纠正或认可我们对于事件的看法和描述。在前述例子中，如果我们只是描述观察到的事实：我看到你在玩电子游戏啊。孩子可能会更平和地解释自己为什么玩游戏，甚至放下游戏，继续学习。

此外，写下对于观察的描述，可以让我们观察搜集到的信息。前面提到，观察会改变行为，让行为往我们想要的方向发展。描述有时也是一种工具，让我们可以处理观察到的信息。例如，许多人觉得写日记很有用，日记实际上是描述一天当中发生在我们身上的事及我们的感受。

描述是为观察加上字句，没有观察，就无法描述。同时，没有人能够观察到别人的想法、意图和感受。我们虽然可以观察自己心里浮现的想法，却只能推断或猜测别人的想法。对于别人想法的假设，只不过是我们自己内心的假设。例如，"你觉得我在说谎"这句话并不是对观察的描述，"我觉得你认为我在说谎"才是描述。

就像前面提到的观察入门练习，以下是非常简短的练习，可以在成员刚开始练习时使用。先做一个练习，然后分享经验，或者依次做完几个练习后再来分享经验。

■ 观察并描述心中浮现的第一个想法。

■ 观察并描述墙上的一张图片，或是桌上的一个物品。

■ 花几分钟观察房间里的声音，然后描述你听见的声音。

■ 观察自己身上的感觉，然后去描述其中 1～2 个感觉。

■ 观察你的想法，就好像它们是被放在输送带上一样；想法经过时，将它们标记分类，放进盒子里，例如计划的想法、担心的想法等。

■ 观察两张类似的图片，并描述不同之处。

讨论重点：邀请成员在练习后分享经验。

最后，可以邀请成员在《患者手册》第三周练习描述的方法中勾选自己感兴趣的活动并在课后练习。

3. 参与

参与是带着觉察，全然进入感知生命，不做评判，而且处于当下。观察和描述就像是"停、看、听"，参与比较像是"过马路"。参与是正念的终极目标。正念参与有助于我们全然沉浸于某个活动中（像是滑雪或跑步），可以让人获得最大的幸福感或成就感。

当我们参与正在做的事，就等于是将行动和觉察合二为一，因此我们不再感觉自己和正在进行的活动是两件事。我们完全融入正在做的事情时，我们的生命和正在做的事情都像是在翩翩起舞一样，即使我们要费很大的力气，但感觉上像是毫不费力。

治疗师可以建议成员练习以下某一点或其中几点：

■ 进入当下的经验，让自己沉浸于当下。

■ 完全投入活动之中。

■ 不要把自己和正在发生的事件与互动分开。完全参与那件事，将自己沉浸于当下。让你自己参与事务、加入活动、选择投入。

■ 将自己变成现在正在做的事。

■ 想要放下自我意识，就去做相反的事，也就是把自己完全抛下，只专注于当下，让你和你正在做的事合二为一，就像是只有此时此刻，只有你正在做的事而已。

■ 用出于智慧心的直觉去行动，在每个情境中，只做需要做的事。

■ 顺着当下脉络，以自发随性的态度去响应。

最后，可以邀请成员在《患者手册》第三周练习参与的方法中勾选自己感兴趣的活动并在课后练习。

（二）正念如何做

治疗师向成员介绍"如何做"技能是我们如何去观察、描述和参与的方式，成员可同时阅读《患者手册》第三周"如何做"技能。"如何做"技能主要有三种：不评判地做、专一地做，以及有效地做。

1. 不评判地做

评判有两种类型，一是辨别的评判，二是评价的评判。所谓辨别就是去分辨或分析两样东西的异同，或者某项东西是否符合某种标准，是否符合事实。有些人的工作就是将事物和标准加以比较，比如工厂质检员需要挑出好的产品，并丢弃坏的产品。"好"这个字也常用于回馈孩子和大人的行为，让对方知道什么事可以继续做、什么事不能做。评价是判断人、事、物是否有价值，评价是我们加诸于事实的东西，是出自我们内心的选择，与个人的喜好、价值观有关，而非事实真相。

不评判地做就是描述事实当下的状态，而不把好、坏或其他类似的评价加诸其上。然而我们很容易偏离陈述的意义，只说对象或事件的好坏。当我们使用"好""坏"这两个字时，常常会忘了是自己把一些东西附加到事实上，我们把自己的评判当作事实，人们也把他们对我们的评判当作事实。评价好坏的评判，是观察者内心的想法，并不等于评判对象。当我们把值得或有价值的评价加到观察对象上时，就是在评判。然而"好""坏"从来不是观察的结果，而是人们在观察时加诸其上的。如果某件事对于某个人或某个团体来说，是值得做的、有价值的或好的，那么它就一定会被其他人或其他团体视为不值得做的、没有价值的或不好的。所以，正念技能的重点就是不要用这种态度去评判事物。

为什么要不评判呢？

原因之一是对同一个事件或刺激，不同的人会有不同的评判，那么评判可能不可信。

原因之二是评判对情绪、人际关系有负面影响。当我们把评价加诸于周遭的人或事物时，这样会严重影响我们对评判对象的情绪反应。我们通常很难承认自己做出的评判，因而对自己情绪失调产生了影响。负面评判也会造成冲突，伤害到我们和我们重视的人之间的关系。很少有人喜欢别人来评判自己。评判别人也许会让对方暂时有所改变，但最常发生的状况却是对方会躲避，或是反抗提出负面评判的人。

原因之三是改变事情发生的原因比评判更有用。换句话说，光说事情不应该发生或是不好的、无效的，无法解决问题、改变现状。如果我们不想让酒醉的人开车，就应该建立停止酒驾的环境，也许需要更严格的法令来禁止酒驾，或者有更多的警力巡逻执法。或许也需要为有酒精成瘾问题的人提供有效的疗法，同时劝说人们不要让喝酒的人开车。

我们可以通过放下好坏之分来放下评判，如实观察和描述现实。我们要放下对人、他们的行为和事件好坏的评价。例如，我们要放弃使用"好""坏"来描述一个人或其行为。此处的目标是在观察、描述、参与时，采取不评判的立场。评判就是贴标签，或评价事物的好坏、有无价值、值得与否。放弃贴标签就是不评判。

我们也可以通过将评价换成"这是……"的简单叙述，或是关于它的描述来放下评判。这里的目标并非将"不好"改成"好"，也不是把"不值得"改成"值得"，或是其他类似的替换。我们要将评价换成经过观察后的描述，比如将"你玩游戏不好，影响你学习"换成"最近1个月你每天都会玩1小时的游戏，这次月考你的名次比之前下降了10名"。

放下"应该"的想法也可以帮助我们放下评判。也就是说，放下定义世界应该是何种面貌，也放下要求现实要符合我们想要的样子。不评判就是不去说、不去想事情应该要有所不同。也不说，我们应该要和自己有所不同。我们可以试着将"应该"换成对于感受或欲望的描述。例如将"这次考试你应该要有进步"换成"我希望你这次考试能有进步"。

治疗师可以选做以下练习，然后请成员分享经验。

■ 两可图

治疗师可以使用心理学中"两可图"的例子（图 S3-1），帮助大家认识到由于对刺激的选择性注意。不同的人看同一张图片，看到的内容却不尽相同。由此可见，对于同一事件，不同的人在选择性注意之下的评判也可能存在不同，评判并不一定是全部事实。

图 S3-1　两可图

■ **列队缓慢行进**

请成员排成一列（可以在室内围成一个圆圈，或在室外排成直线），然后慢慢往前走。这个练习经常会发生的状况就是，大家开始评判在自己前后的人，或是评判发号施令的人。如前面所说，这时有一招很管用，就是在活动进行中请大家停下来，看看谁已经在做评判，然后再重新开始。

■ **描述讨厌的事物**

请每个人描述和人相处时不愉快的互动经验，或是别人或自己讨人厌的特质。成员在练习描述这些事情时，不用评判的字眼或声调。

讨论重点：邀请成员在练习后分享经验。

最后，可以邀请成员在《患者手册》第三周的练习不评判地做的方法中勾选自己感兴趣的活动并在课后练习。

2. 专一地做

专一地做就像不评判一样，是所有正念练习的核心。专一地做也就是将注意力集中在当下，以及将自己全然带入工作或活动之中。

专一地做，即全然处于当下。过去已经结束，不存在于现在。我们会对过去存有一些想法和印象。当我们想到过去或过去的印象浮现心头时，可能会产生强烈的情绪。我们可能会为了自己或别人过去的所作所为而忧虑，也可能希望自己的过去有所不同或仍然活在过去。但重要的是需认清：这些想法、印象、感受和希望都发生在当下。如果我们没有觉察到自己正在想着过去，而是迷失在过去或过去的想法、印象之中，麻烦就此开始。因为我们没有注意到此时此刻正在发生的事，而不小心把心神专注于过去的想法与印象。我们现在的情绪可能就会变得与过去曾感受过的情绪相同，这让我们以为就像是活在过去，而过去就活在我们之中。

过去已经结束，未来尚未来临。我们可能会对未来有很多想法和计划，当我们想到未来时可能产生强烈的情绪，也会有很多忧虑。的确，我们可能花费很多时间和无数夜晚担忧未来，但是就像对过去的忧虑一样，重要的是要记得我们对未来的忧虑是在当下发生，就像我们会迷失在过去的想法和印象之中一样，我们也会在反复思考未来时感到迷失。

此外，活在当下是可以计划未来的，只是在计划时要带着觉察去做，也就是做计划是一种当下的活动。

我们为何要专一地做？原因之一在于，对所有人来说，当下的苦难已经够多了，再将过去和未来的痛苦都加在现在的痛苦上，这样未免太痛苦了。原因之二在于，一心多用可导致没有效率，一心多用其实并不能节省时间，反而会削减我们快速做好事情的能力。原因之三在于，如果我们不专一地活在当下，那么我们会失去对当下美好事物的觉察；如果我们心不在焉地活在当下，当下就会呼啸而过，我们无法拥有许多自己真正在乎的经验，也无法享受美好人生。

将自己定位于现在可以帮助我们专一地做。我们花费了许多时间活在过去（但过去已经结束）与未来（但未来尚未发生），或是对自己关于现实的想法有所反应，而不是回应现实的真正面貌。因此，专一地做的首要目标就是，对我们所在的当下保持觉察。

另一个可以帮助我们专一地做的方法是一次只做一件事。大多数人认为，如果一次可以做好几件事，就会完成更多的事情，但事实并非如此。重要的是将注意力完全集中在当下所做的事情上，这同样适用于心理和生理的活动。然而，这并不是说我们不能在这件事和另一件事之间转换。一次专注于一件当下的事，不是说我们不能去做需要许多连续行动的复杂工作，也不代表无论做什么事都应该全神贯注。这个方法的核心是心无旁骛地行动，相反则是心不在焉和分心的行为，例如在做一件事的同时，又去想或处理其他的事。

治疗师可以选择以下练习，完成练习后请成员分享经验。

■ 负重哑铃

治疗师准备一些不同负重的哑铃，邀请一位成员根据自己想到过去、现在和未来时的痛苦程度分别选择三个哑铃，越重的哑铃代表感受到的痛苦越强烈，让成员分享同时举起其中 2～3 个哑铃，以及只举起代表现在的一个哑铃时，感受有何不同。

■ 边吃葡萄干边看视频与一心一意吃葡萄干

首先，治疗师邀请成员边吃葡萄干边看一段短视频，然后请大家分享吃葡萄干的感受。随后，治疗师邀请成员一心一意吃葡萄干，再询问大家吃葡萄干的感受，并让大家比较两种情境下对于吃葡萄干的感受有何不同。最后，治疗师可以邀请成员在《患者手册》第三周练习专一地做的方法中勾选自己感兴趣的活动并在课后练习。

3. 有效地做

有效地做是正念"如何做"技能的第三项，是采取有效和灵巧的做法去做能够达成目标的事。在此，要达到的目标就是将注意力集中在有效地做，而不是关注是非对错或公平与否。通常，这和意气用事而采取损人不利己的行动刚好相反。

如果不能以有效的方式运用技能，我们就很难达成目标。争一口气或证明自己某个观点是对的，可能会让我们一时感觉良好，但是从长远来看，得到生命中想要的东西才是更令人满足的目标。例如，酒店前台人员告诉你，没有你的订房记录（但是你知道自己订好了房间），这时向对方大吼大叫可能让你当下觉得舒服一些，实际上顺利入住酒店（这需要有效的方法）让你感觉更好。以下方法可以帮助我们有效地做事。

（1）明确目标

要做管用的事（也就是有效的事），需要先知道在某个特定情况下，我们的目标是什么。

（2）知道实际状况并采取行动

要能有效地做，需要知道实际状况，并且能够加以行动，而不是我们认为的那个情况该如何。例如，有人想要加薪，却认为不用告诉主管，主管应该会知道他值得加薪，于是他不主动提出要求。

（3）知道做什么事能够达成目标而做什么事却不能

有效地做需要知道做了哪些事可以达成目标，哪些事则不行。很多时候，如果我们可以平心静气地思考我们的选择，就会知道哪些是有效的、哪些是无效的。然而，有时候有效指寻求帮助，或者请别人指导我们该如何做。为了能更有效，有些成员可能需要提升问题解决的技能，敞开心胸去体验，觉察行动的结果并从错误中虚心学习，这些对于实践有效地做都非常重要。

（4）必要时遵守规则

有效地做也和遵守规则有关，特别是在达成目标时。如果我们居于劣势，或是想要的事物非常重要，在这些情况下，最重要的就是遵守规则。比如，在机场安检时忘记带身份证，办理临时身份证（这是机场安检的规则，所有人都需要遵守）比与机场人员协商不遵守规则要更有效。

（5）用灵活的态度对待别人

有效地做常指用灵活的方式对待别人，即衡量对方当下的处境，然后采取下一步行动。

最后，治疗师可以邀请成员在《患者手册》第三周练习有效地做的方法中勾选自己感兴趣的活动在课后练习。

四、结　　束

结束部分与之前的流程一致，治疗师要注意继续激发成员完成作业的动机，包括强调练习的重要性，以及解决成员完成练习的困难等。

第三次技能训练的家庭作业是完成《家庭作业手册》第三周中的练习正念核心技能，以及填写日志卡。

痛苦耐受：TIP 技能

第四周团体技能训练的内容结构与之前类似（表 S4-1）。开始部分的正念练习是正念进食（如吃葡萄干），技能训练的主题是 TIP 技能。

表 S4-1　第四周团体技能训练的主要内容

周数	主题	主要内容	家庭作业
4	痛苦耐受：TIP 技能	1. 开始（15 分钟） （1）如果上次的团体有人缺席，讨论缺席的相关事宜 （2）正念练习：吃葡萄干 2. 讨论家庭作业（20 分钟） 3. 技能训练（50 分钟） 以改变身体化学状况的技能管理极端情绪激发 4. 结束（15 分钟） （1）团体成员反馈收获 （2）治疗师总结 （3）布置家庭作业	1. 练习 TIP 技能 2. 填写日志卡

一、开　　始

治疗师准备好葡萄干，带领成员进行吃葡萄干的正念练习，练习后邀请成员分享感受。

正念练习：吃葡萄干

下面我们来做一个正念进食的练习，大家可以选择自己舒服的方式坐着。在练习过程中，你可能会出现这样或那样的想法和感受，没有关系，这很正常，让它们自然地出现和消失。当你发现你的注意力游离的时候，简单地看看是什么让你分心，然后把你的注意力转回到葡萄干上。

现在拿起这粒葡萄干，放在你的掌心，观察它，就像你是一个好奇的孩子。这是你第一次见到它，注意它的形状、颜色、轮廓，注意它不止一种颜色，它有很多不同的色调；注意它在你手中的分量；注意它的表皮和你手指接触的感觉。轻轻地挤压它并注意它的纹理，拿着它对着灯光或拿到阳光明媚的地方，注意它的光泽。

现在把它放到你的鼻子下面闻一闻，专注地闻它的味道。再把它拿到你的嘴边，靠在你的嘴唇边，在咬它之前暂停一会儿，然后注意你的嘴里发生了什么，注意你的唾液，注意你想咬它的冲动。

现在，你可能很想尝一尝，那就把它轻轻地放进你的嘴巴吧。接着，用非常慢的动作把它咬成两半，并注意你的牙齿在做什么，让它在你的舌头上停留一会儿。我想请你闭上眼睛，来加强这种体验，只是去注意有没有出现任何冲动，然后温柔地用舌头去探索它，注意它的味道和质地。

现在，用非常慢的动作继续品尝，注意你的牙齿在做什么，还有你的舌头、你的下巴；注意它的味道和质地的变化、咀嚼的声音，然后注意你舌头的哪个位置能品尝到甜味。当想要吞咽的冲动出现的时候，先注意一会儿这种感觉。吞咽的时候，注意咽喉的运动和声音，然后注意舌头在哪里及做了什么。吞咽之后，停一下，注意味道逐渐消失，但仍依稀存在。

我们的练习就要结束了，恭喜你完成了这次练习。当你觉得合适的时候，就可以睁开眼睛，环顾一下周围。

二、讨论家庭作业

治疗师邀请成员分享上一次的家庭作业，即《家庭作业手册》第三周的练习正念核心技能，以及填写日志卡。分享的内容可以包括但不局限于以下内容：练习了正念的哪些技能？以其中一个正念练习为例，分享自己是如何练习的？描述自己使用该技能的经验，包括练习时的身体感觉、情绪和想法都有哪些？练习该技能后，自己的感受是什么？日志卡记录中的自伤行为跟以前比是否有变化？哪些原因导致了变化？

若有成员在练习中存在困难，治疗师带领大家一起讨论如何解决练习中遇到的困难。若有成员坦言没有完成作业，治疗师需要询问原因，在对其感受和想法认可的基础上，鼓励其努力完成练习。

三、技 能 训 练

（一）TIP 技能的含义

邀请成员阅读《患者手册》第四周的材料。TIP 技能有四个步骤：用冷水改变脸的温度（temperature of your face with cold water）、激烈运动（intense exercise）、调节呼吸（paced breathing），以及配对式肌肉放松（paired muscle relaxation）。每一个步骤都可以快速改变人的生理反应，从而降低情绪的激发状态。

（二）TIP 技能的目的

治疗师需要向成员解释 TIP 技能的目的，即我们为什么要使用 TIP 技能，理由如下：①TIP 技能可以改变人的身体化学状况，减轻强烈情绪激发的难以承受的感觉；②TIP 技能很快就能发挥作用，在几秒到几分钟内就可降低情绪激发；③TIP 技能和失功能行为（喝酒、使用药物、暴食、自伤）一样有效，可以减轻痛苦情绪，但是又不会引起短期或长期的消极后果；④TIP 技能就像是快速产生作用的药物，但是又没有药物的成本或药物导致的副作用；⑤TIP 技能使用简便，不需要想太多就可以做得到；⑥某些 TIP 技能（调节呼吸、某些部位的肌肉放松）可以在大众场合使用，又不会引起别人注意。

需要注意的是，治疗师要提醒成员，虽然 TIP 技能可以帮助我们迅速降低情绪激发状态，避免因冲动而让处境变得更加糟糕，但是不要期待只使用该技能便可以彻底解决情绪失调，还需要配合使用其他技能。

（三）TIP 技能的使用时机

使用 TIP 技能的时机包括以下几点：①情绪心卡住了，无法脱身；②身处危机中，有强烈的冲动想要去做破坏性行为，无法转移注意力；③需要完成一项重要的任务，但是觉得喘不过气来，想不出要做什么；④不能有效地处理信息；⑤被情绪淹没了；⑥即使没有身处危机，其他技能无效或帮不上忙；⑦正处于技能崩解点，即有时情绪受到高度刺激时，什么技能都不管用。

需要说明的是，当我们刚开始学习这个技能时，不要等到情绪强度很高时再使用，那时我们通常处于情绪心，会倾向于使用一些我们早已习惯的方式（比如自伤）来处理情绪，进而失去了尝试新技能的机会。所以，练习这个技能时，要在情绪强度还不太高时去使用，这样当习惯了这个技能时，该技能就能在我们情绪高度激发时有效地帮助到我们。

（四）TIP 技能发生作用的原理

TIP 技能是通过启动人体的副交感神经系统，以降低激发。神经系统由交感神经系统和副交感神经系统组成。两套神经系统相互抗衡，交感神经系统启动战斗或逃跑反应，并增加激发程度；副交感神经系统增强情绪调节，降低情绪激发。TIP 技能通过提高副交感神经系统的活性和降低交感神经系统的活性来调节情绪。

（五）TIP 技能介绍

1. 用冷水改变脸的温度

第一个 TIP 技能是把脸部浸在冷水里或用冷水袋敷脸，改变脸部的温度，同时憋住呼吸。这会引发人体的潜水反应，激发副交感神经系统，快速降低生理与情绪激发的状态。潜水反应是人类的本能，当人潜到冷水里，不能吸到氧气时，身体会自动将心跳降低到比平常更低的速率。此时，副交感神经系统的活性增加，交感神经系统的活性降低，从而让我们的情感激发状态舒缓。

（1）程序

治疗师向成员解释用冷水引发潜水反应的各种方法。

第一，使用一盆冷水。弯腰，憋住呼吸，把脸部（到发际）浸在冷水里 30~60 秒，或直到受不了为止。这通常就足以引发潜水反应。水温越低，浸在水中的时间越长，效果越好。但是也不要用太冷的水，10℃以下的水会让脸部皮肤感到疼痛。

第二，使用冰袋。坐在椅子上，握着冰袋，敷在眼睛与脸颊上方。可以把与脸部接触的部位稍稍沾湿。站起来，同时弯腰和憋气，这个步骤有助于增加效果。

第三，泼冷水。对眼睛与脸颊泼冷水也会产生类似效果。要加强效果的话，站起来，弯腰并憋气。

（2）注意事项

第一，心脏问题：使用冷水引发潜水反应会快速降低心跳。患心血管疾病的人，或有其他医疗问题，需要获得医师的同意后才能使用这个技能。一般来说，成员最好先咨询医师意见，再使用这个技能。

第二，效果短暂：冷水产生的生理效果很短暂，如果成员不小心，失控的情绪很容易又回来。一旦调节了极端情绪，重要的是要练习其他适合面对问题的技能。

2. 激烈运动

第二个 TIP 技能是进行至少 20 分钟的激烈运动。20~30 分钟的激烈运动可以快速影响心情，运动后会减少消极情绪和思维反刍，增加积极情绪。

情绪的主要特质是它们会组织身体产生行动。愤怒会组织身体去攻击或防御，恐惧会组织身体去逃跑。当处于强烈激发状态时，我们很难抑制情绪性行为，即便这个行动是失功能的。在这些情况下，激烈运动可以重新将身体调节到情绪较少的状态。

当感到烦躁、愤怒，无法停止反复思考，需要提升心情和动力，或者认为运动有帮助时，我们都可以去做运动。

3. 调节呼吸

第三个 TIP 技能是调节呼吸，由于该技能非常便捷，治疗师可以带领成员一起练习。调节呼吸即放慢吸气与呼气的速度（平均一分钟 5~6 次），呼气时间要比吸气时间长一些（例如吸气 5 秒、呼气 7 秒），最好使用腹式呼吸，即吸气时腹部鼓起，呼气时腹部回缩。

调节呼吸可以改变交感与副交感神经的活性。类似潜水反应，当我们将呼吸速度放慢到每分钟 5～6 次，即一个完整的呼吸循环持续 10～12 秒时，就能通过激活副交感神经系统有效降低情绪激发状态。

4. 配对式肌肉放松

第四个 TIP 技能是配对式肌肉放松。方法是将肌肉绷紧，吸气时注意肌肉绷紧的感觉，再将肌肉放松，注意肌肉逐渐放松的感觉。该技能的目标是同时增强对绷紧与放松的觉察。

治疗师可以逐一带领成员练习全身每个肌肉部位的配对式肌肉放松，练习时紧缩每个肌肉部位 5～10 秒，然后放松 5～10 秒。若时间有限，也可只练习其中一些肌肉。各肌肉部位绷紧的方式见表 S4-2。

表 S4-2　各肌肉部位绷紧的方式

肌肉部位	绷紧方式
手和手腕	双手握拳，将拳头往手腕处拉紧
下臂和上臂	握拳，弯曲双臂向上碰触到肩膀
肩膀	将双肩往耳朵处拉高
额头	将眉毛往中间靠紧，皱起眉头
眼睛	眼睛紧闭
鼻子和上脸颊	皱起鼻子；把上唇和脸颊往眼睛处靠近
嘴和脸部下方	抿起双唇，把唇角朝后向耳朵处拉紧
舌头和嘴巴	牙齿咬合，舌头用力抵住上颚
颈部	将头向后推向椅子、地板或床，或把下巴推向胸部
胸部	深深吸一口气，然后屏住气
背部	拱背，两侧肩胛骨往中间靠紧
腹部	绷紧腹部
臀部	缩紧臀部
大腿	双腿前伸，绷紧大腿
小腿	双腿前伸，脚指头向下压
脚踝	双腿前伸，把脚指头靠拢，脚后跟推出，脚趾弯曲在下

在练习时，有些人可能会因为无法达到预期的放松效果而恐慌。为了预防这种状况，治疗师要告诉成员，通过绷紧再放松肌肉的方式并不一定能达到放松的效果，这个练习主要是让我们学习觉察身体的紧张与放松。治疗师也需要告知成员，练习时可随时暂停。允许感到难为情的成员在旁观看示范和/或面向墙壁进行练习。这个练习和一般的正念练习不同的是，成员进行放松练习时需要闭上眼睛。

配对式肌肉放松示范和练习的具体程序如下。

第一，请成员评价自己目前的情绪激发程度，用 0～100 的量表，分数越高代表情绪强度越高。

第二，请成员评价自己目前的痛苦耐受程度，用 0～100 的量表，分数越高代表越能耐受。

第三，治疗师面向成员坐下。每位成员都坐在舒服的位置上，稍有伸展空间，请成员跟着治疗师的指令一起做。按照表 S4-2 的每个肌肉部位，逐一绷紧再放松肌肉。确定成员们看得见治疗师示范如何绷紧与放松。在示范时，绷紧肌肉 5～10 秒，提醒成员"注意觉察肌肉的绷紧"，然后说"放松"，在迅速放松肌肉时再加一句"注意觉察有什么不同"。放松时间要维持 5～10 秒，然后继续下一个肌肉部位。说话时语调要稳定、缓慢，并充满鼓励。治疗师可以这样对成员说：双手握紧拳头，将拳头拉向手腕；移动大约 3/4 的距离，注意觉察绷紧的感觉，注意手部的绷紧，注意紧缩的感觉；单纯地觉察，现在放松，完全放松，让你的手往下垂，让所有的紧张流出去；注意你的手放松了，注意肌肉松开了；单纯地觉察，注意到手部、手腕，让所有的紧张就这样流出去。

第四，治疗师告诉成员一边深呼吸，一边快速绷紧全身肌肉，从头到脚，好像变成一个僵硬的机器人。然后，慢慢呼气，放开全身肌肉，变成一个软趴趴的布娃娃，一边在心里默念"放松"。

第五，治疗师邀请成员再次评估目前的情绪激发程度和痛苦耐受程度，并分享练习前后的变化。

在练习之后，治疗师向成员说明：当你陷入危机或时间很赶时，也可以使用简短的肌肉放松技能；你可以一边吸气，一边快速绷紧不会引人注意的几个肌肉部位，例如胃部、臀部、胸部，然后一边呼气、一边松开肌肉，在内心提醒自己放松。

四、结　　束

结束部分与之前的流程一致。第四次技能训练的家庭作业是完成《家庭作业手册》第四周中的练习 TIP 技能，以及填写日志卡。

痛苦耐受：转移注意力和自我抚慰

第五周团体技能训练的内容结构与之前类似（表 S5-1）。技能训练的主题是痛苦耐受技能中的转移注意力和自我抚慰。

表 S5-1　第五周团体技能训练的主要内容

周数	主题	主要内容	家庭作业
5	痛苦耐受：转移注意力和自我抚慰	1. 开始（15 分钟） （1）如果上次的团体有人缺席，讨论缺席的相关事宜 （2）正念练习：觉察身体 2. 讨论家庭作业（20 分钟） 3. 技能训练（50 分钟） （1）转移注意力 （2）自我抚慰 4. 结束（15 分钟） （1）团体成员反馈收获 （2）治疗师总结 （3）布置家庭作业	1. 练习转移注意力和自我抚慰 2. 填写日志卡

一、开　　始

开始部分的正念练习（觉察身体）指导语见第三周团体技能训练。治疗师需要提醒成员，正念需要持续练习，以训练我们不加评判地觉察当下的能力。即便同一个练习做过很多遍，每次都要以一颗好奇心，觉察练习时感受到的此时此刻。

二、讨论家庭作业

治疗师邀请成员分享上一次的家庭作业，即《家庭作业手册》第四周中的练习 TIP 技能，以及填写日志卡。分享的内容包括但不局限于以下内容：描述练习每个技能的情境，记录使用 TIP 技能前后情绪激发程度及痛苦耐受程度，描述你实际的行为。日志卡记录中的自伤行为跟以前比是否有变化？哪些原因导致了变化？

三、技 能 训 练

（一）转移注意力

1. 转移注意力的含义

转移注意力是我们用智慧心，将注意力从痛苦的情绪或困扰中转向其他事情，包括七个技能，简称为 ACCEPTS 技能：进行活动（activity）、贡献（contributing）、比较（comparison）、情绪（emotion）、推开（pushing away）、想法（thought）、感觉（sensation）。

2. 转移注意力的目的

转移注意力的目的在于减少与困扰或痛苦的接触，属于情绪危机情境中的痛苦耐受技能。当面临情绪危机时，转移注意力可以帮助我们避免让处境变得更加糟糕，例如做出伤害自己或他人的行为。

3. 使用转移注意力的时机

（1）情绪痛苦变得难以负荷

当我们觉得快要被痛苦的情绪淹没时，可以使用转移注意力的方法，而不是让自己完全沉浸在这些情绪当中。

（2）无法立即解决问题

当我们无法立即解决一个问题，却迫切希望马上解决，感觉不解除这个危机，自己就没办法做其他事情时，也可以使用转移注意力技能。转移注意力可以帮助我们容忍问题，直到解决问题的恰当时机来临。

讨论重点：当我们快要被情绪淹没，或者迫切希望解决一个暂时又无法解决的问题时，我们是如何处理的？结果怎么样？

需要注意的是，治疗师要提醒成员，转移注意力很容易被滥用，请不要经常使用，以逃避痛苦的情绪。

4. 七个转移注意力技能

邀请成员阅读《患者手册》第五周转移注意力的材料，逐一介绍七个转移注意力技能，并请成员勾选适合自己的转移注意力技能。

（1）进行活动

致力于和痛苦情绪与危机行为相反或中立的活动，能减轻痛苦及冲动。它们能够把我们对痛苦、危机的关注转移到与之无关的想法、感受上。例如，从事一项当下必须要完成的任务，或者娱乐活动、运动、与人交流等。

（2）贡献

为别人做些什么，促进他人的幸福，能帮助我们将注意力从自己转向别人。全心投入这样的经验可以使人暂时忘记自己的问题。对他人有贡献可以增加自尊、生命的价值感与意义感，因而改善当下，例如，做义工、关心亲朋好友、捐赠物品等。

（3）比较

将自己当下的感觉与过去的不同感觉相比较，或者与和自己经历类似甚至更为坎坷的人相比较，可以帮助我们重新去觉察自己当下的处境。这样，我们会发现此刻可能没有之前感受到的那么困难。例如，看一些灾难片，想想那些比自己处境更困难的人等。

（4）情绪

首先觉察目前的情绪，其次去做可以产生不同情绪的活动。通过产生不同的情绪来转移我们对目前情境的注意力，这个方法可以干扰我们目前的情绪状态。例如，当我们觉察到生气时，做一些能产生与生气不同情绪的活动，比如听一首能让自己振奋的音乐，看一部恐怖片。

（5）推开

在脑海里，推开一切我们不想要的想法、情绪、生理反应等，它们就像是散落在桌子上的物品，统统推开它们，这样会减少我们与情绪线索的接触。需要提醒成员的是，这个技能不应该是第一个使用的技能，也不要过度使用，但当我们处于情绪危机时可以派上用场。

（6）想法

以其他想法占据短期记忆的方式来转移注意力，让引发痛苦情绪的想法不再引发更多的情绪，例如，反复哼唱一首歌，从1数到10或数周围的任何东西等。

（7）感觉

通过强烈的、不同的感觉来转移我们在痛苦情绪、冲动上的注意力，例如，握住一个冰块，品尝辣椒酱，含一片酸柠檬，戴耳机听快节奏音乐等。

讨论重点：请成员分享什么方法可以用来转移自己的注意力？如何避免滥用，即如何避免因过度使用转移注意力而逃避自己的问题？

（二）自我抚慰

1. 自我抚慰的含义

自我抚慰是以安慰、照顾、和平、温和与正念的方式善待自己，做一些让自己觉得愉快、舒服、从压力与痛苦中放松的事情。

2. 自我抚慰的目的

这个技能也属于痛苦耐受技能，可以让我们减少情绪的脆弱性，容忍痛苦与困扰，避免冲动行事，从而不让处境变得更糟。

3. 自我抚慰的时机

任何我们觉察到自己需要被关怀、被照料的时刻都可以使用自我抚慰技能。

4. 自我抚慰的方法

邀请成员阅读《患者手册》第五周自我抚慰的材料，治疗师逐一介绍，并请成员勾选适合自己的自我抚慰活动。

（1）抚慰五感

运用五感（视觉、听觉、嗅觉、味觉和触觉）来自我抚慰。请成员在他们觉得可能对自己有帮助的选项打钩，然后询问他们选择了什么项目。

治疗师要确定每位成员都学会自我抚慰。即便一开始它引发了愤怒或内疚，治疗师还是要不断鼓励成员尝试，经过一段时间后，自我抚慰就会变得较容易。有些成员或许相当抗拒练习自我抚慰，治疗师要持续留意其家庭作业的练习，确保每位成员至少都尝试练习这些技能。

（2）平衡感官抚慰与问题解决

很重要的是，要平衡自我抚慰与专注于完成一项任务，在情绪危机期间尤其重要，自我抚慰是有效降低情绪危机的第一步。但是，自我抚慰并不足以解决危机，终究还是要解决问题。或者，我们可以使用改变身体化学状况的一项技能来减缓快被淹没的情绪，再解决问题，最后使用自我抚慰来奖励自己。

四、结　　束

结束部分跟之前的流程一致。第五次技能训练的家庭作业是完成《家庭作业手册》中第五周的练习转移注意力和自我抚慰，以及填写日志卡。

痛苦耐受：全然接纳

第六周团体技能训练的内容结构与之前类似（表 S6-1）。正念练习是对当下的想法正念。技能训练的主题是痛苦耐受技能中的全然接纳。

表 S6-1　第六周团体技能训练的主要内容

周数	主题	主要内容	家庭作业
6	痛苦耐受：全然接纳	1. 开始（15 分钟） （1）如果上次的团体有人缺席，讨论缺席的相关事宜 （2）正念：对当下的想法正念 2. 讨论家庭作业（20 分钟） 3. 技能训练（50 分钟） （1）全然接纳 （2）转念 （3）我愿意 4. 结束（15 分钟） （1）团体成员反馈收获 （2）治疗师总结 （3）布置家庭作业	1. 练习全然接纳、转念和我愿意 2. 填写日志卡

一、开　始

治疗师带领成员进行对当下的想法的练习，在练习后邀请成员分享感受。

正念练习：对当下的想法正念

下面我们来做一个正念想法的练习，该练习可以帮助我们更好地觉察自己的想法。大家可以选择舒服的方式坐着，双脚平放在地面上，感受一下脚踏实地的稳固感，双手自然放在腿上或膝盖上，保持背部挺直而不紧绷。你可以把眼睛闭上，也可以轻松地看着前方。

接下来，请把注意力放在自己的呼吸上，去感受呼吸自然的流动。在练习过程中，你可能出现这样或那样的想法和感受，没有关系，这很正常，让它们自然地出现和消失。

每天，我们头脑里会出现成千上万个想法，我们的大脑好像是一个想法制造机。现在，想象自己坐在小溪边，带着好奇心，觉察一下此刻你头脑里的想法，当你发现它时，看一看它，然后把它放在溪边的树叶上，让它自然地随着树叶与溪水顺流而下。无论这些想法是什么样的，它们都是让人愉悦的、不愉悦的或者中性的，允许自己以一种开放的态度来看待它们，不用评判它们好或者不好，把它们都放在叶子上，让它们随溪水飘走。

当你发现你的注意力游离的时候，简单地看看是什么让你分心，然后把你的注意力转回到你觉察到的想法上。

如果你的想法停止出现，那么请注意流水，你的想法迟早会再次出现，让流水以它自己的速度流动，不要试图加快它，也不要试图将树叶冲走，允许它们以自己的节奏来来去去。不管你头脑里出现了什么想法，你都把它们放在树叶上。

如果树叶被挡住，就让它在那里徘徊，不需要强迫它飘走。你的想法可能会让你分心，这很正常，一旦你意识到这一点，温柔地承认它，并继续练习。

我们的练习就要结束了，恭喜你完成了这次练习。当你觉得合适的时候，就可以睁开眼睛，环顾一下周围，感受此刻的安宁。

二、讨论家庭作业

治疗师邀请成员分享上一次的家庭作业，即《家庭作业手册》中第五周的练习转移注意力和自我抚慰，以及填写日志卡。分享的内容包括但不局限于以下内容：引发痛苦程度的促发事件是什么？你尝试了哪些技能？使用技能的结果是什么？练习前后痛苦程度有何变化？日志卡记录中的自伤行为跟以前比是否有变化？哪些原因导致了变化？

三、技 能 训 练

（一）全然接纳

1. 全然接纳的含义

全然接纳是在理智、情感、身体层面，对现实真相的完全开放，而不是排斥、拒绝、对抗或回避接触事实。治疗师向成员介绍，在全然接纳的含义中，需要理解两个重要内容：一是接纳的内容是事实；二是接纳是理智、情感、身体的完全接纳。

（1）接纳的内容

我们经常误认为接纳就是接受所有的经验、想法、感受，以及发生在我们身上的所有的事。比如，一位遭受性侵的女性觉得自己"脏了、不值得被爱"，我们是想要她接纳"自己脏了、不值得被爱"吗？很显然不是的，因为"脏了、不值得被爱"是她对自己的主观感受以及对性侵后果的自我解读，而非事实本身。我们需要帮助她真正接纳的是已经发生的事实，即"我被性侵"了。如果让她去练习接纳"脏了、不值得被爱"，不仅毫无意义，而且还会让其更痛苦，更难以接受"被性侵"。所以，治疗师向成员介绍接纳的内容，即"我们需要接纳什么"很重要。邀请成员阅读《患者手册》第六周全然接纳的材料，治疗师逐一介绍接纳的四项内容。

1）如其所是的现实

我们只需要接纳关于此刻与过去的真正事实，以及对未来的合理预期。因此，我们需要非常小心，不要接受扭曲的过去（例如"妈妈只爱妹妹，从来没爱过我"）、夸大的说法（例如"我太失败了，一无是处"）、灾难化的想象（例如"如果离婚了，我这辈子就完蛋了"）、武断的评判（例如"我的同事都太自私了，从不考虑别人的感受"），或其他并非事实的想法。

讨论重点：请成员回忆自己有哪些扭曲、夸大、灾难化、过于武断的想法。

成员可能会有这样的感受：有些事情是事实，但过于痛苦，比如亲人离世，接纳这些过于痛苦的事实非常困难。治疗师要认可成员的感受，因为我们生活中难免会发生一些让我们非常痛苦、难以接受的事情，暂时的不接纳或否认是一种自我保护，但如果一直不试着去接纳，那么这些事情会影响我们过好当下及未来的生活。虽然接纳亲人离世相当困难，但是我们只有接纳，才能在失去亲人之后建立新生活。

2）每个人的未来都有限制

未来的限制是指我们可能只能达成一个或几个预期目标。接纳这些限制（或可能性）对于设定目标很重要，可以避免"接纳会降低生活质量"的误解。重点是，只需要接纳最可能发生的限制。

未来的限制源于我们的生活、他人的生活和环境中出现的因素。如果我们不能改变给目前和未来带来限制的因素，那么我们也无法改变未来，现实本身也不会改变。

首先，我们的限制可能来自与生俱来的生理条件、童年期缺乏教育或有效的养育、贫穷的经济背景、外貌，或者我们很难控制的其他因素。例如，如果一个人缺乏艺术天分，又没接受过艺术教育，那么他就不太可能成为成功的艺术家。

其次，我们的现在和未来会被过去的行为限制。例如，如果一位运动员平时疏于练习，那么在比赛中取得好成绩的概率就会比较小。再如，一个人曾因犯下重罪而入狱，其就业机会就会有所限制。

最后，我们会被已知的可能性限制。例如，我们都必须要接受人终将一死，或是如果我们持续吸烟、酗酒、缺乏运动，就会生病。

3）世间万物各有其因

每件事情的存在是某个原因造成的结果。重点并不是找出特定的原因或意指我们总是可以得知事情实际的起因，也不是要我们去解释原因是如何形成的。原因可能是生理、心理、社会的因素，或者其他任何我们相信的因素。

4）虽然人生很苦，但还是值得活下去

如果完全没有痛苦才值得活下去，那么没有人会有值得活下去的人生。接纳需要停止抱怨生活只是一场灾难。要创造值得活的人生需要付出很多心血，如果我们不相信人生是值得活的，那就更不可能活出值得的人生。

讨论重点：邀请成员分享，何时曾经克服极为困难、痛苦的情况或不公平的待遇，创造出自己较能忍受的情境，并讨论他们是怎么做到的。

■ 可选择的练习活动：请成员打开《家庭作业手册》第六周全然接纳，并填写第一部分："列出两个非常重要、需要在现实生活中练习全然接纳的事件，然后用 0～5 为你自己或你的生活对这部分的接纳程度评分。"为了确保成员写下的是在自己生活中真正最需要接纳的事，治疗师可以在一开始就告知成员，他们不需要分享自己写下了什么，只需要讨论在确认和写下来的过程中体验到了什么。提醒成员，如果他们写下了自己需要接纳的事，就表示他们至少已经做到一小部分的接纳，所以选择的分数应是 0 以上。

（2）全然接纳

治疗师需要向成员介绍接纳与全然接纳之间的差别。接纳是承诺或认清真正的事实，承认事实的存在，放下与现实对抗的念头。全然接纳是用你的身、心、灵彻底地接纳，从你的灵魂深处去接纳，开放自己全然地体验当下如其所是的现实。

另一个需要向成员强调的是，全然接纳并非等于赞同。接纳我们喜欢并赞同的事物比较简单，接纳不喜欢的事物却很难，但这并不表示我们无法接纳自己不喜欢或不赞同的事物。例如，伴侣婚内出轨，我们需要接纳出轨的事实，但不必赞同这个不道德的行为。同样，全然接纳也并不是怜悯或喜爱。接纳他人的言行并不表示我们必须怜悯他们或喜爱他们。当我们能够接纳时，我们就比较容易怜悯，但怜悯并不是接纳的必要条件。此外，全然接纳并不是被动、放弃或屈服，也不代表抗拒改变。许多人害怕接纳事物，是因为害怕接受之后就无法改变，他们会变得被动和无助。接纳本身并非改变困境，却可以让改变成为可能。

事实上，要造成改变就必须接纳。

2. 需要全然接纳的原因

成员可能会很难理解和愿意去试着全然接纳，他们可能觉得如果接纳一件事，就意味着赞同它。他们认为，接纳现实就意味着放弃或者无法改变现实。治疗师可能需要反复讨论我们需要全然接纳的原因。这需要极大的耐心，但请不要轻言放弃全然接纳。此外，如前所述，告知成员他们可能在练习全然接纳时体验到强烈的初始情绪，如愤怒与悲伤。这些是接纳过程中必经的情绪处理过程，而在情绪过后他们通常会感受到平静。

（1）拒绝或否认现实并不会改变现实

拒绝现实通常包括避免看见或体验现实，发脾气并坚持要改变此刻的现实。这只是在否认我们眼前的事实。逃避、发脾气、否认虽然可能让我们暂时舒服一些，但是不能改变已经发生的事实。例如，有些父母无法接受孩子即便已经很努力，但成绩依然不拔尖的事实，这种拒绝会导致不切实际的要求，最后破坏跟孩子的关系。

（2）改变现实需要先接纳现实

拒绝现实让我们无法看清楚现实，看不清楚，就很难解决问题。例如，拒绝接受生病的事实让我们无法照顾自己，可能病得更严重或问题更多。

讨论重点：邀请成员分享，因无法接受现实而干扰了问题的解决，或者让问题变得更糟糕的例子。

（3）痛苦是无法避免的

痛苦无法避免，如果我们真的可以避免所有的痛苦，那么我们可能会因此疏忽大意，轻易地让自己置身险境，甚至难以生存。例如，如果我们感觉不到身体的疼痛，我们就会让自己被烧伤、烫伤。痛苦情绪也同样对人类生存有重要的功能。例如，对亲人的依恋和对失去的恐惧，会让我们愿意置身困境，关心、照顾亲人。在介绍情绪调节技能时，我们将会重点与成员讨论情绪的功能。

（4）拒绝现实让痛苦变成苦难

苦难是痛苦加上不接受痛苦。痛苦很难忍受，或几乎不可能忍受，但是苦难更艰辛。苦难来自以下几点：无法接受或拒绝接受痛苦；坚持得到自己想要的，拒绝接受已经拥有的；抗拒当下的现实。拒绝接纳现实和痛苦，会让人们将痛苦变成更难以忍受的苦难。全然接纳是将无法承受的苦难转化为能够忍受的痛苦。

（5）接纳现实能带来自由

接纳现实能让我们从痛苦情绪中得到自由。自由的反面就是不计代价地想停止痛苦。人生有很大一部分要面对一时之间无法解决的痛苦情境。我们常误以为自己无法忍受痛苦，必须做些什么来停止痛苦。例如，面对亲人死亡，我们刚开始都无法接受，一直想着"这不是真的"，但最终还是不得不接受亲人已经离开我们的事实。虽然接纳还是会让我们感到痛苦，但是我们的人生却可以继续向前迈进。

讨论重点：请成员回想对某件事很失望（例如，他们没有被接纳，某人过世，他们失去了非常重要的东西，他们没有得到想要的东西），不过最后还是继续生活的例子。请他们先回想一开始感到失望的那一刻，他们有什么感觉？他们的反应是什么？然后请他们回想，当他们终于接纳这件事情已经发生时有什么感受？讨论接纳事实前后的经验有何不同？将焦点集中在接纳之后，他们是否觉得好过一些，能够继续前进了？

（6）接纳在可能带来悲伤之后通常会获得平静

接纳经常伴随许多悲伤，即使有悲伤，我们会觉得仿佛卸下了重担。通常，一旦实现了全然接纳，人们会觉得已经准备好开始人生新的篇章了。

恐惧和悲伤通常是难以接纳的核心所在。当一个人终于接纳痛苦或创伤的过去，或是接纳此刻极大的痛苦（甚至无法改变），无疑会感到极度悲伤。对很多人来说，掉入悲伤深渊是可怕到让人不敢想象的。这可能是为什么面对重大又无法弥补的失落时，人们需要很长一段时间才能完全接纳。例如，要接纳失去一个孩子需要很多年。但是，当我们面对悲惨的过去或不符合期望的现在，能够全然接纳事实，不再抗拒、压抑或怨天尤人，就会体会到深沉的平静感及自由感。

（7）离开地狱需要走过悲惨之路

如果现在的痛苦已经让我们如同身处地狱，那么离开地狱的唯一方式是持续走过悲惨之路。虽然这条路充满痛苦，但悲惨当然比地狱好多了。如果拒绝接受爬出地狱的方式是经由这条悲惨之路，那么我们就会不断地掉入地狱，一次又一次重新开始。

3. 使用接纳现实技能的时机

接纳现实技能对下列三种情境有帮助。

（1）人生遭遇重大创伤、痛苦或困难

例如，我们需要接纳自己并没有一个充满爱的家庭，过去做了让自己后悔的事，在一场惨烈的车祸中幸存。

（2）觉得痛苦，但并没有陷入危机

处境很痛苦，我们目前也无法改变它，如果不接纳这一现实，我们会变得很烦恼、烦躁，有时甚至会因乱发脾气而毁掉一整天。例如，遇到堵车快要上班迟到，或者举办户外活动却下起雨来，接纳现实技能都会有帮助。

（3）问题解决行不通

此时，为了要解决问题，我们需要先接纳问题当下无法解决，看清楚并衡量状况，然后想出有效且务实的解决方法。例如，已经预订好了家庭出游的机票与酒店，但有家人却在临行前急性阑尾炎发作，需要立即手术。这时，我们需要接纳家人生病暂时无法外出旅游的事实，然后再去想办法处理机票、住宿事宜。

4. 练习全然接纳

（1）观察自己在质问或抗拒现实

详细描述自己需要接纳什么，真实、不评判地描述。我们太容易抗拒现实，甚至不知道自己正在这样做。承认自己并没有做到接纳，正是接纳的第一步。

（2）提醒自己现实如其所是

通常，我们可以用一句陈述句来尝试接纳。有用的陈述句包括事情应当如此，情况就是这样，这就是现实。

（3）考虑自己需要接纳现实的原因

一旦我们了解到需要接纳的原因，接纳就容易多了。可以对照前面提到的需要全然接纳的七点原因，来分析自己的原因。

（4）用全部的自己来接纳

全然接纳的基本概念是要自始至终完全接纳。要做到这一点，我们要练习"放手"。如果不能接纳，我们的身体会紧绷，肌肉会僵硬。"放手"就是放开自己身上的紧张。如果我们的心大喊"不！我不要！"然后紧绷又紧绷，不要担心，这是会发生的，只要重新开始即可。再次开始放松，不断练习"放手"，练习用正念来接纳当下这一刻。"放开你的身体"的步骤跟配对式肌肉放松（见第四周 TIP 技能训练部分）是一样的，唯一的区别是成员不需要在放松前先绷紧肌肉。

（5）练习相反行动

不断练习相反行动，可以帮助自己接纳此时此刻（后文介绍情绪调节技能时会重点提及）。

"用仿佛已经全然接纳的方式来行动，你很快会发现自己真的接纳了。"

"用坚定不移的声音，大声、反复地说我接纳了。"

"露出微笑，做出愿意的手的姿势，会让接纳变得更容易。一边这么做，一边想或对自己说你正在接纳什么。"

（6）预先响应

预先响应似乎无法接纳的事件也可以帮助我们更好地接纳现实（后文介绍情绪调节技能时会提及）。我们通常因为恐惧事情会变成灾难而无法接纳。在这些情况下，预先响应能够取代恐惧，带来掌控感。

"想象如果你真的接受看似无法接受的事情，你会做些什么？"

"事先演练如果你接纳会做的事情。"

"想象解决或逃避出现的问题。"

（7）注意身体感觉

当我们试图接纳时，注意自己的身体感觉。

"注意你的身体感到紧绷或紧张的地方。"

"缓慢地扫描你的身体，并用一种好奇心想着自己试图接纳的事物。"

"接纳引起困难的情绪（悲伤、愤怒、恐惧或羞愧），练习正念地观察当下的情绪。"这一点在后文介绍情绪调节技能时会提及。

（8）允许痛苦在心中升起

有时候接纳会引发痛苦，要坚信我们虽然体验到痛苦，但仍可以存活下来，接纳终究会带来平静。

"注意心中升起的悲伤，尽可能不要立刻压抑它。"

"如果它变得无法承受或无效，使用危机生存技巧并善待自己。"

"稍后，再回到心中的悲伤，同时练习接纳。"

（9）承认人生即使有痛苦也仍然值得活

"注意自己何时会拒绝接纳人生中的痛苦事件。"

"提醒自己，人生即使有痛苦，还是值得活下去。"

"提醒自己，所有的生命都包含某种程度的痛苦。"

（10）利弊分析

分别写下接纳与拒绝接纳的利与弊。当很难接纳或抗拒接纳的时候，阅读利弊分析表。

（二）转念

1. 转念的含义

为了接纳无法接受的现实，通常需要多番尝试。有时候，我们需要在一段非常漫长的时间内，一遍又一遍地持续选择去接纳现实。

转念就是选择去接纳，接纳似乎是一种选择。也就是说，人们需要把念头转到这个方向。有时候接纳只能维持片刻，所以人们需要不断地把念头转向接纳。越是令人痛苦的事情，就需要越长的时间才能完全接纳。这是每天都必须做的选择——有时候是一天要做许多次，甚至一小时或一分钟内要做好几次。有时候，转念就像是转头一样，只需要稍微调整角度；有时候，转念就像调转全身，需要完全转身才能回到原路。

讨论重点：邀请成员分享妨碍他们转念去接纳现实的原因。什么让转念的第一步如此困难？请加以讨论。

2. 一步一步练习转念

（1）观察到自己没有接纳

转念的第一步是注意到自己并没有接纳。没有接纳通常包括愤怒、烦躁或陷入"为什么是我"的深渊；或者可能发现自己一直试着逃避现实，把事情挡在门外，把自己藏在其他事情后面；或者总是在掩饰自己真正的感受；或者发现自己一直在说"为什么？为什么事情会这样？"

（2）在心里承诺，接纳如其所是的现实

下一步就是要在心里承诺，接纳如其所是的现实。换句话说，我们要回到自己的内心，把念头转向接纳。在心里承诺并不等同于接纳，所以不必强迫自己马上做到接纳，只需要做出承诺。

（3）反复再试

有时候，我们可能需要重复前面两个步骤，一次又一次，尝试很多次。

（4）发展一个当你偏离接纳时可以引起注意的计划

就如同预先响应技巧，事先计划对于有技巧的行为非常有帮助。这里的重点是，思考当自己不接纳的时候通常会做什么事情，我们可以用哪些线索提醒自己正在偏离接纳。

（三）我愿意

1. 我愿意的含义

我愿意是准备好智慧地回应人生处境，需要的话，要自愿而不带怨恨，其定义如下所示。

"我愿意就是接纳现实，以有效或适当的方式回应。去做有用、此时此刻需要的事情。"

"把焦点同时放在个人和公众的需要上。"

"全心全意、毫无保留地投入生活。"

"肯定活着每一刻的神奇。"

"以智慧心回应。"

人生就像是玩扑克牌。对一个高手来说，发到什么牌并不重要，而是尽量把手中的牌打好。

与我愿意相反的是我执意，其定义如下所示。

"一心想要控制事情、身边的人……"

"尝试控制经验，回避它或逃开它……"

"否认或拒绝投入生命。不做此时需要做的事，反而放弃和袖手旁观。"

"退缩、拒绝，或者经常说：'是的，可是……'"

"希望现实按照自己的意愿走——试着修补每件事情，或拒绝做该做的事情。"

"将焦点放在自我中心的渴望，想着'我、我、我'。"

"心怀怨恨或苦楚。"

讨论重点：请成员分享我愿意与我执意的例子。如果你可以指出自己和/或成员最近使用我愿意或我执意的例子会更好。

2. 我愿意的步骤

（1）观察我执意

在我执意出现时，我们第一件要做的事情就是去注意它。观察它，辨认它，为它命名，描述和体验它，然后说："我执意出现了。"

（2）全然接纳我执意

第二步是全然接纳此时此刻的执意。否认执意没有帮助，不能用执意来对抗执意。

（3）转念

接着，把我们的念头转向接纳与我愿意。把念头转向如其所是的现实。

（4）尝试微笑与我愿意的姿势

如果难以让自己转念，尝试摆出微笑与我愿意的姿势。放松脸部，让嘴角微微上扬，打开双手。当握紧拳头时，我们很难感受到我愿意；当脸上带着痛苦表情且紧闭双唇时，我们也很难感受到我愿意。如果有执意的脸部表情（紧闭双唇）和身体姿势，微笑和愿意的手的姿势是执意的相反行动。

■ 可选择的练习活动：带领成员练习微笑与愿意的手的姿势。

（5）明确"威胁是什么"

当执意无法妥协时，问自己"威胁是什么？"通常，不动摇的执意和某种威胁有关。我们认为如果我们愿意，就会失去重要的东西，或发生可怕的事情。我愿意是积极参与现实，需要打败一个威胁。例如，一位离异的女性迟迟不愿意告诉孩子离异的事实，而是对孩子谎称爸爸在偏远的外地出差，那边通信很差，联系不上。这位女性害怕什么呢？她害怕孩子会觉得爸爸不爱他、抛弃他了。她越执著于此，越可能让孩子感受到她的不安与恐惧。当她意识到这一点，同时也发现孩子与爸爸之间的爱，和自己与前夫的情感纠葛其实是两回事，她便会明白夫妻关系的破裂并不意味着父子之爱的消亡，这时她便会更坦然地告知孩子父母分开的事实。

我愿意并不是同意，当然也不是被打倒在地、任人践踏。通常我们会发现，即使真的有威胁，也不是灾难。我们可以使用许多其他的技巧——核对事实、问题解决、预先响应、建立自我掌控等来避开灾难。

四、结　　束

结束部分跟之前的流程一致。第六次技能训练的家庭作业是完成《家庭作业手册》中第六周的练习全然接纳、转念和我愿意，以及填写日志卡。

情绪调节：认识情绪

第七周团体技能训练的内容结构与之前类似（表 S7-1）。正念练习是觉察情绪。技能训练的主题是认识情绪，包括了解情绪的目标、功能、模式图，以及描述并命名情绪。

表 S7-1　第七周团体技能训练的主要内容

周数	主题	主要内容	家庭作业
7	情绪调节：认识情绪	1. 开始（15 分钟） （1）如果上次的团体有人缺席，讨论缺席的相关事宜 （2）正念练习：觉察情绪 2. 讨论家庭作业（20 分钟） 3. 技能训练（50 分钟） （1）情绪调节的目标 （2）情绪调节的功能 （3）描述情绪的模式图 （4）描述情绪的方法 4. 结束（15 分钟） （1）团体成员反馈收获 （2）治疗师总结 （3）布置家庭作业	1. 练习观察与描述情绪 2. 填写日志卡

一、开　　始

治疗师带领成员进行觉察情绪的正念练习，练习后邀请成员分享感受。

正念练习：觉察情绪

如果我们想要调节或改变情绪，觉察与接纳情绪是基础。该练习可以帮助我们更好地觉察与接纳情绪。

请采取一个相对舒适的姿势坐在椅子上，双脚平放在地面上，感受一下脚踏实地的稳固感，双手自然放在腿上或膝盖上，保持背部挺直而不紧绷。请把眼睛闭上，也可以轻松地看着前方，无论你看到什么，都不用盯着它，保持眼睛能看到就好，也不用费心去思考你所看到的东西。

接下来，请把注意力放在自己的呼吸上，留意在你呼吸的时候身体感觉最明显的那个部位，去感受呼吸的流动。如果你发现，自己的注意力转移到了其他地方，没有关系，这很正常，更无须责怪自己，你只需要温柔而坚定地把注意力重新拉回到呼吸上就可以了。就这样一吸一呼，感受呼吸的流动。

现在请让我们来探索一下自己的内在体验，就如同之前我们观察呼吸的流动那样，让自己此刻的情绪也流动起来，无论你感受到什么情绪，是让人愉悦的、不愉悦的或者中性的，都允许自己以一种开放的态度来看待它们，不用评判它们好或者不好。同时请觉察当下的情绪跟身体哪些部位的感受有关，允许这些身体感受存在。

当你对情绪有了觉察，你就会发现这些情绪就像水一样流动起来，而你就像站在河岸上看着它们，"嗯，这个是愤怒，那个是焦虑，这个是开心，等等"。总之不管什么情绪，它们只是水流中的过客，你既不需要害怕它们，它们不能把你怎么样，也不要追随它们，就让它们自然流淌，渐渐离你而去。就这样看着情绪之流，觉察身体的感受，不要去评判这些感受好或者不好。

当你可以既不抗拒又不追随这些情绪时，你就可以和这些情绪和平共处，真正成为情绪的主人。

请再次把注意力拉回到自己的呼吸上，留意在你呼吸的时候身体感觉最明显的那个部位，去感受呼吸的流动。

我们的练习就要结束了，恭喜你完成了这次练习。当你觉得合适的时候，就可以睁开眼睛，环顾一下周围，感受此刻的安宁。

二、讨论家庭作业

治疗师邀请成员分享上一次的家庭作业，即《家庭作业手册》中第六周的练习全然接纳、转念和我愿意，以及填写日志卡。分享的内容包括但不局限于以下内容：在什么情境下练习了这些技巧？发生了什么让你对接纳感到困难？你做了哪些练习？在使用技能前、后，接纳程度及情绪有何变化？日志卡记录中的自伤行为跟以前比是否有变化？哪些原因导致了变化？

三、技　能　训　练

（一）情绪调节的目标

治疗师介绍情绪调节的四大目标：了解并命名情绪，减少不想要的情绪频率，降低情绪心的脆弱性，减少情绪痛苦。情绪调节是一种能力，可以控制或影响自己有哪些情绪、什么时候有这些情绪，以及如何体验和表达这些情绪。情绪失控或失调是指尽管尽了全力，却还是无法改变自己有哪些情绪、什么时候有这些情绪，以及如何体验和表达这些情绪。情绪调节的整体目标是减少情绪痛苦，包括被痛苦情绪淹没时减少心里的痛苦，以及管理极端情绪，不让其变本加厉。

（二）情绪的功能

邀请成员阅读《患者手册》第七周中情绪的功能，并介绍情绪的功能。人类（及其他许多动物）拥有情绪是有理由的。情绪有三大重要功能：引发（并组织）行动，与他人沟通并影响他人，与自己沟通。

1. 引发（并组织）行动

情绪让我们的身体做好行动的准备。碰到重要情况，情绪能节省采取行动的时间，我们不需要把每个细节都想清楚，就能以迅雷不及掩耳的速度回应情境。例如，当突然遭遇他人的袭击时，愤怒、恐惧能迅速激活我们的身体，以便回击并保护自己。生活中特定情绪的功能见表S7-2。

表 S7-2　特定情绪的功能

情绪	功能
恐惧	面对危及生命、健康或利益（幸福）的情况，恐惧能组织我们的反应，让我们专注于逃离危险
愤怒	当重要目标或活动受到阻碍，自己或重要他人即将受到攻击时，愤怒能组织我们的反应，让我们专注于自我防御、支配与掌控
厌恶	面对冒犯及污染的情境和事情，厌恶组织我们的反应，让我们专注于排斥及远离某种物件、事件或情境
悲伤	面对失去重要的人或东西，以及失去或未达成的目标时，悲伤组织我们的反应，让我们专注于重视的人、事、物与追求的目标，并向他人求助
羞愧	面对有损名誉或被所属群体处罚的个人特质或行为，羞愧会组织我们的反应，让我们专注于隐藏罪过。如果罪过已经公开，我们就会采取安抚的行为。如果行动违背了价值观，内疚会组织我们的反应，让我们专注于修复行动和行为
嫉妒/吃醋	当他人威胁会夺走我们非常重视的人际关系或事物时，嫉妒会组织我们的反应，让我们专注于保护现有的人、事、物
羡慕	面对他人拥有而我们没有但想要的东西，羡慕会组织我们的反应，让我们专注于努力工作，以便得到他人所拥有的东西
爱	爱组织我们与繁衍及生存有关的反应，让我们重视与他人的结合及依附
快乐	快乐会组织我们的反应，对于自己、关心的人及所属群体发挥最佳功能，让我们专注于继续从事增进愉悦、提升个人及社会价值的活动

2. 与他人沟通并影响他人

情绪可以通过言语和非言语的方式表达出来，情绪的表达会影响他人。就人类和动物而言，脸部表情比文字沟通更快捷。一些表达情绪的脸部表情会对别人产生自动化的影响。也就是说，这些影响不是后天学来的。例如，婴儿对于成人微笑或惊恐的表情有自发性的反应。在婴儿学习使用语言之前，这种反应很有用。即使孩童能够使用语言，脸部表情还是很有帮助的。情绪的表达有语言及非语言的形式，这意指在重要情境有两种沟通方式。例如，表达悲伤可能会影响他人给予我们安慰和帮助，表达愤怒可能会让他人停止某种行为，表达快乐可能会让他人保持某种行为。情绪能影响他人，即使我们并非有意如此，就算我们没有察觉到，情绪还是会影响他人。

讨论重点：请成员分享自身情绪影响他人，以及受到他人情绪影响的例子。

3. 与自己沟通

情绪是讯号或警讯，让我们知道一件事情出了状况。例如，当体验到恐惧时，我们知道自己正在遭受危险；当嫉妒、羡慕时，我们知道哪些东西是我们想要的；当感受到快乐时，我们知道自己喜欢什么、价值观是什么。

但是，有时根据情绪得到的信息并不准确，尤其是当我们处于情绪心时，极端的情况是把处于情绪心时得到的信息当成事实。例如，一对夫妻因孩子教育问题发生了激烈的争吵，丈夫摔门而出，妻子很愤怒，便认为丈夫是在故意逃避问题、不负责任，其实丈夫只是想以暂时离开的方式让双方先冷静一下。

讨论重点：结合上述提及的情绪的三个功能，请成员讨论，如果人们真的能停止情绪运作会发生什么情况？例如，要是真的没有恐惧、悲伤，谁能存活下来？

（三）描述情绪的模式图

邀请成员阅读《患者手册》第七周的情绪模式图，介绍情绪系统。情绪是一个复杂的系统，改变系统的任何一部分都会改变情绪。如果我们了解情绪的各部分，改变情绪时就能使得上力。

1. 情绪的特性

（1）情绪是复杂的

情绪很复杂，通常由几个同时发生的部分或不同反应构成。

（2）情绪是自动化的

情绪是对内在事件、外在事件不由自主、自动化的反应。

（3）情绪无法直接改变

我们可以改变造成情绪体验的事件，但是无法直接改变情绪体验。我们没办法控制自己去感受某种特定的情绪。

（4）情绪是突发起伏的

情绪通常突然出现，不过情绪的强度可能会随着时间慢慢增强。情绪起起伏伏，就像海上的波浪，大多数的情绪维持不久，大约几秒或几分钟就消失了。

（5）情绪是自我延续的

情绪一旦开始，就会自行一再重新启动，甚至可以用"情绪爱自己"来形容。这是因为情绪让我们对于与情绪相关的事件更敏感。

（6）情绪由各个要素构成

这些要素彼此相关，牵一发动全身。情绪是对内在事件、外在事件的反应，这种反应是完整且交互影响的，它牵动整体。但是分开检验每个要素也非常有帮助，因为只要改变一个要素，往往就能改变整个情绪反应。

（7）有些情绪很普遍

人类有多种情绪（例如愤怒、厌恶、恐惧、内疚、喜悦、嫉妒、羡慕、悲伤、羞愧、惊讶、感兴趣、爱）。人们天生就有这些情绪，生理上具备产生这些情绪的能力。其他情绪通常是几个基本情绪结合在一起而产生的。

2. 情绪的构成要素

（1）促发事件

促发事件是情绪出现前1秒发生的事件或状况。它们是在那个特定时刻（而不是其他时候）引发情绪的线索（促发事件不是导致促发事件的事件）。促发事件可能是外在的（个人之外的、环境中的），比如环境中发生的事件；促发事件也可能是内在的（个人之内的），比如个体的想法、行为和身体反应。促发事件会自动促发情绪，当促发事件改变时，情绪也会改变。我们能借着改变促发事件来改变情绪，也可以回避这些事件，或者通过问题解决采取行动来改变它们。

（2）注意力/觉察

如果没有意识到促发事件的发生，就不会促发情绪。促发事件必须至少引起我们一部分的注意力才会带来影响。例如，父亲嘴里嘟囔着抱怨你，但你没听到，情绪自然不会受到影响。事件即便是内在的（比如肌肉紧张），如果没有一定程度的觉察，那么内在事件也不会促发情绪。引起注意力的速度可能非常快，但至少引起了微注意，才会促发情绪。所以，正如痛苦耐受技能中的转移注意力技能一样，分散我们对促发事件的注意力，就能改变情绪。

（3）对促发事件的诠释

通常引发情绪的是我们对促发事件的诠释，而非事件本身。诠释就是对事件的想法、信念或假设，或者对该事件的评价。例如，当胃痛时，如果我们的诠释是"我得胃癌了"，那么我们就会非常恐惧；如果我们的诠释是"我可能受凉了"或者"我吃坏东西了"，那么我们情绪的扰动就会小。实际上，如何诠释，并不会影响导致胃痛的真正原因，但是不同的诠释却会影响我们的情绪。这里并非指我们的诠释不正确，胃痛的真正原因有可能是胃癌，但是在没有确凿的证据前，这样的诠释只是一种可能性，而不一定是事实。我们需要看到的是导致胃痛的更多可能性，而不是被胃癌这一个可能性吓倒。所以，我们可以通过检验诠释是否符合事实的方式来核对和调整诠释，从而改变情绪。

■ 可选择的练习活动：请成员思考对同一事件的不同诠释如何影响我们的情绪。该活动可以按照以下步骤进行：第一个人提供情境或事件，第二个人提供诠释，第三个人提供情绪，第四个人针对同样的情境提出另一种诠释，第五个人再针对第四个人的诠释提出相符的情绪。同一个事件可以用这种方式重复许多次，然后再提出其他几个事件，用同样的方式进行。这里的重点是：人们通常是对自己的诠释而非事件本身做出反应。

（4）脆弱因子

脆弱因子是让一个人对促发事件更易产生情绪反应的因素。脆弱因子可能会在促发事件的前一刻出现，或是很久以前就已经存在。

1）近期事件

如果睡眠不足、没吃东西、生病、最近喝酒或服用改变情绪的药物，或者经历压力极大的事件，我们的情绪可能比其他时候更脆弱。此外，促发事件有时候是"压死骆驼的最后一根稻草"。例如，当我们工作压力很大时，孩子的吵闹更容易让我们发脾气。再如，身体的疲劳、疼痛也更容易对一件事情引发情绪反应。

2）过往事件

很久以前发生的事情会让我们在面对当前的事件时感到更脆弱，特别是之前未处理或未解决的事件。例如，经历过爱人出轨的人，当看到爱人跟异性一起吃饭时，可能更容易出现情绪反应。再如，曾经在车祸中受伤的人，在看到车祸新闻时，也可能会出现情绪反应。

所以，减少目前的脆弱因子，也能减少负面情绪。比如我们可以通过照顾好自己的身体、建立压力较小的生活来减少情绪的脆弱性。

（5）生理变化

当情绪激动时，一些复杂的生理变化迅速出现，甚至几近同时发生。情绪涉及脑部的神经化学变化，脑部的变化接着会对身体的其他部分造成影响。脑的不同部分（如杏仁核、下视丘及前扣带回）和不同的神经化学物质（如血清素、去甲肾上腺素、催产素及催乳素），都与情绪激动和情绪调节有关。有些人不管调节哪个情绪回路都会遇到困难，而其他人只有一个或数个回路会碰到困难。

此外，情绪也涉及神经系统的改变。当压力大时，交感神经系统会被激活，导致心跳加速、血压升高、皮肤温度下降、流汗增加、呼吸加快，以及转化肝糖为葡萄糖以提供能量，该系统让我们准备好现在采取行动。另一个系统是副交感神经系统，会减缓身体运作以制衡上述现象。在我们放松时，该系统就会发挥安定作用。

因此，我们可以通过改变生理过程来改变情绪，方法包括使用药物、生物回馈、放松训练、做瑜伽，以及其他许多方法或技巧。许多问题行为（如酗酒或自我伤害）也是借着调节生理来调节情绪，不过这些行为对情绪的调节功能只是暂时的，长期而言危害很大。

（6）体验

情绪几乎一定跟感受、感觉和冲动的体验有关。感受和冲动都会促发我们采取某种行动。感觉的体验无法直接改变。如果可以直接改变不喜欢的感觉，那么大家都会摆脱身体的疼痛和痛苦的情绪。但这时会发生什么状况？我们就不会避开危险的情境。我们可能决定放弃愤怒，不保卫自己，也不为他人的权利奋斗。这会是个大灾难。如果感受不到情绪，我们要怎么存活？从演化的角度来看，情绪的感受和体验对存活至关重要。因此，我们只能间接改变感觉的体验，比如通过分心来转移注意力，或者改变生理来阻挡感觉。

（7）表达

情绪的重要功能之一是沟通。如果要沟通，情绪就要表达出来。脸部表情、肢体语言可以表达情绪。人类从幼年开始就对脸部表情特别敏锐。婴儿无法用语言沟通，这时脸部表情和肢体语言是情绪表达的重要方式。许多人已经学会控制表达情绪的脸部肌肉和肢体语言，用这种方式把情绪隐藏起来。如果处于不认可情绪的环境，隐藏情绪就是社会学习的自然结果。言语也是情绪表达的重要方式。直接告诉其他人我们的感受能够增进他人对我们的了解，也能从他人身上得到反馈。有些人学会从不（或几乎不）跟他人诉说自己真实的感受，这在以下情况可能有利：其他人会因为他们的感受而受到惩罚，或者他们的真实感受会不必要地伤害到他人。然而，如果对方可以信赖，不说出自己的感受反而会带来许多问题。

当脸部表情和肢体语言改变时，情绪也会改变。我们可以通过改变脸部表情和肢体语言来改变情绪。我们的肢体、脸部表情和情绪的联系是如此紧密，我们只要改变脸部表情就能改变情绪，我们也可以借着改变身体姿势、双手姿势和肌肉的紧绷程度来改变情绪。例如，我们可以通过微笑来改变自己低落的情绪。

（8）行动

情绪的主要功能之一就是帮助身体准备好采取行动，因此行动本身可被视为整体情绪反应的一部分。一般而言，情绪可被视为一个快速的反应系统。当行动改变时，情绪也会改变。情绪带来什么行动冲动，我们反其道而行就能改变情绪，这部分会在"相反行动"中提及。

（9）情绪命名

命名情绪是普遍且带来助益的，每种文化都会为情绪命名。要为情绪命名，就要觉察到该情绪。向他人传达自己的感受时，要能辨认自己确实感受到什么情绪，如此一来沟通才能准确。通过觉察和命名，情绪就能改变，这部分稍后也会探讨。

（10）后续影响

强烈情绪对于记忆、想法、思考能力、身体功能与行为都有强大的后续影响。情绪最重要的一个后续影响是，对于可能引发相同情绪的线索或事件变得高度警戒，而且注意力会局限在与情绪兼容的信息上。例如，我们恐惧时，对于任何威胁到自身安全的人、事、物，通常会变得高度敏感。注意强烈情绪的后续影响，有助于我们改变随之而起的情绪。一旦知道强烈情绪会缩小注意力的范围，而且对相同情绪的线索更为敏感，我们就要提醒自己核对事实。我们可能通过情绪这个镜片看世界，也可能通过当下现实的镜片看世界。

■ 可选择的练习活动：如果成员是青少年，通常需要设计一些有趣的活动来增强他们的参与性。该活动与链锁分析部分的活动类似。治疗师可以编写一个典型案例，根据情绪模式图，将情绪产生的过程写在同一个颜色的便利贴上，打乱顺序。随后，治疗师将成员随机分组（3～4 名成员一组），并告知大家便利贴上详细描述了某个情绪的发生、发展过程，邀请每组成员根据自己的理解，将便利贴排列顺序，以说明情绪的发生、发展过程。随后，每组派一位成员分享。最后，治疗师跟大家分享正确的顺序，并在分享中介绍情绪模式图。治疗师分享正确顺序时，情绪模式图中的不同元素可以使用不同颜色的便利贴，便于成员一目了然地看到情绪产生的过程。比如，"促发事件"使用蓝色便利贴，"脆弱因子"使用黄色便利贴，"对促发事件的诠释"使用粉色便利贴等。

（四）描述情绪的方法

学习观察、描述及命名情绪，有助于调节情绪。

1. 描述情绪的目的

（1）为了增进调节情绪的能力

研究显示，在处理情绪经验时，比较有效的做法是非常明确该情绪及情绪事件，而不是以过度笼统或不明确的方式来调节情绪。以恐惧为例，能够降低恐惧的做法是观察与描述造成恐惧的明确线索，而不是笼统的印象。

（2）为了学习与情绪分离

借助学习观察情绪，我们要学会与情绪分离，不去认同情绪。为了控制情绪反应，我们一定要跟情绪分开，才能够思考和使用应对策略。

（3）为了学习与情绪合一

我们也需要与情绪成为一体，即我们将情绪视为自己的一部分。就好像我们骑马时，如果与马"合二为一"，就能控制马。如果跟马有距离、跟它对抗，马也会反击，我们就无法顺利控制马。另外，如果我们没有一个独立于马之外的身份认同，只会紧抓着马来保住自己的小命，这时马就拥有了全部的掌控权。

2. 观察与描述情绪的步骤

邀请成员打开《患者手册》第七周中描述情绪的方法，治疗师可以挑选 1～2 种来进行示范性解释。我们可以把自己遇到的事件和反应与手册对应，以帮助自己厘清情绪。如果无法辨识自己的情绪（不管是当下或过去的情绪），我们可以系统地查看每个情绪要素，必要的话，可以写下来。当整理出所有要素并看到反应的全貌时，我们就比较容易厘清情绪。

（1）促发事件

在每种情绪下方都列出引发该情绪的典型促发事件，也就是在该情绪出现的前一刻所发生的事件。这里应提醒成员，导致该事件的过去经历要写在脆弱因子那里，这是每个人独有的，并不列在手册里。

（2）对促发事件的诠释

在每种情绪下方都列出对促发事件的常见诠释、想法和假设，这有助于我们确定自己当时的诠释是什么。

（3）生理变化与体验

在每种情绪下方都列出典型的生理变化与体验、感受、身体感觉，以及行动冲动。在这部分，让成员把焦点集中于感受到的身体变化（或者留意的时候感受到的变化）。需要注意的是，有些情绪的生理变化与体验是类似的，其他则非常不同。

（4）表达与行动

表达与行动是指常见的脸部表情、肢体语言、语言沟通，以及与该情绪有关的行动。提醒成员，记得情绪的一个主要功能是激发行动以解决特定问题。留意与每种情绪相关的行动。

（5）情绪的后续影响

后续影响就是在第一种情绪开始出现之后，身、心、情绪立即产生的变化。

（6）情绪命名

讲完上述情绪要素时，治疗师可以与成员互动一下，确保他们能正确辨识与命名各种情绪。提醒成员在"其他"这一行写下各种情绪出现时，个人常见的独特促发事件、诠释、生理变化与体验、表达与行动等。

■ 可选择的练习活动：第一，请每位成员想出一个可以玩角色扮演的情绪情境，或者使用以下的一个情境。

"和一位朋友互动，对方在互动过程中变得对你非常生气。"

"你在公交车站等车，有个看起来不怀好意的人靠近你，令你害怕。"

"去机场接所爱的人。"

"坐在你觉得很厌恶的人旁边。"

"跟朋友讲一个非常悲哀的事情。"

第二，指导成员进行角色扮演。可以请两位成员扮演情境，参与角色扮演的成员要尽可能传达自己的情绪。

第三，请每个人观察角色扮演，并且描述扮演者的非语言表达行为。引导成员特别注意脸部表情和肢体动作等非言语线索。

第四，请扮演者描述在角色扮演时真正的感受是什么，这些感受表达了什么。

3. 描述情绪时的干扰因素

（1）次级情绪

次级情绪是对情绪的情绪反应。比如当我们愤怒而又无法反抗时，我们就会感到悲伤。次级情绪出现时，可能会掩盖或混淆初始情绪的反应。有时候唯一的厘清方式就是特别注意促发事件，以及对该事件的诠释。

（2）矛盾心态

人们经常在几乎同一时刻体验到两种或更多的情绪，这会混淆情境。比如你可能爱你的父母，同时又对他们感到愤怒，想要离他们越远越好。为了厘清这点，可以让成员分别描述体验到的每种情绪，别担心哪个是初始情绪，哪个是次级情绪。

四、结　　束

结束部分跟之前的流程一致。第七次技能训练的家庭作业是完成《家庭作业手册》第七周的练习观察与描述情绪，以及填写日志卡。

情绪调节：相反行动

第八周团体技能训练的内容结构与之前类似（表 S8-1）。正念练习是正念参与，技能训练的主题是相反行动。

表 S8-1　第八周团体技能训练的主要内容

周数	主题	主要内容	家庭作业
8	情绪调节：相反行动	1. 开始（15 分钟） （1）如果上次的团体有人缺席，讨论缺席的相关事宜 （2）正念练习：参与（抛球） 2. 讨论家庭作业（20 分钟） 3. 技能训练（50 分钟） 　相反行动 4. 结束（15 分钟） （1）团体成员反馈收获 （2）治疗师总结 （3）布置家庭作业	1. 练习相反行动 2. 填写日志卡

一、开　始

治疗师带领成员进行参与的正念练习，练习后邀请成员分享感受。该练习相比较前面观察、描述的正念练习来说，有些难度，需要成员的投入。治疗师可以这样跟成员说，以激发成员参与练习的动机：这个正念练习需要大家站起来，而且还要发出声音，大家可能会有各种各样的顾虑，这很正常，总会存在这样、那样干扰我们参加活动的因素，请试着参与到这个活动当中，当你发现自己在操作过程当中被一些想法，比如"发出声音好奇怪"，干扰的时候，先正视这些想法，然后再温柔而不失坚定地提醒自己，尽情地参与这个活动就可以了。

正念练习：抛球

治疗师事先准备好一个皮球，邀请所有成员站成一圈。可以从治疗师开始这个活动。首先，治疗师拿着这个球，看向团体中的某个成员（例如 A），然后把皮球抛给 A，同时嘴里发出一个声音（比如"啊""哎"等任何声音）。接着，A 需要接住这个球，并重复治疗师发出的声音，然后再按照同样的规则，看向另一个成员（比如 B），把球抛给 B，同时嘴里发出一个声音（可以是与治疗师一样或者不一样的声音），依次类推。如果有成员做错了，比如没有发出前一位成员发的声音，就从做错的成员重新开始。

二、讨论家庭作业

治疗师邀请成员分享上一次的家庭作业，即《家庭作业手册》第七周的练习观察与描述情绪，以及填写日志卡。分享的内容包括但不局限于以下内容：经历了何种情绪？是什么促发了这个情绪？ 在这之前，发生了什么事使自己对促发事件的反应变得脆弱？ 对此情境的诠释（信念、假设、评价）是什么？ 脸部和身体有何感受？当时想做什么、想说什么？脸部表情、姿势、手势如何？ 在此情境下说了什么、做了什么？这个情绪带来了哪些后续影响？日志卡记录中的自伤行为跟以前比是否有变化？哪些原因导致了变化？

三、技　能　训　练

（一）相反行动的定义

如果有想要做什么或说什么的情绪冲动，相反行动就是采取与之相反的行动。

（二）相反行动的目的

当情绪不符合事实时，相反行动能有效改变或减少不想要的情绪。

（三）相反行动的时机

1. 知道关于某个情境的事实，但还是无法改变情绪反应

知道关于某个情境的事实，但还是无法改变情绪反应，这时采取相反行动可能有用。例如，知道某件事并不危险，但还是很害怕；发现对方并非有意伤害，但你还是很生气；知道拒绝别人并不会破坏关系，但依然开不了口；理智上知道自己的行为在某个情境中并非不道德，但还是感到内疚；等等。

2. 情绪在某个情境中是不合理的

在某个情境中，当我们的情绪（强度或持续时间）并不合理时，采取相反行动可能有用。如果情绪很合理，就要采用问题解决技巧。需要强调的是，当情绪不符合实际情境的事实，它就是不合理的，也就是对照事实后，该情绪的理由不充分。例如，你发现这个月的工资少了，而恰好前阵子你跟主管大吵了一架，你觉得主管故意扣了你的工资，为此很愤怒；后来你发现，工资少了是因为补缴了个人所得税。再如，你放学后发现一直比自己早到家的母亲并不在家，给她打电话却显示电话已关机，为此你很担心母亲出了意外，而实际上是母亲的手机没电了，其晚回家是因为临时加了会班。

3. 情绪在某个情境中无法有效达成目标

如果我们的情绪（强度或持续时间）在某个情境中无法有效达成目标，那么这时采取相反行动可能有用。有时候情绪非常符合事实，但是体验和表达该情绪对我们无益，反而有害。考虑是否采取相反行动时，重要的是厘清情绪反应能否达到效果。例如，你正急着赶去某个地方，但遇上堵车，忍不住怒火中烧，然而愤怒不会帮助你更快速、安全地抵达目的地。

4. 回避该做的事情

有时候问题不在于情绪是否符合事实，而是冲动行事会导致我们回避做该做的事情。如果你发现自己正因此而回避做某件事，采取相反行动可能会达到效果。例如，你感到抑郁，什么事都不想做，想跟外界的一切隔绝。然而，起床活动、与人打交道而不回避，才是降低抑郁的必要做法。

（四）相反行动的步骤

下面逐一介绍相反行动的步骤。

1. 识别和命名你要改变的情绪

识别和命名自己的情绪，并为其强度评分（0～100）。

2. 核对事实

核对情绪是否符合该情境的事实。成员可以询问自己：碰到这种情况时，我的情绪反应是否合理？对照事实后，这种情绪是否适当？如果答案为否定，请前往步骤 3 与步骤 4。

3. 识别与描述行动冲动

接下来，留意行动冲动，把焦点放在想要做的或说的事情上。自问：我想做什么？我想说什么？

4. 询问智慧心

然后询问我们的智慧心：如果我冲动行事，会让事情更好还是更糟？顺着情绪行动会解决我面临的问题吗？如果答案为否定，请前往步骤 5。

5. 采取与行动冲动相反的行动

如果我们已经走到这一步，表示我们对照事实后，已经判定情绪不合理，或者无法有效帮助我们达成目标。因此，我们可以采取与行动冲动相反的行动。成员可以参考《患者手册》第八周找出相反行动中的描述，看看各种情绪有哪些可能的相反行动。

（1）去做与实际行动冲动相反的事情

所谓的相反是指跟自己实际的行动冲动相反。提醒成员，不要盲目跟随《患者手册》上的行动。因为手册上的相反行动皆假设情绪相对单纯，是普遍且可辨认的一般行动冲动。然而情绪往往复杂得多，可能是数种情绪同时发生的综合体。我们的表达与行动冲动可能是混合情绪所独有的。情绪就算单纯、容易辨认，它的行动冲动也可能是个人或个人所属的文化或种族群体特有的。

■ 可选择的练习活动：请成员闭上眼睛，回想上周令他们愤怒的情境。引导他们想象当时的情境与互动，仿佛事情就在当下发生，然后请他们注意感受如何。当他们继续想象时，引导他们放松手指头和手臂、张开双掌（坐着的话，双手置于大腿上，掌心朝上；站着的话，双手垂放两旁，掌心朝前）。建议他们放松脸部，从额头到下巴都尽量舒展，然后嘴角微微上扬。再次请他们留意自己的情绪，这时经常有人会表示愤怒降低了。此时，治疗师可以向成员解释"这就是用双手和脸来采取相反行动。"

（2）让相反行动自行发挥作用，同时不要压抑情绪

让相反行动替我们完成任务，同时不要试着压抑情绪的体验或感受。如果采取相反行动时，试着压抑情绪，就是不让这个策略发挥作用——到最后可能真的没有作用。如果你体验到情绪，同时让眼睛、耳朵等感官维持开放的状态，就能从根本上学习到那种情绪也不是非有不可。这个信息一旦经过编码进入我们的大脑，我们就会发现自己的情绪反应随着时间逐渐淡化。相反行动能减少不想要的情绪反应，不过需要时间才能发挥作用。

6. 完全相反的行动

要采取完全相反的行动，包括相反的姿势、脸部表情、思考方式、所说的话，以及说话的方式。相反行动半途而废，只会前功尽弃。重要的是，在反应的每一部分都下功夫，以确保采取完全相反的行动贯彻始终。例如，为了降低社交恐惧，你去参加聚会，但整场聚会都站在角落、低头不语，这就是相反行动半途而废。再如，由于情绪低落，你本不想带孩子出去玩，但又觉得这样不好，于是你还是带孩子去公园玩，但却垂头丧气、愁眉苦脸，这也是相反行动半途而废。

讨论重点：请成员分享自己或他人相反行动半途而废的例子。半途而废有什么影响呢？当我们在相反行动上只做一半时和结束后我们的感觉分别是什么？

■ 可选择的练习活动：请成员举出为了改变情绪而采取与情绪冲动相反的行动例子（比如参加一个

自己很害怕的聚会）。接着请成员描述相反行动半途而废的情境。

7. 持续相反行动直到情绪减弱

相反行动要在一个情境中持续进行到足以发挥作用，也就是要一直做到我们发现情绪强度减弱，就算只减弱一点点也好。

此外，需要强调的是，我们需要不断练习。只要有机会，就要一再地重复相反行动。有时候相反行动能立即发挥作用，不过大多时候必须大量练习才能克服不合理且积习已久的情绪反应。一种情绪即使多年来在某个情境中都是适当的，但现在却不是如此，我们有时候也需要大量练习才有办法克服它。

讨论重点：请成员针对以下情况分享自身经历。他们采取与情绪冲动相反的行动，然后发现情绪反应随着时间逐渐改变。恐惧通常是最容易下手的情绪，可以从恐惧开始，然后请成员继续分享其他相反行动发挥作用的情绪。

8. 找出相反行动

与成员一起阅读《患者手册》第八周找出相反行动，根据需要选择 1～2 种情绪重点讨论。

（1）恐惧

当恐惧是不合理的，就要面对恐惧而非回避。害怕的事情反而要去做，而不是回避。

■ 可选择的练习活动：与恐惧或任何情绪相反的行动，最好的练习就是在团体里请成员采取与当下情绪相反的行动。不管教授哪个模块，治疗师都要一再找机会请成员尽可能不要顺着当下的情绪行动。举例来说，如果有成员因为焦虑、愤怒、受伤的感觉或恐慌而想离开，那反而要请他们留下来，引导他们了解留下来就是在练习相反行动。治疗师可以不时提问"你害怕时该怎么办？"一再辅导成员，直到他们每次都能大声回答"害怕时反而要去做！""抑郁时该怎么办？""积极主动！""有罪恶感时怎么办？""厘清罪恶感是否合理，如果有道理就修正行为，如果没道理就一再重复那件事！"以此类推。让成员一再演练，直到能不假思索地回答。

（2）愤怒

当愤怒是不合理的，温和地避开你生气的对象，而不是攻击他。也要避免想到他，而不是反复想他做的所有坏事。可以选择的相反行动包括以下几点：转移自己的注意力；做好事而不是坏事；试着从对方的观点来看问题，而不是指责他们；练习微笑和/或愿意的手的姿势。

■ 可选择的练习活动：如果之前没教过，现在请简要教导成员如何微笑。请成员闭上双眼，想象他们生气的对象。接着对他们说"回想对方做了什么事让你火冒三丈。留意你的情绪。"几分钟之后，引导成员"继续想着对方，还有对方的所作所为，同时放松整个脸部。放松前额、放松眼睛、放松脸颊、放松上下颚（牙齿不咬合），然后微微浅笑。继续微笑，留意情绪。"重复上述练习，但是把微笑改为愿意的手的姿势（如果还没教的话）。重复练习微笑或愿意的手的姿势，但现在补充一点"在心里试着体会愤怒对象的感受、想法与期待，试着认可对方的行为（纯粹从引起行为的原因来看），注意你的情绪。"请成员讨论发生的任何变化。

（3）厌恶

当厌恶是不合理的（也就是没有污染或伤害的危险时），把厌恶的东西放在非常靠近自己的地方，同时转移注意力，不去理会不相关的厌恶想法。有时，我们可能会对某些人感到厌恶，但当我们意识到这种感受不合理时，我们尝试去拥抱对方。

（4）羡慕

当羡慕是不合理的，相反行动是——列出自己所拥有的东西，并且抑制住想要打压别人的冲动。

（5）嫉妒/吃醋

当嫉妒是不合理的（即自己拥有的并未遭受威胁），相反行动是放下对他人或情境的控制，并与他人分享自己拥有的。

（6）爱

当爱是不合理的（即你爱上不适合或错误的人或物品），相反行动是回避与转移注意力，远离所爱的对象及所有提醒物（包括充满爱意的想法），并且经常提醒自己为何爱得不合理。例如，你爱的人并不爱你。

（7）悲伤

当悲伤是不合理的，尤其当我们也感到抑郁的时候，我们就要积极起来。我们要从事让自己觉得有能力、有自信的活动，不要消极被动，多做带来成就感的活动和愉悦的事情。我们应该面对而不是回避。

（8）羞愧

如果没有遭到他人排拒的威胁，羞愧是不合理的。与羞愧相反的行动是在知道不会排斥我们的人面前，不再隐藏自己的行为。如果我们的行为违反自己的道德价值观，但是他人在知道我们的行为后并不会排斥我们，那么可以顺着内疚的情绪来行动，但不要顺着羞愧的情绪来行动。举例来说，当遗失了借来的东西时，不要回避对方，而是要跟对方当面道歉、提出偿还方式。如果情况相反，也就是我们的行为没有违反自己的道德价值观，那么就在不会排斥我们的团体中一再重复该行为来降低羞愧感。

（9）内疚

当内疚是不合理的（即自身行为没有违反自己的道德价值观），可以采取几个相反行动。主要的相反行动是继续原来的行为，不要为此感到抱歉。如果行为违反他人的价值观，但没有违反自己的（羞愧是合理的，但内疚则是不合理的），我们有以下几种做法：隐藏该行为（如果想继续留在群体中，而一旦那个群体要是知道我们的行为可能会把我们赶出去，那么隐藏可能很重要）；离开并加入一个不同的群体；试着改变所属群体的价值观。在第三种情况，改变所属群体价值观的社会行动也是一种羞愧的相反行动。

在这里，需要区别价值观与道德规范。两者虽然非常类似，但也可以详加区分。如同这里所采用的名称，道德规范是一套信念，关于什么行为是错误的或不道德的，通常是一个人想要避免从事的事情。相较而言，价值观在一个人生命里是重要且有价值的，通常是指一个人生命中想要从事的事情。

另外，对于行为是否符合道德，不同的人和文化可能有迥异的看法。道德可以通过观察、间接教导以及成长过程中尝到的后果来学习。我们个人的道德规范可能是在学校或社会活动中学来的。有些人能非常清楚地表达自己的道德规范，其他人可能具有同样的道德水平，但难以描述自己的道德规范。

9. 可能的困难及解决方法

第一，取得事实后，若情绪确实合理，那么问题解决是减少情绪的较佳方式。

第二，或许成员过于严格遵守《患者手册》中的内容，而没有留意到个人的行动冲动。

第三，在讨论成员进行相反行动时，他们可能会自动产生某种念头。治疗师可以请他们示范如何进行相反行动。往往会发现成员的声音语调、视线和姿势没有执行相反行动，即使他们自认为做到了。

第四，相反行动持续时间太久，让一个人学不到新东西？检查成员采取相反行动前、后的情绪强度评分。

第五，相反行动需要反复练习，如果只执行一次或数次，则无法发挥作用。

四、结　束

结束部分跟之前的流程一致。第八次技能训练的家庭作业是完成《家庭作业手册》第八周的练习相反行动，以及填写日志卡。

情绪调节：对当下情绪正念和累积正性情绪

第九周团体技能训练的内容结构与之前类似（表 S9-1）。正念练习是感恩喜欢的人（事或物）并扫描身体。技能训练的主题是对当下情绪正念和累积正性情绪。

表 S9-1　第九周团体技能训练的主要内容

周数	主题	主要内容	家庭作业
9	情绪调节：对当下情绪正念和累积正性情绪	1. 开始（15 分钟） （1）如果上次的团体有人缺席，讨论缺席的相关事宜 （2）正念练习：感恩喜欢的人（事或物）并觉察身体 2. 讨论家庭作业（20 分钟） 3. 技能训练（50 分钟） （1）对当下情绪正念 （2）累积正性情绪（短期） （3）累积正性情绪（长期） 4. 结束（15 分钟） （1）团体成员反馈收获 （2）治疗师总结 （3）布置家庭作业	1. 练习累积正性情绪 2. 填写日志卡

一、开　　始

治疗师带领成员进行参与的正念练习，练习后邀请成员分享感受。

正念练习：感恩喜欢的人（事或物）并觉察身体

今天我们做一个感恩的正念练习。现在，请采取一个相对舒适的姿势坐在椅子上，双脚平放在地面上，感受一下脚踏实地的稳固感，双手自然放在腿上或膝盖上，保持背部挺直而不紧绷。请把眼睛闭上，也可以轻松地看着前方，无论看到什么，都不用盯着它，保持眼睛能看到就好，也不用费心去思考你所看到的东西。

接下来，请把注意力放在自己的呼吸上，去觉察一下自己吸气与呼气时，空气在身体里的流动。根据自己的呼吸，调整自己的身心状态。

现在请大家在头脑里想一个你特别感恩的人、事、物，可以是一个特定的人、自己养的宠物、一段回忆等。比如，一位在你遇到困难时，主动向你伸出援手的人。如果你想感恩的是一个人，那么想象这个人就在你眼前。如果你想感恩的是一段回忆,那么在脑海里回想这段记忆。

当你想到这些人、事、物时,觉察一下此刻身体的感觉。请体验一下你的面部、颈部、胸口、腹部、手臂、大腿、脚等身体部位都有什么感觉?感受一下,当你觉得感恩时,你身体的哪些部位有比较强烈的反应?如果你发现自己分心了,先去看一下让你分心的东西,然后温柔地、轻轻地提醒自己,我正在做一个感恩时身体扫描的正念练习,把自己的注意力拉回到此刻身体的感觉上来。觉察此刻你身体的感觉。

我们的练习就要结束了,请再次把注意力拉回到自己的呼吸上,去感受呼吸的流动。恭喜你完成了这次练习。当你觉得合适的时候,就可以睁开眼睛回到治疗室。

二、讨论家庭作业

治疗师邀请成员分享上一次的家庭作业,即完成《家庭作业手册》第八周的练习相反行动,以及填写日志卡。分享的内容包括但不局限于以下内容:经历了何种情绪?是什么促发了这个情绪?情绪(或其强度或持续度)是否合理?因为该情绪,出现了哪些冲动行为?与冲动行为相反的行动有哪些?实际做了哪些相反行动?相反行动带来了哪些后续影响?日志卡记录中的自伤行为跟以前比是否有变化?哪些原因导致了变化?

三、技 能 训 练

(一)对当下情绪正念

邀请成员阅读《患者手册》第九周的材料,介绍对当下情绪正念。

1. 对当下情绪正念的定义

对当下情绪正念就是如实观察、描述和"允许"情绪来来去去,而不评判、抑制、阻挡情绪或转移自己对情绪的注意。

2. 对当下情绪正念的目的

压抑情绪会增加痛苦。对当下情绪正念才是解脱情绪束缚之道。对当下情绪正念的目的包括如下几点。

(1)了解情绪没有想象中严重

我们将自己暴露在情绪之中,但不见得要随着情绪行动。这样,我们就会发现情绪没有想象中严重,对情绪就不再那么害怕。一旦我们对情绪的恐惧降低,那么由情绪引发的害怕、担心、惊慌和愤怒也会随之烟消云散。

(2)找到自由之道

经年累月地练习对当下情绪正念,我们就会越来越自由自在,较不受情绪控制。虽然不受情绪控制是通往自由的道路,但这并不意味着我们需要随时随地都把情绪控制住。如果这样认定,我们就容易被自己制定的情绪规则所束缚,从而失去了做自己和接受自己感受的自由。有些人则认为自己完全无法忍受痛苦——如果不把情绪控制住,就会掉入深渊,这样认定就会渐渐丧失自由。自由就是有能力让情绪自然来去,体验情绪但不被情绪控制。总是想要预防或压抑情绪,就是被情绪控制的一种形式。

(3)降低心中的苦

接纳痛苦情绪能消除心中的苦,而与情绪对抗,只会让情绪停留不走。让成员了解这个道理至关重要。

(4)接纳生而为人本来就会有痛苦情绪

消极情绪有存在的理由,消极情绪也是人生的一部分。因此,秘诀在于找到跟消极情绪打交道的方法,消极情绪才不会引发强烈的痛苦。这个方法就是接纳。

讨论重点：学会放下情绪是非常困难的，需要大量练习。讨论"接纳痛苦情绪"的重要性。

3. 放下痛苦情绪的方法

（1）观察你的情绪

放下痛苦情绪的第一步是观察自己的情绪，承认情绪的存在，往后退一步，让自己从情绪中抽离。治疗师可以对成员说"可以把情绪当成来来去去的波浪来体验。想象自己在沙滩上，情绪就像海浪，不断打上岸又退回去，稳稳地把脚趾深入沙子里，让海浪来来去去（体验情绪如同波浪来来去去）。现在想象自己站在冲浪板上，顺着情绪的波浪滑行。试着维持平衡，顺着波浪滑行就好（想象自己正在情绪的浪涛上冲浪），敞开自己接纳情绪之流。不要想摆脱情绪，别把它推开，不要评判或排斥它（试着不要去阻挡或压抑情绪）。想要筑起一道墙把情绪挡在外头，反而会把情绪留在墙内。这就像在海滩上筑起一道沙墙抵挡海水，海水一定会渗进来，还会因为无法快速退去而留下水注（不要试着去摆脱或推开情绪）。不要紧抓着情绪（不要试着留住情绪），不要在心里演练情绪（不要紧握情绪），不要一直抓着它不放，也不要把情绪放大（不要放大情绪）。"

（2）运用身体感觉练习正念

留意身体感觉，全心注意情绪会非常有用。留意身体哪部分感受到情绪的感觉，尽可能全然体验那些感觉，觉察情绪要多久才会平复，或者体验的性质多久才会改变，保持好奇心态。

（3）"你"不是"你的情绪"

治疗师告诉成员"你不是你的情绪，不见得要顺着情绪行动，继续观察情绪就好。此外，回想之前碰到类似情境但有不同感受的时候。"

（4）练习爱上你的情绪

尊重自己的情绪。不要假定情绪是不理性的，或是基于错误的感知或扭曲。放下对情绪的评判，练习愿意拥有情绪，练习全然接纳情绪。

讨论重点：请成员分享全然接纳情绪而使痛苦减少的时候。讨论"放下情绪"这个概念。

（二）累积正性情绪（短期）

1. 在生活中增加积极事件的目的

增加积极活动、累积正性情绪如同往"积极情绪储蓄罐"里投硬币，如果每天坚持投一个硬币，日积月累后，储蓄罐将变得越来越沉，从而强化我们对积极情绪的关注，并能更好地帮我们抵抗消极情绪的"风暴"，逐渐累积并建立更快乐的人生。

（1）积极事件提升积极情绪/降低消极情绪

首先，积极事件不仅提升积极情绪，还会降低悲伤和其他消极情绪。

（2）所有人在生活中都需要积极事件才能快乐

我们在生活中都需要积极事件，不过，每个人开心的事情不同，而且就算是同一个人，在不同的时间也有不同的需求。

（3）缺乏积极经验会带来消极影响

生活中缺乏积极经验会减少快乐、增加悲伤，面对痛苦情绪的事件也更为脆弱。积极事件就像食物，不吃食物，就得不到食物的好处。不去体验任何积极事件，也得不到积极事件的好处。

（4）消极/令人讨厌的事件具有消极效果

生活中有太多消极或痛苦事件，这些事件会让人难以快乐和满足，当一个人被剥夺了生命中的积极事件时更是如此。

（5）短期和长期的积极事件都需要

要建立一个值得活的人生，短期和长期的积极事件都需要。短期的积极事件让我们在这一刻过得更好，长期的积极事件带来持久的快乐或满足感。

（6）积极活动是有可能的

就算资源非常匮乏，还是能找到或经营积极活动来感受愉悦。即便只是暂时如此，或者只是一些微提升，也是值得做的。

（7）回避消极事件可能会导致回避积极事件

人们有时候花太多力气逃避消极事件，结果不小心也放弃了积极活动，这会造成不快乐。

（8）积极活动值得经营

人们有时候懒得经营积极活动，或者因为过于抑郁、疲累、工作过度或忙碌不堪而无法在这方面花力气。人们往往不明白在日常生活中添加一点积极元素有多么重要。

2. 开始累积正性情绪（短期）

（1）每天至少做一件快乐的事

首先，每天至少做一件促发积极情绪的事情。积极情绪包括享受、欢乐、祥和、宁静、爱、喜悦或自信。要激励自己从事积极活动和避免逃避，往往需要下定决心、致力于采取相反行动，或许也需要问题解决，这一点很重要。《家庭作业手册》第九周中的积极活动清单可以给成员提供参考，成员在清单中挑选和补充适合自己的积极活动。

（2）运用问题解决技巧

运用问题解决技巧，找出如何增加生活里的积极活动，这一点尤其重要，即便有时真的很困难，比如工作、学习很忙。

（3）事先规划积极活动

如果很难去做积极活动，请事先规划。此外，找个同伴一起进行也不错。就算有时我们没有心情做任何事，有个同伴也会增加动力。

（4）必要时练习相反行动

需要给自己动力时，可以练习相反行动。一旦不快乐，就很难有动力增加生活中的积极活动。

（5）不要从"配"或"不配"的角度来思考

不要从"配"或"不配"的角度来思考，这么想不仅达不到效果，还会陷入评判的思维中。如果习惯这么思考，就要采取相反行动，也就是在觉得自己不配这么做的时候从事积极活动。

（6）积极事件是强化刺激

积极事件可以增强积极情绪，要想拥有更多的积极情绪，请参与积极事件。

（7）避免回避

采取相反行动的特殊例子是不要回避积极活动，也不要回避将带来积极经验的事件。人们在心情不好时，往往会回避积极活动。有时候需要辛苦一点才能得到积极经验，人们往往也懒得克服障碍，甚至直接放弃。这么做虽然暂时可能有用，但长期而言行不通。这个时候，最好的策略是分析回避的优缺点，还要询问智慧心。

讨论重点：请成员在《家庭作业手册》第九周的积极活动清单中圈出下周可以从事的 3～7 项积极活动，并在团体中分享讨论。

3. 留心觉察积极经验

如果我们没有留意积极活动，那么它对我们的情绪就不会产生太大的影响。如果我们认为积极活动没有带来愉悦，其实是因为我们没有注意积极活动。

（1）发生积极活动时把注意力放在上面

注意积极活动有时候很花力气。我们可能把心思都放在另一件事情上，而没有留意到这个积极事件；或者分心的事物太多，难以专注在一件事情上。我们也可能习惯地不去感受自己的经验，因此就连愉悦的情绪也压抑了。

（2）当心思飘到消极事件时重新聚焦于积极经验

当生活中积极事件的数量远少于消极事件时，我们会很难把心思从消极事件中抽离出来。生气、心有不甘、认为心情舒坦等于"让步"，这时要抽离心思尤其困难。例如，你与父母发生了争执，你不断回想与他们在一起时不开心的事情，就很难注意到正在和朋友一起吃饭。碰到这种情况，相反行动就是把注意力重新聚焦于事件的积极部分。

（3）全然投入经验

在尝试增加积极活动时，我们常碰到的问题是感到无聊。然而，会觉得无聊往往是因为我们只是旁观事件而没有参与其中。冷眼观看世界运转很无趣，全然投入生活事件的自然流动才精彩。正念就是练习处于生命中的每个当下。如果没有正念地体验积极活动，我们就难以从中受益。例如，你去参加一个期待已久的聚会，却只是无精打采地坐在一旁，看着别人玩得兴高采烈。冷眼旁观不太可能让你打起精神，全心投入聚会、与人交流反而会让你开心起来。

讨论重点：请成员分享，什么情况下积极事件发生时，他们心不在焉或"心思飘走了"？什么情况下积极事件发生时，他们全神贯注？讨论两种经验的差异。

4. 不把担忧放在心上

（1）不要因为担忧而破坏了积极经验

这种情况很常见。即便是积极经验，有些人还是找得到事情来烦恼：担心积极经验何时会结束，不知道自己配不配体验积极经验，担心积极经验会让他人对自己有更多的期望。烦恼这些事情只会让我们无法专心注意正在发生的积极经验。

（2）必要时重新把焦点放在积极部分

在烦恼出现时，把心思带回到当下事件的积极部分。许多人必须下一番工夫才能让积极情绪维持久一点，虽然许多情绪失调个案都能体验到积极情绪，但是积极情绪稍纵即逝、无法持久。他们往往担心如果感觉良好，就会发生坏事（也就是他们对积极情绪感到恐惧），或者消极想法入侵得太快，抹去了积极经验。

5. 要有耐心

增加1~2个小小的积极活动虽然不太可能为生活质量带来大幅的改变，但有助于一次改变一点情绪。积极活动要能达到效果，就要经常练习，还要尝试许多不同的活动。在一段时间后，积极活动给心情带来的小变化就会积少成多，进而产生显著的变化。

（三）累积正性情绪（长期）

不觉得人生值得活，就很难快乐起来。要建立值得活的人生，就要留意自己的价值观，以及长期的人生优先级。这需要时间、耐心与毅力。

1. 长期快乐代表体验到人生是值得活的

没有值得活的人生，就很难快乐，这是 DBT 的基本信念。当然，实际上，所有生命都是值得活的，没有生命是不值得活的。不过，重要的是我们要体验到自己的人生是值得活的。

（1）要累积积极活动就要在生活中做些改变

如果生活中不常发生积极活动，那么可能要做些改变，好让积极事件更常出现。累积积极活动来建立值得活的人生，就像把零钱存入储蓄罐。

（2）值得活的人生是你重视的人生，也包含你重视的人、事、物

这里有两个重点：首先，寻找和描述我们最重要的价值观时，要进入智慧心；其次，在识别人生当中想追寻的价值观时，可能要迫使自己克服恐惧、悔恨、羞愧、内疚和无望感。

（3）建立值得活的人生需要时间与耐心

1）短期快乐与长期快乐

想要建立一个快乐、满足、稳定的人生，短期快乐有时候会带来干扰。想要在人生中建立永久的积极

事件，却时时追寻在这一刻能够让我们感到与众不同或更舒服惬意的事物，有时候会为前者带来阻碍。有时候，我们寻求积极事件是为了逃避在长期目标上付出辛劳，但长期目标才能对人生造成永久的改变。如果人生中没有永久的积极事件，那么愉悦的感受可能是短暂的。例如，如果我们的价值观是建立一番自己的事业（该事业与旅行无关），旅行会给我们带来短期快乐，那么一直在旅行会干扰我们获得长期快乐。

2）永久的积极事件

永久的积极事件跟以下几点有关：根据自己的个人价值观来生活；达到我们重视的目标；培养带来关爱而持久的人际关系。

2. 建立值得活的人生

请成员阅读《患者手册》第九周累积正性情绪（长期），介绍如何建立值得活的人生。

（1）避免回避

许多人在建立值得活的人生时会碰到一个核心问题：需要做的事情却不去做。干扰因素包括不清楚自己的人生目标、陷入情绪心、情绪超过负荷、无法接受人生常常是不公平的。建立值得活的人生需要下苦功，虽然由于种种干扰因素而不下苦功可以理解，但如果不从现在起就身体力行，我们便不会收获值得活的人生。最终，我们每个人都要自己去建立值得活的人生。

（2）澄清价值观

1）价值观的定义

价值观是我们所认为的重要的事情，是我们所珍视的人生方向，是人生中最首要的重点。价值观不是目标，不是成果，也不是在未来才看得到。价值观是生活方式，是从事你所重视的活动。价值观让我们在做人生的大小抉择时有办法权衡轻重。价值观就像路标，提醒我们自己在乎的是什么。澄清自己的价值观本身，就能缓和心理压力。

价值观会随着时间改变，往往不容易澄清。价值观在一生当中可能有变化，而且是人生的重大事件造成这样的改变。价值观也可能互相冲突。例如，一心扑在工作上的人一直以工作为重，但当家人生重病，自己面临家庭变故时，才意识到家庭的经营、家人的陪伴才是最重要的。询问自己以下问题可以帮助我们澄清自己的价值观。

"我人生最首要的重点是什么？人生中什么对我是真正重要的？"

"我的人生想要朝什么方向走？"

"现在生命里有什么是我不想失去的？"

"有哪些我重视的事物现在不存在于我的人生里？"

■ 可选择的练习活动：请成员阅读《家庭作业手册》第九周的价值观与优先级清单，并勾选自己重视的价值观。务必提醒他们也可以写下讲义上没有提到的重要价值观，最后请大家挑一些自己的价值观来分享。成员看到价值观清单时可能会觉得有点痛苦，因为这个清单会让许多人意识到自己的人生离价值观有多远。为了缓和这种情绪，治疗师可以请成员先辨认自己生命里已经存在的一两个重要价值观，包括已经拥有的事物（比如处于安全、有保障的环境）或是已经开始在做的事情（比如正在努力朝目标前进，或是平等地对待他人）。

■ 可选择的练习活动：价值观拍卖

该练习适合帮助青少年群体澄清价值观，详见《家庭作业手册》第九周的价值观拍卖。

2）判定价值观是否确实是自己重视的

我们往往没有想清楚，就把其他人的价值观当作自己的。有时候，我们的言行举止显得自己好像重视某些事物，但其实不然。我们重视他人对我们的看法，因此我们依照他们的价值观来生活，以便得到他们的赞同。大多数人是偶尔如此，而有些人是时时如此。如果我们真正想要的是融入他人的生活，那么要跟随自己的价值观生活就很困难。如果我们想要融入的团体推崇的价值观跟我们不一样，那么要做自己尤其困难。不过，要建立值得活的人生，我们必须跟随自己的价值观来生活。当然，如果我们也高度重视他人的关爱和赞同，那么人生至少有些部分也得依照他人的价值观来生活。重点是要知道在什么情况下，我们最重视的是获得他人的关爱和赞同，而且要知道在什么情况下，我们最重视的是根据智慧心的其他价值观来生活。这一点需要花很多心思来澄清，也需要大量核对事实。

要确认价值观是否真的是自己重视的，可以请成员问自己以下问题。

"如果我能根据某个价值观来行动，却不能跟任何人说，我会去做吗？比如说，如果成为博学多闻的人是重要的价值观，但是又不能告诉任何人自己正在修课深造，我还会修这些课吗？"

"如果什么都有可能，我会希望自己的人生朝什么方向前进？（这无关乎我们认为什么是实际的，也无关乎别人认为我们配得上什么。）"

讨论重点：请每位成员思考哪一个价值观是目前正在努力适应的，而且该价值观主要或完全来自他人。然后请成员选择一个自己又爱又恨或已经拒绝的价值观。请讨论这样一种情况：当不依照他人的价值观生活就可能受到惩罚，或者按照他人的价值观生活就会得到巨大奖赏时，坚持依照自己的价值观生活会变得多么困难？

（3）确认一个现在可以执行的价值观

大多数人都有许多重要的价值观，把焦点放在目前可以执行的价值观就好，否则会觉得任务过于困难。务必选择一个我们在现阶段人生确实想要实践的价值观。看看目前的生命里有什么是我们真正重视的，还有哪些我们重视的价值观是目前生命里没有的。

询问自己以下问题，可以帮助我们确认一个现在可以执行的价值观。

"目前哪个价值观是最可以执行的？"

"目前的人生有哪些部分不太符合自己的价值观？"

"自己的行为符合智慧心的价值观吗？"

"有什么我真正重视的事情在生活中还不够多？"

"我是否正在从事自己重视的事情？"

"我是否正在从事违反自己核心价值观的事情？"

"我生活的哪些部分需要改变，才能配合自己最为重视的价值观？"

（4）确认与此价值观有关的几个目标

1）目标是明确且可达到的

找出哪些目标能帮助我们更接近价值观。我们一旦达成一个目标，就不用继续在这方面努力。例如，如果我们重视影响他人，那么我们一生都可以朝这个方向努力。取得学位可以帮助我们更接近"拥有影响力"这个价值观。一旦取得学位，我们就不用继续在"取得学位"这个目标上下功夫了，而是转向可以帮助我们更接近价值观的其他目标。

另外，目标一定要是可达成的，设定无法达成的目标是没有用的。如果我们的目标是在公司拿到年度销售冠军，但我们却花费大量时间在生活、娱乐上，那么这种目标是不切实际的。

2）澄清更接近自己的价值观的目标

可以询问自己以下问题来澄清更接近自己价值观的目标。

"哪一个目标是能达到且符合自己正在实践的价值观的？"

"我可以改变自身行为的哪一部分，以符合自己正在实践的价值观？"

"在达到目标前，是否有重大的障碍需要克服？"

举例：

"如果你重视的是赚大钱，那么目标可能是先接受教育，然后寻找高薪的工作。"

"如果你重视的是与他人建立密切且带来满足感的人际关系，那么目标可能是结交一位朋友。"

"如果你重视的是贡献社会，那么目标可能是寻找一份志愿服务的工作。"

"如果你重视的是活得健康，那么目标可能是听从医生的建议建立健康的生活方式。"

（5）选择一个现在可以执行的目标

我们不可能同时追求一个价值观下的各个相关目标。有用的做法是列出目标清单，按照重要性与合理程度排出目标的优先级，排在最上方的是最重要且现实中最有可能达到的目标。这么做能让我们权衡轻重缓急，从而知道要先执行哪个目标。

（6）确认朝向目标的行动小步骤

找出帮助我们达成目标的小步骤，把任务拆解成现在可以执行的小步骤，如果步骤还是太大，再拆解成更小的步骤。例如，我们的目标是获得公司的年度销售冠军，那么小步骤就可以包括获得月度和季度销售冠军，再小一点的步骤包括联系老客户、在目标人群中挖掘新客户等。

（7）采取一个行动步骤

举例：

价值观：参与人际关系。

可能的目标：联络好久没联系过的朋友；寻找新朋友；维护好现有的关系。

选择一个现在可以执行的目标：联络好久没联系过的朋友。

找出达成目标的行动步骤：找到以前同学聚会时的通讯录；给一些朋友发问候信息；组织一次小型朋友聚会。

执行一个步骤：给有联系方式，但好久没联系的朋友发问候信息。

四、结　　束

结束部分跟之前的流程一致。第九次技能训练的家庭作业是完成《家庭作业手册》第九周的练习累积正性情绪，以及填写日志卡。

情绪调节：建立自我掌控、预先响应以及 PLEASE 技能

第十周团体技能训练的内容结构与之前类似（表 S10-1）。正念练习是观察一个想法及其带来的躯体感受、情绪和冲动。技能训练的主题是建立自我掌控、预先响应以及 PLEASE 技能。

表 S10-1　第十周团体技能训练的主要内容

周数	主题	主要内容	家庭作业
10	情绪调节：建立自我掌控、预先响应以及 PLEASE 技能	1. 开始（15 分钟） （1）如果上次的团体有人缺席，讨论缺席的相关事宜 （2）正念练习：观察一个想法及其带来的躯体感受、情绪和冲动 2. 讨论家庭作业（20 分钟） 3. 技能训练（50 分钟） （1）建立自我掌控与预先响应 （2）要照顾你的心，先照顾你的身体（PLEASE 技能） 4. 结束（15 分钟） （1）团体成员反馈收获 （2）治疗师总结 （3）布置家庭作业	1. 练习建立自我掌控、预先响应以及 PLEASE 技能 2. 填写日志卡

一、开　　始

治疗师带领成员进行参与的正念练习，练习后邀请成员分享感受。

正念练习：观察一个想法及其带来的躯体感受、情绪和冲动

今天我们做一个正念参与的练习。现在，请采取一个相对舒适的姿势坐在椅子上，双脚平放在地面上，感受一下脚踏实地的稳固感，双手自然放在腿上或膝盖上，保持背部挺直而不紧绷。请把眼睛闭上，也可以轻松地看着前方，无论看到什么，都不用盯着它，保持眼睛能看到就好，也不用费心去思考你所看到的东西。

接下来，请把注意力放在自己的呼吸上，去觉察自己吸气与呼气的时候，空气在身体里的流动。根据自己的呼吸，调整自己的身心状态。

现在请觉察此刻你的头脑里出现了哪些想法。想象你在小溪边，把你觉察到的想法放在树叶上，让它们随着溪水顺流而下。不管你觉察到了什么想法，都允许自己以一种开放的态度来看待它，不用评判它们好或者不好。

同时请觉察当下你体验到了什么情绪？身体有什么感觉？自己有做什么、说什么的冲动吗？就像之前觉察想法一样，觉察这些你感受到的情绪、身体反应和冲动，同样把它们放在树叶上，让它们随着溪水顺流而下。不要追随它们，就让它们自然流淌，渐渐离你而去。就这样看着写着你想法、情绪、身体反应和冲动的树叶顺流而下，不要去评判它们好或者不好。

我们的练习就要结束了，请再次把注意力拉回到自己的呼吸上，去感受呼吸的流动。恭喜你完成了这次练习。当你觉得合适的时候，就可以睁开眼睛回到治疗室。

二、讨论家庭作业

治疗师邀请成员分享上一次的家庭作业，即完成《家庭作业手册》第九周的练习累积正性情绪，以及填写日志卡。分享的内容包括但不局限于以下内容：过去一周，你做了哪些有助于累积正性情绪的活动？有什么感受或困难？对你来说，重要的价值观有哪些？现在可以努力的重要价值观是什么？设定了哪些目标来实现重要的价值观？现在可努力的目标是什么？可以为该目标设定哪些行动步骤？现在可执行的步骤是什么？日志卡记录中的自伤行为跟以前比是否有变化？哪些原因导致了变化？

澄清价值观是一个持续的过程，我们可能终生都在为此努力，所以很多成员若没有确定重要的价值观，这是很正常的现象。治疗师在认可这部分的同时，帮助成员解决澄清价值观时遇到的困难。

三、技能训练

（一）建立自我掌控与预先响应

邀请成员阅读《患者手册》第十周的材料，介绍建立自我掌控与预先响应技能。

1. 建立自我掌控

（1）自我掌控的定义

自我掌控就是进行的活动能让你感到有能力、有自信、处于掌控地位、有办法掌握事情。婴儿天生就有增强自我掌控的倾向，不过如果没有增强这方面的努力，该倾向就会随着时间慢慢消失。

（2）建立自我掌控的目的

建立有信心、有能力的感觉，能让一个人更有办法对抗消极情绪。建立自我掌控通常需要从事至少有点困难或挑战的活动，目的是产生成就感。经年累月下来，一连串的成就能带来更积极的自我概念、更高的自尊，整体的快乐程度也会随之提升。

（3）建立自我掌控的方法

1）每天至少做一件事

每天至少做一件能让自己产生成就感的事。

2）计划成功而非失败

从事困难但有可能的任务。从事困难但不可能的任务，只会让我们经历更多的失败，进而产生挫败感，降低自我掌控感；从事容易的任务，我们虽然会成功，但不会增加自我掌控感。建立自我掌控的最佳区域是在"不可能"和"容易"中间，也就是从事困难但有可能的任务。

3）逐渐增加难度

掌握第一项任务之后，接下来每次都尝试难一点的。不过，如果任务一开始太难，下次就要找容易一点的来做。

4）寻找挑战

极小的事情也能带来自我掌控感，对这一点的说明非常重要。比如整天忙于工作的人，光是学习如何给孩子换尿布，就能带来极大的自我掌控感。从来没有认真运动的人原本只能 1 分钟跳绳 100 个，现在能跳 120 个就能产生成就感。

讨论重点：邀请成员分享哪些活动能带给他们自我掌控感。每个人可能不一样。

2. 预先响应

（1）预先响应的定义

预先响应就是厘清什么情境可能会带来麻烦，然后想象自己处在该情境中可以使用哪些策略来有效地处理问题。

（2）预先响应的目的

大量研究显示，只要在心里想象并演练新的有技巧的行为，就能学习新的技巧。从体育竞赛到人际关系等各式各样的技巧都是如此。比如，学游泳时在心里演练游泳动作能增进游泳技巧。再如，在心里演练主动向他人寻求帮助，能增进沟通表达技巧。研究发现，在心中想象一个活动跟实际从事该活动所激活的脑部区域有许多是一样的。预先响应不仅帮助我们计划如何应对可能的情境，也让我们更有可能不假思索地采用之前练习过的有技巧的行为来回应。

（3）使用预先响应的时机

预先响应在许多类型的情绪情境中都有用，比如，即将碰到威胁或感到害怕的任何情境；知道自己可能会太亢奋而忘记技巧，或是不能有技巧地行动；碰到新的情境，非常不确定技巧是否管用，而这种不安全感可能会引发情绪反应，让自己难以有效地管理情境；心里出现难以控制的冲动（比如想跑走、打人，或是想喝酒）时，顺着该冲动可能会阻碍有技巧的行为；发现自己变得太情绪化，或是破坏性冲动变得太强烈，使自己根本不想有技巧的行动。

（4）如何预先响应

1）描述问题情境

首先描述自己担心无法妥善应对的问题情境。描述情境之后请核对事实，以便确认如果情境真的发生，我们所认知到的问题确实会是个问题。接着为可能干扰我们使用技巧的情绪和冲动命名。

2）决定采用哪些技巧

下一步，我们要决定在情境里使用哪些问题解决技巧，要明确这些技巧，还要把细节写下来。我们可能需要使用问题解决技巧来找出如何有效地应对问题，正念、痛苦耐受及人际效能技能也可能有用。

3）想象情境

接下来，尽可能栩栩如生地在心里想象该情境，务必想象自己处在该情境里，而不是当个旁观者。此外，务必要想象事情发生在当下，而不是在未来或过去。

4）在心中演练有效响应的过程

我们在心中事无巨细地演练有效响应的做法，行动、想法、说话的内容和方式都要演练。同时，我们也要在心中排练响应时可能出现的新问题，以及在心中演练应对可能的最糟糕的结果。

5）在心中演练后练习放松

在心中演练后，我们可以做一些简短的放松练习。有些成员的视觉想象力可能不佳，如果成员脑中的影像以文字为主，就建议他们在心里用语言演练要采用的策略。其他成员可能会觉得动觉意象（对身体各部位的感知）或听觉意象比较有用。

■ 可选择的练习活动：请成员提出几个问题情境，治疗师挑出一个情境跟成员一起练习。每个情境都要讨论可能的响应方式，然后请成员写出明确的步骤。接着治疗师鼓励成员放松坐着、闭上眼睛，想象自己使用响应技巧来处理情境。最后，治疗师带领成员进行简短的放松练习，并请成员分享心得与讨论。

（二）PLEASE 技能

为了方便好记,将照顾自己的身体技能简称为"PLEASE 技能":治疗身体疾病(treating physical illness)、均衡饮食（ balanced eating ）、避免改变情绪的物质（ avoiding mood-altering substance ）、均衡睡眠（ balanced sleep ）和适当运动（ exercise ）。

1. 身体对心的影响

失衡的身体会增加消极情绪和情绪心的脆弱性。如果能照顾好自己的身体，就能提升情绪的复原力。

2. PLEASE 技能

用 PLEASE 来记忆这些技巧很容易，每个字母分别代表治疗身体疾病、均衡饮食、避免改变情绪的物质、均衡睡眠和适当运动。

（1）治疗身体疾病

生病会降低我们对消极情绪的抵抗力。我们变得越健康，就越有办法调节情绪。许多人害怕看医生，也有些人缺乏依处方指示服药的自我调节能力。我们寻求医学帮助的障碍包括以下内容：所患疾病难以启齿（如患性病），缺乏清楚表达自己意见的技巧，缺钱，害怕医疗，或之前寻求医疗帮助时碰到消极经验，等等。

（2）均衡饮食

进食的分量和食物种类都要尽可能让自己感到舒服——不多不少、刚刚好。饮食过量和过度节食都会让我们更容易受到情绪心的影响。对一些个案而言（如患有进食障碍的人），何时进食，多久进食一次，以及日常饮食习惯尤其重要。同时，远离让自己过度情绪化的食物。

（3）避免改变情绪的物质

酒精、烟草等就像某些食物，会降低我们对消极情绪的抵抗力，我们要远离这些。如果真的要喝酒的话，请酌量饮酒。

（4）均衡睡眠

为了让自己精神饱满，就要尽量睡得充足——别太多或太少，通常是在 7～9 个小时，但也因人而异。如果有睡眠困难，睡眠时间尤其要固定。越来越多的研究显示，睡眠不足与各式各样的情绪困难有关。

（5）适当运动

固定做有氧运动就是一种抗抑郁剂。此外，固定运动能建立自我掌控感。每周的运动天数是 5～7 天；每次运动时间要逐渐增加，到达 1 次可做足 20 分钟的程度。

四、结　　束

结束部分跟之前的流程一致。第十次技能训练的家庭作业是完成《家庭作业手册》第十周的练习建立自我掌控、预先响应以及 PLEASE 技能，并继续填写日志卡。

人际效能：目标与干扰因素

第十一周团体技能训练的内容结构与之前类似（表 S11-1）。正念练习是不评判。技能训练的主题是学习人际效能的目标及干扰人际效能的因素。

表 S11-1　第十一周团体技能训练的主要内容

周数	主题	主要内容	家庭作业
11	人际效能：目标与干扰因素	1. 开始（15 分钟） （1）如果上次的团体有人缺席，讨论缺席的相关事宜 （2）正念练习：不评判 2. 讨论家庭作业（20 分钟） 3. 技能训练（50 分钟） （1）人际效能的目标 （2）干扰人际效能的因素 4. 结束（15 分钟） （1）团体成员反馈收获 （2）治疗师总结 （3）布置家庭作业	1. 挑战干扰人际效能的不合理想法 2. 填写日志卡

一、开　　始

治疗师带领成员进行参与的正念练习，练习后邀请成员分享感受。

正念练习：不评判

我们的生活中，会存在各种各样的人，有的人我们比较喜欢，想亲近，而有的人比较讨厌。现在请你在纸上描述一个你讨厌的人，讨厌程度在 4 分左右（0～10 分打分，分数越高越讨厌），在纸上描述他是一个什么样的人。

当我们描述这个人是什么样的人的时候，觉察一下此刻的情绪是什么？头脑里有哪些想法？身体有什么感觉？有想做什么或说什么的冲动吗？如果你觉察到此刻有一些情绪，比如烦躁、生气，你可以给自己感受到的情绪打分，0～10 分，分数越高代表感受到的情绪越强。

在刚才的记录上，我们头脑里可能会出现这样或那样的对这个人的评判，比如这个人不值得信任，他欺骗了我，他很不讲卫生，等等。接下来，试着放下这些评判，描述发生的事实，事实就是客观上发生的事情，他做了什么、说了什么。不去描述"他不值得我信任"，而是描述发生的事实，即具体他做了什么让我们产生了这样的评判，比如我告诉他一个秘密，他承诺不告诉别人，但转身却告诉了我们共同的一位朋友。试着客观描述发生的事实，而不去评判。觉察一下，当我们只是描述事实时，自己头脑里想到了什么？有什么情绪和冲动？身体的感受是什么？也给自己感受到的情绪打分。然后，再觉察一下，这些感受与之前我们在评判他时有什么不同？

二、讨论家庭作业

治疗师邀请成员分享上一次的家庭作业，即完成《家庭作业手册》第十周的练习建立自我掌控、预先响应及 PLEASE 技能，并继续填写日志卡。分享的内容包括但不局限于以下内容：自我掌控的活动计划有哪些？实际做了哪些增加自我掌控的活动？未来可能遇到哪些问题情境？自己如何预先响应问题情境？效果如何？做了哪些照顾自己身体的事？感受如何？日志卡记录中的自伤行为跟以前比是否有变化？哪些原因导致了变化？

三、技 能 训 练

（一）人际效能的目标

邀请成员阅读《患者手册》第十一周人际效能的目标。本模块的基本目标是让成员学习如何在人际互动中有效地做，以得到自己想要的结果。这些技能教导成员有效达成自己的目标，同时不会疏远对方或失去自我尊重。人际效能技能在增强现有关系和寻找与建立新关系时都是必要的。人际效能技能包括以下目标。

1. 有技能地和对方一起达成目标

（1）要求对方做事

要求对方去做我们希望他们做的事，相关技能包括以下几点：提出要求、引起讨论、解决人际关系问题/修补人际关系，以及让对方认真看待我们的意见。

（2）有效地拒绝不想答应的要求

拒绝不想答应的要求，相关技能包括以下几点：抗拒对方施加的压力，以及维护自己的立场或观点。

讨论重点：询问成员，他们觉得向别人提出要求比较困难，还是拒绝对方比较困难。有些人擅长要求想要的东西，却不善于拒绝别人；有些人可以拒绝，却无法提出要求；还有一些人在这两方面都有困难。有时候，个人能在某些情境脉络下运用技能，但是在其他状况就没有办法。例如，有些人可以自在地拒绝陌生人，却不能拒绝朋友；能向朋友求助，却无法向老师、领导求助。请每个人分享自己觉得对于哪些状况和技能比较擅长（能力足够），哪些地方则需要加强。

2. 建立关系与结束伤害性关系

人际效能技能包括要做到以下事情的技能：不让伤害和问题继续增加；阻止问题发生；修复关系（或是在必要时结束）；在冲突变得无法处理之前，先去解决。

如果对关系置之不理，可能会导致关系的裂痕并造成极大的压力，增加情绪的脆弱性，让生活每况愈下。没有受到关注的关系常常会爆发出来，甚至在人们想要继续时突然中止，而修复关系比预先防止关系破裂更重要。然而，对于关系置之不理的时间越长，关系就越难修复，因为被忽视的关系会越来越薄弱，最后消失不见。一旦关系消失了，就很难使其复活。有时候，关系并没有消失，而是变得难以忍受，而在关系痛苦到难以忍受并无药可救时，学习如何结束关系也是一项很重要的技能。

3. 行中庸之道

在人际关系中，需要在自己的优先事项和对方的要求之间取得平衡，也需要平衡改变和接纳。关系就像一场交易，如果要成功，练习从各个角度去观察状况，找到他人观点中真相的核心非常重要。虽然我们需要拥有改变对方行为的技能，但也必须与接纳对方本来的面目取得平衡。

（二）人际效能的干扰因素

邀请成员打开《患者手册》第十一周人际效能的干扰因素，介绍干扰人际效能的因素。缺乏技能、犹豫不决、情绪干扰、重视短期目标而非长期目标、环境干扰、不合理的想法，以及各种因素的交互作用这些都会造成人际效能的困难。

1. 缺乏技能

缺乏技能会让我们不知道该说什么话或如何行动，不知道要采取什么行为才能达成人际目标。

（1）缺乏观察

强调人们学会行为的方式是先观察别人的做法，然后自己练习，之后再不断修正，直到这些行为可以得到好的结果。人们有时没有足够的机会去观察，因此没有学到那些行为，或是可能没有机会练习观察到的行为。

（2）缺乏练习与反馈

拥有一项技能的意义是：我们不仅拥有一项特别的能力（例如拒绝），而且可以观察自己行为的效果与对别人产生的影响，并能够根据别人的反馈修正自己的行为，以得到想要的结果。良好的人际效能通常需要反复学习重要的技能，直到需要时能自动展现出来。然而，任何技能要有成果都需要许多练习与反馈，才能达到精通的程度。

2. 犹豫不决

即使我们已经具备有效地做的能力，我们也可能不知道或无法决定自己想要的东西。犹豫不决会通过以下一些方式来妨碍我们。

"不知道自己真正想要什么会让人困惑，妨碍清楚表达要求或拒绝。"

"平衡自己与他人的需求时犹豫不决，可能会导致矛盾的想法，并且让你很难知道在要求或拒绝时需要坚持到何种程度。"

"在一无所求和要求过多，或拒绝一切和完全让步的极端之间游移不定，极端的立场很难做出有效的行为。"

3. 情绪干扰

情绪会阻碍我们有效行为的能力。我们也许有能力使用人际技能，但是我们的技能会受到情绪的干扰。情绪可能会强烈到让人自动产生情绪的行动、言辞、脸部表情和肢体语言，从而影响我们使用技能。另外，一个人也许在某些状况下能够使用技能，而在其他状况下就没有办法使用技能；或是在某种心情下，一个人能够使用技能，换成其他心情就没有办法使用技能。例如，刚购买的电脑出现了故障，我们在情绪平稳时可以有理有据地向客服提出自己的诉求，但如果上司因没及时收到材料而训斥我们，我们感到委屈和愤怒，在这些情绪下可能会影响我们恰当地向客服表达诉求，以及有效地达成目标（即解决问题）。

讨论重点：请成员举例说明，强烈情绪如何干扰有技能的行为。

4. 重视短期目标而非长期目标

一些因素会让我们优先处理短期目标而非长期目标，其中两个主要原因是痛苦耐受度低和无法思考后果。

（1）痛苦耐受度低

痛苦耐受度低经常让我们跳进某个情境并要求想要的东西，即使从长期看来对我们无益，或者和我们的长期目标、价值观与自我尊重并不相容。例如，如果我们的痛苦耐受度很低，我们可能会结束自己真正想要的关系，或是在明知自己不想这么做时，对别人的要求让步。

（2）无法思考后果

有时候，我们无法思考自己的行动对于自己和正在互动的人会有什么后果。生气时，我们可能会威胁并要求对方马上照我们的方式做，等到心情平静下来时才发现，维系想要的人际关系比得到想要的东西更重要。

讨论重点：请成员举出一些重视短期目标甚于长期目标，之后感到后悔的例子。

5. 环境干扰

环境因素（包括其他人）可能会阻碍有效的行动。即使是最有技能的人，有时候也无法有效地获得想要的东西，或者让别人一直喜欢他们。

当环境的力量很强大时，别人可能直接拒绝我们的要求，或是他们有权让我们去做他们想要的事。在这样的状况下，拒绝或坚持我们的权利可能会产生非常消极的后果。

有时候我们无法在得到想要的东西或拒绝对方的同时，还能让对方喜欢我们。人们可能会觉得被威胁、嫉妒，或基于种种原因而不喜欢某人。

当我们面对冲突，而且要达成的目标又非常重要时（例如，为自己或孩子争取医疗保障），可能做出有损自尊的行为。

了解环境阻碍有效地做的唯一方式，是让自己完全投入到有效的人际行动中，包括事先为勇敢要求做好准备，以及让信得过的人对我们的计划提供意见。

有些人对于世界上有技能的人可以做的事情抱有非常不切实际的想法。他们并不明白人们经常无法得到自己想要或需要的东西。如果认为人们总能得到想要或需要的东西，就阻碍了发展痛苦耐受技能的必要性。如果没有这些技能，沮丧经常会转为愤怒。

6. 不合理的想法

所有人对于捍卫自己的权利、表达看法和拒绝都会感到忧虑。有时之所以会忧虑，是因为存在一些与人际关系有关的不合理想法。比如，如果拒绝别人，别人就会不喜欢我；我没有权利说"不"；如果向别人提要求，别人会觉得我很麻烦。

治疗师要告诉成员，他们可以用以下方法调整自己不合理的想法：以逻辑的方式做出相反论证；核对事实；练习相反行动；以想象消极后果来练习预先响应。

当人们因为一些不合理的想法，而不敢去做自己真正想要做的事时，挑战这些想法会有用。

■ 可选择的练习活动：邀请成员打开《患者手册》第十一周干扰人际效能的不合理想法，请成员阅读并圈出当他们处于情绪心时认为是真实的项目，如果是他们处于智慧心时同意的项目，则在上面打钩。在成员标记完之后，治疗师询问他们打钩和圈出的有哪些。接下来有两个继续进行的方式：①请成员对于他们刚才打钩或圈出的想法，提出反驳的说法。可以选择其中之一，或是两个都做也可以。②使用"魔鬼代言人"的技能来讨论想法。在这个策略中，我们先提出一个想法，然后用非常极端的陈述来支持这个想法，让成员提出反面论点加以驳斥。当成员反驳这个想法时，我们就继续提出极端又具有普遍性（即适用所有人）的论证。进行几次辩论后，我们会让步并同意成员的说法。在讨论每一个论点时，应该找到可以整合或平衡各种看法的说法。

这个练习不见得能讨论到所有的想法，要让成员参与并选择要辩论的想法。不管使用哪种策略，成员所要做的就是发展个人化的挑战来反驳不合理想法。每当有成员想出反驳的论点，请每个人将挑战写下来。一方面，确认每个挑战和想法之间在某种程度上互相冲突；另一方面则要确定对成员个人来说，这些论点至少是值得相信的。例如，某位成员也许用"我的确值得得到想要或需要的东西"来挑战"我不值得得到想要或需要的东西"的想法，但其他成员可能会觉得这个论点太过强烈（而予以否定）。然而，第二位成员也许可以用"有时候，我可以得到想要或需要的东西"来加以挑战。这些挑战的论点可以在日后作为成员自我调整的说法，帮助成员更有效地行动。

7. 各种因素的交互作用

很多时候，各种因素的交互作用会让我们无法有效地行动。例如，知道得越少，就忧虑得越多；感觉越糟糕，就越无法决定要做的事；越无法有效地行动，就越会忧虑，诸如此类。或者，越少练习技能，知道得越少，感觉越糟糕，就越没办法决定要做的事。

在青少年团体中，需要考虑到成员来自不同的家庭、不同的文化背景对挑战迷思有较大的影响。例如，在强调孝道的家庭中，很多青少年被要求对父母或长辈的要求做到无条件服从，虽然他们仍会采用不同的方式反抗这种要求，但是这也可以作为一个干扰人际效能的因素在团体中进行讨论。

四、结　束

结束部分跟之前的流程一致。第十一次技能训练的家庭作业是完成《家庭作业手册》第十一周的挑战干扰人际效能的不合理想法，以及填写日志卡。

另外，由于技能训练还剩两次就要结束，为了尽可能减少成员对团体结束的不适（如可能的分离焦虑），在此次团体结束时，可以提前预告团体即将结束。

人际效能：如你所愿

第十二周团体技能训练的内容结构与之前类似（表 S12-1）。正念练习是慈心冥想。技能训练的主题是学习如你所愿技能。

表 S12-1　第十二周团体技能训练的主要内容

周数	主题	主要内容	家庭作业
12	人际效能：如你所愿	1. 开始（15 分钟） 　（1）如果上次的团体有人缺席，讨论缺席的相关事宜 　（2）正念练习：慈心冥想（祝福爱的人、自己和讨厌的人） 2. 讨论家庭作业（20 分钟） 3. 技能训练（50 分钟） 　目标效能的准则：如你所愿（DEAR MAN） 4. 结束（15 分钟） 　（1）团体成员反馈收获 　（2）治疗师总结 　（3）布置家庭作业	1. 练习如你所愿 2. 填写日志卡

一、开　始

治疗师带领成员进行参与的正念练习，练习后邀请成员分享感受。

正念练习：慈心冥想（祝福爱的人、自己和讨厌的人）

今天我们做一个慈心冥想练习。现在，请采取一个相对舒适的姿势坐在椅子上，双脚平放在地面上，感受一下脚踏实地的稳固感，双手自然放在腿上或膝盖上，保持背部挺直而不紧绷。请把眼睛闭上，也可以轻松地看着前方，无论看到什么，都不用盯着它，保持眼睛能看到就好，也不用费心去思考你所看到的东西。

接下来，请把注意力放在自己的呼吸上，吸气与呼气的时候，去觉察空气在身体里的流动。根据自己的呼吸，调整一下自己的身心状态。

然后邀请一位你喜欢的人来到你的脑海中。他可以是曾经帮助过你的人，可以是一位关心你的长辈、你的老师、你的朋友，甚至可以是一个宠物。当你将他邀请来到自己的脑海中时，请留心此时身体的感觉、此刻的想法和情绪，并允许这一切如其所是地存在，然后对着脑海中的人送出你的祝福：祝你平安、健康、幸福、快乐。请重复这些祝福的词语。当你在心中诵读这些祝福的时候，请在头脑中呈现出你所祝福的对象，想象着他跟你在一起。

接下来，把同样的祝福送给你自己，祝自己平安、健康、幸福、快乐。请重复这些祝福的词语，并留心此时身体的感觉、此刻的想法和情绪，并允许这一切如其所是地存在。

最后邀请一位你讨厌的人来到你的脑海中，你并不是特别讨厌他，如果用0~10打分，讨厌程度在4分左右（分数越高越讨厌）。当你将他邀请来到自己的脑海中时，请留心此时身体的感觉、此刻的想法和情绪，然后对着脑海中的人送出你的祝福：祝你平安、健康、幸福、快乐。请重复这些祝福的词语。

当你祝福完毕，请放下这些词语以及对这些人的感受，把注意力重新带回到身体感觉，带回到一呼一吸中，感受此刻的体验，并让它们如其所是地存在着。

二、讨论家庭作业

治疗师邀请成员分享上一次的家庭作业，即完成《家庭作业手册》第十一周的挑战干扰人际效能的不合理想法，以及填写日志卡。分享的内容包括但不局限于以下内容：在人际交往中，你存在哪些不合理想法？对这些想法，你都提出了哪些挑战？是否有新的想法可以替代原有的想法？新旧想法有何不同？替换新想法对你会有什么影响？日志卡记录中的自伤行为跟以前比是否有变化？哪些原因导致了变化？

三、技　能　训　练

本次介绍的技能是目标效能——如你所愿（DEAR MAN），该技能是一个人提出要求、拒绝，维护立场或观点，或达成其他人际目标时可以运用的技能，包括描述情境（describe）、清楚表达（express）、勇敢要求（assert）、强化对方（reinforce）、保持正念（stay mindful）、表现自信（appear confident）和协商妥协（negotiate）。

（一）目标效能的定义

目标效能是指在特定情境中达成特定的目标，而这个目标在一开始通常是互动的原因。以下几种情境需要达成目标效能：使别人去做你要求他们去做的事；拒绝不想答应的要求，并且坚持不让步；化解人际冲突，或是改变关系；让你的权利得到尊重；让你的意见或观点被认真看待。

（二）如你所愿技能

我们可以用如你所愿的口诀来记忆这项技能，邀请成员打开《患者手册》第十二周的材料，逐一介绍这个技能的步骤。

1. 描述情境

必要时，先简短描述发生的情境。只要讲事实就好，不要加上主观评判的话，保持客观，因为事实是难以反驳的。为什么要描述情境呢？首先，确保对方知道，是哪些事件让我们提出要求、拒绝、意见或观点。其次，只描述客观的事实能帮助双方达成共识，建立赞同的模式。最后，就算对方对于情境的基本事实认定和成员的意见并不一致，也可以让成员有所警觉，知道勇敢要求还是无法让对方接受或可能会失败。

这里的描述就像是运用正念的描述技能，当发生冲突或成员害怕对方不同意自己对事情的看法时，他们很难精准描述。为了帮助成员了解如何描述观察到的事实，可以请他们思考第三者可能会观察或同意哪些事物，或者思考什么样的事实可以作为法庭的呈堂证据。

举例：

"我的销售业绩名列前茅，但考核却没有拿到优秀，业绩排在我后面的两人拿到了优秀。"

"这已经是你本周第三次让我帮你拿快递了，柜子里还有两个没拆的快递。"

"我今天打了三个电话给你，你都没接，到现在也没回复我的电话。"

"你之前向我承诺要帮我保守这个秘密，但我却在茶水间听到你告诉了其他同事。"

■ 可选择的练习活动：邀请成员回想最近在自己身上发生的负性的人际事件，试着用正念的方式描述这件事，然后分享。分享时，大家可以一起讨论，是否把自己的诠释、评判当作事件本身来描述，如果是，如何修改？

2. 清楚表达

接下来，明确说出自己的感觉或是对情境的想法，不要指望对方能看透我们的心或知道我们的感受。为什么要清楚表达呢？分享自己对于情境的反应，会让对方更容易明白我们在互动中真正想要的是什么。这有助于让对方警觉，明确在情境当中对我们而言什么是重要的，这也有助于让对方对我们的处境产生兴趣。有时这样做会让我们觉得自己很脆弱，但是这样做的优点是能给对方提供重要的信息。以下例子紧接着"描述情境"中的案例来说明"清楚表达"。

举例：

"这让我觉得不公平，也很失落，我觉得自己可以拿到优秀。"

"我觉得你最近网购的东西有点多了。"

"这让我很担心，不知道你出了什么状况。"

"这让我非常生气，也很失望，我感到没有那么信任你了。"

■ 可选择的练习活动：用角色扮演的方式来演出一些例子，然后请成员反馈对于聆听感受的意见，这有助于发现表达真实想法和感受的价值。

需要注意的是，并不是所有时候都必须使用描述情境和清楚表达这两项技能。例如，如果室内很闷热，有人会请别人去开窗户，这时可能没必要说成"现在房间有 30℃，我觉得很热"。而在拒绝要求时，有人可能直接说"不行，我没办法。"即使不是每次都需要用到所有技能，所有成员还是应该学习和练习每一项技能。

3. 勇敢要求

第三个如你所愿技能是勇敢要求自己想要的东西，或者清楚地拒绝别人对我们的不合理要求。不要拐弯抹角，而是清楚地表达要求或拒绝。表达时要清楚、简洁并态度坚定，要狠下心来提出要求或拒绝。需要注意的是，避免使用"必须""应该"等字眼，这些字眼会让对方抵触和反感，可以换成"希望"。

举例：

"我想拿到优秀，可以吗？"

"我希望你少买点东西。"

"下次如果你很忙，也给我发个简单语音，或者抽空回个电话，可以吗？"

"我希望你能向我道歉，同时答应我这样的事不会再发生。"

（1）表达并不是勇敢要求

许多人对于勇敢要求的发问方式感到很不安。他们需要练习，也需要别人的反馈（通常会把清楚表达和勇敢要求搞混）。

（2）要求不是命令

有些人坚信提出要求是懦弱的表现，而且他们在很多场合不应该要求想要的东西，因为其他人应该知道或被告知要做什么事，而且对方就该去做那些事。在此需要思考两个重点。首先，引导成员思考要求和命令之间的差别。当人们以命令的方式，要别人照着自己的意愿去做，而且不让对方对结果表示意见，这样的做法就是去控制对方，具有潜在的敌意，会破坏人际关系。成员可以针"对有谁愿意让别人用这种方式对他们说话"发表意见。

其次，如果有人告诉对方应该要做什么（而不是向对方提出要求），又没有问对方是否愿意去做那件事（如"你会为我做那件事吗？"），如此一来，互动的最后将无法确认是否达成目标。对方是否愿意承诺、同意或表示接受？

■ 可选择的练习活动：和成员一起针对以下两种策略进行角色扮演，一是"命令/告知"，二是"要求"。请成员对坚持的强弱程度进行评分（0～10分）。

■ 可选择的练习活动：用角色扮演的方式演出几个案例，然后请每位成员以角色扮演的方式，向坐在旁边的人提出要求。让成员围成一圈依序进行，然后请成员讨论对于坚持的感觉，以及被别人要求的感觉。

4. 强化对方

第四个如你所愿技能是强化对方，即如果对方能够给我们想要的回应，就会得到积极的结果或回报。这也牵涉到花时间思考对方的观点和动机，并将我们的要求连结到对方的要求或需要上。另一个方式是提出愿意为对方做一些事情当作交换，至少对方按照你的要求去做时，要表示谢意。

这里的基本概念是，人们的行为动机通常是为了想得到积极后果，以及避免消极后果。当我们的要求连结到对方想要的结果时，他们更容易同意我们的要求。此外，如果对方和我们互动时，并没有因为答应我们的要求、接受被拒绝这件事，或是聆听我们的意见而得到任何回报，下次他们可能就不会用积极的方式回应。

举例：

"如果得到优秀，我会感受到公司对我的认可，也会觉得付出是有回报的，今后会更加努力，为公司创造更多的价值。"

"如果你能少买点东西，我们可以把省下来的这笔钱存入家庭旅游基金。"

"如果你能这样，我想我的担心会少很多，也不会频繁再打电话找你。"

"如果你能道歉，同时答应这样的事不会再发生，我想我还会试着再去信任你，你还是我的朋友。"

在强化对方时，奖励比处罚更有效。也就是说，用积极后果（奖励）引起动机，通常会比处罚更有效，这不仅适用于维持积极的人际关系，也能让别人在受到处罚之后，可以真正顺从去做我们想要他们做的事。分辨积极后果虽然通常需要更多的努力，但终究是值得的。然而，如果要求的事物非常重要，而且没有机会得到积极后果，或是积极后果不起作用，这时就需要用消极后果来引起动机。

5. 保持正念

第五个如你所愿技能是在情境中对我们的目标保持留心觉察。保持我们的立场，避免分心离题，以下是两个有用的技能。

（1）唱片跳针

第一个技能是模仿唱片在转盘上跳针的状况，也就是一直要求、一直拒绝，或是一再表达我们的意见。这样做的好处是，我们不需要每次都想出不同的说法。关键是保持柔和的声调，但坚定地陈述立场。

（2）忽略攻击和转移注意力

第二个技能是对方攻击、威胁或试图转换话题时，无视他们的威胁、评论或想要让我们分心的意图，依然坚持表达我们的论点。

如果成员对此表示反对（很多成员可能都会如此），治疗师继续说明"将注意力放在攻击上会让对方取得控制。当你回应攻击时，常常会失去自己的目标，同时对方已在对话中取得控制权。此外，如果你将注意力放在攻击上，不管是用哪种方式回应，或因为这些攻击而产生丝毫的分心，就等于强化了对方攻击和转移注意力的行为，让对方更常出现这样的行为。如果你想回应这些攻击，那是另外一回事，可以留到其他时间或等到讨论结束后再来处理。"

以下是一个让对方取得控制状况的例子。

要求者：我希望你能少买点东西。

对方：我都是在购物节买的，比平时优惠很多，都是我需要的，你一点都不关心我需要什么。

要求者：我没有不关心你，只是觉得你最近买得太多了。

对方：你就是不关心、不理解我！家里缺东西了，你也很少关心，哪次调料、纸巾用完了不是我买的？

要求者：我也买过啊，况且我工作也很忙，有时确实注意不到（诸如此类）。

和成员确认，他们从以上举例中看出离题的状况。

讨论重点：成员学会了这项技能，使用起来会有很多乐趣。请成员针对这一点提出回应，特别注意他们是否认为自己需要回应每一个批评或对方的攻击。

治疗师务必和所有成员练习"忽略攻击和转移注意力"和"唱片跳针"两个技能。同时使用这两个技能可构成非常有效的技能，用来坚持行动或向对方施压，让对方能够遵从我们的要求。当对方攻击时，成员只要不断重复"唱片跳针"即可。如果不去回应也不遵守游戏规则，对方就很难再攻击下去。"唱片跳针"和"忽略攻击和转移注意力"这两件事看起来很容易，实际上却很难。成员要学会这些技能，唯一的方式就是不断练习。有一个不错的方法是让成员互相练习，观察自己在攻击或离题策略被对方忽视，以及对方不断提出要求、意见或拒绝时感觉如何。"唱片跳针"和"忽略攻击和转移注意力"这两个技能的关键是声调当中不要带有敌意，同时坚持立场。

6. 表现自信

使用自信的声调，表现自信的肢体语言和姿态，并且保持适当的视线接触，这样可以对他人和自己表达：我们是有能力的，我们的要求也值得尊重。不要支支吾吾，像在说悄悄话，不要低头看地板，不要退缩，也不要说不确定或类似这样的话语。

讨论重点：注意这项技能是表现自信，而不是真正有自信。请注意，在困难的对话当中，我们觉得紧张或害怕是完全合理的。然而，表现出紧张或害怕的样子会干扰有效的行动。请成员举例说明，在哪些情况下即使他们没有自信，也要表现出自信。

7. 协商妥协

最后一个如你所愿技能是协商妥协，也就是有舍才有得。我们可以提出或要求其他解决问题的方式，也可以减少自己的要求。我们虽然坚定拒绝，但同时也提出做其他事或用其他方式来解决问题。另一个技能是反转立场，也就是将问题丢回给对方，问对方有没有其他解决方式。

举例：你觉得我们应该怎么做？我不能答应你，但你看起来好像真的很希望我能同意，那我们在这里能做什么？我们该怎么做才能解决问题？

讨论重点：在一般要求或拒绝已经无路可走时，协商妥协或反转立场会很有用。协商妥协的策略有很多不同的变化，请成员讨论曾经有过哪些协商妥协或反转立场的状况。

（三）反复练习

向成员强调，在课后到下次上课前，如果有状况发生，试着运用这些技能提出要求或拒绝。如果生活中没有出现任何练习的机会，想象可以练习的情境就很重要。换句话说，不是等着状况发生才去练习，而是要积极寻求练习的情境。如果没有状况发生，建议成员自行创造练习的机会。以下列出的是成员可以练习的构想。

"请书店的店员帮你找一本书或者请超市的营业员帮你找一样货品。"

"当你和某个人讲话时，变换谈话主题。"

"邀请朋友一起吃晚饭（在家或去餐厅都可以）。"

"向餐厅服务人员询问账单问题，或者让他提供一些帮助（如加热一个菜）。"

"请同学帮忙（如复印一份材料）。"

"对某人的意见表示否定。"

"请父母、配偶、男女朋友或孩子，在某些方面多承担一点责任。"

"让某人不要再做会让你困扰的事。"

四、结　　束

结束部分跟之前的流程一致。第十二次技能训练的家庭作业是完成《家庭作业手册》第十二周的练习如你所愿，以及填写日志卡。

另外，由于技能训练还剩下一次就要结束，为了尽可能减少成员对团体结束的不适，在此次团体结束时，再次预告团体即将结束。若有成员流露出焦虑、担心，邀请他们表达，治疗师在认可这部分感受的同时，带领大家讨论：在我们学习到的技能中，有哪些技能可以帮助我们？

人际效能：维持关系和尊重自己

第十三周团体技能训练的内容结构与之前类似（表 S13-1）。正念练习是回顾已学和已经使用的技能及感受。技能训练的主题是学习维持关系技能和尊重自己技能。另外，作为最后一次团体技能训练，结束部分相比较前面 12 次的内容，增加了预防复发技术，以及互相告别和祝福。

表 S13-1　第十三周团体技能训练的主要内容

周数	主题	主要内容	家庭作业
13	人际效能：维持关系和尊重自己	1. 开始（15 分钟） 　（1）如果上次的团体有人缺席，讨论缺席的相关事宜 　（2）正念练习：回顾已学和已经使用的技能及感受 2. 讨论家庭作业（20 分钟） 3. 技能训练（35 分钟） 　（1）人际效能的准则：维持关系（GIVE） 　（2）自我尊重效能的准则：尊重自己（FAST） 4. 结业（30 分钟） 　（1）布置家庭作业 　（2）治疗师总结 　（3）成员分享 13 周的心得 　（4）预防复发技术 　（5）互相告别和祝福	1. 练习人际效能 2. 填写日志卡

一、开　　始

治疗师带领成员进行正念练习，练习后邀请成员分享感受。

正念练习：回顾已学和已经使用的技能及感受

这是我们在团体中的最后一次正念练习，将回顾我们已学和已经使用的技能及感受。现在，请采取一个相对舒适的姿势坐在椅子上，双脚平放在地面上，感受一下脚踏实地的稳固感，双手自然放在腿上或膝盖上，保持背部挺直而不紧绷。请把眼睛闭上，也可以轻松地看着前方，无论看到什么，都不用盯着它，保持眼睛能看到就好，也不用费心去思考你所看到的东西。

接下来，请把注意力放在自己的呼吸上，吸气与呼气的时候，去觉察空气在身体里的流动。根据自己的呼吸，调整一下自己的身心状态。然后问问自己"在过去的 12 次团体技能训练当中，从你来到这个团体的第一次、第二次……一直到今天，去回顾一下，在团体中你学习了哪些技能？当你想到这些技能时，你都感受到了什么？头脑里有什么想法？体验到了什么情绪？身体有什么感觉？"接着，再回顾一下，在过去的生活中，你使用了哪些对你来说有帮助的技能？你现在想到这些技能时，你都感受到了什么？头脑里有什么想法？体验到了什么情绪？身体有什么感觉？最后，再问问自己"在接下来的生活中，你愿意尝试哪些技能来帮助自己？想到这些技能时，你的大脑、情绪和身体都体验到了什么？"好的，今天的正念练习就到这里，大家根据自己的节奏，睁开眼睛，回到治疗室。

二、讨论家庭作业

治疗师邀请成员分享上一次的家庭作业，即完成《家庭作业手册》第十二周的练习如你所愿，以及填写日志卡。分享的内容包括但不局限于以下内容：你在何种情境下使用如你所愿技能？你的目标任务是什么？你是如何做的？效果怎么样？你遇到了什么困难？在使用该技能的过程中，你有哪些感受？日志卡记录中的自伤行为跟以前比是否有变化？哪些原因导致了变化？

三、技能训练

（一）维持关系（GIVE）技能

请成员打开《患者手册》第十三周的材料，介绍该技能。

人际效能是指在互动中增进和维持与对方的良好关系，同时能够试着达成我们的目标。成员有时会坚称，在某些互动中并没有维持关系的目标，像是交易后不会再见到的店员，或是和重要他人关系破裂。一般而言，我们可以通过请他们想象两种情境的方式来消除这样的想法。在第一种情境中，目标达成了（如与重要他人的关系已经结束），但是互动本身并没有人际效能，例如虽然关系结束了，但彼此都带有怨恨。在第二种情境中，目标达成了，而且互动具有人际效能，例如在重要他人离开时，成员用尊重的方式来处理这样的关系，因此会祝福该成员。接着治疗师询问成员：在所有条件都相同的状况下，他们比较偏好哪一种情境？人际关系的目标会变得很明显，只是它原本并不是最优先。

维持关系技能简称为 GIVE 技能：温和有礼（be gentle）、表现兴趣（act interested）、认可他人（validate）、态度轻松（use an easy manner）。

1. 温和有礼

温和有礼是指响应对方时，态度友善和尊重对方。人们通常会对友善温和的态度回应更多，对严厉的态度则不然。另外也要解释，友善特别指不攻击、不威胁、不评判、不轻蔑四件事。

如果威胁、攻击对方，或是直接表达愤怒的情绪，人们就会产生排斥。不要使用具有操纵意图的陈述或带有威胁性的话语，要容忍对方的拒绝。向成员强调，威胁和攻击的效用有限：当你用处罚、威胁或咄咄逼人的方式得到想要的结果，人们面对你的时候也许会照着你的意思做，但是当你不在身边或无法监控他们的行为时，对方往往就不会照着你的意思做。

通常成员会询问以下的问题"什么样的话语听起来像是威胁或没有威胁的感觉？"此外，成员会询问更特定的问题，像是要表达自己离开关系或某个情境的意愿，或是表达因为太过困难而放弃某件事情（如工作或学业），或是表达极端的意愿（如自杀或离婚），要用什么方式才不会让对方觉得受到威胁？这是很好的问题。一般而言，最好的方式是在沟通时，表示自己仍然愿意在人际关系或工作上付出心力，或是不想自杀或离婚。

第三个态度友善的方式是不评判，意思是不辱骂对方，不用"应该"，或者在声调或态度上有暗示贬低的意思，也不要引起对方的内疚。

第四个态度友善的方式是不轻蔑，意思是不嘲笑对方，不表示不屑、鄙视或离开对话，还有不贬低对方。

讨论重点：请成员举例说明，他们在哪些时候曾经使用了温和有礼的言辞，但在非语言方面却没有尊重对方的意见或要求。那样做感觉如何？请记住：人们往往会注意非语言沟通，而且将其看得比语言沟通更为重要。你是否也做过同样的事？请加以讨论。

2. 用心倾听

维持关系的第二个技能是表现兴趣。倾听对方的观点、意见、拒绝和要求的理由，不要打断或想说服对方，也不要不和对方确认就揣测对方的想法或意图。不要以为我们对他人内心想法的认知是正确的，特别是在我们认为对方是故意表现敌意、想要伤害我们、拒绝或漠不关心的时候。如果我们关心对方的想法或动机，就用温和的态度去询问对方，听取对方的回答。如果对方希望延后讨论，对于他人的要求保持敏感。请保持耐心。

如果我们对对方表示兴趣，而且给他们时间和空间来回应，对方就会对我们有比较好的感觉。有些时候，我们可能只是希望对方与我们互动时能有积极的经验，而不是真的对他们谈的事感兴趣。选择倾听的意思是，刻意地选择有效的行为来达成我们的目标，也就是帮助对方在与我们互动时能产生积极的经验。

■ 可选择的练习活动：将成员两两分组。开始时，其中一个人必须开始对另一个人说话，主题不拘，此时另一个人必须专注倾听、不时点头，而且大体上要表现出感兴趣的样子。几分钟之后，换另一种方式，这时原来讲话的人还是继续讲同样的话题，但之前扮演听众的人必须尽量表现出不感兴趣的样子（像是磨指甲、看别的地方）。几分钟之后，请成员停下来，然后再开始练习，这次角色互换，让之前的听众扮演说话者。和成员讨论：当没有人聆听时，要继续说话或有条理地表达是多么困难。

这个练习非常有效，示范对话时如果不表示尊重或不认可他人会有什么消极的效果？许多成员也想要讨论这种状况发生的频率，或是他们的生活中是否还会出现这样的状况？重点是不管过去发生了什么事，如果想以其人之道还治其人之身，这样的做法是无效的。治疗师可以告诉成员，当他们觉得受到忽视时，可以使用目标效能技能（达成所愿技能）让对方改变行为。

3. 认可他人

维持关系的第三个技能是认可他人，意指沟通时基于对他人过去或现在的状况，能够理解对方的感受、想法和行为。

（1）即使不同意也要表达认可

需要注意的是，就算不同意对方真正的想法或行为，我们也能认可对方的感受、想法或行为的原因。例如，我们可以说："我知道你觉得应该对我大吼大叫，因为如果不这么做，你就得把事情憋在心里，而且不能得到你想要的结果。但是我不喜欢你这么做，而且真的希望你能告诉我你想要我做什么，而不是大吼大叫。"

（2）用言语认可

用言语认可对方的感受、要求、困难，以及对于某个情境的意见，而不使用带有评判的言语、声调、表情或姿势。

（3）读取并认可对方的非语言信号

认可经常需要读取与诠释对方的非语言信号，如面部表情和肢体语言，这些都是线索，让我们可以弄清楚对方的回应。要表达对这些感受或问题的理解，我们可以试着这么说"我知道你很忙""我看得出来这对你真的很重要""我知道这会占用到你的时间"，或是其他类似的说法。此外，当对方的言行确实符合实际状况，或当下的事实是合理的，要注意并认可对方所言是正确的。

（4）必要时用行动表达认可

言语认可有时会造成反效果，在需要时可以通过行动来表达认可。重要的是如果状况需要，而且我们认为对方的要求的确值得认可，就用行动来表达。例如，孩子因养的小兔子死掉了而悲伤，这时可以抱抱他，跟他一起将兔子埋起来，然后一起说一些悼念的话。

4. 态度轻松

维持关系的最后一个技能是态度轻松，即尽量试着用轻松愉快的态度，发挥一点幽默感。面带微笑，让对方解除心防，安抚对方。

讨论重点：请成员举例说明，他们曾经有过哪些对话，气氛紧张、凝重到让人想要离开，或是让人感觉像是走进地雷区，踩错一步就会引起爆炸。在以上状况中，态度轻松有助于创造舒适的环境，传达对话是安全的，而且对方可以放松，不需太过担心。请加以讨论。

（二）尊重自己（FAST）技能

请成员阅读《患者手册》第十三周尊重自己技能。

自我尊重技能是指在人际互动之后所采取的行动，能够维持或增进自我尊重。当我们设法达成目标时，会需要自我尊重技能。此处的关键问题是：当我们提出要求或拒绝某个请求时，如何能让我们在互动之后仍然尊重自己？

治疗师向成员强调：所有互动都需要自我尊重效能。这里通常会出现两个问题：成员未曾想过如何维持自我尊重，或是把自尊看得太重。有些人会觉得，如果在人际互动中哭泣和/或变得极度情绪化，就是失去自尊。其他人则觉得如果需要让步且行动消极，没有坚定立场，才是失去自尊。另外一些人则是在大发雷霆、态度刻薄或具有威胁性时，觉得失去自尊。在此，目标是找出维持自我尊重所需的技能，但是为了去做我们认为能够保持自尊的事情而放弃自己的目标，并不见得是最好的选择。

我们可以用英文的FAST来记忆自我尊重效能：公平（be fair）、不过度道歉（no apology）、坚守价值观（stick to value）、诚实至上（be truthful）。

1. 公平

自我尊重的第一项技能是得到想要的东西，同时公平地对待自己和对方。如果我们一直占对方便宜，时间久了就很难喜欢自己。我们也许可以得到想要的东西，却有失去尊重自己的风险。

我们要认可自己的感受和愿望，也要认可他人的感受和愿望。如果我们总是对别人的愿望让步，从未坚持自己的意愿或信念，这样我们也很难尊重自己。

讨论重点：有些人总是把别人的需要看得比自己的更重要，这对于自我尊重会有什么影响？请和成员讨论。

2. 不过度道歉

自我尊重的第二项技能是不过度道歉。如果有必要道歉，当然没问题，但是不要因为提出一个要求、表达意见或不同意对方而道歉。道歉意味着我们是错的，随意道歉会减少我们的自我掌控感。同时，过度道歉会伤害人际关系。道歉有时可以增进人际关系，然而过度道歉却会让对方紧张。

3. 坚守价值观

自我尊重的第三项技能是坚守自己的价值观。不要为了达到目标或让别人喜欢我们，而背叛自己的价值观或人格操守。请坚持我们认为有道德或具有重要价值的想法和行为，并且坚守自己的立场。需要注意的是，坚守价值观的前提是成员已经知道自己的价值观，并且清楚自己对于道德与非道德的信念。然而，很多人面对这两个议题时感到困惑，回顾之前所学的澄清价值观的技能，对这些人会有帮助。

4. 诚实至上

自我尊重的最后一项技能是诚实至上。不要说谎，也不要在并非真正无助时装可怜或夸大不实。不诚实的行为模式会损害自我尊重。虽然偶尔不诚实并不会造成伤害，有时候甚至是必要的，但是如果不诚实变成用来得到想要的东西的惯用模式，长期下来就会造成伤害。装可怜也会降低自我掌控感。有时候，"说实话"确实会降低人际效能，因此才会有"善意的谎言"。例如，在朋友家做客时，朋友精心准备的饭菜其实并不符合自己的口味，这时"说实话"可能就会降低人际效能。所以，试图说服成员"诚实永远是上策"，可能会失败。如果有人要说谎，必须要能正念，而不是让说谎变成习惯。

讨论重点：请成员分享哪些时候他们曾有降低自我尊重感的行为，以及在何时曾经提升了自我尊重感。同时，请他们思考并指出自己需要在哪方面的技能上进行改善？

（三）平衡自我尊重效能和目标效能

对成员说明以下平衡自我尊重效能和目标效能的重点。

"除非你自己先放弃，不然没有人能夺走你的自我尊重。"

"使用如你所愿技能，可以通过增加自我掌控增进自我尊重。但若是使用如你所愿技能失效，有时会导致失去自我尊重。"

"为了他人的利益（幸福）而放弃你想要的事物，也可以增进自我尊重。"

"在你想要的和别人的要求和需要之间取得平衡，可能就是最好的自我尊重方式。"

（四）平衡自我尊重效能和维持关系技能

向成员说明以下平衡自我尊重效能和维持关系技能的重点。

"使用维持关系技能或许可以增进自我尊重感，因为大部分人的自我尊重感多多少少取决于人际关系的品质。"

"然而，如果对方虐待你或根本不在乎你，你还经常对对方使用维持关系技能，你的自我尊重感很可能会随着时间流逝而降低。"

"只在必要时使用维持关系技能，而在需要采取严厉、果断结束关系时不使用这些技能，可能是最好的自我尊重方式。"

四、结　束

（一）布置家庭作业

虽然是最后一次团体，但正如练习并非只是在团体期间才需要做一样，家庭作业也是需要的。针对此次团体的家庭作业包括完成《家庭作业手册》第十三周的练习人际效能以及填写日志卡。

（二）治疗师总结

治疗师除了需要总结本次团体的内容之外，还需要总结前面 12 次的内容，带领大家回顾整个 13 次技能训练的内容，重点包括问题行为的链锁分析、正念技能、痛苦耐受技能、情绪调节技能和人际效能技能。

（三）成员分享 13 周的心得

邀请成员分享 13 周技能学习的收获与感受，尽可能邀请每位成员都分享。这样的分享一方面可以帮助成员梳理自己的收获，另一方面也能在倾听别人的收获中得到启发和强化。

（四）预防复发技术

治疗师可以给每位成员准备好一张纸，邀请成员列出一个既往存在，目前已经有有效的应对策略，今后可能还会继续存在的问题，然后请成员将应对策略写下来，制作成应对卡放在随时可以拿到的地方（也可以记录在手机里）。当下一次问题再次出现时，拿出应对卡，并按照上面的策略来做。例如，问题是"情绪不好时有用美工刀划手臂的冲动"，应对策略可以包括以下内容：觉察到自己有这样的冲动；使用转移注意力、TIP 技能；稍微冷静下来对当下情绪正念；平静后做链锁分析；等等。治疗师应告诉成员，类似这样的应对卡在今后的生活中可以提前准备好，需要时拿出来。治疗师也可以邀请成员准备适合自己的情绪调节工具箱，将有助于帮助自己调节情绪的工具集中放在工具箱中，如减压球、薄荷糖、柠檬精油、应对卡等。

治疗师要再次强调，虽然团体结束了，但不代表练习结束了，我们要在日常生活中反复练习学到的技能，直到已经可以熟练掌握和使用它们，这些技能才能真正帮助我们过一个值得过的生活。

（五）互相告别与祝福

这是 13 周技能训练的最后一个环节，治疗师邀请每位成员与其他成员告别，并祝福他们，可以提前准备好卡片，将祝福和告别的话语写在卡片上，送给其他成员。治疗师也参与其中，并告知成员，今后如果有需要，如何联系治疗师继续治疗。

[流程改编自 Soler 的研究，内容改编自林内翰的研究，杨华、梁旻璐、王苏弘、王纯整理]

配套手册 2

非自杀性自伤行为的辩证行为治疗团体技能训练
（NSSI-DBT-ST）

患者手册

科学出版社

北　京

目　　录

第一周　团体技能训练简介与正念技巧训练（智慧心）……………………………………… 1

第二周　问题行为的链锁分析 ……………………………………………………………………… 5

第三周　正念：正念是什么、正念如何做 ………………………………………………………… 8

第四周　痛苦耐受：TIP 技能 …………………………………………………………………… 17

第五周　痛苦耐受：转移注意力和自我抚慰 ……………………………………………………… 18

第六周　痛苦耐受：全然接纳 ……………………………………………………………………… 21

第七周　情绪调节：认识情绪 ……………………………………………………………………… 24

第八周　情绪调节：相反行动 ……………………………………………………………………… 36

第九周　情绪调节：对当下情绪正念和累积正性情绪 …………………………………………… 42

第十周　情绪调节：建立自我掌控、预先响应以及 PLEASE 技能 ……………………………… 44

第十一周　人际效能：目标与干扰因素 …………………………………………………………… 46

第十二周　人际效能：如你所愿 …………………………………………………………………… 49

第十三周　人际效能：维持关系和尊重自己 ……………………………………………………… 50

团体技能训练简介与正念技巧训练（智慧心）

一、技能训练的准则

（一）保密

对团体中涉及的个人隐私遵循保密原则，不得与团体之外的人，或在非团体技能训练的时间讨论其他团体成员的个人隐私。

保密原则有两个例外：一个例外是治疗师因督导需要，可以在告知团体成员的情况下，与督导师讨论团体中发生的事情，但不能提及团体成员的姓名、单位等可以识别出身份的信息；另一个例外是如果某团体成员知道另一位团体成员可能有自杀或伤害他人的风险时，则应该告知治疗师，寻求协助，以保障寻求自杀者、潜在受害者的人身安全。

（二）尊重

尊重其他成员的想法与感受，不批评、指责和进行人身攻击。

（三）出席

准时出席且不早退，是表达对其他成员尊重与支持的方式。团体成员若因特殊原因迟到或缺席，需请假。

（四）退出

团体成员有权利随时退出技能训练。若团体成员连续四次缺席，则算自动退出，即便团体成员有意愿参加余下的技能训练，也不能重新进入团体。

（五）避免多重关系

在团体技能训练期间，团体成员间应避免发展多重关系，尤其是在团体中无法被讨论的关系，如恋爱关系。

其他的团体准则或注意事项。

二、技能训练的目标

通用目标

当自己的行为、情绪和想法连结到生活中的问题且正在造成痛苦与困扰时，学习如何去改变这些行为、情绪和想法。

明确的目标

要减少的行为

☐ 不能正念；空虚；和自己及他人失去连结；评判。

☐ 人际冲突与压力；孤单寂寞。

☐ 缺乏弹性；很难改变。

☐ 起伏与极端的情绪；视心情而做出的行为；情绪调节困难。

☐ 冲动行为；未经思考的行动；难以接受如其所是的现实；执念；成瘾。

要增加的技能

☐ 正念技能

☐ 痛苦耐受技能

☐ 情绪调节技能

☐ 人际效能技能

个人的目标

要减少的行为

要增加的技能

三、正念的目标

练习正念的目标

减少痛苦以及增加幸福感

☐ 降低疼痛、紧张和压力

☐ 其他：

增加对于心的控制

☐ 停止被你的心控制

☐ 其他：

经历本来的现实

☐ 打开你的眼界去体验生活

☐ 觉察事实以及与事实有关的想法有何不同

☐ 其他：

四、智 慧 心

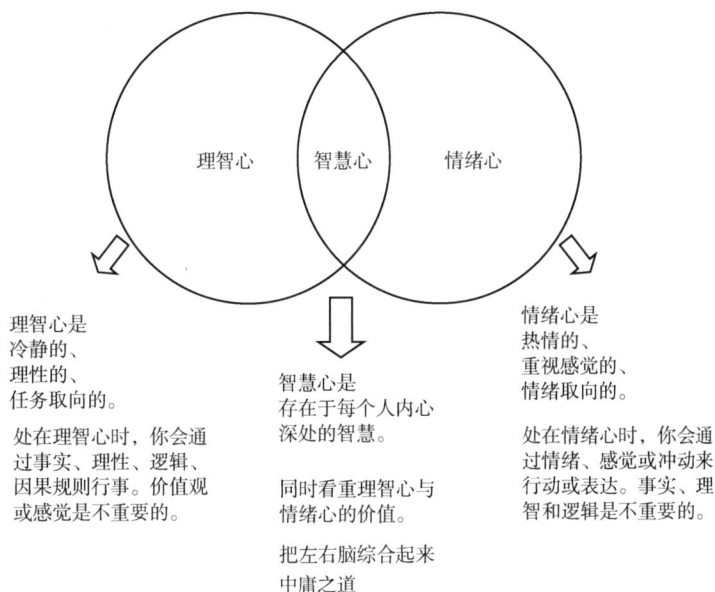

理智心是
冷静的、
理性的、
任务取向的。

处在理智心时，你会通
过事实、理性、逻辑、
因果规则行事。价值观
或感觉是不重要的。

智慧心是
存在于每个人内心
深处的智慧。

同时看重理智心与
情绪心的价值。

把左右脑综合起来
中庸之道

情绪心是
热情的、
重视感觉的、
情绪取向的。

处在情绪心时，你会通
过情绪、感觉或冲动来
行动或表达。事实、理
智和逻辑是不重要的。

五、练习智慧心的方法

正念技能通常需要许多练习。就像任何新技能一样，重要的是在你还不需要使用此技能时就展开练习；如果你在较容易的情境练习，技能能变得自动化，当你需要时就可以用上。练习时，可以闭上眼睛或睁开眼睛。

（一）抛进湖中的石头

想象你在一个清澈的湖边，这天天气很好，而你是一颗轻巧平滑的石头，被轻轻抛到湖中，碰触湖水后你温和、缓慢地往下沉，感受你掠过宁静、清澈的湖水，最后沉到平滑的沙质湖底。

在下沉过程中，注意你所看到的、感觉到的，你可能会慢慢地盘旋达到湖底。当你到达湖底时，将注意力安放在自己的内在。

注意到湖的静谧，觉察在湖底深处的安宁和平静。

当你达到自己的中心时，把注意力停留在那里。

（二）走下内在的回旋梯

想象你的内在有个回旋梯，你从最顶端开始往下，走向内在的中心点，以非常缓慢的速度走下楼梯间，愈来愈走进自己的深处。

注意所有的感觉，如果你想要的话，可以在某个阶梯上停留休息，或者在往下的过程中点盏灯。不要强迫自己超过你想走的范围。当你感觉走到自己的中心时，注意其中的宁静，把注意力停留在那里，或许是在你的腹部。

（三）吸进"智慧"，呼出"心"

当吸气时，心中默念"智慧"，把全部注意力集中在"智慧"这个词上；当呼气时，心中默念"心"，把全部注意力集中在"心"这个字上。

持续进行，直到你可以停留在智慧心当中。

（四）问智慧心一个问题

吸气时，安静地在心中问智慧心一个问题。

呼气时，倾听智慧心的答案。

仔细听，不要自己回答，只是倾听智慧心的答案。

在每次吸气时持续提问，如果没有听到答案，继续练习或者下次再试。

（五）询问这是智慧心吗？

吸气时，问问自己，我这样做/想/计划，是智慧心的决定吗？

呼气时，倾听智慧心的回答。

仔细听，不要自己回答。

在每次吸气时持续提问，如果没有听到答案，继续练习或者下次再试。

（六）观照呼吸，让注意力停留在中心

完全吸进空气，注意并跟随气体吸进身体的感觉。

将注意力放在身体中央，或者把注意力放在额头中央（第三只眼的位置）。保持注意力停留在你的中心，正常吸气、呼气，维持你的注意力，将注意力停留在智慧心中。

（七）扩展觉察

吸气，并将觉察集中在身体的中心。

呼气，保持对于自身中心的觉察，同时把觉察扩大到自己存在的环境中。

持续在此时此刻中进行练习。

（八）进入呼吸间的停顿之中

吸气，注意吸到满时的停顿（呼吸的顶端）。

呼气，注意呼到底时的停顿（呼吸的底端）。

想象自己在每次的停顿，都"掉进"那个停顿的中心位置。

（九）其他智慧心练习

问题行为的链锁分析

一、链锁分析

了解行为，做链锁分析

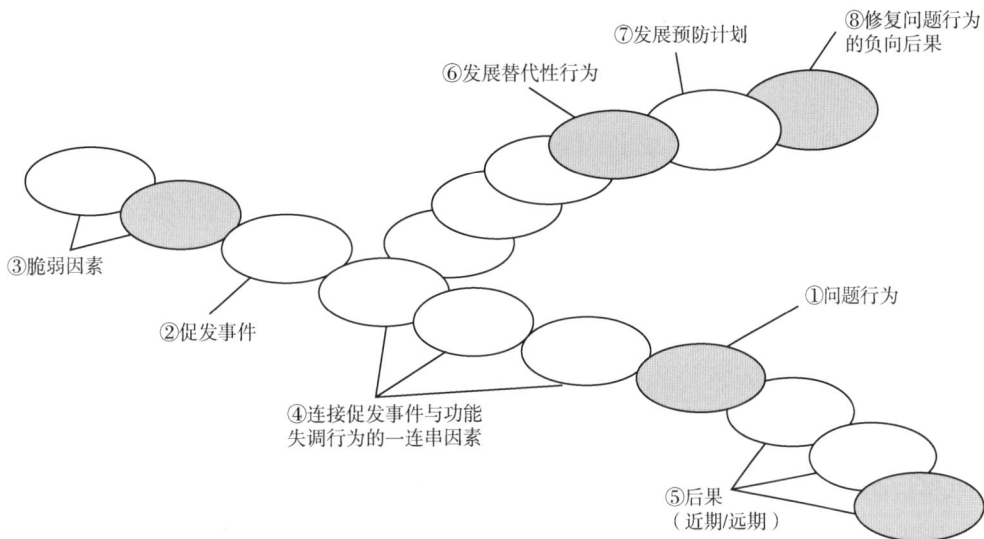

⑧修复问题行为的负向后果

⑦发展预防计划

⑥发展替代性行为

③脆弱因素

②促发事件

①问题行为

④连接促发事件与功能失调行为的一连串因素

⑤后果
（近期/远期）

步骤 1：描述问题行为。

步骤 2：描述开始导致问题行为的促发事件。

步骤 3：描述在事件发生前使你产生脆弱性的因素，这些因素让链锁开始走向问题行为。

步骤 4：非常详细地描述导向问题行为的事件链锁。

步骤 5：描述问题行为的后果。

步骤 6：描述有技能的行为，以替代事件链锁中有问题的环节。

步骤 7：发展预防计划，以降低对压力事件的脆弱性。

步骤 8：修复问题行为所造成的重要或重大后果。

二、链锁分析，一步一步进行

（一）描述具体的问题行为

例如自伤、暴饮暴食、乱发脾气、不愿练习技能、拖延、物质成瘾等。

1. 要非常具体、详细，没有含糊用词。

2. 确实找出什么是你做、说、想或感觉到的，确实找出什么是你没有做、说、想或感觉到的。

3. 描述那些重要行为的强度，以及行为的其他重要特性。

4. 尽可能详细地描述问题行为，详细到戏剧或电影中的演员能够准确重现的程度。

5. 如果该行为是某些事你没有去做，问问自己是否：①你不知道需要去做；②你忘了，后来就再也没有想到要去做；③当你想到它时，你拖延去做；④当你想到它时，你拒绝去做；或⑤你是执意地并拒绝去做，或者有一些其他的行为、想法或情绪干扰你去做。如果你的状况是①或②，请跳到步骤六（解决方案）；否则，继续下去（步骤二）。

（二）描述启动整个行为链锁的具体促发事件

从你的环境中某些启动该链锁的环境事件开始，即使你似乎看不出来是该环境事件引发了问题行为。帮助你找到行为链锁的可能提问：

1. 什么具体事件促成链锁反应的开始？

2. 导致问题行为的事件顺序是何时开始的？问题是什么时候开始的？

3. 在发生问题行为想法或冲动的前一刻，发生了什么？

4. 在那个时候，你正在做/想/感觉/想象什么？

5. 为什么问题行为发生在那一天而不是前一天？

（三）描述促发事件之前的特定脆弱因素

哪些因素或事件使你面对促发事件更容易形成有问题的链锁反应？要检查的脆弱因素：

1. 身体疾病；不均衡的饮食或睡眠；受伤。

2. 使用药物或酒精；滥用处方药物。

3. 环境中的压力事件（不论是正面或负面）。

4. 强烈的情绪，如悲伤、愤怒、恐惧、孤独。

5. 想到自己之前觉得有压力的行为。

（四）非常详细地描述导致问题行为的事件链锁

想象你的问题行为是链接到环境中的突发事件。在促发事件之后，有什么具体的想法（或信念）、感觉或行动？在那之后，又有什么想法（或信念）、感觉或行动？之后是什么？再之后是什么？等等。写出事件链锁中所有连接的环节，不论该环节有多小。要非常具体，好像你正在写一出戏的剧本。链锁的连接环节可能是：

1. 动作或你做的事情。

2. 身体的感觉或（心情）感受。

3. 认知（例如信念、期望或想法）。

4. 环境中的事件或他人做的事。

5. 你所经历的感觉和情绪。

在你写完之后，看看链锁中的各个环节。那时可能发生其他的想法、感觉或行动吗？在那个环节上，别人是否可能会有不同的想法、感觉或行动？如果是这样，请说明那时如何会出现该特定的想法、感觉或行动。对于链中的各个环节，询问是否可以描述出更小的环节。

（五）描述这个行为的后果

其他人的立即反应与之后的反应是什么？你在该行为之后立即的感受是什么？之后呢？该行为对你

和你的环境有何影响?

（六）详尽描述你可能用来阻止问题行为发生的技能行为

哪些关键环节在导致问题行为上是最重要的? 换句话说, 如果你消除这些行为, 问题行为可能就不会发生了。

1. 回到促发事件的行为链锁。如果你有不同的做法可能会避免问题行为, 请在该环节画圈。

2. 在事件链锁的各个环节中, 你有怎样的不同做法以避免问题行为? 你可能会使用什么样的响应行为或有技能的行为?

（七）详细描述预防策略

如何通过减少你的脆弱性, 以避免开始问题行为的事件链锁。

（八）描述你将做什么来修复问题行为的重要或重大后果

1. 分析: 你真的伤害了什么? 你可以修复的负面后果是什么?

2. 看看你对他人或自己造成了什么伤害或痛苦, 并尝试修复。

正念：正念是什么、正念如何做

一、正念："是什么"技能

观察

☐ 注意你的身体感觉（通过你的眼睛、耳朵、鼻子、皮肤、舌头）。

☐ 刻意将注意力投入在此时此刻。

☐ 控制注意力，但不是控制你所看到的东西。不用推开任何事物，也不用执着于任何事物。

☐ 练习无言地观看：看着想法进入你的心智大门，让它轻轻滑出去，就像空中的云。注意每个感受的起落，好像海浪般一波接着一波。

☐ 同时观察自己的内在与外在。

描述

☐ 用文字描述你的经验。当想法、感受或行动出现时，承认它。例如：在心里说"悲伤正包围了我"，或者"我的胃部肌肉在抽搐"，或者"有个我做不来的想法正浮现"。

☐ 命名你的观察。给予你的想法、感受或行动一个名称，单纯称呼这个想法只是"一个想法"，这种感受只是"一种感受"，这个行动只是"一个行动"。

☐ 将你的解释及观点与事实分开，只描述你所观察到的"什么人、什么事、何时、何处"，就只是描述事实。

☐ 记住，如果无法通过感官观察，你就无法描述它。

参与

☐ 让自己完全投入在此刻的活动里，而不是与当下所做的事情（跳舞、打扫、与朋友谈话、觉得开心或悲伤）分离。

☐ 和你正在做的事情合二为一，达到忘我的境界。投入所有注意力在此时此刻。

☐ 跟着智慧心的直觉行动，只做当时状况所需要的事，就如一位技能纯熟的舞者在舞池里，随着音乐和舞伴翩翩起舞，既不失灵动，也不失默契。

☐ 顺着当下，自发地回应。

二、练习观察的方法

回归感官

观察将你的心带回到你的身体和心的感觉。

用眼睛观察：

1. 躺着看天空的云。

2. 慢步走着，停在某处看风景，注意花朵、树木及自然风景。

3. 坐在外头，看看有什么人或物经过你面前，不要转头或用眼睛跟随他/它们。

4. 注意另一人的脸部表情或动作，避免去揣摩他的情绪、想法或兴趣。

5. 就只是注意某人或动物的眼睛、嘴唇或手。

6. 拾起一片树叶、一朵花朵或一块小石子，靠近点观察它并尝试注意所有细节。

7. 观察美丽的东西，花几分钟凝视它。

8. 其他：_____

观察声音：

9. 停留片刻就只是去听。聆听周遭的各种声音，以及各种声音之间的宁静。

10. 如果有人在说话，聆听声音的音调、流畅性与起伏、语句清晰或含糊，以及字句间的停顿。

11. 聆听音乐，聆听音符的出现及间隔，试着将音符随着呼吸吸进你的身体，再随着呼吸呼出去。

12. 其他：_____

观察周围的气味：

13. 随着吸气注意周围的任何味道。把东西靠近鼻子，注意它的气味，然后把东西移走再闻闻看，味道还在吗？

14. 吃东西时，注意食物的气味；煮东西时，注意香料或其他原料的气味；洗澡时，闻闻香皂或沐浴乳的香味；外出时，注意空气的气味；靠近花朵时，弯下腰来闻闻花香。

15. 其他：_____

观察味觉以及进食的动作：

16. 把食物放进嘴里，专心品尝，注意所有的味觉。

17. 舔棒棒糖或其他东西，就只是注意尝起来的感觉。

18. 用餐时（或只是其中部分时间），专心于每一口的味道。

19. 其他：_____

观察想做某件事的冲动： 当你感觉到想做某件事的冲动时

20. 想象你的冲动是一个冲浪板，而你站在上面，凌驾于海浪之上。

21. 注意任何想避开某事或某人的冲动。

22. 扫描全身并注意你的感觉，冲动在你身体的哪个部位？

23. 咀嚼食物时，注意何时有吞下它的冲动。

24. 其他：_____

观察皮肤的触觉：

25. 用手指敲击上嘴唇。停止敲击，并注意这种知觉持续的时间，直到你感觉不到上嘴唇的触觉。

26. 走路时，注意行走的各种感觉——注意你的脚碰触到地面，以及脚抬起来又放下去。有时将速度放慢，然后注意它；有时将速度加快，然后注意它。

27. 坐着时，注意大腿、膝盖的弯曲，以及背部的曲线。

28. 注意任何接触到你的东西。
□ 尝试感觉鞋子里的脚，以及身体所接触到的衣服。
□ 感觉手臂碰触椅子。
□ 注意从手上传来的感觉。

29. 触摸某物品，如墙壁、布料、桌面、宠物、水果或人。
□ 注意你摸到的质感，注意皮肤的感觉。
□ 尝试用身体的另一部分去接触看看。
□ 再次注意你的感觉。

30. 集中注意力在胸部、胃部或肩膀。

31. 集中注意力在身体感觉紧绷的部位。

32. 集中注意力在双眼之间的空隙。

33. 其他：_____

观察你的呼吸：平静、温和地呼吸，并将注意力集中于

34. 腹部的起伏。
□ 开始吸气时，让腹部鼓起，把空气带进肺的下半部。
□ 当肺的上半部开始充满空气时，胸腔会开始鼓起。
□ 呼气时，先注意腹部，然后注意胸部。

35. 停顿呼吸。
□ 吸气时，注意肺部充满空气时的短暂停顿。
□ 呼气时，注意空气全部排出时的短暂停顿。

36. 吸气与呼气时，注意鼻子的感觉。
□ 当你呼吸时，闭上嘴巴，通过鼻子呼吸，并注意空气进出鼻孔的感觉。

37. 缓慢走路时的呼吸。像平常那样呼吸。
□ 先用脚步数来测量呼气和吸气的时间，测量每次的吸气和呼气需要走几步，持续测量一段时间。
□ 接着，试着在呼气时增加一步来拉长呼气时间，但不要同时刻意增加吸气的时间，让呼吸自然呈现它的韵律。
□ 再来仔细观察自己的吸气，是否有想拉长吸气的渴望。现在，借着增加一步来延长吸气时间。
□ 观察呼气是否因此也需要增加一步的时间。
□ 只有在你觉得舒服的状况才拉长吸气。
□ 像这样呼吸 20 次，恢复平常的呼吸。

38. 听一段音乐时，跟着你的呼吸。
□ 深长地、轻柔地、均匀地呼吸。
□ 跟着你的呼吸，做它的主人，同时对音乐的旋律保持觉察。
□ 不要迷失在音乐中，继续做你的呼吸和自己的主人。

39. 倾听朋友的谈话及自己在回应时，同时观察你的呼吸，持续进行，就像听音乐一样。

40. 其他：_____

观察想法进出你的心：
41. 注意那些进入心中的想法。
□ 问自己"想法从哪里来的？"
□ 然后注视那些想法，是否可以看到它们进入你心中的何处。

42. 当你注意到心中的各种想法时，注意每个想法来去之间的暂停。

43. 想象你的心是天空，而想法是一片片的云。

□ 注意每个想法（云）飘移过时，让它飘移进出你的心中。

□ 想象这些想法像是在向下流动的小溪上的叶子，或湖上漂移的小舟，或驶过你身旁的火车。

44. 当你注意到忧虑反复进出心中，将注意力转移到身体的感觉上，注意忧虑的想法需要多长时间慢慢消失。

45. 回到你的心中，仿佛你在一座山的顶端，而你的心是山下的一块大石头。

□ 凝视你的心，当你注视着它时，出现什么想法。

□ 停止练习前，回到你的心中。

46. 注视来到你心中的前两个想法。

47. 其他：＿＿＿＿＿＿＿＿＿＿＿＿＿＿

想象你的心是：

48. 输送带，而想法与感觉从输送带上下来。

□ 将每个想法与感觉放进一个箱子中，然后放在输送带上，让它过去。

49. 输送带，将输送带送来的想法与感觉分类。

□ 将输送带送来的想法与感觉分类并贴上标签（例如忧虑的想法、关于过去的想法、关于我妈妈的想法、计划做什么的想法、生气的感觉、难过的感觉）。

□ 将它们放在旁边的箱子里，下次再处理。

50. 一条河，而想法与感觉是顺流而下的小舟。

□ 想象你坐在草地上，注视着小舟过去。

□ 当小舟经过时，描述每叶小舟或给它们贴上标签。

□ 不要尝试跳上小舟。

51. 一条铁路轨道，而想法与感觉是开过去的火车。

□ 当火车驶过时，描述每辆火车或给它们贴上标签。

□ 不要尝试跳上火车。

52. 其他：＿＿＿＿＿＿＿＿＿＿＿＿＿＿

通过扩展觉察来观察：

53. 吸气，注意你的呼吸。接着带着觉察继续呼吸，在下一次呼吸时注意你的手。然后带着觉察注意两者，在下一次呼吸时扩展觉察去注意声音。

□ 在同一时间点，继续保持觉察这三者。

□ 在不同时间点练习对这三者的觉察，并选择觉察其他东西。

54. 将注意力集中在你正在做的事情上，再温和地扩展到你所存在的空间。

55. 拥抱一棵树，并且感受拥抱的感觉。

□ 躺在床上，试着拥抱被子与毛毯，或其他带给你舒适的物品。

□ 当你感到孤单与想要被爱或去爱时，做这些练习。

56. 其他：＿＿＿＿＿＿＿＿＿＿＿＿＿＿

对你的感官开放你的心：

57. 在走路时，练习尽你所能地开放全部的感官。

□ 注意你所听到、看到、感觉到的一切。

□ 注意在每个步伐转换时，身体重心移动的感觉。

□ 转身时，注意身体的感觉。

58. 注意吃每一口食物的感觉，在吃进每一口食物之前暂停。

□ 看着你正要吃的食物，闻它、听它，当你准备好时，把它放进口中。

□ 注意食物的味道、质地、温度，甚至注意在缓慢咀嚼时牙齿产生的声音。

☐ 咀嚼食物时，注意食物的味道、质地、温度与声音的变化，直到咽下食物。

59. 把心专注在每个进入心中的感觉。

☐ 专注在视觉、嗅觉、触感、听觉、味觉，或是接触这些时脑中产生的想法。

☐ 注意到这些感觉的出现及消退。

☐ 在个别感觉出现时，让你的心集中在上面。

☐ 带着好奇心注意每个感觉，接受它原本的样貌。检验每个感觉的独特性。

60. 活在当下，此时此刻。

☐ 花些时间注意你觉察到的每个感觉。

☐ 分别用一句话描述每个感觉："我感觉到椅子；椅子感觉到我。我听到加热器；加热器听到我。我看到墙；墙看到我。我听到胃蠕动声；胃蠕动声听到我。"

61. 当有个感受从心里浮现时，注意它，然后用语言描述，例如："难过的感受在我心中浮现。"

62. 当有个想法在心里浮现时，注意它，然后用语言描述，例如："有个他不在乎我的想法在我心中浮现。"

63. 花一些时间练习"无所作为"（nothing-to-do）之心。

☐ 全然觉察自己此刻的经验，注意到你的各种感觉及所存在的空间。

64. 找一个能握在手中的小物体，将它放在桌上或你的腿上，仔细观察它。先不要移动它，然后拿起来并转动它，从不同角度、不同光线下专心注视它。只注意形状、颜色、大小，以及其他看得到的特性。

☐ 将注意力转移到触摸这个物体的手指与手上，注意触摸这个物体的感觉。注意这个物体的质地、温度与触感。

☐ 放下这个物体，闭上眼睛，深入而慢慢地吸气与呼气。

☐ 用初学者之心，打开你的眼睛，用新的视角再一次去注意这个物体。用初学者之心，开放地去感受新的质地与感觉，用手指与手探索这个物体。

☐ 放下这个物体，再一次将你的心聚焦在吸气与呼气上。

65. 其他：＿＿＿＿＿＿＿＿＿＿＿＿＿

三、练习描述的方法

练习描述你所看到的：

1. 躺着观看天空的云，并描述云的模样。

2. 坐在街道旁或公园长椅上，描述每个从你身边经过的人身上的一个细节。

3. 观察大自然中的东西，例如一片叶子、一滴水、一只动物。尽你所能地描述细节。

4. 尽可能精确描述另一个人刚刚对你说的话，并确认你的描述是否正确。

5. 试着描述一个人生气、害怕或难过时的脸。注意并描述表情动作，以及他们额头、眉毛、眼睛、嘴唇、脸颊等的位置。

6. 非常具体地描述一个人已经完成或正在做的事情。避免描述行为意图或没有直接观察到的事物。避免用带有评判的言语。

7. 其他：＿＿＿＿＿＿＿＿＿＿＿＿＿

练习描述想法与感受：

8. 描述你心中浮现的感受："愤怒的感受正从我心中升起。"

9. 当你感受到强烈情绪时，描述你的想法："我感受到 X，而我的想法是 Y。"

10. 描述某人在做了或说了什么之后你的感受："当你做 X，我觉得 Y。"

11. 描述你观察别人所做事情时的想法与感受："当你做 X，我觉得 Y，而我的想法是 Z。"或"当 X 发生时，我觉得 Y，而我的想法是 Z。"

12. 感受到强烈情绪时，尽可能多地描述你的许多想法。

13. 其他：_____

练习描述你的呼吸：

14. 每一次吸气时，觉察到"我正在吸气，1"；每一次呼气时，觉察到"我正在呼气，1"。记得从腹部呼吸，开始第二次呼吸时，觉察到"我正在吸气，2"，并缓慢地呼气，觉察到"我正在呼气，2"。持续做这个练习，直到数到 10。数到 10 之后，回到 1 重新开始。若自己在练习中忘了数到哪，从 1 重新开始。

15. 开始时，温和且正常地吸气（从腹部），在心中描述："我正在正常地吸气。"带着觉察呼气，"我正在正常地呼气。"持续三次呼吸。在第四次呼吸时，加长吸气，在心中描述："我正在吸很长的一口气。"带着觉察呼气："我正在呼很长的一口气。"持续三次呼吸。

16. 随着观察空气的进出，对自己说："我正在吸气，持续观察吸气直到这个动作结束。我正在呼气，持续观察呼气直到这个动作结束。"

17. 其他：_____

四、练习参与的方法

带着觉察参与和宇宙之间的连结：

1. 把注意力集中在身体与某个物体接触的触觉上（地板或地面、空气、椅子或扶手、被单、衣服等）。尝试从各种角度去看你与该物体的连结以及它对你的接纳。思考该物体的功能与你的关联，也就是思考该物体对你的贡献。体验触摸该物体的感觉，把全部注意力集中在那件事的善意上，直到你心中产生连结或被爱、被照顾的感觉。

举例：将注意力集中在你的脚所接触的地面上，思考地面善意地支撑着你，提供路径，好让你可以靠近其他物体，不让你掉下去。集中注意力在身体所接触、所坐的这张椅子上，思考椅子如何完全地接受你、支撑你的背部，让你免于摔落在地上。思考房间的墙壁，它把台风、寒冷及雨水挡在外头，给你提供一个安全的地方做事。拥抱一棵树，思考你与树如何连结，你们两个都被太阳温暖、被空气包围、被地球支持。

2. 随着音乐跳舞。

3. 跟着你听的音乐唱歌。

4. 淋浴时唱歌。

5. 边看电视，边唱歌、跳舞。

6. 起床后，还未穿着整齐或梳妆打扮就开始唱歌或跳舞。

7. 和朋友一起 K 歌。

8. 让自己的注意力全然投入他人的分享内容中。

9. 专注于所做的活动（跑步、骑车、溜冰、走路），让自己与活动合二为一。

10. 做一项运动，并且将自己完全投入其中。

11. 把自己变成呼吸的计数，当你数"1"时变成"1"，数"2"时变成"2"，以此类推。

12. 一遍又一遍地慢慢说出某个字，将自己变成那个字。

13. 参加一个即兴演出的课程。

14. 参加一个舞蹈课程。

15. 其他：

五、正念："如何做"技能

不评判地做

1. 只是看，不评价好坏。只是看事实。
2. 如同铺在草坪上的毯子接受每个当下的存在，接纳雨水、阳光和飘落的每一片叶子。
3. 意识到有益与有害、安全与危险之间的区别，但是不评判它们。
4. 承认你的价值、期望与情绪反应，但不评判它们。
5. 当你发现自己在评判时，不要评判你的评判。

专一地做

1. 专注当下。完全专注于此时此刻。
2. 一次只做一件事。注意心中渴望想要分心的状态，例如想去做其他事情、想同时做很多事情，把自己拉回来，让自己一次只做一件事。
   - ☐ 吃饭时，就吃饭。
   - ☐ 走路时，就走路。
   - ☐ 烦恼时，就烦恼。
   - ☐ 计划时，就计划。
   - ☐ 背书时，就去背。
3. 让分心离开。如果有别的行动、想法、强烈情绪使你分心，把你的心带回到原本在做的事情上（要一再重复这样的过程）。
4. 专注你的心。如果发现自己一次做两件事，立刻停下来，调回一次只做一件事（与一心多用相反）。

有效地做

1. 专注于你在此情境中的目标，做当时需要做的事以达成目标。
2. 专注在可行且有效的方法（不要让情绪心阻碍这些方法）。
3. 照着规则行事。
4. 尽可能使用技能做，让自己适应环境的需求，而不是期待状况变得更理想、更公平、更舒服。
5. 放下你的执意，并且接纳现况。

六、练习不评判地做的方法

放下比较、评判和假设：

1. 练习观察评判的想法与陈述，在心里说"我心里浮现一个评判的想法"。
2. 计算评判的想法与陈述出现的次数（通过把物体或纸张从这个袋子移到另一个袋子；用计步器计数，或记在纸上）。
3. 用不评判的想法与陈述来取代评判的想法与陈述。
   - ☐ 用陈述事实取代评判的诀窍。
   - ☐ 描述事件或情况的事实，只说你观察到的。
   - ☐ 描述这个事件的后果——按照事实。
   - ☐ 描述你对事实所产生的感受（请记住，情绪并非评判）。

4. 观察你评判时的脸部表情、姿势和声音语调（包含脑海中的声音语调）。

5. 改变你评判时的脸部表情、姿势和声音语调。

6. 用不评判的方式和他人分享今天完成的或已经发生的事情。要非常具体，只说你直接观察到的。

7. 用不评判的描述，写出一个引发情绪的事情。

8. 用不评判的方式，详细记录一天中经历的重要事件，并且依序描述当下环境中发生的事和你当下的想法、感受、行动。不要分析事件为什么发生，或你为什么会有这样的想法、有这种感觉、采取这样的行动。专注于你观察到的事实。

9. 想象一个最让你生气的人，回想他的所作所为给你造成的巨大愤怒，接着尝试变成那个人，从那个人的角度看待生活，想象他的感受、想法、恐惧、希望与期望，想象他的过去与他曾发生的事，想象去了解那个人。

10. 当你评判时，练习微笑及/或愿意的手的姿势。

11. 其他：

七、练习专一地做的方法

1. 泡茶或泡咖啡时保持觉察。泡一杯茶或一杯咖啡。保持觉察地慢慢进行每个动作，别让任何一个动作细节逃过你的觉察，注意你的手握着茶壶的把柄把它举起来，注意你正在倒出带着香气、有温度的茶水或咖啡。对每个步骤保持觉察，和缓且比平时更深地呼吸，如果分心了，就用呼吸拉回自己的注意力。

2. 洗碗时保持觉察。保持觉察地洗涤碗盘，观察洗碗时的每一个细微动作。跟随自己的呼吸以避免分心，不要太急于完成，把洗碗视为目前生活中最重要的事。

3. 手洗衣物时保持觉察。一次不要洗涤太多衣物，先选 3~4 件，以舒适的站姿或坐姿进行清洗以免背痛。保持觉察地搓洗衣物，将注意力放在手或手臂的每个移动上，注意洗衣时的肥皂和水。当你搓洗完衣服时，感觉自己的心和身体如同这些衣物般洁净清新，记住保持微笑，并用呼吸拉回你飘走的思绪。

4. 清理房子时保持觉察。把清洁工作分成以下不同阶段：整理杂物，收拾书籍，刷洗厕所，刷洗浴室，扫地，擦灰尘。给每项清洁工作充分时间，比半常的速度放慢三倍，专注在你止在做的事情上，比如：将书放在书架上，看着这本书，注意这是一本什么样的书，知道自己正在进行将书放回书架的步骤，并注意自己有意图地将这本书放在书架上某个位置，知道自己的手伸向一本书，将它拾起；避免突兀或生硬的动作，借着呼吸保持觉察，特别是在你的心又漫游时。

5. 放慢动作带着觉察沐浴。允许自己洗个 30~45 分钟的澡，不要感觉到任何匆忙，从准备洗澡水到穿衣服都保持轻缓的动作，留意自己的每个动作，把注意力放在身体的每一部分，不歧视或害怕，注意每一道水流经过身体的感觉，清洗过后，感觉自己的心如同身体般的平静和清爽，跟着你的呼吸，想象自己正在夏天芬芳洁净的荷花池中。

6. 对冥想保持觉察。舒适地坐在地板上，背挺直，或坐在椅子上，让你的双脚平放在地上，闭上眼睛或微微睁开注视附近的某个东西。在吸气时心中缓慢而温和地默念"1"，在呼气时缓慢而温和地默念"1"，试着把全部心思放在"1"这个数字上面。当你注意到自己有想动的冲动，试着保持不动，只是温和地观察这个想动的冲动。持续练习观察想停下来的欲望，只是温和地观察它。

7. 其他：

八、练习有效地做的方法

1. 在你开始要对某人或某事生气或产生敌意时，观察并且问自己："这是有效的吗？"

2. 当你发现自己开始想要争取"对的"而非有效的做法时，观察自己。放弃要做"对的"，转而试着以有效的做法取代。

3. 注意自己的执意，问自己："这样是有效的吗？"

4. 放下执意的想法，转而练习以有效地做来取代，注意两者的差别。

5. 当你感到生气、敌意或快要做一些无效的事时，练习愿意的手的姿势。

6. 其他：

痛苦耐受：TIP 技能

一、TIP 技能：改变身体化学状况

让极端的情绪迅速降低

用冷水改变脸的温度（让你迅速冷静下来）

（the temperature of your face with cold water）

· 屏住呼吸，把脸浸入冷水中，或把冰袋（或装着冰水的夹链袋）放在眼睛和脸颊上。

· 持续 30 秒。水温维持在 10℃以上。

激烈运动（当身体被情绪激发时，使它平静下来）

（intense exercise）

· 进行激烈的运动，即使只是片刻。

· 通过跑步、快走、跳跃、打篮球、跳绳等来消耗身体储存的能量。

调节呼吸（通过减缓呼吸来调节）

（paced breathing）

· 深深地把气吸到腹部。

· 减缓吸气和呼气的速度（平均每分钟呼吸 5～6 次）。

· 让呼气比吸气来得慢（例如吸 5 秒而呼 7 秒）。

配对式肌肉放松（肌肉放松配合呼气，让你平静下来）

（paired muscle relaxation）

· 当你把气深深地吸到腹部时，绷紧身体的肌肉（不要紧到会引起抽筋的程度）。

· 注意身体的紧绷。

· 呼气时，在心中说"放松"这个词。

· 释放紧绷。

· 注意这两者在体内的不同。

注意：非常冷的水会急速降低心速，激烈运动会增加心速。如果你有心脏方面或其他的医疗状况、因用药导致低基础心率、服用 β-阻断剂、对冷起过敏反应，使用这些技能前请先咨询医生。

痛苦耐受：转移注意力和自我抚慰

一、转移注意力（ACCEPTS 技能）

进行活动（activity）

☐ 专注于一项你必须完成的任务。

☐ 看电视（动漫、综艺）。

☐ 打扫房间。

☐ 参加活动。

☐ 玩手游（刷小视频）。

☐ 散步或其他运动。

☐ 上网、聊 QQ 或微信。

☐ 打球。

☐ 外出用餐或吃喜欢的食物。

☐ 打电话或拜访朋友。

☐ 听音乐。

☐ 拼搭一些东西。

☐ 花时间陪孩子（宠物）。

☐ 玩牌（游戏）。

☐ 阅读杂志、书籍、漫画。

☐ 玩填字游戏或数独。

☐ 其他：

贡献（contributing）

☐ 做志愿者。

☐ 帮助朋友或家人。

☐ 以好东西（卡片、善意的行为、拥抱）来给某人惊喜。

☐ 把不需要的东西捐出去。

☐ 打电话或发消息鼓励某人，或只是和他打招呼。

☐ 为别人做件好事。

☐ 做一些体贴别人的事。

☐ 其他：

比较（comparison）

☐ 比较现在的感觉与过去曾有的不同感觉。

☐ 想想那些和你面对同样事情或处理得比你差的人。

☐ 与自己更不幸的人比较。

☐ 看真人秀中其他人遇到的困难；阅读有关灾难、有人受苦的故事或报道。

☐ 其他：

情绪（emotion）

☐ 阅读富含情感的书籍、故事。

☐ 看会引发情绪的电视节目或电影。

☐ 看恐怖电影、笑话集、喜剧片、爆笑的生活花絮。

□ 听富含情感的音乐（要确定这些音乐能创造出不一样的情绪）。

□ 去书店看有趣的贺卡。

□ 其他：

推开（pushing away）

□ 先把事情放下，将情境推开。

□ 在心理上离开这个情境。

□ 用一堵想象的墙，把你和情境隔开。

□ 在心中隔绝想法和影像。

□ 注意到反复出现的思绪，大声喊："不！□

□ 拒绝去想令你痛苦的情境。

□ 把痛苦放在架子上或箱子里，暂时放一边。

□ 暂时否认有这个问题。

□ 其他：

想法（thought）

□ 从 1 数到 10；数图书中、海报中或窗户外的颜色；数任何东西。

□ 在心中重复哼唱歌曲中的一句话。

□ 玩益智游戏。

□ 看电视或阅读。

□ 其他：

感觉（sensation）

□ 用力挤压橡皮球。

□ 听很吵的音乐。

□ 手握冰块或把冰块含在口中。

□ 在下雨或下雪时外出。

□ 洗热水或冷水澡。

□ 其他：

二、自 我 抚 慰

视觉

□ 夜晚看星星。

□ 翻看书中你喜爱的图案。

□ 买一束美丽的花。

□ 在房间里布置一个美丽的角落。

□ 点一盏蜡烛，凝视烛光。

□ 布置餐桌，摆上最好的餐具。

□ 去外面静静看着形形色色的人群或店家橱窗。

□ 去博物馆或艺术品店欣赏美丽的艺术品。

□ 坐在一家美丽的古老饭店大厅里。

□ 细看周遭的自然景色。

□ 在城市中你喜欢的地区散步。

□ 观看日出或日落。

□ 在现场或电视上观看舞蹈表演。

□ 留意从眼前经过的每个人。

□ 到公园散步，或去景色优美的步道走走。

□ 逛一逛并看看不同店家的东西。

□ 其他：

听觉

□ 听抚慰人心或令人振奋的音乐。

□ 聆听大自然的乐章（如浪涛声、鸟叫声、瀑布声、树叶沙沙声）。

□ 聆听城市里的声音（如车辆往来的声音、喇叭声、城市音乐）。

□ 唱首最喜欢的歌。

□ 哼唱一个让你平静的调子。

□ 学习弹奏某种乐器。

□ 把可以帮助你度过艰难时刻的音乐做成乐单保存并播放出来。

□ 留意身旁的任何声音，让它们左耳进右耳出。

□ 打开收音机。

□ 其他：

嗅觉

☐ 使用你最喜欢的香皂、洗发露、润肤液、古龙水、乳液，或去店里试用。

☐ 点熏香或香氛蜡烛。

☐ 闻一闻咖啡的香味。

☐ 在衣柜中放点柠檬精油。

☐ 在房间里放碗干燥花瓣或精油。

☐ 坐一辆新车并闻闻它的气味。

☐ 烤饼干、面包或做爆米花。

☐ 闻玫瑰的香气。

☐ 做个森林浴并带着觉察呼吸大自然的清新气味。

☐ 打开窗户，闻空气的味道。

☐ 其他：

味觉

☐ 吃一些你爱吃的食物。

☐ 喝自己喜欢且可以舒缓身心的饮料，像奶茶、花草茶、热巧克力、拿铁或冰沙。

☐ 犒赏自己甜点。

☐ 吃面条、饼干或其他你小时候爱吃的食物。

☐ 去冰淇淋店试吃。

☐ 含颗薄荷糖。

☐ 嚼喜欢的口香糖。

☐ 来一点你通常不会花钱去买的特别食物，例如现榨的柳橙汁或你喜欢的糖果。

☐ 吃的时候要真正去品尝食物的味道，带着觉察一次只吃一样东西。

☐ 其他：

触觉

☐ 泡或冲个热水澡。

☐ 抱抱心爱的小狗、小猫。

☐ 做全身按摩，泡脚。

☐ 在全身擦上乳液。

☐ 冰敷额头。

☐ 窝在家中最舒服的沙发上。

☐ 穿上舒适的短上衣或衬衫。

☐ 开车去兜风（坐车时摇下车窗吹吹风）。

☐ 轻轻抚触柔软的皮革或木头纹理。

☐ 拥抱某人。

☐ 把干净的床单铺在床上。

☐ 用毛毯裹住身体。

☐ 特别留意让你舒服的触觉。

☐ 其他：

痛苦耐受：全然接纳

一、全然接纳

（一）什么是全然接纳？

1. 全然的意思是完全、彻底和全部。

2. 全然接纳是你的理智、情感和身体都愿意接纳。

3. 全然接纳是当你停止和现实对抗，不再因为现实并非你想要的而发脾气，并且放下挣扎。

（二）需要被接纳的是什么？

1. 现实本身（过去或现在的事实，即使你不喜欢）。

2. 每个人的未来都是有些限制的（但只有真实的限制才需要被接纳）。

3. 发生的每件事情都是有原因的（包括让你痛苦的事件与情境）。

4. 即使生活中有痛苦事件存在，仍然是值得活的。

（三）为什么要接纳现实？

1. 拒绝现实并不会改变现实。

2. 改变现实需要先接纳现实。

3. 痛苦无法避免，痛苦是提醒我们某件事有问题的讯号。

4. 拒绝现实让痛苦变成受苦。

5. 拒绝接纳现实会让你卡在不快乐、苦涩、愤怒、悲伤、羞愧或其他痛苦的情绪中。

6. 接纳也许会导致悲伤，但深沉的平静感多半会随之而来。

7. 离开深渊的路会经过苦难，若你拒绝接纳爬出深渊过程中必经的苦难，就会掉回深渊中。

（四）如何练习全然接纳？

1. 观察到自己正在质疑或抗拒现实（"不应该是这样的"）。

2. 提醒自己那个不愉快的现实就是这样，无法改变（"就是发生了"）。

3. 提醒自己这个现实是有原因的。承认是某些过去的历史导致现在这个片刻。当我们思索人们的生活如何被一连串的因素所塑造，并注意到这些导致目前结果的决定因素及过去历史时，就能理解现实为何会如此（"这就是为什么事情会是这个样子"）。

4. 练习用全部的自己来接纳。有创意地找出用全部的自己来接纳的方式。使用接纳的自我对话，但也考虑使用放松、正念呼吸、微笑和愿意的手的姿势（当你想到那些感觉无法接纳的事时）、祈祷、去一个能引导你朝向接纳的地方，或通过想象。

5. 练习相反行动。列出如果接纳事实后你会做的一切行动，然后如同你已接受事实般地去做。做那些你若真的接纳后会去做的行为。

6. 预先响应那些似乎不容易被接纳的事。（在心里）想象去相信那些你不想接纳的事。在心中演练如果你真的接受之后会怎么做。

7. 当你想着所需要接纳的事时，注意身体的感觉。

8. 容许自己产生失望、悲伤或哀恸。

9. 承认人生是值得活的，即使会有痛苦。

10. 当你发现自己抗拒练习接纳时，做利弊分析。

☐ 转念就像是走在一条需要做出选择的分叉路上，你必须一直提醒自己选择接纳的路，同时远离拒绝现况的路。

☐ 转念就是选择接纳的路。

☐ 选择接纳不等于接纳本身，只是让你朝那个方向前进。

二、转　念

转念的步骤

1. 观察到自己的不接纳（愤怒、苦涩、不耐烦、回避情绪；说"为什么是我""为什么会这样""我无法忍受""不应该是这样"）。

2. 进入内在，并做出承诺去接纳现实。

3. 再做一次。一次又一次，每当你来到接纳或拒绝现实的岔路口，持续将心念转向接纳。

4. 拟定计划，帮助你在未来从接纳的路上飘走时，可以重新抓住自己。

拒绝　　接纳
若你站在这里，
会选择哪个方向？

三、我　愿　意

（一）对每种情境找出一个我愿意的反应

1. 对所需要的每种情境做出我愿意的反应：在每种情境中，全心全意，不拖泥带水。

2. 我愿意是仔细倾听自己的智慧心，依照智慧心行动。

3. 我愿意是带着觉察行动，觉察自己和宇宙万物（星辰、喜欢与不喜欢的人，以及同踏的地面等）之间的连接。

（二）以我愿意来取代我执意

1. 我执意是拒绝忍受此时此刻。
2. 我执意是拒绝做必要的改变。
3. 我执意是放弃。
4. 我执意是"做有效的事"的相反。
5. 我执意是尝试修正每种情境。
6. 我执意是坚持每件事在控制之内。
7. 我执意是固着在"我、我、我"及"我现在就要的事物"上。

（三）我愿意的步骤

1. 观察自己的执意，标示它并感受它。
2. 全然接纳这个当下你执意的感受（或行为），你无法以执意来对抗执意。
3. 将你的心转向接纳与我愿意。
4. 尝试微笑与愿意的手的姿势。
5. 当感觉到执意无法动摇时，问自己：威胁是什么？

（四）我注意到的情境

我执意：

我愿意：

情绪调节：认识情绪

一、情绪调节的目标

了解并命名情绪

☐ 识别（观察并描述）你的情绪。
☐ 了解情绪能为你做什么。
☐ 其他：

减少不想要的情绪频率

☐ 减少不想要的情绪产生的机会。
☐ 当不想要的情绪发生时，改变它。
☐ 其他：

降低情绪心的脆弱性

☐ 减少对情绪心的脆弱性。
☐ 提升复原力，增强应对困难的能力，并培养积极情绪。
☐ 其他：

减少情绪痛苦

☐ 当被痛苦情绪淹没时，减少受苦。
☐ 管理极端情绪，不把事情变得更糟。
☐ 其他：

二、情绪的功能

（一）情绪引发（并组织）行动

1. 情绪引发行为，让我们准备好去行动。
2. 特定情绪的行动冲动通常与生理反应息息相关。
3. 在重要情境中，情绪帮助我们节省行动的时间。

4. 当我们没有时间把事情想清楚时，情绪尤其重要。

5. 强烈的情绪帮助我们克服障碍。

（二）情绪可以与他人沟通并影响他人

1. 脸部表情与情绪息息相关，通过脸部表情沟通比文字更快速。

2. 肢体语言与情绪息息相关，不论你喜不喜欢，它们同样也在与别人沟通我们的情绪。

3. 当这个沟通或信息的传递很重要时，要改变情绪可能会非常困难。

4. 不论有意或无意，我们在情绪上的沟通会影响别人。

（三）情绪帮助我们与自己沟通

1. 情绪反应可以给我们提供关于情境的重要信息，情绪可以是告诉我们正在发生的某事的讯号或警铃。

2. 如果情绪能够驱使我们去核对事实的话，那么这将对我们很有帮助。

3. 要小心：有时候我们会把情绪当成外在世界的事实，情绪越强，我们就越相信这个情绪是建立在事实之上。

4. 当我们假设情绪即代表外在事实，可能会用它来支持我们的想法或行动；当情绪让我们忽略事实时，可能会引起麻烦。

三、情绪模式图

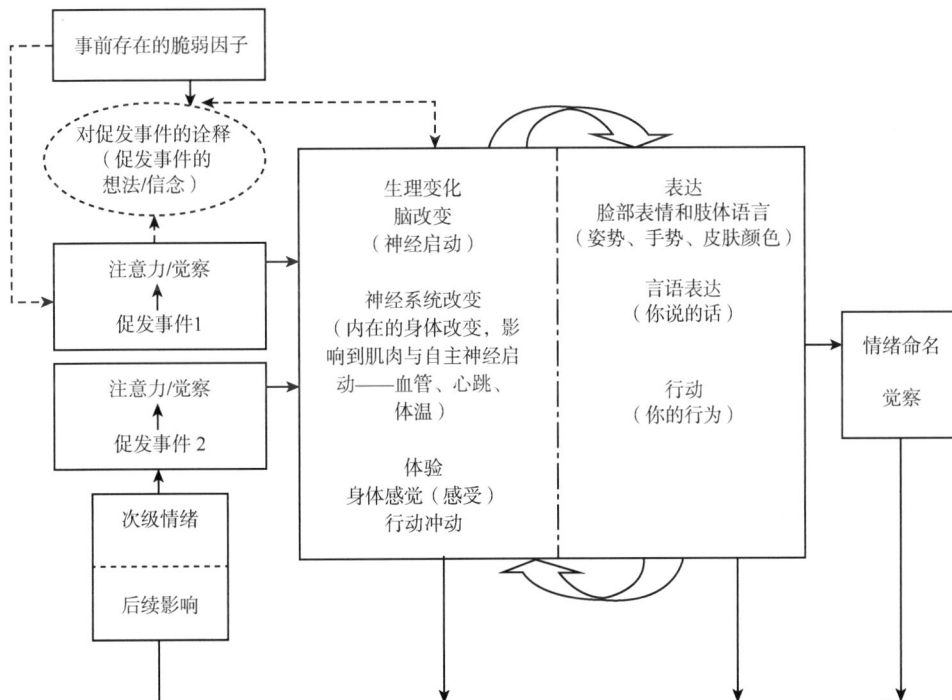

四、描述情绪的方法

愤怒的词汇

| 愤怒 | 苦楚 | 盛怒 | 愤慨 | 复仇 |

激怒	恼怒	易怒	刺激	震怒
激动	凶猛	坏脾气	暴跳如雷	
恼人	挫折	敌意	暴怒	

愤怒感受的促发事件

重要的目标受阻。

你或你关心的人被他人攻击或威胁。

激动。

事情的发展不符合期待。

身体或情绪的痛苦。

其他:

对促发愤怒感受事件的诠释

认为自己受到不公平待遇。

指责。

认为重要的目标受阻或停止。

认为事情应该要不同。

执意地想"我是对的"。

断定情况是不合法的或错的。

不断回想最初引起愤怒的事件。

其他:

愤怒的生理变化与体验

肌肉紧绷。

咬牙切齿。

紧握手。

脸变红、变热。

觉得快要爆炸了。

泪流不止。

想打人、捶墙、丢东西、爆发。

想伤害别人。

其他:

愤怒的表达和行动

肢体或言语攻击。

做出攻击或威胁性的姿势。

敲桌子、丢东西或砸东西。

步伐沉重、踱步或甩门。

走出去。

发出很大的、嘈杂或讽刺的声音。

骂脏话或诅咒。

批评或抱怨。

紧握拳头。

皱眉、不笑、看起来很凶。

闷闷不乐、退缩不前,不与人接触。

哭泣。

咬牙切齿。

脸涨红。

其他:

愤怒的后续影响

注意力狭窄。

你只注意到令你愤怒的情境。

不断回想令你愤怒的情境。

想象未来可能会令你愤怒的情境。

自我感丧失,经验解离,麻木感。

其他:

厌恶的词汇

厌恶	规避	不喜欢	嫌恶	矛盾	愤恨	恶心
痛恨	屈尊	嘲弄	怨恨	击退	反抗	恶意
反感	轻蔑	不屑	憎恶	排斥	鄙视	卑鄙

厌恶感受的促发事件

看到/闻到人类或动物的排泄物。

很脏的人或动物试图靠近时。

吃到或被迫吞下你实在不想吃的东西。

看到或靠近尸体时。

碰触到陌生人、死人或不喜欢的人穿过或拥有的物品。

观察或听到他人卑躬屈膝，或感受到别人屈辱他人。

看到血；血流出来。

观察或听到某人极端阿谀奉承/虚伪。

观察或听到背叛、孩童受虐、种族歧视或其他残酷的事。

被迫观看严重违背自己智慧心、价值观的事。

面对严重违背自己智慧心、价值观的人。

被迫从事或观看自己不想要的性接触。

其他：

对促发厌恶感受事件的诠释

认为自己吞进有毒的东西。

自己的皮肤或心智被污染。

自己的身体或身体的某部位很丑。

别人很邪恶，是"人渣"，或者其他人不尊重权威、团体。

不赞同他人，或者觉得自己的道德强过别人。

强烈不赞同自己，自己的感受、想法或行为。

强烈谴责他人不道德、有罪、违反社会公德。

评论别人的身体极端丑陋。

其他：

厌恶的生理变化与体验

感觉想吐；感到恶心。

想吐的冲动，呕吐、窒息、透不过气。

觉得喉咙有东西。

不想吃或不想喝。

想毁掉或甩开东西的强烈冲动。

想洗澡的冲动。

想走开或推开的冲动。

感到自己被污染，肮脏，不干净。

感到精神被污染。

昏倒。

其他：

厌恶的表达和行动

呕吐、吐口水。

闭起眼睛，转移视线。

洗、刷、洗澡。

换衣服，清洁环境。

避开吃或喝。

推开、踢开、跑走。

用不屑或不尊重的方式待人。

跨过，把别人挤开。

肢体攻击让你感到厌恶的人。

骂脏话或诅咒。

紧握手或拳头。

皱眉或不笑。

很凶或不开心的脸部表情。

用讽刺语调说话。

鼻子与上唇紧绷；假笑。

其他：

厌恶的后续影响

注意力窄化。

不断回想自己觉得厌恶的情境。

对脏特别敏感。

其他：

羡慕的词汇

| 羡慕 | 渴望 | 不开心 | 贪心 | 小家子气 |
| 苦涩 | 不满足 | 不满意 | 妒忌 | 愤恨 |

贪婪	满腹牢骚	心情低落	想要	期望

羡慕感受的促发事件

别人有自己非常想要或需要的东西，自己却得不到。别人因为某种你没有的东西而获得认可。

自己不在"主流"里。

某个人看起来什么都有。

其他人在享乐，而自己却是一个人。

别人因为你的努力而获得奖赏。

别人得到一些你想要却要不到的东西。

身边朋友拥有的都比自己多。

在你重视的领域中，竞争对手比你成功。

其他：

对促发羡慕感受事件的诠释

认为自己值得拥有他人所拥有的。

觉得别人拥有的比自己多。

认为自己运气比别人差，不公平。

认为人生不公平。

认为自己不如那些你想成为的人，自己是失败者，处于劣势地位。

将自己与拥有更多的人相比较。

将自己与拥有某些你希望具有的特质的人相比较。

认为自己不被赏识。

觉得自己运气很差。

其他：

羡慕的生理变化与体验

肌肉紧绷。

牙关紧闭、抿嘴。

感到脸涨红或变热。

感到身体僵硬。

胃痛。

有想讨个公道的冲动。

想要伤害你羡慕的人。

想要自己羡慕的那人失去拥有的东西，遇上坏运气，或被伤害。

当别人失败或失去拥有物时，自己感到高兴。

当别人走运时，自己却不开心。

有动力想要改善自己。

怨恨其他人。

其他：

羡慕的表达和行动

尽一切努力去获得他人拥有的。

比以往更努力工作来获得想要的。

尝试改善自己或自己的处境。

拿走或破坏其他人所拥有的。

攻击或批评别人。

想办法让其他人失败或失去他们所拥有的。

说别人坏话，或让那人在他人面前看起来很糟。

试图表现，让自己看起来比别人好。

避开那些拥有自己想要的东西的人。

做一些事情去讨公道。

其他：

羡慕的后续影响

注意力窄化。

只注意那些别人拥有而自己没有的。

不断回想别人拥有的比自己多。

不满足或不欣赏自己有的，或他人为自己做的。

不断回想自己所没有的。

做出改变的决心。

其他：

恐惧的词汇

恐惧	惧怕	恐怖	神经质	惊骇	不能放松
焦虑	急躁	歇斯底里	不堪负荷	紧绷	担忧
忧虑	惊吓	易变	恐慌	惊悚	

恐惧感受的促发事件

你的生命、健康或幸福受到威胁。

处在过去曾对你造成伤害、威胁的相同（相似）情境中。

处在你看过别人被伤害或威胁的情境中。

安静。

处在新的或不熟悉的情境中。

追求梦想。

独处（独行、独自在家、独居）。

处在黑暗中。

处在拥挤的人群中。

离开家。

需要在他人面前表演。

其他：

对促发恐惧感受事件的诠释

认为你可能会死或即将要死。

你可能会被伤害或受伤。

你可能会失去某些重要的东西。

某人可能会拒绝、批评或不喜欢你。

你会丢自己的脸。

可能会失败，或预期会失败。

你无法获得想要的或需要的协助。

你可能会失去原有的协助。

你可能会失去重要他人。

你可能会失去某个你想要的东西。

自己是无助的或失去控制感。

自己是无能的或无法胜任。

其他：

恐惧的生理变化与体验

无法呼吸。

心跳很快。

呛到的感觉，如鲠在喉。

肌肉紧张、抽筋。

咬牙切齿。

想尖叫或呼救。

感到恶心。

觉得冷，生病了。

寒毛竖立。

提心吊胆。

想跑开或避免某些事情。

其他：

恐惧的表达和行动

逃、跑开。

匆促地跑或走。

躲起来或避开那些令你恐惧的东西。

参与令人紧张、恐惧的对话。

恳求或哭求协助。

话变少，或说不出话来。

尖叫或大叫。

警觉地看着四周。

盯住不动。

劝自己不要去做让自己恐惧的事。

僵住了，或尝试不要动。

哭泣或啜泣。

发抖。

颤抖或发抖的音调。

流汗或冒汗。

拉肚子、呕吐。

毛发直立。

其他：

恐惧的后续影响

注意力窄化。

对威胁过度敏感。

失去聚焦能力、方向感，或感到迷茫。

失去控制。

想象可能会有更多失落或失败。

孤立自己。

不断回想其他受威胁的时候。

其他：

快乐的词汇

快乐	满意	愉悦	不亦乐乎	狂喜
喜悦	福佑	胜利	乐观	高兴
享受	热忱	满足	热情	自豪
放松	欢乐	兴奋	热切	高昂
有乐趣	快乐到发抖	欢腾	欢快	兴高采烈
沉迷	欢欣	荒唐可笑	愉快	欢天喜地
希望	喜不自胜	欣喜	热心	

快乐感受的促发事件

收到很棒的惊喜。

现实状况比你期待的还要好。

得到你想要的。

认真或花心思工作而获得想要的结果。

事情比原先想象的还要好。

任务做得很成功。

达到想要的结果。

获得自尊、敬重和赞美。

接受爱、喜欢或情感。

被他人接纳。

归属于某处，与某个人或团体在一起。

与爱你或喜欢你的人在一起。

有非常愉悦的感觉。

做那些会创造或带来愉悦感觉的事。

其他：

对促发快乐感受事件的诠释

依照实际情况诠释欢乐事件，不添油加醋。

其他：

快乐的生理变化与体验

感到兴奋。

感到身体很有活力、精力充沛。

感到想笑。

感到脸红。

感到全然的平静。

有冲动想持续做与快乐有关的事。

感到安详。

感到开放或开阔。

其他：

快乐的表达和行动

微笑。

满面春风。

雀跃或飘飘然。

传达你的好心情。

和别人来个拥抱。

高兴地跳上跳下。

说积极的事情。

用很热忱或兴奋的音调说话。

分享你的感觉。

傻傻的。

打话匣子停不下来。

其他：

快乐的后续影响

对别人和善、有礼貌。

为别人做贴心的事。

有积极的观点，看到积极面。

不容易感到担心或忧虑。

记起或想象其他快乐的时刻。

期待未来也会如此欢乐。

其他：

嫉妒/吃醋的词汇

嫉妒/吃醋	紧紧抓住	害怕失去某人或某事	小心翼翼	谨慎
防卫	占有欲强	多疑	警觉	执著
怀疑	竞争	自我保护		

嫉妒/吃醋感受的促发事件

一段重要的关系受到威胁或仿佛快要失去。

有位潜在竞争者关注你所爱的人。

某人威胁拿走你生命中重要的东西。

某人与你喜欢的人出游。

某人与你的朋友说话时，完全忽略你。

某人比你更有吸引力、更活泼外向，或者更有自信。

被你希望亲近的人用不在乎的方式对待。

你的伴侣与其他人调情。

你的热恋对象正注视其他人。

你发现你爱的人与他人有染。

其他：

对促发嫉妒/吃醋感受事件的诠释

认为你的伴侣不再关心你了。

你对伴侣来说一点都不重要。

你的伴侣将要离开你。

你的伴侣行为不适合。

你比不上你的同伴。

你应该得到更好的对待。

你认为被欺骗了。

没人关心你。

你的对手很有占有欲和竞争力。

你的对手是不牢靠的。

你的对手很容易羡慕别人。

其他：

嫉妒/吃醋的生理变化与体验

无法呼吸。

心跳很快。

呛到的感觉，如鲠在喉。

肌肉紧绷。

咬牙切齿。

疑神疑鬼。

被拒绝的感受。

控制的需要。

无助感。

想要抓紧或继续保持你所拥有的事物。

想要推开或除掉对手。

自尊受损。

其他：

嫉妒/吃醋的表达和行动

对让你有威胁感的人施暴，或口头威胁要施暴。

对你担心可能会失去的那个人，尝试限制他的自由。

盘问别人，要求对方详述在何时做了什么事。

收集对方所有做错事的证据。

口头指责别人背信弃义、不忠。

窥探、跟踪、监视别人。

紧抓不放，增加依赖性。

更需要证明自己被爱。

其他：

嫉妒/吃醋的后续影响

注意力窄化。

看到别人最糟的一面。

全盘否定、不信任。

对于任何威胁到关系的信息都过度警惕。

孤立自己或退缩。

其他：

爱的词汇

爱	被吸引	魅力	热恋	同情
爱慕	关爱	喜爱	想望	柔软
钟爱	被迷住	迷恋	性欲	温暖
激起欲望	怜悯	仁慈	热情	多愁善感
渴望	喜欢			

爱的感受的促发事件

有人做了你想要、需要或渴望的事。

有人做了你想要或需要做的事。

有人做了你特别重视或佩服的事。

感到对方很有吸引力。

与一个你感到愉快的人在一起。

你和对方共度很多时光。

你和对方分享很特别的体验。

你和对方沟通得非常顺利。

其他：

对促发爱的感受事件的诠释

相信有人爱你、需要你或欣赏你。

想着某人很有吸引力。

认为某人的个性很棒，让人开心，而且很有吸引力。

相信某人很可靠，一直都会在你左右。

其他：

爱的生理变化与体验

当你和对方在一起或想着对方时。

感到兴奋和充满能量。

心跳加速。

感到有自信。

感到不会受伤。

感到快乐、开心或兴高采烈。

感到温暖、信任和安全。

感到轻松、平静。

想给对方最好的。

想送对方东西。

想看到对方、和对方在一起。

想和对方共度一生。

想要肢体的亲近或发生性关系。

想要亲密的感觉。

其他：

爱的表达和行动

说"我爱你"。

对某人表达积极的感觉。

微笑。

和某人一起体验、共度时光。

眼神接触、相互凝视。

触碰、抚摸、拥抱、依偎。

性行为。

做对方想要或需要的事。

其他：

爱的后续影响

只看到对方的优点。

感到心不在焉，像在做白日梦。

敞开心房和信任对方。

感到"活着"、有能力。

回想起你曾爱过的人。

回想起曾爱过你的人。

回想起其他美好的事。

认为自己是美好的、有能力的、胜任的。

其他：

悲伤的词汇

悲伤	失望	可惜	破坏	断开	忧郁
绝望	思乡	烦闷	不满意	苦难	阴沉
哀恸	忽视	沮丧	不安全	沮丧	郁闷
苦难	疏远	受伤	悲哀	愁云	独自
苦恼	不满	被拒绝	挫败	孤单	不幸
发狂	不快乐				

悲伤感受的促发事件

无可挽回地失去某人或某事。

所爱的人死去。

事情不如你所期待或想要的。

事情比你期待的更糟。

与所珍爱的人分开。

得到不想要的。

努力却得不到想要的。

没有得到你生活中需要的。

被拒绝、不赞同或排挤。

发现自己是无力的或无助的。

和一个悲伤或痛苦的人在一起。

听闻世上其他人的问题或烦恼。

孤单或孤立感，像个局外人。

想着所有你得不到的东西。

想着你的失落。

想着你很思念某人。

其他：

对促发悲伤感受事件的诠释

相信会和某人分开很久或永远分开。

相信自己得不到想要或需要的。

认为事情或你的人生是无望的。

相信自己是无用的或无价值的。

其他：

悲伤的生理变化与体验

感到疲惫、耗损或没有活力。

感到沉闷、无精打采，整天想躺在床上。

感到好像没有事情会再让你快乐了。

感到五脏六腑很痛苦或空荡荡的。

感到空虚。

难以下咽。

无法呼吸。

眩晕。

感到无法停止哭泣，或开始哭就停不下来。

其他：

悲伤的表达和行动

回避事情。

无助；赖床；不想动。

闷闷不乐、忧郁、行动情绪化。

动作缓慢、拖着脚步。

社交退缩。

回避以往会让你开心的事。

放弃而且不再尝试改善。

述说悲伤的事。

话少或根本不说话。

声音很小、缓慢或单调。

眼睑低垂。

皱眉，不笑。

垂头丧气。

流泪、哭泣、哽咽。

其他：

悲伤的后续影响

记不得开心的事。

觉得很易怒、多愁善感或不高兴。

渴望并寻找失落的东西。

有负向的看法。

责怪或批评自己。

一直想到过去悲伤的事情。

失眠。

胃口受影响，消化不良。

其他：

羞愧的词汇

羞愧	苛责	难为情	屈辱	害羞
痛悔	心乱	羞辱	忸怩不自然	

羞愧感受的促发事件

被所在意的人拒绝。

被人发现你过去的错误。

做（想或觉得）某件你敬重的人相信是错误或不道德的事。

感觉自己某部分或某个行为达不到某个标准。

被所爱的人背叛。

被取笑/捉弄。

想起在公开场合/他人面前被公然批评。

他人攻击你的正直。

被提醒过去所做的某事是错误的、不道德的或丢脸的。

原以为会被赞赏的事情却被拒绝或批评。

你的情绪/经验被否定。

隐私被暴露出来。

你所不喜欢的身体特征暴露出来。

在某件你觉得有能力（或应该有能力）做到的事情上失败了。

其他：

对促发羞愧感受事件的解释

认为别人会拒绝你（或已排斥你）。

觉得自己比较差、不够好，不像别人那么好；自我否定。

跟别人比，觉得自己是个输家。

认为自己不值得被爱。

认为自己是坏的、不道德的或错的，认为自己是有缺陷的。

认为自己是一个很糟的人或失败者。

认为自己的身体（或某部位）太大、太小或太丑。

认为自己没有达到别人的期待。

认为自己的行为、想法或感受是愚蠢的或不明智的。

其他：

羞愧的生理变化与体验

胃痛。

想把自己的脸和身体藏起来或遮住。

害怕的感觉。

想缩起来或消失。

其他：

羞愧的表达和行动

在他人面前隐藏你的行为或特征。

回避那些你伤害过的人。

回避那些曾批评过你的人。

逃避自己：分心（转移注意力）、忽略。

退缩；把脸遮住。

在别人面前低头、下跪。

安抚，一再道歉。

眼神回避其他人。

垂头丧气，颓废或僵硬的姿势。

说话结巴，音量变低。

脸涨红。

其他：

羞愧的后续影响

回避去想你的过错，自我封闭，阻隔所有情绪。

做分心或冲动的事来转移心思或注意力。

被专注在自己身上的心思占据。

自我感丧失，经验解离，麻木或休克。

攻击或指责他人。

与他人发生冲突。

孤立、感到疏离。

问题解决能力受限。

其他：

内疚的词汇

内疚　　　　苟责　　　　悔恨　　　　感到抱歉　　　　后悔　　　　遗憾

内疚感受的促发事件

做或想自己认为是错误的事。

做或想违背自己价值观的事。

没有做到自己说好要做的事。

违背了自己很看重的人、事、物。

伤害/损害别人或物体。

伤害/损害自己。

被指出过去自己曾经做错的事。

其他：

对促发内疚感受事件的诠释

想着自己的某个行为应该被谴责。

想着自己表现很差。

想着"如果当时不那样做就好了"

其他：

内疚的生理变化与体验

发热、脸红。

神经过敏、紧张。

窒息感。

其他：

内疚的表达和行动

希望能够补偿伤害、弥补错误、修复损坏、改变结果。

请求他人原谅，道歉。

提供礼物或做出牺牲，试图弥补过错。

在他人面前抬不起头来、下跪。

内疚的后续影响

做出改变的决心。

做出行为改变。

参与自助方案。

其他：

情绪调节：相反行动

一、相反行动

当你的情绪不符合事实或者随着情绪的行动无效时，采取相反行动。每种情绪都有一个行动冲动，通过与这个行动冲动相反的行动来改变情绪，请看下列的举例。

行动冲动	相反行动
逃跑/避开	靠近/不躲开
攻击	温和地避开/态度好一些
退缩/孤立	积极互动
躲藏/避开	告诉那些会接纳这个秘密的人

采取相反行动的步骤如下。

步骤一：识别，并为你想改变的情绪命名。

步骤二：核对事实，看看你的情绪是否符合事实；同时核对情绪强度与持续度是否也符合事实。当情绪符合事实时，情绪就是合理的。

步骤三：识别与描述行动冲动。

步骤四：询问智慧心，表现出这个情绪对此情境是有效的吗？

如果你的情绪不符合事实，或随着行动是无效的。

步骤五：识别行动冲动的相反行动。

步骤六：做出与行动冲动完全相反的行动。

步骤七：持续做出与行动冲动相反的行动直到情绪改变。

二、找出相反行动

（一）恐惧

当威胁危及：

A. 你的生命或你关心的人的生命。

B. 你的健康或你关心的人的健康。

C. 你的幸福或你关心的人的幸福。

D. 其他举例：

恐惧符合事实！

当你的恐惧不符合事实或无效时，遵循以下的建议。

与恐惧相反的行动：

1. 做你害怕做的事，反复地做。

2. 接近让你恐惧的事件、地点、工作、活动或人。

3. 做一些让你有控制感的事，并掌控自己的恐惧。

与恐惧完全相反的行动：

4. 张大眼睛和耳朵，并专注于让你恐惧的事件。

5. 缓慢地环顾、探索四周。

6. 把环境中的信息真正接收进来（意味着注意到自己是安全的）。

7. 改变姿势，并保持自信的语调。

8. 保持抬头挺胸但是放松，眼睛睁开。

9. 采取自信的身体姿势（双膝分开、双手叉腰、脚后跟稍微朝外）。

10. 改变身体的化学状况，例如通过深吸气、慢呼气来调节呼吸速度。

（二）愤怒

当：

A. 重要目标或想要的活动被中断或阻止。

B. 你或你关心的人受到攻击或被他人伤害。

C. 你或你关心的人被他人侮辱或威胁。

D. 你在群体的尊严或地位受到冒犯或威胁。

E. 其他举例：

愤怒符合事实！

当你的愤怒不符合事实或无效时，遵循以下的建议。

与愤怒相反的行动：

1. 温和地避开让你愤怒的人（而不是攻击对方）。

2. 暂停，暂时离开，以及缓慢地吸气与呼气。

3. 宽以待人（而不是用恶劣或侮辱的态度）。

与愤怒完全相反的行动：

4. 想象你可以共情和理解对方。

□ 尝试从对方的立场来看事情。

□ 为所发生的事想出一些好理由。

5. 改变姿势。

□ 松开双手，掌心向上，手指放松（"我愿意"的手势）。

□ 胸部和腹部肌肉放松。

□ 松开牙关。

□ 脸部肌肉放松。

□ 微笑。

6. 改变身体的化学状况。

□ 通过深吸气、慢呼气来调节呼吸速度。

□ 跑步。

□ 其他需要体力、非暴力的活动。

（三）厌恶

当：

A. 你正在接触一个可能会毒害或污染你的东西。

B. 某个你极度讨厌的人正在触摸你或你在意的人。

C. 周围的某个人或团体，其行为或思想可能严重损害你或你所属的团体，或产生有害的影响。

D. 其他举例：

厌恶符合事实！

当你的厌恶不符合事实或无效时，遵循以下的建议。

与厌恶相反的行动：

1. 靠近一些，品尝、饮用、接近或接纳那些让你厌恶的东西。

2. 善待那些你鄙视的人、事、物；站在对方的立场。

与厌恶完全相反的行动：

3. 想象你可以理解与共情让你感到厌恶或鄙视的对象。

□ 尝试从对方的观点来看待事情。

□ 为对方的行为或外观想象一些好理由。

4. 真正接触那个令人反胃的感受。

□ 感受它（吸入、注视、触摸、倾听、品尝）。

5. 改变姿势。

□ 松开双手，掌心向上，手指放松（"我愿意"的手势）。

□ 胸部和腹部肌肉放松。

□ 松开牙关。

□ 脸部肌肉放松。

□ 微笑。

6. 改变身体化学状况。

例如，通过深吸气、慢呼气来调节呼吸速度。

（四）羡慕

当：

A. 他人或团体拥有你想要或需要却没有的东西。

B. 其他举例：

羡慕符合事实！

当你的羡慕不符合事实或无效时，遵循以下的建议。

与羡慕相反的行动：

1. 避免毁坏他人拥有的东西。

2. 数一数自己拥有的祝福，列出你所感激的事物清单。

与羡慕完全相反的行动：

3. 数你拥有的所有祝福。

□ 避免将一些祝福打了折扣。

□ 不要夸大你被剥夺的事情。

4. 不要夸大别人的价值或价值观；核对事实。

5. 改变姿势。

□　松开双手，掌心向上，手指放松（"我愿意"的手势）。

□　胸部和腹部肌肉放松。

□　松开牙关。

□　脸部肌肉放松。

□　微笑。

6. 改变身体化学状况。

□　通过深吸气、慢呼气来调节呼吸速度。

（五）嫉妒/吃醋

当：

A. 他人威胁要夺走你生活中的重要关系或事物。

B. 生活中重要及想要的关系处于被破坏与丧失的危险。

C. 其他举例：

嫉妒/吃醋符合事实！

当你的嫉妒/吃醋不符合事实或无效时，遵循以下的建议。

与嫉妒/吃醋相反的行动：

1. 放弃对他人的控制。

2. 与他人分享你所拥有的人、事、物。

与嫉妒/吃醋完全相反的行动：

3. 停止刺探或窥探。

□　不要问尖锐的问题（"你在哪里？""你跟谁在一起？"）。

□　解雇你的"私家侦探"。

4. 不回避（嫉妒/吃醋的感觉）。

□　倾听所有细节，聚焦于你所感觉到的。睁大眼睛，环顾四周。

□　接收所有与情境有关的信息。

5. 改变姿势。

□　松开双手，掌心向上，手指放松（"我愿意"的手势）。

□　胸部和腹部肌肉放松。

□　松开牙关。

□　脸部肌肉放松。

□　微笑。

6. 改变身体化学状况。

□　通过深吸气、慢呼气来调节呼吸速度。

（六）爱

当：

A. 爱人、动物或某个对象，提高你或你所关爱的人的生活质量。

B. 爱人、动物或某个对象，增加你实现个人目标的机会。

C. 其他举例：

爱（非指博爱大众）符合事实！

当你的爱不符合事实或无效时，遵循以下的建议。

与爱相反的行动：

1. 避开你所爱的人、动物或对象。

2. 转移注意力，不去想那个人、动物或对象。

3. 当爱的想法出现时，提醒自己为什么爱是不合理的（排练爱的缺点）。

与爱完全相反的行动：

4. 避免接触会让你想到所爱之人的所有事物。

例如照片、信件、短信、电子邮件、物品、纪念品、你们曾在一起的地方、你们计划或想一起去的地方、你知道那个人去过或将会去的地方。不要去跟踪、等待或寻找那个人。

5. 停止对那个人，甚至他的朋友表达爱。

对他不友善（例如，在微信、QQ 等社交工具上解除好友关系）。

6. 如果你爱的人在身旁，调整姿势和表达方式。

□ 不靠他太近以至于触碰到。

□ 不凝视他。

（七）悲伤

当：

A. 已无可挽回地失去某样东西或某人。

B. 事情不是如你所想、所期或所希望的方式发展。

C. 其他举例：

悲伤符合事实！

当你的悲伤不符合事实或无效时，遵循以下的建议。

与悲伤相反的行动：

1. 积极主动靠近。

2. 避免回避。

3. 建立自我掌控：做一些让自己感到胜任和自信的事。

4. 增加积极活动。

与悲伤完全相反的行动：

5. 把注意力放在此刻。

□ 留心觉察你的环境，注意当下的每一个细节。

□ 体验你正在从事的新活动或积极活动。

6. 改变姿势（采取身体姿势：抬头、挺胸、睁大眼睛）。

□ 保持乐观的语调。

7. 改变身体化学状况。

□ 增加身体动作（跑步、步行或其他自主运动）。

（八）羞愧

当：

A. 你的特质或行为被公开。

B. 你可能被自己所在的团队反对。

C. 其他举例：

羞愧符合事实！

当你的羞愧不符合事实或无效时，遵循以下的建议。

与羞愧相反的行动：

1. 公开呈现你的特质或行为（在不会拒绝你的人面前）。

2. 一遍又一遍，重复那些会引起羞愧的行为（在不会拒绝你的人面前，不用隐藏你的行为）。

与羞愧完全相反的行动：

3. 不用道歉或试图补偿已知的过错。

4. 接收所有情况的信息。

5. 改变身体姿势，看起来清白且自信。抬头，挺胸，保持眼神接触。语调平稳且清晰。

当你的羞愧不符合事实或是无效的，但是内疚符合事实时（你的行为的确违反自己的道德价值观），遵循以下的建议。

与羞愧相反的行动：

1. 公开你的行为（在不会拒绝你的人面前）。

2. 为你的行为道歉。

3. 修复所犯的过错，或努力防止或修复对他人的类似伤害。

4. 承诺在未来避免这种错误。

5. 得体地接受后果。

与羞愧完全相反的行动：

6. 原谅自己，承认自己行为的原因。

7. 放下。

（九）内疚

当：

A. 你的行为违反了自己的价值观或道德规范。

B. 其他举例：

内疚符合事实！

当你的内疚不符合事实或无效时，遵循以下的建议。

与内疚相反的行动：

1. 公开呈现你的个人特质或行为（在不会拒绝你的人面前）。

2. 一遍又一遍，重复那些会引起内疚的行为（在不会拒绝你的人面前，不用隐藏你的行为）。

与内疚完全相反的行动：

3. 不道歉或试图弥补已知的过错。

4. 接收所有情况的信息。

5. 改变身体姿势，看起来清白且自信。抬头，挺胸，保持眼神接触。语调平稳且清晰。

当你的内疚不符合事实或是无效的，但是羞愧符合事实时（如果被发现，你将被所在意的人拒绝），遵循以下的建议。

与内疚相反的行动：

1. 隐藏自己的行为（如果你还想留在团体里）。

2. 使用人际效能技能（如果你还想留在团体里）。

3. 努力改变其他人或团体的价值观。

4. 加入符合你的价值观的新团体（且不会拒绝你）。

5. 在新团体中，一遍又一遍，重复那些会引起内疚的行为。

与内疚完全相反的行动：

6. 认可你自己。

情绪调节：对当下情绪正念和累积正性情绪

一、对当下情绪正念：放下痛苦情绪

（一）观察你的情绪

☐ 退一步，只要注意到情绪的存在就好。

☐ 感受情绪如同波浪起起伏伏。

☐ 想象正在情绪的浪涛上冲浪。

☐ 试着不要去阻挡或压抑情绪。

☐ 不要试着去摆脱或推开情绪。

☐ 不要试着留住情绪。

☐ 不要紧握情绪。

☐ 不要放大情绪。

（二）运用身体感觉练习正念

☐ 注意身体哪个部位正在感受情绪感觉。

☐ 全然地体验你的感觉。

☐ 观察你需要多长时间让情绪平复。

（三）记住："你"不是"你的情绪"

☐ 并不一定要回应情绪。

☐ 记得你有感觉不同的时候。

（四）练习爱上你的情绪

☐ 尊重你的情绪。

☐ 不评判你的情绪。

☐ 练习"我愿意"。

☐ 全然接纳你的情绪。

二、累积正性情绪（短期）

（一）现在就建立积极经验

□ 增加会带来积极情绪的积极活动。
□ 每天从积极活动清单选一件事做。
□ 练习相反行动，尤其是避免回避。
□ 对积极活动留心觉察（不要一心多用）。

（二）对积极体验留心觉察

□ 把注意力专注于积极体验发生时，不要一心多用。
□ 当你的心思飘移到消极体验时，请再度专注积极体验。
□ 完全投入并参与每一个积极体验当中。

（三）对担忧不留心觉察

□ 担忧积极体验何时会结束。
□ 担忧你是否值得得到这些积极体验。
□ 担忧现在的你还有哪些未完成的工作。

三、累积正性情绪（长期）

累积正性情绪以建立值得活的人生，意指改变你的生活，让积极活动可以在未来发生。

步骤一，避免回避。

现在就开始做可以建立自己想要的生活的事。如果不确定要做什么，请参照下面的步骤。

步骤二，澄清价值观。

问自己：生活中对我真正重要的价值观是什么？

例如，有能力，成为团体的一份子，待人和善，身体安适。

步骤三，确认一个现在可以执行的价值观。

问自己：对现在的我而言哪一个价值观非常重要？

例如，有能力，成为团体的一份子。

步骤四，确认与此价值观有关的几个目标。

问自己：有哪些具体、可以执行的目标会使价值观成为我人生的一部分？

例如，找个可以贡献自己的工作，积极完成家里的重要任务，找个义务性质的工作来练习我已有的技能，找到自己感兴趣的团体，找到可以和自己一起做事的人。

步骤五，选择一个现在可以执行的目标。

如果需要，练习分析优缺点，选择一个现在就可以执行的目标。

例如，找个可以贡献自己力量的工作，找到自己感兴趣的团体。

步骤六，确认朝向目标的小行动步骤。

问自己：我可以采取什么步骤来达成目标？

例如，在网络上或实地寻找我专长领域的职位空缺，写简历，调查我想去工作的地方的好处，搜寻学校或其他机构目前所开设的团体，打电话或发消息询问团体的构成、活动时间以及活动内容，确定想要参加的团体并进行申请。

步骤七，现在采取一个行动步骤。

例如，上网寻找我专长领域的工作，查找或向学校老师/机构专项负责人咨询目前所开设的团体。

情绪调节：建立自我掌控、预先响应以及 PLEASE 技能

一、建立自我掌控与预先响应

（一）建立自我掌控

1. 计划每天至少做一件事，以建立成就感。

2. 为了成功而非为了失败去计划。

做一些困难但可能完成的事。

3. 随着时间逐渐增加难度。

如果刚开始的任务太困难，下一次做较容易一些的事。

4. 寻找挑战。

如果任务太简单，下一次尝试难一点的事。

（二）预先响应困难的情况

1. 描述可能促发问题行为的情境。

核对事实，具体且精确地描述情境。

指出最可能干扰技能使用的情绪及冲动。

2. 决定在此情境下，如何响应或使用问题解决的技能。

要具体，仔细写下你会如何响应这个情境，以及你的情绪和行动冲动。

3. 尽可能在心中生动地想象情况。

想象自己正处在情境中，而非观察这些情境。

4. 在心中有效地演练。

精确地在心中演练，你可以做什么来有效响应。

演练你的行动、想法，以及你可以说什么、怎么说。

演练对发生的新问题的有效响应。

演练对你最害怕的灾难的有效响应。

5. 演练后，练习放松。

二、要照顾你的心，先照顾你的身体（PLEASE 技能）

1. 治疗身体疾病（treating physical illness）

照顾你的身体，需要时看医生，服用处方药物。

2. 均衡饮食（balanced eating）

不要吃得过多或过少，远离会让你情绪起伏过大的食物。

3. 避免改变情绪的物质（avoiding mood-altering substance）

远离违禁药物，饮酒适量。

4. 均衡睡眠（balanced sleep）

每晚睡 7～9 小时（或至少让自己感觉很好的时长）。如果你有睡眠困扰，保持规律的睡眠作息。

5. 适当运动（exercise）

每天做些运动，试着维持每天 20 分钟的运动。

人际效能：目标与干扰因素

一、人际效能的目标

有技能地和对方一起达成目标

☐ 让别人做你想要他们去做的事情。
☐ 让别人认真看待你的意见。
☐ 有效拒绝不想答应的要求。
☐ 其他：

建立关系与结束伤害性关系

☐ 巩固目前的关系。
☐ 不要让伤害或问题扩大。
☐ 使用人际效能技能阻止问题发生。
☐ 需要时，修复你的人际关系。
☐ 在冲突淹没你之前，先解决它。
☐ 寻找和建立新的人际关系。
☐ 终止无望的人际关系。
☐ 其他：

行中庸之道

☐ 创造和维持关系的平衡。
☐ 在关系中平衡接纳和改变。
☐ 其他：

二、人际效能的干扰因素

你不知道自己要什么

☐ 你是有技能的，但无法决定真正想从别人那里得到什么。

☐ 你很难在自己的要求和别人的需要之间取得平衡。

☐ 要求太多或者一无所求。

☐ 对每件事都说不/对每件事都让步。

你的情绪干扰你的表现

☐ 你是有技能的，但情绪（愤怒、骄傲、轻视、恐惧、羞愧、内疚等）控制了你的一言一行。

你忘记你的长期目标，只想到短期目标

☐ 你把当下的冲动及想要的短期目标置于长期目标之前，你的心里没有未来。

其他人干扰你

☐ 你是有技能的，但其他人干扰你。

☐ 其他人比你还强势。

☐ 其他人可能因为你得到你想要的而感到被威胁或不喜欢你。

☐ 除非你牺牲一点自尊，否则其他人可能不愿意按照你想的去做。

你的想法和观念干扰你

☐ 若你提出想要的或拒绝他人的要求，担忧负面后果会干扰你有效行动。

☐ 受到"你不配得到你想要的"观念的影响而止步不前。

☐ 受到"其他人不配得到他们想要的"观念的影响，使你缺乏效能。

三、干扰人际效能的不合理想法

干扰有效达成目标的不合理想法

☐ 我不配得到我想要或我需要的。

☐ 如果我提出要求，就表示我是个非常软弱的人。

☐ 我一定要先知道别人是否会答应，才会提出要求。

☐ 如果我对别人提出要求或拒绝对方，导致对方不舒服的话，我无法承受。

☐ 如果有人拒绝我，就像是杀了我一样。

☐ 向别人提出要求是自以为是（坏、以自我为中心、自私等）的事。

☐ 拒绝别人的要求，真自私。

☐ 我应该要很乐意为了别人而牺牲自己的需要。

☐ 如果自己没办法把事情搞定，那我一定很无能。

☐ 这个问题只是我想太多，如果能换个角度想，就不用打扰别人。

☐ 如果没有得到我想要的也没关系，我一点都不在意。

☐ 能屈能伸是弱者的表现。

其他不合理想法：

干扰人际关系和自我尊重效能的不合理想法

☐ 我不应该提出要求或拒绝，他们应该知道我想要什么（而且去做）。

☐ 他们应该知道这么做让我很伤心，我不需要告诉他们。

☐ 我应该不需要通过协商妥协或努力来得到我想要的。

☐ 别人应该要为了我的需要而做，甚至做更多。

☐ 别人应该喜欢我、赞同我、支持我。

☐ 他们不值得我好好对待。

☐ 在我想要的时候，得到我要的是最重要的。

☐ 如果别人不以公平、亲切、礼貌或尊重的态度对我，我也不必这样对他们。

☐ 复仇的感觉真好，即使有任何负向后果也值得。

☐ 只有软弱的人才有价值观。

☐ 每个人都在说谎。

☐ 得到我想要的比如何得到的更重要，结果会证明方法的正当性。

其他不合理想法：

其他不合理想法：

人际效能：如你所愿

一、目标效能的准则：如你所愿（DEAR MAN）

Describe
描述情境

（如果需要）描述目前的情境。忠于对事实的描述。告诉对方究竟是什么引起你的反应。

例如："你告诉我在早上9点到图书馆门口集合，但是到中午11点你才到。"

Express
清楚表达

表达你对这个状况的感受和意见。不要假设你没讲其他人都会知道你的感受和意见。

例如："你这么晚才到，我很担心你。"

Assert
勇敢要求

借着勇敢要求你想要的或拒绝的来坚持自己的主张。不要假设别人都应该知道你想要什么。记住，别人不会读心术。

例如："如果你会比较晚才到图书馆，我希望你可以打电话跟我说一声。"

开头用"我想要、我希望"取代"你应该"、"我不想要、我不希望"取代"你不应该"的句子来表达。

Reinforce
强化对方

事先解释如果对方依照自己想要的或需要的去做所带来的正向效果，以强化（奖励）对方。必要时也要说明如果对方没这么做的负向后果。

例如："如果你做了，我会觉得很放心、很轻松。"记得在事后针对对方所做的给予奖励。

Mindful
保持正念

把焦点放在你的目标上。保持你的立场，不要分心，不要脱离主题。一再地要求或拒绝，一而再、再而三地表达你的意见。

如果对方攻击你、威胁你或转移话题，忽视它们。忽略那些威胁、评论或让你分心的企图。对攻击不做回应，忽略让你分心的事。继续表达你的观点。

例如："我还是很希望接到你的电话。"

Appear confident
表现自信

以自信的声调和举止态度表达，眼神接触要适度。不结结巴巴、低声下气、看着地上、退缩。不要说："我不确定……"

Negotiate
协商妥协

愿意舍得（有舍才有得）。提供并要求替代的问题解决方案。降低你的要求。

拒绝，但提出其他方法来解决问题。聚焦在可行方案上。

例如："如果你觉得会晚到的话，发消息给我好吗？"

将问题转给对方。询问替代的解决方案。

例如："你觉得我们应该怎么办？我就是无法不担心你（或我不愿意）。"

人际效能：维持关系和尊重自己

一、人际效能的准则：维持关系（GIVE）

温和有礼（be gentle）

☐ 态度要友善恭敬。

☐ 不攻击：不要有口头或肢体攻击，不要动手或握紧拳头。直接用言语表达你的愤怒。

☐ 不威胁：有时候会因为没办法得到你想要的，而必须描述痛苦的后果，描述时尽量平静而不夸大。不要有操控性的陈述，不要隐含威胁。不要说"如果你不……我就去死"。容忍别人对你说"不"，即使很痛苦还是继续讨论。优雅地结束对话。

☐ 不评判：不要诉诸道德。不要说"如果你是好人，你应该会……"。不要说"你应该""你不应该"隐含指责。

☐ 不轻蔑：不要假笑、翻白眼、咬牙切齿，不要掉头就走。不要说"别蠢了，那有什么好难过的""我才不在乎你说什么呢"。

用心倾听（act interested）

☐ 倾听并表现出对他人感兴趣。

☐ 倾听他人的观点。

☐ 面对面与人相处，有眼神接触，身体接近对方而不是远离对方。

☐ 不要打断他人或抢话。

☐ 敏锐地感觉出对方现在不想讨论。

☐ 要有耐心。

认可他人（vaildate）

☐ 以语言和行动来表达你理解对方在这个情境下的感受和想法。从对方的角度看待这件事，再把你看到的表达出来。例如，"我知道这对你很难，而且……""我看得出来你很忙，而且……"

☐ 当别人不喜欢在公开场合讨论时，可以私下讨论。

态度轻松（use an easy manner）

☐ 用心幽默。

☐ 微笑，让对方轻松自在。

☐ 保持愉快的心情，嘴巴甜一点。

□ 身段柔软一点，手段圆滑一点。
□ 不要太坚持己见。

二、自我尊重效能的准则：尊重自己（FAST）

公平对待（be fair）

□ 记得像认可他人一样认可自己的感受与期待。

不过度道歉（no apology）

□ 不对自己有活力或提出要求有丝毫歉意。
□ 不对自己的意见过度道歉，不对自己的不同意感到抱歉。
□ 不要表现出面色羞惭、低头或卑躬屈膝的态度。
□ 不要否定自己。

坚持价值观（stick to values）

□ 不因小事出卖你的价值观或尊严。
□ 确信自己的一言一行合乎道德规范或价值观，并且捍卫你的价值观。

保持真诚（be truthful）

□ 不要夸大事实或编借口。
□ 不要装无助（当你有能力时）。
□ 公平待人及律己。

[改编自林内翰的研究，杨华、梁旻璐、王苏弘、王纯整理]

配套手册 3

非自杀性自伤行为的辩证行为治疗团体技能训练

（NSSI-DBT-ST）

家庭作业手册

科学出版社

北　京

目　　录

第一周　团体技能训练简介与正念技巧训练（智慧心）……………………………1

第二周　问题行为的链锁分析 ………………………………………………………3

第三周　正念：正念是什么、正念如何做 …………………………………………9

第四周　痛苦耐受：TIP 技能 ………………………………………………………12

第五周　痛苦耐受：转移注意力和自我抚慰 ……………………………………14

第六周　痛苦耐受：全然接纳 ……………………………………………………17

第七周　情绪调节：认识情绪 ……………………………………………………20

第八周　情绪调节：相反行动 ……………………………………………………22

第九周　情绪调节：对当下情绪正念和累积正性情绪 …………………………25

第十周　情绪调节：建立自我掌控、预先响应以及 PLEASE 技能 ……………36

第十一周　人际效能：目标与干扰因素 …………………………………………39

第十二周　人际效能：如你所愿 …………………………………………………42

第十三周　人际效能：维持关系和尊重自己 ……………………………………44

团体技能训练简介与正念技巧训练（智慧心）

练习智慧心

填写日期：＿＿＿＿＿＿＿＿＿

智慧心练习：每一次练习智慧心时，记得勾选以下选项。

☐ 专注于自己的呼吸，吸进来与呼出去，把注意力集中在身体中央。

☐ 想象自己是湖中的石头。

☐ 想象自己顺着内在的回旋楼梯往下走。

☐ 把自己置于吸气与呼气之间的停顿。

☐ 把"智慧"吸进来，"心"吐出去。

☐ 问智慧心一个问题（吸气），仔细倾听答案（呼气）。

☐ 问自己"这是智慧心吗？"

☐ 其他练习（描述）：

描述练习智慧心的情境以及你如何练习：

这个练习如何有效地协助你回到智慧心？（1～5 级评分，注：2 分、4 分的有效程序分别介于 1 分、3 分和 3 分、5 分之间）

1 分没有效：我连 1 分钟都无法做这个技能，我分心或放弃了。

3 分有一点有效：我能够练习智慧心，同时有点回到智慧心。

5 分很有效：我回到智慧心的中心，可以自由完成需要做的事。

列出本周任何或全部你所做符合智慧心的事：

辩证行为治疗日志卡			你间隔多长时间填写一次？ ___每天___2～3天___4～6天___7天			填写起始日期：___年___月___日 最后填写日期：___年___月___日			

最高冲动想			每天最高评级			药物/药品		行动			情绪	补充
自杀	自伤	使用药物	情绪困扰	身体困扰	喜悦	酒精	药品	自伤	说谎	使用技能		
0～5	0～5	0～5	0～5	0～5	0～5	否　是/何种	否　是/何种	是/否	是/否	0～7		

本周药物改变	*使用技能
	0=没想到或没用　　　　　1=想到，没用，不想用
	2=想到，没用，想用　　　3=试过，但用不上
	4=试过，有用但不管用　　5=试过，有用，有帮助
本周指定的家庭作业与完成情况	6=自动地使用，不管用　　7=自动地使用，有帮助

	有冲动想（0～5）		我可以改变或调节的（0～5）	
	停止治疗		情绪	
	使用药物		行动	
	自杀		想法	
	自伤			

本周焦点技能

圈选有练习技能的日期							
智慧心	周一	周二	周三	周四	周五	周六	周日
观察	周一	周二	周三	周四	周五	周六	周日
描述	周一	周二	周三	周四	周五	周六	周日
参与	周一	周二	周三	周四	周五	周六	周日
不评判地做	周一	周二	周三	周四	周五	周六	周日
专一地做	周一	周二	周三	周四	周五	周六	周日
有效地做	周一	周二	周三	周四	周五	周六	周日
TIP	周一	周二	周三	周四	周五	周六	周日
转移注意力	周一	周二	周三	周四	周五	周六	周日
自我抚慰	周一	周二	周三	周四	周五	周六	周日
全然接纳	周一	周二	周三	周四	周五	周六	周日
微笑，愿意的手的姿势	周一	周二	周三	周四	周五	周六	周日
我愿意	周一	周二	周三	周四	周五	周六	周日
相反行动	周一	周二	周三	周四	周五	周六	周日
累积正性情绪	周一	周二	周三	周四	周五	周六	周日
自我掌控	周一	周二	周三	周四	周五	周六	周日
预先响应	周一	周二	周三	周四	周五	周六	周日
PLEASE	周一	周二	周三	周四	周五	周六	周日
对当下情绪正念	周一	周二	周三	周四	周五	周六	周日
DEAR MAN	周一	周二	周三	周四	周五	周六	周日
GIVE	周一	周二	周三	周四	周五	周六	周日
FAST	周一	周二	周三	周四	周五	周六	周日

问题行为的链锁分析

一、问题行为的链锁分析（青少年）

填写日期：_____

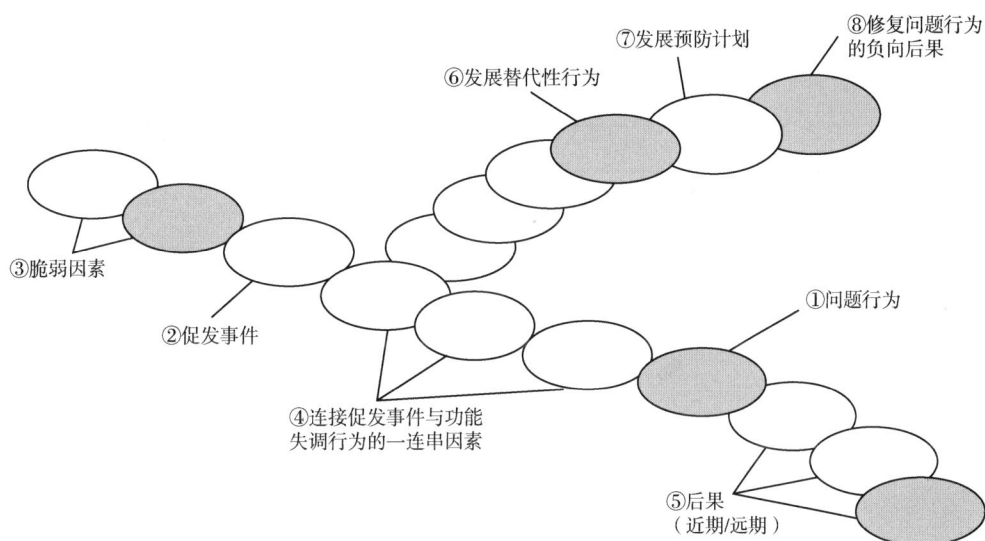

⑧修复问题行为的负向后果

⑦发展预防计划

⑥发展替代性行为

③脆弱因素

②促发事件

④连接促发事件与功能失调行为的一连串因素

①问题行为

⑤后果（近期/远期）

---

1. 具体来说，我要分析的主要问题行为是什么？

（例如：情绪爆发而用小刀伤害自己的身体。）

---

2. 在环境中，是什么/哪个促发事件引发了一连串的锁链，从而导致我的问题行为？包括在冲动或想法出现之前，那一刻发生了什么？

（例如：周一晚上，妈妈回家后看到我在看小说，她让我不要看了，说与其看闲书，还不如多背几个单词。）

---

3. 描述在我自身及环境中，让我产生脆弱性的因素。

（例如：临近期末考试，学习压力大，今天物理随堂测试又考砸了，我心情很沮丧。）

4. 事件链锁中的环节：行动、身体感觉、想法、情绪，以及（在环境中的）新的事件。

（例如：想法 1：妈妈只知道让我学习，跟机器人一样，我要疯了。情绪 1：愤怒。身体感觉 1：胸口堵，像有一团火往上蹿。行动 1：用力把书摔到地上，冲妈妈发火，让她不要管我。新的事件 1：妈妈冲我发火，说我不体谅她、不懂事，她这么辛苦加班回来，还要受我的气。想法 2：我整天受妈妈的气，她一点都不在乎我的感受，我最近压力大，因为考试又没考好已经很难受了，她只知道要求我什么都听她的，我今天过得糟糕透了。情绪 2：更愤怒了、委屈。身体感觉 2：胸口更堵了，憋闷，感觉浑身冒火。行动 2：用力摔门，把门锁上，从抽屉拿出美工刀开始划左手手臂。）

5. 精确来说，环境中的后果是什么？

（例如：妈妈停止了对我的发火。）

对我来说，后果是什么？造成了什么伤害？

（例如：情绪缓解了一些，手臂留有瘢痕，最近需要穿长袖的衣服遮挡，不与妈妈沟通导致关系越来越糟糕。）

6. 列出新的、更具技能性的行为，以取代无效行为。

（例如：在妈妈刚开始说我的时候，更心平气和地跟妈妈解释；在妈妈发火时暂时避开，出门跑步，或者用冷水洗脸冷静一下。）

7. 预防计划：

在未来，降低我的易感性的方法：

（例如：平时注意调整学习压力，压力大时及时劳逸结合、缓解压力。）

预防突发事件再次发生的方法：

（例如：提前跟妈妈说自己最近学习压力大，有时需要劳逸结合，并与妈妈协商放松休息的时间。）

8. 对伤害的修复及矫正计划：

（例如：心平气和地跟妈妈说明最近的学习情况，使用学习到的技能调节情绪。）

二、问题行为的链锁分析（成年人）

填写日期：＿＿＿＿＿＿＿＿＿

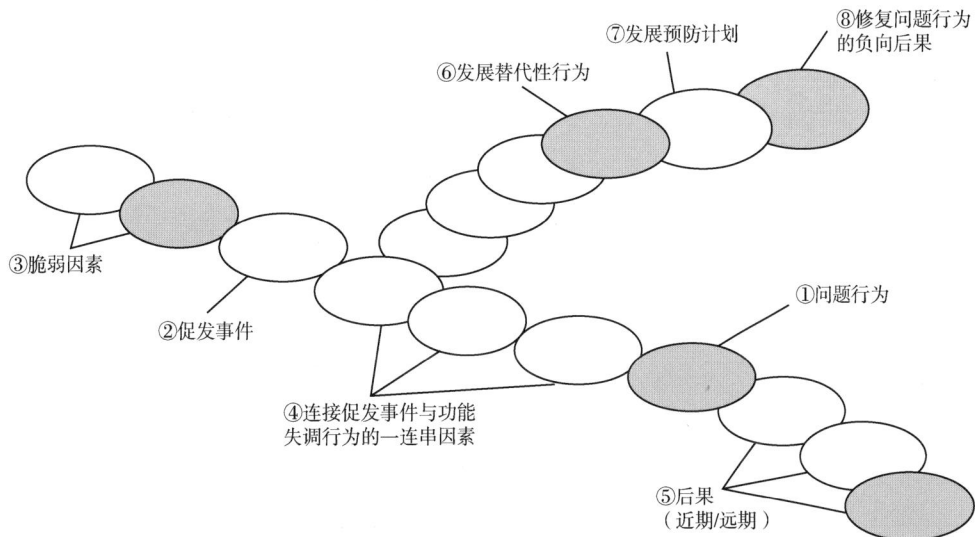

③脆弱因素

②促发事件

④连接促发事件与功能
失调行为的一连串因素

⑤后果
（近期/远期）

①问题行为

⑥发展替代性行为

⑦发展预防计划

⑧修复问题行为
的负向后果

1. 具体来说，我要分析的主要问题行为是什么？

（例如：心情不好时酒喝太多。）

2. 在环境中，是什么/哪个促发事件引发了一连串的锁链，从而导致我的问题行为？包括在冲动或想法出现之前，那一刻发生了什么？

（例如：今天傍晚姐姐打电话给我，说下周无法像之前承诺过的来看我，因为她要陪先生参加一个重要的商务宴会。）

3. 描述在我自身以及环境中，让我产生脆弱性的因素。

（例如：男朋友告诉我，他下周要出差，没法陪我。）

4. 事件链锁中的环节：行动、身体感觉、想法、情绪，以及（在环境中的）新的事件。

（例如：想法1：我无法面对这种状况，姐姐不守承诺，没有人爱我。情绪1：愤怒、悲伤。身体感觉1：胸口堵。行动1：我在电话里对着姐姐大哭、吼叫，说她不讲信用。新的事件1：姐姐让我要学会独立，坚持说自己没法来。想法2：我的人生是没有价值的，没有人会为了我来这里，我的人生糟糕透了。情绪2：委屈、悲伤。身体感觉2：胸口更堵了，憋闷。行动2：我准备喝杯红酒让自己好过一些，但最后喝了整整两瓶，然后晕乎乎睡着了。）

5. 精确来说，环境中的后果是什么？

（例如：姐姐没法很安心地去参加宴会。）

对我来说，后果是什么？造成了什么伤害？

（例如：情绪缓解了一些，耽误了晚上原本计划要做的事，以后喝酒会越来越多，甚至只要心情不好就喝酒。）

6. 列出新的、更具技能性的行为，以取代无效行为。

　（例如：耐心聆听姐姐无法前来的原因；记住家人和男朋友爱我的事实；打电话给朋友倾诉；出去逛街或去公园跑步；用冷水洗脸让自己冷静一下。）

7. 预防计划：

在未来，降低我的易感性的方法：

（例如：试着相信家人和男朋友是爱自己的，怀疑时核对事实。）

预防突发事件再次发生的方法：

（例如：相信姐姐是爱自己的，未遵守约定并不一定等于不爱我，怀疑时核对事实。）

8. 对伤害的修复及矫正计划：

（例如：向姐姐道歉，并向她重申她拥有改变计划的合理权利；和她一同计划来看我的时间；询问若是我去看她，对她是否比较方便些。）

辩证行为治疗日志卡						你间隔多长时间填写一次？ ___每天___2~3天___4~6天___7天				填写起始日期：___年___月___日 最后填写日期：___年___月___日				
最高冲动想			每天最高评级			药物/药品			行动			情绪	补充		
自杀	自伤	使用药物	情绪困扰	身体困扰	喜悦	酒精	药品		自伤	说谎	使用技能			
0~5	0~5	0~5	0~5	0~5	0~5	否	是/何种	否	是/何种	是/否	是/否	0~7		

本周药物改变	*使用技能
	0=没想到或没用　　　　1=想到，没用，不想用 2=想到，没用，想用　　3=试过，但用不上 4=试过，有用但不管用　5=试过，有用，有帮助 6=自动地使用，不管用　7=自动地使用，有帮助

本周指定的家庭作业与完成情况

	有冲动想（0~5）		我可以改变或调节的（0~5）
停止治疗		情绪	
使用药物		行动	
自杀		想法	
自伤			

本周焦点技能

圈选有练习技能的日期

智慧心	周一	周二	周三	周四	周五	周六	周日
观察	周一	周二	周三	周四	周五	周六	周日
描述	周一	周二	周三	周四	周五	周六	周日
参与	周一	周二	周三	周四	周五	周六	周日
不评判地做	周一	周二	周三	周四	周五	周六	周日
专一地做	周一	周二	周三	周四	周五	周六	周日
有效地做	周一	周二	周三	周四	周五	周六	周日
TIP	周一	周二	周三	周四	周五	周六	周日
转移注意力	周一	周二	周三	周四	周五	周六	周日
自我抚慰	周一	周二	周三	周四	周五	周六	周日
全然接纳	周一	周二	周三	周四	周五	周六	周日
微笑，愿意的手的姿势	周一	周二	周三	周四	周五	周六	周日
我愿意	周一	周二	周三	周四	周五	周六	周日
相反行动	周一	周二	周三	周四	周五	周六	周日
累积正性情绪	周一	周二	周三	周四	周五	周六	周日
自我掌控	周一	周二	周三	周四	周五	周六	周日
预先响应	周一	周二	周三	周四	周五	周六	周日
PLEASE	周一	周二	周三	周四	周五	周六	周日
对当下情绪正念	周一	周二	周三	周四	周五	周六	周日
DEAR MAN	周一	周二	周三	周四	周五	周六	周日
GIVE	周一	周二	周三	周四	周五	周六	周日
FAST	周一	周二	周三	周四	周五	周六	周日

正念：正念是什么、正念如何做

练习正念核心技能的记录周志

填写日期：_____

至少勾选本周练习的两个技能：_____ 智慧心_____ 观察_____ 描述_____ 参与_____

不评判地做_____ 专一地做_____ 有效地做_____

技能名称	你如何练习这个技能	描述你使用技能的经验，包括练习时的身体感觉、情绪和想法	使用技能后你的感受是什么
举例：参与	我参加一个聚会并加入其他人的谈话	我感到呼吸急促、口干，担心别人不喜欢我；稍后，我很享受身边的对话、微笑，最后以美好时光收尾	对于自己可以参加派对觉得很棒，增加自我肯定，我想下次还可以再试一次
星期一			
星期二			
星期三			

星期四

星期五

星期六

星期日

辩证行为治疗日志卡												你间隔多长时间填写一次？ ___每天___2~3天___4~6天___7天		填写起始日期：___年___月___日 最后填写日期：___年___月___日	
最高冲动想			每天最高评级			药物/药品				行动			情绪	补充	
自杀	自伤	使用 药物	情绪 困扰	身体 困扰	喜悦	酒精		药品		自伤	说谎	使用 技能			
0~5	0~5	0~5	0~5	0~5	0~5	否	是/何种	否	是/何种	是/否	是/否	0~7			

本周药物改变	*使用技能	
	0=没想到或没用	1=想到，没用，不想用
	2=想到，没用，想用	3=试过，但用不上
	4=试过，有用但不管用	5=试过，有用，有帮助
本周指定的家庭作业与完成情况	6=自动地使用，不管用	7=自动地使用，有帮助

	有冲动想（0~5）		我可以改变或调节的（0~5）	
	停止治疗		情绪	
	使用药物		行动	
	自杀		想法	
	自伤			

本周焦点技能

圈选有练习技能的日期							
智慧心	周一	周二	周三	周四	周五	周六	周日
观察	周一	周二	周三	周四	周五	周六	周日
描述	周一	周二	周三	周四	周五	周六	周日
参与	周一	周二	周三	周四	周五	周六	周日
不评判地做	周一	周二	周三	周四	周五	周六	周日
专一地做	周一	周二	周三	周四	周五	周六	周日
有效地做	周一	周二	周三	周四	周五	周六	周日
TIP	周一	周二	周三	周四	周五	周六	周日
转移注意力	周一	周二	周三	周四	周五	周六	周日
自我抚慰	周一	周二	周三	周四	周五	周六	周日
全然接纳	周一	周二	周三	周四	周五	周六	周日
微笑，愿意的手的姿势	周一	周二	周三	周四	周五	周六	周日
我愿意	周一	周二	周三	周四	周五	周六	周日
相反行动	周一	周二	周三	周四	周五	周六	周日
累积正性情绪	周一	周二	周三	周四	周五	周六	周日
自我掌控	周一	周二	周三	周四	周五	周六	周日
预先响应	周一	周二	周三	周四	周五	周六	周日
PLEASE	周一	周二	周三	周四	周五	周六	周日
对当下情绪正念	周一	周二	周三	周四	周五	周六	周日
DEAR MAN	周一	周二	周三	周四	周五	周六	周日
GIVE	周一	周二	周三	周四	周五	周六	周日
FAST	周一	周二	周三	周四	周五	周六	周日

痛苦耐受：TIP 技能

TIP 技能：改变身体化学状况

让极端的情绪快速降低

填写日期：_____

描述练习每个技能的情境，记录使用 TIP 技能前后情绪激发程度和痛苦耐受程度。 描述你实际上做的。

T （改变温度）	用冷水改变脸部的温度（temperature） 用冰冷的水改变情绪 情境： 情绪激发程度（0～100，分数越高越严重）使用前_____ 使用后_____ 痛苦耐受程度（0～100，分数越高代表越能耐受） 使用前_____ 使用后_____ 我做了什么：
I （激烈运动）	激烈运动（intense exercise） 情境： 情绪激发程度（0～100，分数越高越严重）使用前_____ 使用后_____ 痛苦耐受程度（0～100，分数越高代表越能耐受） 使用前_____ 使用后_____ 我做了什么：
P （调节呼吸、配对式肌肉放松）	调节呼吸（paced breathing）、配对式肌肉放松（paired muscle relaxation） 情境： 情绪激发程度（0～100，分数越高越严重）使用前_____ 使用后_____ 痛苦耐受程度（0～100，分数越高代表越能耐受） 使用前_____ 使用后_____ 我做了什么：

辩证行为治疗日志卡						你间隔多长时间填写一次？ ___每天___2～3天___4～6天___7天				填写起始日期：___年___月___日 最后填写日期：___年___月___日			
最高冲动想			每天最高评级			药物/药品			行动			情绪	补充
自杀	自伤	使用药物	情绪困扰	身体困扰	喜悦	酒精	药品		自伤	说谎	使用技能		
0～5	0～5	0～5	0～5	0～5	0～5	否　是/何种	否	是/何种	是/否	是/否	0～7		

本周药物改变		*使用技能	
		0=没想到或没用	1=想到，没用，不想用
		2=想到，没用，想用	3=试过，但用不上
		4=试过，有用但不管用	5=试过，有用，有帮助
本周指定的家庭作业与完成情况		6=自动地使用，不管用	7=自动地使用，有帮助
		有冲动想（0～5）	我可以改变或调节的（0～5）
		停止治疗	情绪
		使用药物	行动
		自杀	想法
		自伤	

本周焦点技能

圈选有练习技能的日期							
智慧心	周一	周二	周三	周四	周五	周六	周日
观察	周一	周二	周三	周四	周五	周六	周日
描述	周一	周二	周三	周四	周五	周六	周日
参与	周一	周二	周三	周四	周五	周六	周日
不评判地做	周一	周二	周三	周四	周五	周六	周日
专一地做	周一	周二	周三	周四	周五	周六	周日
有效地做	周一	周二	周三	周四	周五	周六	周日
TIP	周一	周二	周三	周四	周五	周六	周日
转移注意力	周一	周二	周三	周四	周五	周六	周日
自我抚慰	周一	周二	周三	周四	周五	周六	周日
全然接纳	周一	周二	周三	周四	周五	周六	周日
微笑，愿意的手的姿势	周一	周二	周三	周四	周五	周六	周日
我愿意	周一	周二	周三	周四	周五	周六	周日
相反行动	周一	周二	周三	周四	周五	周六	周日
累积正性情绪	周一	周二	周三	周四	周五	周六	周日
自我掌控	周一	周二	周三	周四	周五	周六	周日
预先响应	周一	周二	周三	周四	周五	周六	周日
PLEASE	周一	周二	周三	周四	周五	周六	周日
对当下情绪正念	周一	周二	周三	周四	周五	周六	周日
DEAR MAN	周一	周二	周三	周四	周五	周六	周日
GIVE	周一	周二	周三	周四	周五	周六	周日
FAST	周一	周二	周三	周四	周五	周六	周日

痛苦耐受：转移注意力和自我抚慰

一、转移注意力

填写日期：＿＿＿＿＿＿＿＿＿＿＿

描述你的一个危机事件，并描述你如何使用 ACCEPTS 技能。

危机事件：评分痛苦程度（0～100） 练习前：＿＿＿＿ 练习后：＿＿＿＿

痛苦程度的促发事件（人、事、时、地）：是什么引发了危机状态?

□ 进行活动（activity）

□ 贡献（contribution）

□ 比较（comparison）

□ 情绪（emotion）

□ 推开（pushing away）

□ 想法（thought）

□ 感觉（Sensation）

勾选左边你尝试的技能，并在此描述：

描述使用技能的结果：

在下方评级圈出一个数字，代表使用技能后帮助你忍受痛苦与响应情境（让你不会去做些使情况更糟的事情）的有效程度：

还是无法忍受，连 1分钟都不行		多少可以响应当下的 状况，练习有些帮助		可以使用技能忍受痛苦并 抗拒有问题的冲动
1	2	3	4	5

二、自 我 抚 慰

填写日期：_____

描述你的一个危机事件，并描述你如何使用自我抚慰技能。

危机事件：痛苦程度（0～100）评分　练习前：_____　练习后：_____

痛苦程度的促发事件（人、事、时、地）：是什么引发了危机状态?

□　视觉
□　听觉
□　嗅觉
□　味觉
□　触觉

勾选左边你尝试的技能，并在此描述：

描述使用技能的结果：

在下方评级圈出一个数字，代表使用技能后帮助你忍受痛苦与响应情境（让你不会去做些使情况更糟的事情）的有效程度：

还是无法忍受，连 1分钟都不行		多少可以响应当下的 状况，练习有些帮助		可以使用技能忍受痛苦并 抗拒有问题的冲动
1	2	3	4	5

辩证行为治疗日志卡						你间隔多长时间填写一次？ ___每天___2~3天___4~6天___7天				填写起始日期：___年___月___日 最后填写日期：___年___月___日				
最高冲动想			每天最高评级			药物/药品				行动			情绪	补充
自杀	自伤	使用药物	情绪困扰	身体困扰	喜悦	酒精		药品		自伤	说谎	使用技能		
0~5	0~5	0~5	0~5	0~5	0~5	否	是/何种	否	是/何种	是/否	是/否	0~7		

本周药物改变	*使用技能
	0=没想到或没用　　　　　　1=想到，没用，不想用
	2=想到，没用，想用　　　　3=试过，但用不上
	4=试过，有用但不管用　　　5=试过，有用，有帮助
本周指定的家庭作业与完成情况	6=自动地使用，不管用　　　7=自动地使用，有帮助

有冲动想（0~5）		我可以改变或调节的（0~5）	
停止治疗		情绪	
使用药物		行动	
自杀		想法	
自伤			

本周焦点技能

圈选有练习技能的日期							
智慧心	周一	周二	周三	周四	周五	周六	周日
观察	周一	周二	周三	周四	周五	周六	周日
描述	周一	周二	周三	周四	周五	周六	周日
参与	周一	周二	周三	周四	周五	周六	周日
不评判地做	周一	周二	周三	周四	周五	周六	周日
专一地做	周一	周二	周三	周四	周五	周六	周日
有效地做	周一	周二	周三	周四	周五	周六	周日
TIP	周一	周二	周三	周四	周五	周六	周日
转移注意力	周一	周二	周三	周四	周五	周六	周日
自我抚慰	周一	周二	周三	周四	周五	周六	周日
全然接纳	周一	周二	周三	周四	周五	周六	周日
微笑，愿意的手的姿势	周一	周二	周三	周四	周五	周六	周日
我愿意	周一	周二	周三	周四	周五	周六	周日
相反行动	周一	周二	周三	周四	周五	周六	周日
累积正性情绪	周一	周二	周三	周四	周五	周六	周日
自我掌控	周一	周二	周三	周四	周五	周六	周日
预先响应	周一	周二	周三	周四	周五	周六	周日
PLEASE	周一	周二	周三	周四	周五	周六	周日
对当下情绪正念	周一	周二	周三	周四	周五	周六	周日
DEAR MAN	周一	周二	周三	周四	周五	周六	周日
GIVE	周一	周二	周三	周四	周五	周六	周日
FAST	周一	周二	周三	周四	周五	周六	周日

第六周

痛苦耐受：全然接纳

一、接纳现实技能

填写日期：＿＿＿＿＿＿＿＿＿＿＿＿＿

1. 勾选你准备练习的接纳现实技能，并在本周经历压力情境时练习使用：

☐全然接纳　　☐转念　　☐我愿意

2. 描述该情境以及你如何练习这项技能。

3. 这项技能是否帮助你响应不舒服的情绪或冲动，或避免任何形式的冲突？

☐是　　☐否

在下方评级圈出一个数字，代表使用技能后帮助你响应情境（让你不会去做些使情况更糟的事情）的有效程度。

还是无法忍受，连 1分钟都不行		多少可以响应当下的状 况，练习有些帮助		可以使用技能忍受痛苦并 抗拒有问题的冲动
1	2	3	4	5

4. 描述这项技能如何提供或没有提供协助。

二、全 然 接 纳

填写日期：_____

找出你需要全然接纳的是什么？

1. 列出两个非常重要、需要在现实生活中练习全然接纳的事件，为这两个事件评分（代表你对于生活中这部分的接纳程度）："0"表示"不接纳，完全拒绝并且想要抗拒到底"，"5"表示"完全接纳，并且内心完全平静"。备注：若你已经完成这部分且事件已经改变，就不需要再做一次。

（1）事件：_____评分：（_____）

（2）事件：_____评分：（_____）

2. 列出两个比较不那么重要，但在本周你不容易接纳的事件，并如同上述为这两个事件评分。

（1）事件：_____评分：（_____）

（2）事件：_____评分：（_____）

3. 回顾一下上面你所列的事件，并核对事实，检查你的诠释和观点，确认你尝试接纳的事件实际上是不是真的如此。检查你的评判，避免"好""坏"和评判性的语言。若有必要时，试着用事实且不评判的描述来重写上述事件。

4. 从非常重要的事件和不那么重要的事件中各挑选一项写在下面作为练习。

（1）事件：_____评分：（_____）

（2）事件：_____评分：（_____）

5. 将你的心分别专注在这些事实或事件上，让你的智慧心全然接纳这些是生活里的事实，并在下面方框处勾选出你做过的练习。

□观察到我正在质疑或抗拒现实。

□提醒自己，现实就是如此。

□细想现实的成因，并且不带评判地接纳其存在。

□练习用全部的自己（身、心、灵）来接纳。

□练习相反行动。

□预先响应那些似乎不容易接受的事。

□当想着我需要接纳的事情时，注意身体的感觉。

□容许自己感到失望、悲伤或哀恸。

□承认即使生活当中有些痛苦存在，仍然值得活。

□做优缺点分析（接纳 vs.否认或拒绝）。

□其他：

6. 练习全然接纳后，对你所接纳的程度进行评分（0～5）。

辩证行为治疗日志卡					你间隔多长时间填写一次？ ___每天___2～3天___4～6天___7天				填写起始日期：___年___月___日 最后填写日期：___年___月___日				
最高冲动想			每天最高评级			药物/药品				行动			情绪	补充
自杀	自伤	使用药物	情绪困扰	身体困扰	喜悦	酒精		药品		自伤	说谎	使用技能		
0～5	0～5	0～5	0～5	0～5	0～5	否	是/何种	否	是/何种	是/否	是/否	0～7		

本周药物改变	*使用技能
	0=没想到或没用　　　　　　1=想到，没用，不想用 2=想到，没用，想用　　　　3=试过，但用不上 4=试过，有用但不管用　　　5=试过，有用，有帮助

本周指定的家庭作业与完成情况

6=自动地使用，不管用	7=自动地使用，有帮助

有冲动想（0～5）		我可以改变或调节的（0～5）	
停止治疗		情绪	
使用药物		行动	
自杀		想法	
自伤			

本周焦点技能

圈选有练习技能的日期							
智慧心	周一	周二	周三	周四	周五	周六	周日
观察	周一	周二	周三	周四	周五	周六	周日
描述	周一	周二	周三	周四	周五	周六	周日
参与	周一	周二	周三	周四	周五	周六	周日
不评判地做	周一	周二	周三	周四	周五	周六	周日
专一地做	周一	周二	周三	周四	周五	周六	周日
有效地做	周一	周二	周三	周四	周五	周六	周日
TIP	周一	周二	周三	周四	周五	周六	周日
转移注意力	周一	周二	周三	周四	周五	周六	周日
自我抚慰	周一	周二	周三	周四	周五	周六	周日
全然接纳	周一	周二	周三	周四	周五	周六	周日
微笑，愿意的手的姿势	周一	周二	周三	周四	周五	周六	周日
我愿意	周一	周二	周三	周四	周五	周六	周日
相反行动	周一	周二	周三	周四	周五	周六	周日
累积正性情绪	周一	周二	周三	周四	周五	周六	周日
自我掌控	周一	周二	周三	周四	周五	周六	周日
预先响应	周一	周二	周三	周四	周五	周六	周日
PLEASE	周一	周二	周三	周四	周五	周六	周日
对当下情绪正念	周一	周二	周三	周四	周五	周六	周日
DEAR MAN	周一	周二	周三	周四	周五	周六	周日
GIVE	周一	周二	周三	周四	周五	周六	周日
FAST	周一	周二	周三	周四	周五	周六	周日

情绪调节：认识情绪

观察与描述情绪

填写日期：＿＿＿＿＿＿＿＿＿＿＿＿

选一个当下或最近的情绪反应并尽可能填写这张作业单。若你的情绪促发事件是另一个先前发生的情绪（例如：感到害怕而促发你对自己的愤怒），对第一个情绪也填一张作业单。

情绪名称：　　　　　　　　　　　　　　　　强度（0～100）：

情绪的促发事件（人、事、时、地）：是什么促发了情绪？

脆弱因子：在这之前，发生了什么事使我对促发事件的反应变得脆弱？

对促发事件的诠释：对此情境的诠释（信念、假设、评价）是什么？

生理变化与冲动：我的脸部和身体有何感受？我想做什么？我想说什么？

表达与行动：我的脸部表情、姿势、手势如何？在此情境下我说了什么（要具体明确）？在此情境下我做了什么（要具体明确）？

后续影响：这个情绪带给我什么后续影响（我的心的状态、其他情绪、行为、想法、记忆、身体状态等）？

| 辩证行为治疗日志卡 | | | 你间隔多长时间填写一次？
___每天　2～3天　4～6天　7天 | | | 填写起始日期：___年___月___日
最后填写日期：___年___月___日 | | |

最高冲动想			每天最高评级			药物/药品				行动			情绪	补充
自杀	自伤	使用药物	情绪困扰	身体困扰	喜悦	酒精		药品		自伤	说谎	使用技能		
						否	是/何种	否	是/何种					
0～5	0～5	0～5	0～5	0～5	0～5	否	是/何种	否	是/何种	是/否	是/否	0～7		

本周药物改变	*使用技能	
	0=没想到或没用	1=想到，没用，不想用
	2=想到，没用，想用	3=试过，但用不上
	4=试过，有用但不管用	5=试过，有用，有帮助
本周指定的家庭作业与完成情况	6=自动地使用，不管用	7=自动地使用，有帮助

有冲动想（0～5）		我可以改变或调节的（0～5）	
停止治疗		情绪	
使用药物		行动	
自杀		想法	
自伤			

本周焦点技能

圈选有练习技能的日期							
智慧心	周一	周二	周三	周四	周五	周六	周日
观察	周一	周二	周三	周四	周五	周六	周日
描述	周一	周二	周三	周四	周五	周六	周日
参与	周一	周二	周三	周四	周五	周六	周日
不评判地做	周一	周二	周三	周四	周五	周六	周日
专一地做	周一	周二	周三	周四	周五	周六	周日
有效地做	周一	周二	周三	周四	周五	周六	周日
TIP	周一	周二	周三	周四	周五	周六	周日
转移注意力	周一	周二	周三	周四	周五	周六	周日
自我抚慰	周一	周二	周三	周四	周五	周六	周日
全然接纳	周一	周二	周三	周四	周五	周六	周日
微笑，愿意的手的姿势	周一	周二	周三	周四	周五	周六	周日
我愿意	周一	周二	周三	周四	周五	周六	周日
相反行动	周一	周二	周三	周四	周五	周六	周日
累积正性情绪	周一	周二	周三	周四	周五	周六	周日
自我掌控	周一	周二	周三	周四	周五	周六	周日
预先响应	周一	周二	周三	周四	周五	周六	周日
PLEASE	周一	周二	周三	周四	周五	周六	周日
对当下情绪正念	周一	周二	周三	周四	周五	周六	周日
DEAR MAN	周一	周二	周三	周四	周五	周六	周日
GIVE	周一	周二	周三	周四	周五	周六	周日
FAST	周一	周二	周三	周四	周五	周六	周日

情绪调节：相反行动

用相反行动改变情绪

填写日期：＿＿＿＿＿＿＿＿＿＿

选择一个当下或最近让你感到痛苦或想要改变的情绪反应。这个情绪是否符合事实？如果不是，那么注意情绪带来的行动冲动；找出与这个情绪相反的行动，并采取这个相反行动。

1. 情绪名称：

2. 强度（0～100）练习前：＿＿＿＿＿＿＿　　　练习后：＿＿＿＿＿＿＿

3. 情绪的促发事件（人、事、时、地）：是什么促发了情绪？

4. 我的情绪（或其强度或持续度）是否合理？它是否符合事实？它是有效的吗？
列出情绪合理或不合理的事实。

我的情绪合理之处	我的情绪不合理之处

□合理：进行问题解决　　　□不合理：继续完成此作业单

5. 行动冲动：我想做什么或说什么？

6. 相反行动：我的冲动的相反行动是什么？因为这个情绪，我不会去做什么？同时描述在此情境下，我可以做哪些相反行动？

7. 我做了什么？请仔细描述。

8. 我如何做：描述肢体语言、脸部表情、姿势、手势和想法。

9. 相反行动带来什么后续影响（我的心的状态、其他情绪、行为、想法、记忆、身体状态等）？

辩证行为治疗日志卡						你间隔多长时间填写一次？ ___每天___2～3天___4～6天___7天						填写起始日期：___年___月___日 最后填写日期：___年___月___日		
最高冲动想			每天最高评级			药物/药品				行动			情绪	补充
自杀	自伤	使用药物	情绪困扰	身体困扰	喜悦	酒精		药品		自伤	说谎	使用技能		
0～5	0～5	0～5	0～5	0～5	0～5	否	是/何种	否	是/何种	是/否	是/否	0～7		

本周药物改变	*使用技能	
	0=没想到或没用	1=想到，没用，不想用
	2=想到，没用，想用	3=试过，但用不上
	4=试过，有用但不管用	5=试过，有用，有帮助
本周指定的家庭作业与完成情况	6=自动地使用，不管用	7=自动地使用，有帮助

	有冲动想（0～5）		我可以改变或调节的（0～5）	
	停止治疗		情绪	
	使用药物		行动	
	自杀		想法	
	自伤			

本周焦点技能

圈选有练习技能的日期							
智慧心	周一	周二	周三	周四	周五	周六	周日
观察	周一	周二	周三	周四	周五	周六	周日
描述	周一	周二	周三	周四	周五	周六	周日
参与	周一	周二	周三	周四	周五	周六	周日
不评判地做	周一	周二	周三	周四	周五	周六	周日
专一地做	周一	周二	周三	周四	周五	周六	周日
有效地做	周一	周二	周三	周四	周五	周六	周日
TIP	周一	周二	周三	周四	周五	周六	周日
转移注意力	周一	周二	周三	周四	周五	周六	周日
自我抚慰	周一	周二	周三	周四	周五	周六	周日
全然接纳	周一	周二	周三	周四	周五	周六	周日
微笑，愿意的手的姿势	周一	周二	周三	周四	周五	周六	周日
我愿意	周一	周二	周三	周四	周五	周六	周日
相反行动	周一	周二	周三	周四	周五	周六	周日
累积正性情绪	周一	周二	周三	周四	周五	周六	周日
自我掌控	周一	周二	周三	周四	周五	周六	周日
预先响应	周一	周二	周三	周四	周五	周六	周日
PLEASE	周一	周二	周三	周四	周五	周六	周日
对当下情绪正念	周一	周二	周三	周四	周五	周六	周日
DEAR MAN	周一	周二	周三	周四	周五	周六	周日
GIVE	周一	周二	周三	周四	周五	周六	周日
FAST	周一	周二	周三	周四	周五	周六	周日

情绪调节：对当下情绪正念和累积正性情绪

一、积极活动清单

填写日期：_____

1. 改装汽车（脚踏车）。

2. 规划生涯。

3. 还清债务让自己减少压力。

4. 搜集（硬币、贝壳、邮票等）。

5. 度假。

6. 想象完成学业。

7. 回收旧物。

8. 约会。

9. 放松。

10. 看场电影。

11. 慢跑、散步。

12. 想象完成一整天的工作。

13. 听音乐。

14. 回想过去的聚会。

15. 购买家庭小玩意。

16. 躺在阳光下。

17. 计划换工作。

18. 开怀大笑。

19. 回忆旅游时光。

20. 倾听他人。

21. 阅读报纸、杂志。

22. 投入嗜好（搜集邮票、做模型等）。

23. 与好友共度一个晚上。

24. 计划一日活动。

25. 见新朋友。

26. 回忆美丽景致。

27. 存钱。

28. 下班回家。

29. 享受美食。

30. 打跆拳道、做瑜伽。

31. 向往退休。

32. 维修居家用品。

33. 操作机械（车、船等）。

34. 想起所爱之人的一言一行。

35. 尝试不同风格的打扮。

36. 享受宁静的夜晚。

37. 照顾植物。

38. 买卖股票。

39. 游泳。

40. 涂鸦。

41. 运动。

42. 搜集古董。

43. 参加派对。

44. 想着去购物。

45. 打高尔夫球。

46. 踢足球。

47. 放风筝。

48. 与朋友促膝长谈。

49. 与家人团圆。

50. 骑摩托车。

51. 赛跑。

52. 露营。

53. 放声高歌。

54. 插花。

55. 宗教活动（如去寺庙祈福）。

56. 整理工具。

57. 去海边。

58. 想到"我是一个还不错的人"。

59. 偷得浮生半日闲。

60. 参加同学会。

61. 溜冰。

62. 航行或坐船。

63. 旅行。

64. 绘画。

65. 自发地做些事。

66. 针织刺绣。

67. 睡觉。

68. 开车去公园。

69. 娱乐、开派对。

70. 参加社团。

71. 计划结婚。

72. 打猎。

73. 跟大家一起唱歌。

74. 探望生病、不能外出或生活有困难的人。

75. 玩乐器。

76. 制作艺术品、手工艺品。

77. 制作礼物给某人。

78. 购买/下载音乐。

79. 观看拳击、摔跤。

80. 筹划派对。

81. 烹饪。

82. 健行。

83. 写作（诗、文章、书）。

84. 做针线活。

85. 买衣服。

86. 外出吃晚餐。

87. 工作。

88. 讨论书籍、参加读书会。

89. 观光。

90. 做美容。

91. 做美甲。

92. 早晨喝咖啡、看报纸。

93. 打网球。

94. 亲吻。

95. 看着孩子（玩耍）。

96. 想着"我比别人更好"。

97. 看戏、听音乐会。

98. 做白日梦。

99. 计划上学去。

100. 整理房间。

101. 开车兜风。

102. 翻新家具。

103. 看电视。

104. 列出要做的事。

105. 漫步林间或水边。

106. 买礼物。

107. 完成一件工作。

108. 现场欣赏比赛（赛车、赛马）。

109. 教书。

110. 摄影。

111. 钓鱼。

112. 想着积极活动。

113. 适当节食。

114. 和宠物玩。

115. 开飞机。

116. 读小说。

117. 表演。

118. 独处。

119. 写日记、写信。

120. 打扫。

121. 阅读。

122. 带小孩出去玩。

123. 跳舞。

124. 举重。

125. 野餐。

126. 做完某件事后，想着"我做得很不错"。

127. 静坐。

128. 和好友共进午餐。

129. 登山。

130. 打球。

131. 玩黏土或制作陶器。

132. 制作玻璃。

133. 滑冰。

134. 打扮。

135. 想想自己这阵子有什么进步。

136. 为自己买些小东西（香水、挂件等）。

137. 打电话。

138. 参观博物馆。

139. 从宗教角度思考事物。

140. 点蜡烛。

141. 激流泛舟。

142. 打保龄球。

143. 做木工。

144. 幻想未来。

145. 上舞蹈课。

146. 参加辩论。

147. 坐在路边咖啡厅。

148. 做一个水族箱。

149. 参与一件具有历史意义的事件。

150. 编织。

151. 玩字谜游戏。

152. 玩撞球。

153. 享受按摩。

154. 说"我爱你"。

155. 打电竞游戏。

156. 练习投篮。

157. 看或分享照片。

158. 想想自己的优点。

159. 动脑解谜题。

160. 讨论政治议题。

161. 买书。

162. 做个桑拿浴或蒸气浴。

163. 参与大甩卖。

164. 想着成立自己的家庭。

165. 回忆童年快乐时光。

166. 挥霍一下。

167. 骑马奔驰。

168. 做一些新鲜事。

169. 玩拼图。

170. 玩纸牌。

171. 想着自己是一个能够应付任何事的人。

172. 小睡一下。

173. 找出自己最喜欢的香味。

174. 做一张卡片给自己在乎的人。

175. 传信息。

176. 玩桌游（大富翁等）。

177. 穿一件自己最喜欢的衣服。

178. 打一杯果汁，慢慢喝。

179. 化妆。

180. 想想朋友的优点。

181. 完成一件重要的事。

182. 给某人惊喜。

183. 上网浏览网页。

184. 玩电动游戏。

185. 写封电子邮件给他人。

186. 雪中散步或坐雪橇。

187. 剪头发。

188. 安装新的软件。

189. 在音乐软件上听新音乐。

190. 观看电视上的运动比赛。

191. 照顾宠物。

192. 做志愿者。

193. 观看好笑的影片。

194. 做园艺。

195. 参与公开表演。

196. 写微博。

197. 为了某事去争取。

198. 做实验。

199. 对他人表达爱意。

200. 到大自然山林步道走走。

201. 搜集大自然中的物品。

202. 到市中心逛街购物。

203. 参加一场盛会，或者去马戏团、动物园、游乐场等。

204. 去图书馆看书。

205. 玩音乐。

206. 学习做一件新事情。

207. 仔细聆听大自然的声音。

208. 赏月、看星星。

209. 户外工作（锯木头、农场工作）。

210. 参加有组织的运动（足球、羽毛球等）。

211. 在沙地、河边、草地上玩乐。

212. 进行社会运动，提出社会、政治或环境议题。

213. 看卡通或漫画书。

214. 阅读宗教传道的故事。

215. 重新装潢或布置房间。

216. 买卖某物。

217. 骑雪上摩托车或沙滩车。

218. 上社交网站。

219. 泡澡。

220. 学习新语言。

221. 打电话聊天。

222. 作曲或编曲。

223. 逛二手商店。

224. 其他：

二、价值观与优先级清单

在我的智慧心中，我认为这是很重要的：

A. 参与人际关系：

1. 修复旧的关系。

2. 寻找新的关系。

3. 努力维护现有的关系。

4. 结束伤害性的关系。

其他：_____

B. 成为团体的一份子：

5. 与他人有亲近且满足的关系。

6. 有归属感。

7. 接受情感与爱。

8. 成为其中的一员并感到亲密；拥有及保持亲密的友谊。

9. 拥有家庭；保持紧密联系，并且花时间与家人相处。

10. 有一些可以一起做事的人。

其他：＿＿＿＿＿＿＿＿＿＿

C. 成为有影响力且能够影响他人的人：

11. 有权批准或不批准他人做什么，或控制资源如何使用。

12. 成为领导者。

13. 赚很多钱。

14. 得到别人的敬重。

15. 被他人视为成功的；成为众所周知的；获得认可和地位。

16. 在竞争中获得成功。

17. 成为受欢迎且被大众接受的。

其他：＿＿＿＿＿＿＿＿＿＿

D. 实现生活中的事：

18. 实现某个特定目标；参与到个人觉得非常重要的事中。

19. 成为有生产力的人。

20. 朝着目标努力工作。

21. 雄心勃勃。

其他：＿＿＿＿＿＿＿＿＿＿

E. 生活快乐且满足：

22. 生活愉快。

23. 寻求乐趣或有趣的事。

24. 拥有空闲时间。

25. 享受所做的工作。

其他：＿＿＿＿＿＿＿＿＿＿

F. 让生活充满刺激的事件、关系和事物：

26. 在生活中尝试新鲜和不同的事物。

27. 成为大胆和寻求冒险的人。

28. 拥有令人兴奋的生活。

其他：＿＿＿＿＿＿＿＿＿＿

G. 表现得尊重自己：

29. 表现得谦虚和谦卑；不引人注意。

30. 按照传统习俗；行为适当。

31. 做被告知的合适行为，并遵守规则。

32. 待人和善。

其他：＿＿＿＿＿＿＿＿＿＿

H. 成为自我导向：

33. 走在自己的人生道路上。

34. 具有创新性，有新的想法和创意。

35. 做出自己的决定而且觉得自在。

36. 表现独立；会负责地照顾自己和分内之事。

37. 有想法和行动的自由；能够依照自己的优先级行动。

其他：_____

I. 成为一个有灵性的人：

38. 在生活中保留灵性的空间；依照灵性原则生活。

39. 实践宗教或信仰。

40. 在了解自我、生命的真正目的上成长。

41. 找到生命恒久的意义。

其他：_____

J. 活得有安全感：

42. 生活在有安全感和安全的环境中。

43. 身体健康且安适。

44. 有一份稳定的收入，满足自己和家庭的基本需求。

其他：_____

K. 认定一切事物的本质是好的：

45. 公平、平等待人，提供平等的机会给他人。

46. 了解人的多样性；保持开放的心。

47. 关心自然与环境。

其他：_____

L. 贡献更大的社群：

48. 帮助那些有需要的人；照顾到他人的幸福；改善社会。

49. 对朋友忠诚，为亲近的人奉献自己的一份力；投身于具有相同信念、价值观和道德原则的团体。

50. 致力于更大的目标或参加比自己有更远大目标的团体。

51. 为他人做出牺牲。

其他：_____

M. 努力自我发展：

52. 发展个人的生活哲学。

53. 学习并做有挑战性的事，帮助自己成长与成熟。

其他：_____

N. 成为有操守的人：

54. 要诚实，承认并坚持个人信念。

55. 成为一个负责任的人；信守承诺。

56. 要勇敢地面对及生活。

57. 成为一个会偿还自己债务、修复自己所造成损害的人。

58. 成为自我接纳、接纳他人、接纳生活原貌的人；生活无怨。

其他：_____

三、价值观拍卖

拍卖清单

序号	商品	购买价	竞拍价	序号	商品	购买价	竞拍价
1	志同道合的朋友			11	有安全感的生活		
2	温暖的家庭			12	创造力		
3	亲密的恋人			13	好看的皮囊		
4	有影响力的人			14	一门精湛的技艺		
5	优秀的学习成绩			15	财富		
6	快乐			16	权力		
7	有价值的人生			17	被身边的人认可		
8	充满刺激的生活			18	健康的身体		
9	爱自己			19	稳定的情绪		
10	独立的思想			20	环游世界		

活动规则：

1. 治疗师询问团体成员，是否有其他商品需要加入到拍卖清单中，若有，则添加。

2. 每人拥有 10 000 生命值，代表我们一生的时间和精力。

3. 请在购买价中填入你愿意用多少生命值来购买以上商品。总购买价不能超过 10 000。

4. 全体成员举手喊价竞拍，每样商品起拍价 1000，每次加价至少 500，价高者得（若喊价一样，则先举手先得；若同时喊价且未满 10 000，则需要继续加价竞拍，直至 10 000 时可以同时获得）。不论竞拍是否成功，均将自己最终的竞拍价填入竞拍价一栏，竞拍成功者在竞拍价后标注"√"，竞拍成功的竞拍价总和不能超过 10 000。

说明：治疗师可以根据团体成员的情况，变更拍卖清单中的内容。

四、累积正性情绪

填写日期：_____

（一）累积正性情绪：短期

增加每天的正向活动（圈选）：周一　　周二　　周三　　周四　　周五　　周六　　周日

描述：

（二）累积正性情绪：长期（建立值得活的人生）

你所在意的价值观是什么：

长期目标（描述）：

避免回避（描述）：

（三）对发生的积极经验正念

聚焦（及重新聚焦）在积极经验上：

让自己从担忧中转移注意力：

辩证行为治疗日志卡						你间隔多长时间填写一次？ ___每天___2~3天___4~6天___7天		填写起始日期：___年___月___日 最后填写日期：___年___月___日						
最高冲动想			每天最高评级			药物/药品				行动			情绪	补充
自杀	自伤	使用药物	情绪困扰	身体困扰	喜悦	酒精		药品		自伤	说谎	使用技能		
0~5	0~5	0~5	0~5	0~5	0~5	否	是/何种	否	是/何种	是/否	是/否	0~7		

本周药物改变	*使用技能	
	0=没想到或没用	1=想到，没用，不想用
	2=想到，没用，想用	3=试过，但用不上
	4=试过，有用但不管用	5=试过，有用，有帮助
本周指定的家庭作业与完成情况	6=自动地使用，不管用	7=自动地使用，有帮助

	有冲动想（0~5）		我可以改变或调节的（0~5）	
	停止治疗		情绪	
	使用药物		行动	
	自杀		想法	
	自伤			

本周焦点技能

圈选有练习技能的日期							
智慧心	周一	周二	周三	周四	周五	周六	周日
观察	周一	周二	周三	周四	周五	周六	周日
描述	周一	周二	周三	周四	周五	周六	周日
参与	周一	周二	周三	周四	周五	周六	周日
不评判地做	周一	周二	周三	周四	周五	周六	周日
专一地做	周一	周二	周三	周四	周五	周六	周日
有效地做	周一	周二	周三	周四	周五	周六	周日
TIP	周一	周二	周三	周四	周五	周六	周日
转移注意力	周一	周二	周三	周四	周五	周六	周日
自我抚慰	周一	周二	周三	周四	周五	周六	周日
全然接纳	周一	周二	周三	周四	周五	周六	周日
微笑，愿意的手的姿势	周一	周二	周三	周四	周五	周六	周日
我愿意	周一	周二	周三	周四	周五	周六	周日
相反行动	周一	周二	周三	周四	周五	周六	周日
累积正性情绪	周一	周二	周三	周四	周五	周六	周日
自我掌控	周一	周二	周三	周四	周五	周六	周日
预先响应	周一	周二	周三	周四	周五	周六	周日
PLEASE	周一	周二	周三	周四	周五	周六	周日
对当下情绪正念	周一	周二	周三	周四	周五	周六	周日
DEAR MAN	周一	周二	周三	周四	周五	周六	周日
GIVE	周一	周二	周三	周四	周五	周六	周日
FAST	周一	周二	周三	周四	周五	周六	周日

情绪调节：建立自我掌控、预先响应以及 PLEASE 技能

填写日期：_____

一、建立自我掌控

安排活动让自己建立成就感（圈选）：周一　周二　周三　周四　周五　周六　周日
描述：

实际做有些困难但是可能达成的事情（圈选）：周一　周二　周三　周四　周五　周六　周日
描述：

二、预先响应

描述一个促发不想要情绪的情境：

想象有效的响应方式（描述）：

想象可能发生的新问题的响应方式（描述）：

三、描述所做的 PLEASE 技能

（一）治疗身体疾病

描述：

（二）均衡饮食

描述：

（三）避免改变情绪的物质

描述：

（四）均衡睡眠

描述：

（五）适当运动

描述：

辩证行为治疗日志卡						你间隔多长时间填写一次？___每天___2～3天___4～6天___7天				填写起始日期：___年___月___日最后填写日期：___年___月___日			
最高冲动想			每天最高评级			药物/药品				行动			情绪	补充
自杀	自伤	使用药物	情绪困扰	身体困扰	喜悦	酒精		药品		自伤	说谎	使用技能		
0～5	0～5	0～5	0～5	0～5	0～5	否	是/何种	否	是/何种	是/否	是/否	0～7		

本周药物改变

*使用技能

0=没想到或没用	1=想到，没用，不想用
2=想到，没用，想用	3=试过，但用不上
4=试过，有用但不管用	5=试过，有用，有帮助
6=自动地使用，不管用	7=自动地使用，有帮助

本周指定的家庭作业与完成情况

有冲动想（0～5）		我可以改变或调节的（0～5）	
停止治疗		情绪	
使用药物		行动	
自杀		想法	
自伤			

本周焦点技能

圈选有练习技能的日期						
智慧心	周一	周二	周三	周四	周五	周六	周日
观察	周一	周二	周三	周四	周五	周六	周日
描述	周一	周二	周三	周四	周五	周六	周日
参与	周一	周二	周三	周四	周五	周六	周日
不评判地做	周一	周二	周三	周四	周五	周六	周日
专一地做	周一	周二	周三	周四	周五	周六	周日
有效地做	周一	周二	周三	周四	周五	周六	周日
TIP	周一	周二	周三	周四	周五	周六	周日
转移注意力	周一	周二	周三	周四	周五	周六	周日
自我抚慰	周一	周二	周三	周四	周五	周六	周日
全然接纳	周一	周二	周三	周四	周五	周六	周日
微笑，愿意的手的姿势	周一	周二	周三	周四	周五	周六	周日
我愿意	周一	周二	周三	周四	周五	周六	周日
相反行动	周一	周二	周三	周四	周五	周六	周日
累积正性情绪	周一	周二	周三	周四	周五	周六	周日
自我掌控	周一	周二	周三	周四	周五	周六	周日
预先响应	周一	周二	周三	周四	周五	周六	周日
PLEASE	周一	周二	周三	周四	周五	周六	周日
对当下情绪正念	周一	周二	周三	周四	周五	周六	周日
DEAR MAN	周一	周二	周三	周四	周五	周六	周日
GIVE	周一	周二	周三	周四	周五	周六	周日
FAST	周一	周二	周三	周四	周五	周六	周日

人际效能：目标与干扰因素

填写日期：＿＿＿＿＿＿＿＿＿＿＿＿＿＿＿

一、挑战干扰有效达成目标的不合理想法

对于每个不合理想法，写下一个对你有意义的挑战。

1. 我不配得到我想要或我需要的。

挑战：

2. 如果我提出要求，就表示我是个非常软弱的人。

挑战：

3. 我一定要先知道别人是否会答应，才会提出要求。

挑战：

4. 如果我对别人提出要求或拒绝别人，导致对方不舒服的话，我无法承受。

挑战：

5. 如果有人拒绝我，就像是杀了我一样。

挑战：

6. 向别人提出要求是自以为是（坏、以自我为中心、自私等）的事。

挑战：

7. 拒绝别人的要求，真自私。

挑战：

8. 我应该很乐意为了别人而牺牲自己的需要。

挑战：

9. 如果我没办法把事情搞定，那我一定很无能。

挑战：

10. 显然这个问题只是我想太多，如果能换个角度想，就不用打扰别人了。

挑战：

11. 如果没有得到我想要的也没关系，我一点都不在意。

挑战：

12. 能屈能伸是弱者的表现。

挑战：

其他不合理想法：

挑战：

二、挑战干扰达成人际关系和自我尊重效能的不合理想法

13. 我不应该提出要求或拒绝，他们应该知道我想要什么（而且去做）。

挑战：

14. 他们应该知道这么做让我很伤心，我不需要告诉他们。

挑战：

15. 我应该不需要通过协商妥协或努力来得到我想要的。

挑战：

16. 别人应该为了我的需要而做，甚至做更多。

挑战：

17. 别人应该喜欢我、赞同我、支持我。

挑战：

18. 他们不值得我好好对待。

挑战：

19. 在我想要的时候得到我要的是最重要的。

挑战：

20. 如果别人不以公平、亲切、礼貌或尊重的态度对我，我也不必这样对他们。

挑战：

21. 复仇的感觉真好，即使有任何负向后果也值得。

挑战：

22. 只有软弱的人才有价值观。

挑战：

23. 每个人都在说谎。

挑战：

24. 得到我想要的比如何得到更重要，结果会证明方法的正当性。

挑战：

其他不合理想法：

挑战：

辩证行为治疗日志卡			你间隔多长时间填写一次？ ___每天 ___2～3天 ___4～6天 ___7天			填写起始日期：___年___月___日 最后填写日期：___年___月___日			

最高冲动想			每天最高评级			药物/药品				行动			情绪	补充
自杀	自伤	使用 药物	情绪 困扰	身体 困扰	喜悦	酒精		药品		自伤	说谎	使用 技能		
0～5	0～5	0～5	0～5	0～5	0～5	否	是/何种	否	是/何种	是/否	是/否	0～7		

本周药物改变	*使用技能

本周药物改变

0=没想到或没用	1=想到，没用，不想用
2=想到，没用，想用	3=试过，但用不上
4=试过，有用但不管用	5=试过，有用，有帮助
6=自动地使用，不管用	7=自动地使用，有帮助

本周指定的家庭作业与完成情况

有冲动想（0～5）		我可以改变或调节的（0～5）	
停止治疗		情绪	
使用药物		行动	
自杀		想法	
自伤			

本周焦点技能

圈选有练习技能的日期							
智慧心	周一	周二	周三	周四	周五	周六	周日
观察	周一	周二	周三	周四	周五	周六	周日
描述	周一	周二	周三	周四	周五	周六	周日
参与	周一	周二	周三	周四	周五	周六	周日
不评判地做	周一	周二	周三	周四	周五	周六	周日
专一地做	周一	周二	周三	周四	周五	周六	周日
有效地做	周一	周二	周三	周四	周五	周六	周日
TIP	周一	周二	周三	周四	周五	周六	周日
转移注意力	周一	周二	周三	周四	周五	周六	周日
自我抚慰	周一	周二	周三	周四	周五	周六	周日
全然接纳	周一	周二	周三	周四	周五	周六	周日
微笑，愿意的手的姿势	周一	周二	周三	周四	周五	周六	周日
我愿意	周一	周二	周三	周四	周五	周六	周日
相反行动	周一	周二	周三	周四	周五	周六	周日
累积正性情绪	周一	周二	周三	周四	周五	周六	周日
自我掌控	周一	周二	周三	周四	周五	周六	周日
预先响应	周一	周二	周三	周四	周五	周六	周日
PLEASE	周一	周二	周三	周四	周五	周六	周日
对当下情绪正念	周一	周二	周三	周四	周五	周六	周日
DEAR MAN	周一	周二	周三	周四	周五	周六	周日
GIVE	周一	周二	周三	周四	周五	周六	周日
FAST	周一	周二	周三	周四	周五	周六	周日

人际效能：如你所愿

写下人际效能的脚本

填写日期：_____

1. 描述情境（describe）。

2. 清楚表达（express）感受/意见。

3. 直接勇敢要求（assert）或说不（圈出之后需要运用的"唱片跳针"，且保持留心觉察）。

4. 说出强化对方（reinforce）。

5. 保持正念（mindful）和表现自信（appear cofident）的言语（如有需要）。

6. 说出协商妥协（negotiate）的意见，说出"反转立场"的言语（若需要）。

7. 说出认可他人（validate）、传达理解的言语。

8. 说出保持态度轻松（easy manner）的言语。

写下所有你想避免做的事和说的话。

辩证行为治疗日志卡			你间隔多长时间填写一次？ ___每天___2～3天___4～6天___7天			填写起始日期：___年___月___日 最后填写日期：___年___月___日					

最高冲动想			每天最高评级			药物/药品			行动			情绪	补充
自杀	自伤	使用药物	情绪困扰	身体困扰	喜悦	酒精		药品		自伤	说谎	使用技能	
0～5	0～5	0～5	0～5	0～5	0～5	否	是/何种	否	是/何种	是/否	是/否	0～7	

本周药物改变	*使用技能
	0=没想到或没用　　1=想到，没用，不想用
	2=想到，没用，想用　　3=试过，但用不上
	4=试过，有用但不管用　　5=试过，有用，有帮助
本周指定的家庭作业与完成情况	6=自动地使用，不管用　　7=自动地使用，有帮助

	有冲动想（0～5）		我可以改变或调节的（0～5）	
	停止治疗		情绪	
	使用药物		行动	
	自杀		想法	
	自伤			

本周焦点技能

圈选有练习技能的日期							
智慧心	周一	周二	周三	周四	周五	周六	周日
观察	周一	周二	周三	周四	周五	周六	周日
描述	周一	周二	周三	周四	周五	周六	周日
参与	周一	周二	周三	周四	周五	周六	周日
不评判地做	周一	周二	周三	周四	周五	周六	周日
专一地做	周一	周二	周三	周四	周五	周六	周日
有效地做	周一	周二	周三	周四	周五	周六	周日
TIP	周一	周二	周三	周四	周五	周六	周日
转移注意力	周一	周二	周三	周四	周五	周六	周日
自我抚慰	周一	周二	周三	周四	周五	周六	周日
全然接纳	周一	周二	周三	周四	周五	周六	周日
微笑，愿意的手的姿势	周一	周二	周三	周四	周五	周六	周日
我愿意	周一	周二	周三	周四	周五	周六	周日
相反行动	周一	周二	周三	周四	周五	周六	周日
累积正性情绪	周一	周二	周三	周四	周五	周六	周日
自我掌控	周一	周二	周三	周四	周五	周六	周日
预先响应	周一	周二	周三	周四	周五	周六	周日
PLEASE	周一	周二	周三	周四	周五	周六	周日
对当下情绪正念	周一	周二	周三	周四	周五	周六	周日
DEAR MAN	周一	周二	周三	周四	周五	周六	周日
GIVE	周一	周二	周三	周四	周五	周六	周日
FAST	周一	周二	周三	周四	第十五周	周六	周日

人际效能：维持关系和尊重自己

追踪人际效能技能的使用状况

填写日期：＿＿＿＿＿＿＿＿＿＿＿＿

每当你练习人际效能技能或有机会练习时，填写本作业单，即使你没有（或几乎没有）做任何练习也要填写。

问题的促发事件：谁对谁做了什么事？是什么事导致下一件事？

情境中的"目标"（我想要达成什么结果）：

关系议题（我想要别人觉得我如何）：

自我尊重议题（我想要觉得自己如何）：

在此情境下评定我的优先级：1（最重要），2（次重要），3（最不重要）。

＿＿＿＿目标　　　＿＿＿＿关系　　　　＿＿＿＿自我尊重

在此情境下，我说了或做了什么？（勾选并描述）

DEAR MAN（如你所愿）：

□描述情境

□留心觉察

□清楚表达感受/意见

□"唱片跳针"

□勇敢要求

□忽视攻击

□增强对方

□表现自信

□协商妥协

GIVE（维持关系）：

□温和有礼

□用心倾听

□不威胁

□认可他人

□不攻击

□态度轻松

□不评判

FAST（尊重自己）：

□公平对待

□坚守价值观

□不过度道歉

□保持真诚

这次互动的效果如何？

辩证行为治疗日志卡						你间隔多长时间填写一次？ ___每天___2～3天___4～6天___7天				填写起始日期：___年___月___日 最后填写日期：___年___月___日			
最高冲动想			每天最高评级			药物/药品				行动		情绪	补充
自杀	自伤	使用药物	情绪困扰	身体困扰	喜悦	酒精		药品		自伤	说谎	使用技能	
0～5	0～5	0～5	0～5	0～5	0～5	否	是/何种	否	是/何种	是/否	是/否	0～7	

本周药物改变	*使用技能	
	0=没想到或没用	1=想到，没用，不想用
	2=想到，没用，想用	3=试过，但用不上
	4=试过，有用但不管用	5=试过，有用，有帮助
本周指定的家庭作业与完成情况	6=自动地使用，不管用	7=自动地使用，有帮助

有冲动想（0～5）		我可以改变或调节的（0～5）	
停止治疗		情绪	
使用药物		行动	
自杀		想法	
自伤			

本周焦点技能

圈选有练习技能的日期							
智慧心	周一	周二	周三	周四	周五	周六	周日
观察	周一	周二	周三	周四	周五	周六	周日
描述	周一	周二	周三	周四	周五	周六	周日
参与	周一	周二	周三	周四	周五	周六	周日
不评判地做	周一	周二	周三	周四	周五	周六	周日
专一地做	周一	周二	周三	周四	周五	周六	周日
有效地做	周一	周二	周三	周四	周五	周六	周日
TIP	周一	周二	周三	周四	周五	周六	周日
转移注意力	周一	周二	周三	周四	周五	周六	周日
自我抚慰	周一	周二	周三	周四	周五	周六	周日
全然接纳	周一	周二	周三	周四	周五	周六	周日
微笑，愿意的手	周一	周二	周三	周四	周五	周六	周日
我愿意	周一	周二	周三	周四	周五	周六	周日
相反行动	周一	周二	周三	周四	周五	周六	周日
累积正性情绪	周一	周二	周三	周四	周五	周六	周日
自我掌控	周一	周二	周三	周四	周五	周六	周日
预先响应	周一	周二	周三	周四	周五	周六	周日
PLEASE	周一	周二	周三	周四	周五	周六	周日
对当下情绪正念	周一	周二	周三	周四	周五	周六	周日
DEAR MAN	周一	周二	周三	周四	周五	周六	周日
GIVE	周一	周二	周三	周四	周五	周六	周日
FAST	周一	周二	周三	周四	周五	周六	周日

[流程改编自 Soler 的研究，内容改编自林内翰的研究，杨华、梁旻璐、王苏弘、王纯整理]